天下文化
BELIEVE IN READING

一九八一年四月四日，國民黨十二全大會，七位歷任新聞局長於陽明山中山樓前。右起為宋楚瑜、錢復、魏景蒙、沈昌煥、沈錡、沈劍虹、丁懋時。

一九八〇年十月三日，時任外交部政務次長錢復（左四）在泰國曼谷高球場與總理堅塞（左三）、駐泰代表沈克勤（左一）球敘。

上｜一九八二年一月二十一日，時任台灣省主席李登輝（左）、外交部政務次長錢復（右）與泰國前總理堅塞於省政府。
下｜一九八二年四月，摩納哥君主雷尼爾三世（右）暨王妃葛麗絲凱莉（中）來華訪問，時任外交部政務次長錢復（左）負責接待。

一九八二年十二月，時任行政院長孫運璿夫婦（左一、二）與外交部政務次長錢復夫婦（右一、二）於台北。

一九八二年十二月二十七日，新任駐美代表錢復（中步行者）赴美就任，外交部同仁舉行歡送會。

右｜一九八三年一月，時任駐美代表錢復（左）與曾是耶魯同學、時任美參議員博倫於華盛頓。博倫為保護我雙橡園產權之提案人。
左｜一九八四年九月十三日，駐美代表錢復（站立者）於雙橡園主持慈善募款餐會。

To the Chiens from the Bushs on a
most pleasant meeting with best wishes and
high regard.

上｜一九八三年二月十八日，錢復夫婦（右一、二）於華府晉見雷根總統（左一）。
下｜一九八三年十二月一日，美國布希副總統夫婦（右一、二）與駐美代表錢復夫婦（左二、三）於華盛頓。

上｜一九八八年二月九日，駐美代表錢復（右二）由愛荷華首府返回華盛頓時，於機場與小布希（右三）及其弟馬爾文．布希（右一）合影。
下｜一九八五年九月十日，駐美代表錢復（左）與時任參議員凱瑞於雙橡園。

上｜一九八五年十月，錢復（右）於國慶酒會，接待美司法部長米斯（右二）。
下｜一九八五年十月，錢復（左）接待美助理國務卿伍夫維茲，參加我國慶酒會。

上｜一九八五年十月，錢復夫婦（右、中）與美國防部助理部長阿米泰基（左）。
下｜一九八八年四月二十日，錢復（左）與前加州州長布朗。

一九八六年九月十一日，錢復（左）於雙橡園宴請《華盛頓郵報》發行人葛蘭姆（左二）。

一九八六年十一月二十五日，錢復（中剪綵者）參加華盛頓代表處新廈啟用典禮。

一九八五年三月二十九日，錢復重返耶魯大學圖書館五樓，此為當年求學時的研究室。

一九八七年九月二十三日，錢復一家人於雙橡園車廊。右起：錢國維、錢復、田玲玲、錢美端（背景是花圃的國徽）。

一九八八年八月九日，錢復夫婦卸任離美返台前，於華府惜別酒會。

錢復回憶錄

華府路崎嶇

典藏版卷二：1979～1988

錢復 著

謹以本書獻給我的

父親　錢思亮先生

他的公正無私敬業愛國的精神

是我最佳的明燈

出版者的話

為歷史留下紀錄

——出版文集、傳記、回憶錄的用心

高希均

一個時代的歷史，是由一些英雄與無數無名英雄，以血、淚、汗所共同塑造的。其中有國家命運的顛簸起伏，有社會結構的解體與重建，有經濟的停滯與飛騰，更有人間的悲歡離合。

近百年來我們中國人的歷史，正徘徊在絕望與希望之中，毀滅與重生之中，失敗與成功之中。

沒有歷史，哪有家國？只有失敗的歷史，何來家國？

歷史是一本舊帳。但讀史的積極動機，不是在算舊帳，而是在擷取教訓，避免悲劇的重演。

歷史更可以是一本希望之帳，記錄這一代中國人半世紀以來在台灣的奮鬥與成就，鼓舞下一代，以民族自尊與驕傲，在二十一世紀開拓一個中國人的天下！

以傳播進步觀念為己任的「天下文化」，二十多年來，先後出版了實際參與台灣發展重要人士的相關著作。這些人士都是廣義的英雄，他們或有英雄的抱負，或有英雄的志業，或有英雄的功績。在發表的文集、傳記、回憶錄中，這些黨國元老、軍事將領、政治人物、企業家、專家學者都坦率而又系統地，以歷史見證人的視野，細述他們的經歷軌跡與成敗得失。

就他們所撰述的，我們尊重，但不一定表示認同；如果因此引起的爭論，我們同樣尊重，但也不一定表示認同。我們的態度是：以專業水準出版他們的著述，不以自己的價值判斷來評論對錯。

在翻騰的歷史長河中，蓋棺也已無法論定，誰也難以掌握最後的真理。我們所希望的是，請每一位人物或自己執筆、或親自口述、或經由第三者的觀察與敘述，寫下他們的歷練與感受，為歷史留下一頁珍貴的紀錄。

（作者為遠見・天下文化事業群創辦人）

總序

去年五月天下文化出版《錢復回憶錄．卷三》，引起讀者相當正面的反應，有人想買卷一、卷二卻都絕版了，只能改買電子版，天下文化有鑑於此，就在今年重印卷一、卷二，和卷三合為「典藏版」。

我對讀者的反應只能說：感恩。我當初寫書的初衷是對幾位愛護我的長輩對我期許的一種回報，也想為中華民國近、現代史留下一點微小的紀錄。這三本書，除了根據我多年的日記，主要依賴我遵照胡適先生教導的要勤於蒐集資料：我經手的文件，這些文件我在上世紀末開始整理，裝成框函，在我寫完三本書後，我一算裝了一百五十多箱，今年四月初我將正式把這些文件送請中央研究院近代史研究所檔案館庋藏。因為我在寫書過程中對於資料取捨頗費苦心。書的篇幅不能太厚，因此很多重要的事件未能寫入回憶錄，我祈盼未來能有學者檢閱這些文件，也許再可以出幾本有用的書。

我要再度感謝天下文化高希均創辦人、王力行發行人，兩位不為利潤只是想方便讀者。此外天下文化編輯團隊為「典藏版」所作的努力，不是言詞的感謝可以表達的。

二〇二一年三月於台北

自序

當我在初中二年級讀書時，經常有機會隨同父母親去國立北京大學胡適校長的家中作客。胡府最吸引我的地方就是一排五大間的書房，我總在那裡飽覽各種歷史及傳記的書籍。胡校長時時誇獎我，讓我盡量地閱讀。

十一年後我去美國耶魯大學研究院求學，每逢假期常到紐約市東八十一街胡府，為胡夫人做些家事服務，稍有閒暇就在書房看書。最初胡先生還未回台北擔任中央研究院院長，每次見到我就會和我談在耶魯讀書的情形。他對我有意在外交史方面多做研究，甚為嘉許，並指導我如何蒐集資料。他認為大家都該勤寫日記，這是最珍貴的史料。至於自己的寫作必須保存底稿；再就是適當的時候要寫回憶錄，忠實記下自己一生的工作和想法。

胡先生對我的教誨經過將近半世紀，始終牢記在我心中。我很認真地遵循這位大師給我的指導——記日記、保存資料、寫回憶錄，雖然四十多年的公職生涯一直相當忙碌，我仍是鍥而不舍。可是過去三十年中我曾六次搬家，每次搬家總會失去一些文件；而二〇〇一年九月十七日納莉颱風，我的住所積水三呎以上，許多重要的照片和信件都被損毀。這很使我痛心，因為在寫作時需要的文件往往找不到。

我寫作這本回憶錄的過程，是依照我在研究院所受的訓練方式，先將所有的文件依年代順序逐一整理。在寫某一章節時，一定先將當時的日記重閱一遍，做卡片；再將相關文件檔案詳細閱讀，做卡片，然後決定寫作方向。因此我所寫的，都是根據文件檔案。由於我的文件檔案並不必然是完整的，所以我不敢說我寫的是事實的全部真相，但它至少是根據事實而寫的。

這本書得以完成，首先要感謝內人，因為她不斷督促鼓勵，並且容忍我在書房內弄得亂七八糟。對於一位性嗜整潔的家庭主婦而言，每天要面對資料東堆西放，不能清理，的確是要有無比的包容心。

我也要感謝多年的老同事李宗義先生，他為這本書投入無限心血，特別是將我的手稿轉為電子檔案。另外徐啟明大使曾閱讀本書的部分原稿，並提供修正建議，也要一併致謝。

當然，這本書中必然仍有缺失和謬誤，那是我的能力不足，還祈讀者惠予指正。

二〇〇五年二月於台北

目錄

第二篇 中美外交新篇章

一九八二年三月二十一日，時任外交部政務次長錢復及夫人（左一、右二）接待泰國副總理披猜夫婦（右一、左二）。

第一篇

從《台灣關係法》到《八一七公報》

・外交部政務次長

1979年5月9日～1982年11月19日

第一章 接任外交部政務次長

政府自民國一九七二年開始辦理國家建設研究會，自全球各地邀請有成就的學人返國參加，數年來參加的人數已逾千人，這些學人返回僑居地後常組織國建會聯誼組織，繼續以專長報效國家。

自中美斷交後，政府對於邦交國的關係更為重視，此時駐韓朱撫松大使因年資已深，將接任韓國外交使節團副團長，而我國與絕大多數在漢城設使館的國家都沒有邦交，因此朱大使認為擔任副團長可能發生尷尬場面，一再向部方請求返國工作。一九七九年四月十六日蔣彥士部長於下午召見我，詢問如何處理朱大使的問題，我提了三項建議：（一）三位次長擇一赴韓接任大使。（二）由駐斐的關鏞大使接駐韓大使，駐斐大使由楊西崑次長接任。（三）駐比利時劉藎章代表接任駐韓大使。蔣部長表示他將詳予研究。

政務次長的工作任務

一九七九年五月九日蔣部長告知將簽報楊西崑次長出使南非，丁懋時次長出使韓國，原駐南非大使關鏞回部擔任常務次長，我則改任政務次長，過了幾天就開始辦理徵求同意。六月二十七日的執政黨中常會通過了楊、丁兩位大使的任命案，由於楊次長還要去幾個無邦交國家做辭行之旅，所以我的任命案一個月以後才通過。七月二十七日在總統府國父紀念月會舉行宣誓。

依部內規定，外交部政務次長兼任研究設計委員會主任委員，這個會在以往不太有作用，但是這年初房金炎大使由美國的美利堅大學修畢博士學位，返國擔任研設會副主任委員後，工作就積極展開，經常就重大國際問題邀請學者專家舉行諮詢會議。我接任主任委員不久，朱撫松大使返國，部內一時無適當職務，所以我就向蔣部長報告，請朱大使擔任主任委員。

此外，行政院早曾設有對外工作小組，處理跨部會局的對外事務，參加者有總統府祕書長、教育部長、經濟部長、僑委會委員長、新聞局長等人，由外交部長任召集人，行政院第二組組長任執行祕書。中美斷交後，孫運璿院長為加強其功能，使成為總體作戰的組織，指示外交部就如何加強原小組的功能予以研究。經建議將小組改為行政院對外工作會報，使其確實成為對外各項工作的決策協調中心，指定外交部長為召集人，直接對院長負責。在海外，則委由駐外各館、團、處、中心的館長、主任、代表負責當地對外事務的統一協調工作，並向對外工作會報負責。參加工作會報的單位是外交部、國防部（包含軍政、軍令）、教育部、財政部、經濟部、交通部、僑委會、國科會、國家安全局、新聞局等機關的首長。會報設置執行小組，負責執行會報的決議案及幕僚業務，由外交部次長、教育部次長、國貿局局長、新聞局長、國科會國際合作組長、安全局副局長等擔任，並由孫院長指定我擔任執行長。

對外工作會報針對情況需要，指定執行小組擬訂全球各地區（或國家）的工作方案，作為政府各機關共同努力的目標，並詳訂執行計畫，作為各執行單位配合進行的依據。為了執行上述工作方案及執行計畫，並針對各種情況，對外工作會報得主動與各相關機關協力策劃，輔導各方不同力量以從事有助國家利益的工作。

這項加強行政院對外工作會報的草案於五月五日奉行政院核定。孫院長並在第一次會報時指示：會報設立的目的是在加強黨政軍各方面對外工作的協調合作，會報不僅設於本院，即海外各地區亦應設置地區會報，在若干個別國家則需設置協調中心；各機關必須拋棄本位主義，即使本身工作因而受到影響亦須忍受。

孫院長亦指示各機關對每一地區（或國家）均應訂定共同努力的目標，據此目標再訂定工作方案。在總的工作方案指導之下，各機關再配合擬定個別的年度工作計畫，作為台北或當地考核、協調、指揮的依據。共同目標因階段及地區而異，例如就短程而言，對歐洲應以強化經貿關係為目標；對中南美則以加強外交、政治關係為目標。長程性的政策或策略，應多請學術機構以及國內外專家學者參加研究。

拔擢優秀人才

孫院長亦指出在對外工作的人事方面，應遴選民間優秀人才，直接或間接參與，故需人事部門放寬用人的限制。駐外各地區或中心召集人不必以外交部人員為限。駐外人員的待遇及工作所需費用應合理調整，檢討改進。另一方面工作考核則應加強，對不適任人員應立即調回。

孫院長的這些指示都是非常重要，也是在當時的時空環境下才能說、才能做。比如用人方面，我們隨後就在海外以諮議名義進用獲得博士學位的學人，如目前在外交界已有優異表現的李大維、沈呂巡等都是這樣進入駐外單位，直接在國外第一線從事對外工作。國內方面也洽請考試院逐年舉辦甲種特種考試，使學者專家可以在簡任級直接進入政府工作。這個良好的做法很可惜的在一九九〇年被停止了。

至於駐外人員的各類津貼的增加，以及駐外單位辦公交際費用的增加，也是拜孫院長這次講話所賜，可惜多數的外交同仁不知道孫院長的講話，因此將本部所做的一些改進都認為是蔣部長的貢獻。老實說，任何一位部長，沒有行政院長全力的支持是不可能做到這些改善，事實上這些也是孫院長主動建議的。

對外工作會報執行小組於一九七九年五月十一日下午舉行第一次會議，由教育部李模次長、國安局汪奉曾副局長、國貿局邵學錕局長、新聞局宋楚瑜代局長出席。國科會王紀五組長因公請假，我請北美司王愷專門委員擔任執行小組祕書。會議中我將執行小組成立經過和功能做了報告，並說明各位成員不是代表原本機關，因此要超脫原本機關的觀點。

執行小組先後擬訂了「對美工作方案」、「對日工作方案」、「對韓工作方案」、「對東南亞及南亞地區工作方案」、「對澳、紐及南太平洋地區工作方案」、「對中東地區工作方案」、「對非工作方案」、「對歐工作方案」以及「對中南美地區工作方案」共九項。稍後並依據這九個工作方案擬具了更詳盡的實施計畫。

這個執行小組會議以後改為星期四中午便當餐敘後開會，到一九八二年十一月十八日，我已奉調赴美工作，主持第三十五次會議，正好是三年半的時間，平均每年十次會議。

成立「復海會報」

一九八〇年四月二十七日星期日傍晚五時，國防部總政治作戰部主任王昇邀我到三軍軍官俱樂部見面，開門見山表示蔣總統要他在國民黨中央黨部下成立一個「王復國辦公室」，專門負責對大陸的反統戰工作。辦公室內設有基地、海外、敵後三個研究委員會，要我負責籌設海外研委會，並擔任召集人。在那天的日記裡我記下一句話：「他有意使之（指王復國辦公室）成為新的復興社。」兩天後我初次參加王復國辦公室的早餐會報，地點在中央黨部，討論的就是對外反統戰的方案。

這時我才知道這個辦公室是中央黨部依照蔣經國主席所核定的「現階段加強對敵鬥爭工作實施方案」所設置，在一九八〇年四月一日正式成立。王昇主任以中央常務委員身分擔任主任，主要負責的是書記李廉，他是一位名政論家，行文如流水，足智多謀，在辦公室內全力從公，完全沒有個人的考量。我和他共事兩年多，獲益良多。辦公室有四位祕書是郁光、李明、汪振堂、趙孝風，分別主管情報、計畫、行政、聯絡事務。整個辦公室工作人員不過二十人，在信義路二段二一三號十一樓辦公。三個研究委員會的召集人分別是文工會吳俊才主任（基地）、我（海外）和大陸工作會徐晴嵐主任（敵後）。我們海外研委會聘了十三位委員，包括海工會明鎮華副主任、安全局汪奉曾副局長、僑委會柯叔寶副委員長、行政院青輔會連戰主任委員、中國國際商銀何顯重總經理、國科會國合組王紀五組長、國貿局蕭萬長副局長、國防醫學院郁慕明副教授、中正理工學院劉國治副教授（兼祕書）、中華電視台趙寧顧問、外交部章孝嚴副司長、新聞局戴瑞明主任祕書和國關中心張京育副主任。這個研委會對外稱作「復海會報」，也就是王復國辦公室海外研究委員會的簡稱。

王復國辦公室每週二清晨要舉行早餐會，其中一次在行政院舉行，由孫院長親自主持，叫作決策會報。此外有「研究會報」由蔣彥士祕書長主持，有時在黨部舉行，有時在信義路舉行；一般稱「研究會報」是由王昇主任主持。我只要在國內一定會按時出席。以後外界常有揣測，認為這個辦公室是王昇主任弄權而設，由這段敘述可知，重要決策或是由孫院長主持，或是由蔣祕書長主持，王主任以下的人其實是在本身工作以外，義務地貢獻時間與經驗，做研究性的幕僚工作。

復海會報設立一年以後，又增加了海工會曾廣順主任擔任共同召集人，但是會議仍在外交部舉行，由我主持。復海會報到我卸任外交部政務次長時，在二年半中舉行了五十九次會議，大約每二週舉行一次，都是週一中午在部內舉行便當會議。

在這兩年多的時間，我們研擬了若干案件，也有幾件立即付諸實行。當時國內的同胞對於大陸的情況並不瞭解，政府在政策上也不讓民眾閱讀中共的任何出版物或聆聽大陸的廣播；媒體上所報導的大陸情況一律是「一窮二白」。但是此時中共方面已逐漸採取開放政策，並且高唱「經濟掛帥」，很多留學生到了海外聽到或看到有關大陸的情況，和在國內所獲訊息頗有出入，久而久之，就會對在國內所接受的一切訊息加以懷疑。我們認為如此做法對於純真的青年是不公平的。他們在出國前連思想上的預防針都沒有打，就立刻接受和國內全然不同的資訊，很容易發生感染。

在這種考量下，復海會報建議政府主管機關為出國留學生辦理講習。然而教育部認為留學生早有講習班，是自願參加的；不很願意再加辦理。經過不少溝通，我們獲得救國團和青輔會全力支持，在救國團主辦的青年自強活動項目中，加辦一個「大鵬夏令營」，請教育部國際文教處鮑幼玉處長擔任營主任。這個活動為期一週，借中國文化大學舉辦，由返國學人擔任講座，提供自身留學經驗；同時也聘請「愛盟」（一九七一年十二月因保釣運動而於美國成立的台灣留學生組織）的菁英擔任輔導員，將在海外對敵鬥爭的經驗，利用座談討論的方式與同學分享。

我國自一九七九年初開放觀光，每年出國觀光的同胞很多，絕大多數是參加國內各旅行社所辦的觀光團。每個觀光團都由旅行社派隨團領隊招呼全團人員，可是領隊人員並沒有專業訓練，因此復海會報建議要對領隊人員舉辦講習，由甲種旅行社保送優良領隊，由觀光局審核後並經語言訓練測驗中心外語能力符合標準者，可安排受五日的集中訓練。講習課程包括觀光實務、政治課程及參觀訪問。

復海會報另外一項訓練工作是為國內各機關即將派往國外服務的同仁所舉辦的。我政府各部門派往國外工作的同仁很多，來自不同機關，雖然派往同一地點，但彼此並不認識，而且由於原服務的機關不同，對於國情的瞭解也只限於自己工作的一部分，和外國友人交談起來，難免不能暢所欲言。復海會報和外交部的外交領事人員講習所洽商，在該所木柵青邨舉辦為期一個月的講習。

政府自民國一九七二年開始辦理國家建設研究會，自全球各地邀請有成就的學人返國參加，為國建言，數年來參加的人數已逾千人，這些學人返回僑居地後常組織國建會聯誼組織，繼續以他們的專長報效國家。復海會報具體建議國內相關機關要主動與這些聯誼組織聯繫，提供他們所需要的國內資料或其他協助。

推動「團結專案」

王復國辦公室成立半年後，在一九八〇年十月初擬了一個「擴大爭取團結海外學人、僑領計畫綱要」，簡稱「團結專案」，也就是判斷中共在積極展開對我統戰以後，一定也會在海外以學人和僑領為對象，不惜任何代價，全力以赴地加以爭取，而當時我黨政當局對於此一工作在計畫、執行和績效上都未臻理想，因此認為必須要有積極的作為。團結專案期盼每年能邀一千人返國，以親中共、不滿我政府或態度中立的有學術成就的學人與具領導地位的僑領為優先；至於對我友好者則以久未返國者為優先。這項工作的主要目標是化敵為友和防止變友為敵。

團結專案由國民黨海工會、社工會、青工會、安全局、外交部、國防部、教育部、僑委會、青輔會、警備總部與警政署派副首長一人組成，指定由我擔任召集人。另外為邀請和接待，應由民間組成團結自強運動推進委員會作為執行單位，向民間募款，成立團結自強運動基金。

這項計畫的擬訂，我並沒有參加，被指定為專案召集人，我也頗感意外。但是這項工作有它的價值，因為當時我國有所謂的「黑名單」，也就是入境的「列管」。列管的人數很多，但是除了情治機關以外，其他政府首長都無法與聞。我正好在這個時候處理了一個案子，是駐新加坡的張彼德代表向我表示，星國的重要金融界領袖、東南亞協會五國工商總會會長黃祖耀先生要來台北，而代表處簽證組同仁會情治單位派駐同仁時說不能發簽證，因為他是「甲級列管」。張代表說黃氏一向對我國很好，不知為何如此待他。我得到這一訊息，立刻向安全局王永樹局長洽商，要他專案核准。王局長十分合作，立刻交辦。哪知道黃氏抵台北時在機場被阻撓了很久，最後他要求機場人員給我打電話，才能入境。這件事讓我耿耿於懷，不久見到王局長，我就問他為什麼對於這樣一位友好的人士給予「甲級列管」，原因何在？王局長非常幫忙，把原卷查出來以後，告訴我原來數年前他們在新加坡的同仁在中共的中國銀行慶祝「十一」紀念時，特別到中國銀行門口抄了所有送花牌的名單，報回國內一律列管。

我聽了以後真是啼笑皆非，就向王局長說，一般大公司的老闆收到請帖，通常是由祕書交給總務單位送花，老闆本人可能根本沒有見到，這樣列管下去，以後我們的朋友會愈來愈少。王局長也很同意，表示考慮要清查「列管」名單，但是人數太多，也不是立刻可以辦好。

這件事使我相當地震撼。我一直以為我們的國家是禁得起看的，所以除了恐怖份子以外，其他有不同意見的人士應該請他們來看，政府首長用些時間和他們談，應該是可以化解不同的意見。因此團結專案雖然我沒有參與制訂，我還是願意來協助推動，使過去不能回台灣的人，可以回來自由自在地參觀訪談。

團結專案主要的工作是審核邀請的名單，在一九八一年一共邀請了一百二十六位，其中半數以上是原來在「黑名單」內、久未返鄉且主張台獨人士，傾中共的有二十七位，愛國人士三十位。整體而言，這個專案工作是發生了相當的效果。

到一九八一年底，由於原任社工會沈之岳主任辭職轉任國策顧問，時間上比較充裕，我向中央表示最好由沈先生擔任團結專案召集人，而我則可以集中精力於復海會報，上面的裁示是由我們兩人共同擔任召集人，不過以後該案的工作實際上是由沈先生推動。

王復國辦公室到一九八一年五月一日改名為劉少康辦公室，一九八二年十二月二十三日下午在三軍軍官俱樂部舉行年終檢討會，我在會中代表復海會報做了工作報告，結語中說：「個人不久以前自外交部退職，即將赴美服務，兩年多來，承中央的垂愛，使我有機會為本辦公室及海研會服務，深感榮幸，臨行前要向劉少康辦公室、基地、大陸研委會、團結專案各位召集人、委員以及海外研委會的同仁表達我內心由衷的感激，感謝大家兩年多來對我的指導和協助，使海研會的工作得以順利推展。」以後聚餐時蔣祕書長以黨部最高的榮譽——一等實踐獎章頒授給我。

我在擔任政務次長後不到五個月，也就是一九七九年十二月十四日正在泰國芭達雅（Pattaya）參加亞太安全研討會時，得到台北的電話告訴我，執政黨十一屆四中全會初次用投票方式選舉中常委，外交部蔣彥士部長未連任中常委而將接任黨部祕書長，因此部長將易人。

第二天早上，關鏞次長有電話來，告以蔣部長仍暫兼部長，要我留在泰國毋需趕回，因此我仍依原訂日程於十七日回國。政務次長屬於政務官，要隨部長同進退，次日我到部後就擬妥辭呈送陳蔣部長，他告訴我因為當天起要舉行二天的使節會議，所以新部長要等會後再發布，將是朱撫松先生。朱是我在一九六二年進部時的常務次長，剛在半年前由駐韓大使卸職返國，因為沒有安排工作，所以我向蔣部長報告，請他接任原由我兼任的本部研究設計委員會主任委員，安排了交通工具和辦公室。

蔣部長在十八日當天就將我的辭呈退回，上面批了經陳奉院長面諭：「懇予挽留」。因此我就繼續在部工作，並在二月十九日代表蔣部長主持一段使節會議。兩位新舊部長於一九七九年二月二十一日交接，我在朱部長領導下又擔任了兩年政務次長的工作。

遇見大明星

我在讀高中和大學時，非常喜歡看電影，有時一部影片可以看兩三次，一方面是娛樂，更重要的是學英文。四、五十年前的影片用詞相當典雅，我不時為了一部影片中的對話不能完全記住，就再去看一次。想不到在我擔任政務次長時有機會與當時的大明星伊莉莎白泰勒（Elizabeth Taylor）和葛麗絲凱莉（Grace Kelly）見面共餐。

伊莉莎白泰勒在一九七〇年代與美國維吉尼亞州選出的參議員華納（John Warner）結婚，因而成為影藝界和政界名人。他們兩人年齡相仿，而華納參議員是維州的巨富。一九七九年十一月二日新聞局邀請泰勒來台北參加金馬獎頒獎典禮，同時來的還有老牌明星詹姆士梅遜（James Mason）。這天在典禮中，看到泰勒非常矜持，不苟言笑，十足大明星的架勢；而梅遜則十分平易近人，很有親和力。

十一月三日宋楚瑜局長在圓山為泰勒設宴，我和內人也參加，我被安排坐在泰勒旁邊。近距離觀察，使我對這位大明星頗感失望。她的高度大概是五呎三吋，那一年她四十七歲，但是在濃妝後面看得出來，臉部已有許多皺紋。她的兩手戴了不少名貴首飾，可是手指不修長，而且握手時發現手部相當粗糙，可能是騎馬的關係。

用餐時我和她談到美國國會，特別是一些共同熟識的參議員朋友，她的答覆幾乎是制式的：「他是一個好參議員，但是華納是更好的參議員。」那年是華納第一年擔任參議員，所以未能陪同嬌妻來台北訪問。聽到泰勒對夫婿非常肯定的說法，我內心中認定這一對佳偶將可白首偕老；不料過了兩年兩個月，我去華府工作時，他們已經分手。

大明星的工作哲學

嗣後數日，因為我要照料訪華的哥斯大黎加第一副總統阿特曼（Rodrigo Altman Ortiz）夫婦，所以很多泰勒的活動我都未參加，可是有兩個活動，讓我對於這位大明星有進一步的認識。一九七九年十一月四日中華民國留美同學會在圓山舉行酒會歡迎泰勒，她遲遲不出現。酒會主人吳幼林理事長在等了一個半小時以後，實在忍不住了，要我陪他上樓去催請。我到了她的套房，發現她早已盛裝等候，很恬靜地坐在客廳裡，見到我們，很高興地下樓。不過她在酒會中只周旋了十五分鐘就翩然離開了。

可是在七日晚間，外交部蔣部長伉儷在台北賓館設宴，我曾先將三天前的狀況報告部長，他頗擔心，然而泰勒卻準時出現，逐一向每位來賓致意，使與宴者都感到如沐春風。我想這就是大明星，她知道部長的宴會，是行程中很重要的行程，所以她用心應付每一個與宴者，使每一個人都感到她的親切。至於三天前的酒會，她大概認定參加者應該都是影迷，她要保持她的神祕感，使影迷們有若即若離的感覺。

一九八二年四月十八日香港「船王」董浩雲先生邀請了摩納哥公國（Principality of Monaco）的君主雷尼爾三世（Rainier III）和他的王妃葛麗絲凱莉到我國訪問。由於雷尼爾王子的身分，所以我和內人被指定接待他們。我們接了飛機以後就陪同他們去圓山飯店，途中發現這位大明星雖然已做了二十六年的王妃，仍是平易近人，談話非常親切。很明顯地，家庭和社會服務是她生活的中心。我們夫婦很快就對這位大明星產生了很大的好感。我們送他們伉儷到總統套房後，王妃還要留我們坐下，我說殿下此行辛勞，應該早點休息，就告辭了。

第二天晚上孫運璿院長伉儷在台北賓館歡宴雷尼爾王子和葛麗絲王妃，我有機會從旁觀察這對世界名人。雷尼爾王子雖然只較王妃大幾歲，可是他的嚴肅神情使他看起來和王妃有相當的年齡差距。王妃那年是五十五歲，但是駐顏有術，看來只有四十出頭，她是麗質天生，由於作為王妃已逾四分之一世紀，所以有一種端莊高雅的儀態。她對每一位接觸到的人都是禮數周全，講話非常得體。兩天後王子和王妃在圓山飯店舉行答宴，並且請了當時名服裝設計師王榕生小姐帶了她旗下的模特兒做服裝表演，使參加答宴的賓客都有賓至如歸的感覺。

四月二十二日晚我們夫婦又陪同他們同車赴機場，他們前往新加坡訪問，途中我們就法國和星國的政情交談很久。登機前王妃特別表示這次到我國訪問是他們出訪各國中最溫馨的一次。她聽到內人說將於兩個月後去巴黎訪問，就立刻將她在巴黎和摩納哥王宮的私人電話號碼交給我們，希望我們一定要到摩納哥玩幾天。

我和內人於同年（一九八二）六月二十八日去巴黎訪問三天，行程十分緊湊，所以只能由內人在巴黎打電話給王妃致意，並對不能如約訪問摩納哥表示歉意，王妃仍是盛情表示下次一定要將她家納入行程。未想到不到兩個月的時間，王妃就駕車失事而逝世了。我們得到噩耗相當震驚，只能向雷尼爾王子致唁電。

專訪引發大老批評

一九八一年九月，在我擔任政務次長期間，新聞局出版的《光華雜誌》官麗嘉總編輯曾對我做了一次長時間的訪問，主要目的是要寫一篇為青年朋友勵志的文章，刊載在《光華》的第六卷第九期，有九頁長的報導，題目是「羡人享成功滋味，豈知背後用功之深」，這篇文章引述了許多我的談話，過了二十多年還能代表我的想法：「在外交場合中，不似戰場，不是你勝，就是我敗；不是你進，就是我退。外交工作總是進進退退，勝勝敗敗，無所謂成功、失敗，而是兩方面的折衝。外交工作沒有永遠不變的立場，否則就要訴諸戰爭了，何需外交？外交上不能堅持有我、無你，因為今日得意揚揚的勝利，很可能埋下仇恨的種籽，造成他日慘痛的失敗。所以說，外交工作是沒有可能產生英雄的。想當英雄，只有去當將軍。」「因此一位稱職的外交工作者，根本不能有自己的立場，要懂得犧牲自我，時時以無我的心態，關注國家的利益，做對大局有益的反應。」「世局不斷在變，時代不斷在進步。如今客觀環境改變了，我們自然要因應環境，在外交政策和做法上做若干調整，這是必然的趨勢。」最後所引的這句話，據說引起一位大老相當的不滿，認為我說的「逾分了」。但是這篇文章發表後，我收到許多來函自國內及海外，特別是青年朋友的來函，給我鼓勵。

第二章 《台灣關係法》下的中美關係

自從雙方的新關係展開後，美方特別注意我方是否有意將雙方定位或形容為官方關係，只要探測到有這種意圖時，都會以最嚴苛的語調、最不友好的做法對付我們。

美國卡特總統（Jimmy Carter）於一九七九年四月十日簽署《台灣關係法》，使其完成美國國內法的要件後，就根據該法的規定發布備忘錄，要求各政府機構協助美國在台協會以完成該協會在《關係法》所規定的任務，同時也指示協會與北美事務協調委員會駐華府代表處，簽訂雙方派駐對方的單位與人員應該享受的特權與豁免協定。但是卡特卻又發布了一項對外保密的備忘錄給美國各行政機關，強調自美國與中共建交之日起，美國與我國已不能有任何官方或政府的關係，因此美方重要官員（包括軍官）都不可以再到台灣來，駐美代表處的重要人員也不得前往美國官署洽公，如有需要可以在在台協會或其他非官署地點會面。備忘錄也指出美國官署或官員在任何時間地點都不能使用我國國號，而應使用「在台灣的人民」（people on Taiwan）。美國官署或官員如果有任何書面文件送給我方，絕對不許使用有機關名稱的紙張，一定要用白紙，上面也不許有美國官員的名字，這種文件叫「非文件」（non paper）。

此外，在台協會駐台官員也不得前往我政府具有敏感性的官署，如總統府、行政院、外交部等機關洽公。這項祕密指令使得中美雙方的交往十分困難。我國首任駐美夏功權代表於一九七九年五月底到華府履任，經過兩個半月的時間只能和國務院主管東亞事務副助理國務卿蘇里文（Roger Sullivan）見過兩次。

重簽民航協定

卡特總統於一九七九年六月底赴日本參加七國高峰會議，會後並曾訪問南韓，但是行程並未包括中國大陸，他可能考量半年前建交所引起的批評，擔心大陸之行將對他明年競選有所不利。為了不至於使中共不快，他要孟岱爾（Walter Mondale）副總統於八月下旬去大陸訪問。孟氏在訪問大陸時公開宣布美國要和中共簽訂民航協定，至於我方與美國簽訂的民航協定，將改由在台協會與其對等單位重行簽訂非官方協定。

我國和美國的民航協定是一九四六年在南京簽訂，最初效期四年，以後經過數次換文延期，到一九六九年雙方換文予以無限期延長；不過原協定第十二條規定，任何一方可在一年前通知對方予以終止，惟在做此項通知前，必須有兩個月的諮商期限。

美國在台協會於一九七九年八月二十三日通知我方，指出中美民航協定簽訂於三十多年前，已不能適應目前的情況。美國政府為了實施其「開放天空政策」，拓展中美間的空運業務，建議由該協會與協調會簽訂一項新民航協定，以取代原協定。

外交部看到這項「非文件」後，就要駐美代表處答覆美方，根據中美斷交談判時的協議以及《台灣關係法》的規定，中美間所有條約協定，除中美共同防禦條約外，均應繼續有效。美方此次所提由「協會」與「協調會」簽訂一項新協定以取代原協定的建議，乃是違反雙方在斷交時的協議，亦與《台灣關係法》的精神不符。我方並詢問美方，此舉是否與美國將與中共簽訂民航協定有關？在台協會覆告這是兩件事並無關聯。但是，孟岱爾八月三十一日在廣州對記者說話則是將兩件事連在一起，可見美方對中共已做承諾。

在這之後，美方對我軟硬兼施，一方面說美方盼望中美間空運業務不斷成長，簽訂新協定可望擴展對美的空運業務；一方面則表示，如我方不同意簽新協定，美方將依十二條的規定通知我方於一年後終止原協定。

美提出嚴苛的備忘錄

到了一九七九年九月十三日，在台協會台北辦事處葛樂士（Charles Cross）處長到協調會拜會蔡維屏主任委員，這次提出的文件不是「非文件」，而是措詞極為嚴苛的一件「備忘錄」（Aide Memoire），在外交上這是一件正式的官文書。這份備忘錄指出我方的答覆有許多基本上的誤解。美方表示正常化時所提，除協防條約外，中美間一切條約協定將繼續有效，其目的是在「非官方基礎上」使雙方很多有益的關係能得以繼續。然而未來雙方實質關係的繼續甚至增進，由於政治現實，需要有若干改變。也就是說，凡現行協定要期滿或要做實質上的變更時，將重行簽訂非官方的新協定。

備忘錄中明白指出美國要與中共簽訂民航協定，而美國設定台灣為了自身利益，也願意在該一民航協定簽訂以前，和美方達成一項替代性的安排。如果兩方面能開始談判新協定並迅速簽訂，則中美間原有的民航協定仍能繼續有效至新協定簽訂之日。否則，美國有意依原協定第十二條的規定通知我方結束該協定。自即日起就是兩個月的諮商期，美方建議在華府進行諮商，可於一九七九年九月二十四日開始。

這項極為嚴苛的備忘錄後面又附了一頁「非文件」。開宗明義指出美國政府不認為上年底克里斯多福代表團到台北來時是進行談判，該團只是對我方說明新的非官方關係的安排。美方始終認為對於現行的條約協定，只要有需要變更，或有新的協定，這些協定都需要遵照新的非官方關係，並由為此目的所設立的非官方單位予以簽訂。

美方這一舉措對我們造成很大的壓力，因為當時中美間空運業務已相當頻繁，而且華航正計畫要開闢台北、紐約間的新航線，倘若中美民航協定終止，對我國造成的傷害，遠超過美國。但是《台灣關係法》第四條第三項明白規定，中美間所有雙邊及多邊的條約協定應繼續有效，直至條約或協定終止為止。這次事件顯然是美國受中共要挾，而以我國權益為犧牲。惡例一開，中共將不斷施加壓力，美國一再讓步，則《台灣關係法》第四條第三項將成具文。我們更擔心的是，倘若與美方簽訂新協定，此一協定屬於非官方性質，僅能維持雙方通航的實質，而不具任何官方地位，因而中華航空公司的名稱可能發生爭執，甚至將來能否與中共的飛機使用同一機場都可能發生爭議。

政府經再三考慮後，決定派交通部民航局毛瀛初局長率團前往華府與美方進行諮商。政府給毛局長很明確的訓令：一、凡原協定有不合實際情形的地方，我方願與美方商討修改。例如原協定中規定美國航線乃以天津、上海、廣州等地為終點，與現狀不符，可以修正。二、原協定必須繼續保持有效，以維持《台灣關係法》的尊嚴。

一九七九年十一月十四日美國參議院外交委員會亞太小組為本案舉行聽證會。克里斯多福副國務卿做證時稱，美國政府仍堅持前議，應由在台協會與北美協調會另訂一項非官方的新協定；但是本案不會構成美國政府對中美所有其他現行條約協定採取相同措施的先例。

就在那天下午，在台協會主席丁大衛（David Dean）將美方擬終止一九四六年的中美空運協定的意願通知書，交給駐美代表處的胡旭光副代表。有鑑於中美雙方正在華府進行談判，外交部發表了一項聲明，對美方此舉深表不滿。

民航協定的中文爭議

毛瀛初局長在華府的談判在十一月十六日結束。他和丁大衛草簽了新的民航協定，這個協定的全名是《北美事務協調委員會與美國在台協會之間（繼承所有先前空中運輸協定）一項空中運輸協定》。這項協定並有一件雙方交換的函件，說明雙方迄至本協定生效之日為止，均不得要求變更為該等經指定之航空公司所使用之名稱、標幟及起降機場。這是我方擔心美方與中共談判民航協定時，中共可能照當年對日本的做法，要中華航空公司更改機場、更改名稱或對機上的國旗做無理的要求。這項新協定使我國在美增加了關島、西雅圖、紐約及達拉斯四個新航點，並使我們獲得延伸至歐洲和中南美洲一處的延遠權。

原來雙方定於一九八〇年一月八日或九日正式簽署，但是我方於一月七日將我們準備的中文本送給美方，卻又發生了對中文用字不同的爭議。八日下午一時丁大衛告知夏功權代表，國務院認為我方將新協定「繼承」舊協定中 to succeed 一詞譯為「繼承」是不妥的，應該譯為「替代」；第八條第一項中於到達一方「領域」時，territories 不能譯為「領域」，應該譯為「地區」。此外，國務院對於我們在約本後面的簽訂日期使用中華民國六十九年也認為不妥，應該使用西元。因此新民航協定無法如期簽訂。

以後的兩個月，中美雙方就這幾個名詞應該如何翻譯，不斷磋商，我們提了許多建議，美方都不同意。二月八日丁大衛明白告知夏功權代表，國務院認為我方的中文用詞都是使新協定具有官方性質。但是在我方，新協定必須送立法院審議，我們的譯文必須正確，不能聽任美方的翻譯。幾經折衝，最後只能用英文本簽訂，依該協定十五條的規定，協訂以英文本為準。這一協定終於在一九八〇年三月五日下午由夏代表與丁大衛共同簽署。

民航協定的簽訂雖然在中美關係上不是最重要的一項問題，但是談判和簽訂的過程卻凸顯了中美雙方嚴重地缺乏互信。

美國因為要與中共簽訂民航協定，而強迫我方將仍然有效的民航協定終止，另行訂定新協定，我方將此看作是美方處處屈從中共的壓力，無視於《台灣關係法》的規定。同時在談判的過程，美國因為盼望及早與中共簽民航協定的時間壓力，對我方處處使用高姿態，用盡一切可用的高壓手段，比如談判已將近結束達成協議時，仍依原協定規定通知我方終止該協定。

而美方則懷疑我方處處設法將雙方關係變成「官方關係」，我方所使用的每一個名詞美方都仔細推敲，務使不帶一絲一毫的官方涵義。美方主要的考量是卡特政府在和中共談判建交時，已對中共做了明確的承諾：美國今後與我國只能有非官方、非正式的關係。可是蔣經國總統在與美方代表團第二次晤面時就提出來今後雙方的關係應是政府關係。美方在嗣後的談判中不斷告訴我們，中美間不可能有官方關係或政府關係。雙方在這一題目上爭論不休，最後只能以各說各話的方式解決。

缺乏互信的中美關係

自從雙方的新關係展開後，美方特別注意我方在形式上或言詞上是否有意將雙方關係定位或形容為官方關係，只要探測到我們有這種意圖時，美方都會以最嚴苛的語調、最不友好的做法來對付我們。

然而就我國來說，我國與美國的關係，由軍購到科技、由經貿到文教，都是非常密切的。如果說這些關係都是由民眾來處理，恐怕沒有人能相信。再加上當時的國會已經不是「一言堂」，媒體的自主性也很強，倘若政府在中美斷交以後，一切逆來順受，唾面自乾，國會和輿論也不能坐視。所以政府在萬難的情勢下，不時還要表明中美斷交後的關係仍然有官方性質；有時也不免期盼雙方關係能有所「突破」。

中、美雙方的立場南轅北轍，彼此之間相互猜忌，對於對方的任何舉動都是從最不利的方向去猜測，久而久之成為惡性循環。我們認為美方處處聽從中共的擺布，在兩岸之間完全袒護中共，對我國視若草芥，甚至對我國的權益全然漠視以交換中共的友誼。而美方則認為我方對當初非官方的協議不認真執行，時時想玩花招，想要表示雙方仍是政府關係，刺激中共，並且傷害美國和中共間還是相當脆弱的關係。就美國的主政官員而言，我國是美國與中共關係的「破壞者」（spoiler），因此對於我國是不斷「修理」，使雙方的關係雪上加霜。

我國首任駐美代表夏功權具有高度愛國心，做事有衝勁，擔任這項工作，實在是非常委屈。他抵達華府，因為代表處沒有外交地位，車輛不能使用外交牌照，就向華府汽車監理處購買了一個「特定牌照」（vanity license plate），是GRC-001，意思是中華民國政府第一號，顯示車輛與一般車輛不同。不料這一舉動刺激了國務院的高官。夏代表是一九七九年五月下旬到任，不斷向在台協會表達期盼早日與郝爾布魯克（Richard Holbrooke）助理國務卿晤面；但是一再要求，全無下文。直等到一年後，一九八〇年五月十六日才由加州民主黨的克蘭斯頓（Alan Cranston）邀約在參院餐廳初次與郝助卿會晤。這一故事可以顯示國務院高官對「官方」、「政府」問題的敏感。

稍後一九八〇年雙十節，洛杉磯市議會通過了在該市舉行中華民國國慶升旗典禮。國務院獲悉後，千方百計要求洛杉磯市停止進行。該市以這是地方議會的決定，聯邦政府不能干預。國務院轉而向代表處施壓，要求我國金樹基處長絕對不能參加。我方權衡此事如不依美方要求，可能造成雙方關係的破裂，忍痛請金處長設法迴避。可是在加州聖荷西市也同樣有升旗典禮，由於事先沒有媒體報導，中共未向國務院施壓，駐舊金山的鍾湖濱處長去參加了。事後媒體報導，國務院也對駐美代表處糾纏不已。

「台灣製造」始放行

根據國務院內官員密告代表處同仁說，范錫（Cyrus Vance）國務卿及稍後繼任的穆斯基（Edmund S. Muskie）國務卿對於我與美國的關係都沒有興趣過問，全交由克里斯多福副國務卿決定。克氏於一九七八年底來我國受到示威群眾的驚嚇，對我國毫無好感。每次部下將涉及我國的案件呈給他核示時，他聽到台灣就立即表示，「涉及台灣，沒有好事，交給郝爾布魯克助卿處理吧。」郝助卿是學人從政，受季辛吉（Henry A. Kissinger）影響很大，認為美國在戰略上必須與中共維持良好的關係以牽制蘇俄。雖然當時的蘇俄入侵阿富汗、美國使館人員被伊朗政府拘為人質，以及波蘭壓制團結工聯活動等案，中共都沒有支持美國，反而與蘇俄站在一邊。我們將各項事實提供美方，希望能變更其「聯中共以制蘇俄」的夢想戰略，但郝助卿的觀念始終認為美國與中共的關係最為重要，不能有絲毫損害。

中共也看穿了美國的態度，對於涉及我國的問題，都用最強烈的方式向美國政府施加壓力，動輒表示兩國的外交關係將降級（也就是召回大使），甚至表示正常化將受嚴重影響（也就是邦交要受影響）。郝助卿對於這種威脅，每次都十分認真地反應，反應的對象就是我們。郝助卿有兩位十分得力的助手，一位是副助卿蘇里文，以後由修斯密（Thomas Shoesmith）接替，另一位是中共事務處長傅立民（Charles Freeman）。這兩位得力助手完全秉承郝助卿的意志，全力推動美國與中共的戰略關係。

我國對於這段時期的中美關係充滿怨嘆，而美國政府的看法則相當不同。依照《台灣關係法》第十二條第四項規定，該法生效後的兩年期間，國務卿應每六個月向眾院議長及參院外交委員會就美國與台灣的經濟關係提出報告。在這些報告中，國務院都提出十分令人欣慰的事實，顯示中美外交關係雖然終止，經貿關係卻能積極開展。一方面我國在斷交後經濟持續快速成長，我國在國際金融機構的債信由「甚佳」提升至「極優」。另一方面中美投資貿易關係也突飛猛進，都以兩位數增加。

不過在貿易方面也不是如此順利。一九八〇年五月國務院通知美國海關當局，凡我國輸入美國貨品，在包裝上標明「中華民國」製造字樣者，不准進口。我國的貨品需標明「台灣」製造，才得入口。這件事可能是郝助卿、修斯密副助卿和傅立民一夥人希望主動討好中共的做法。國會議員於五月二十八日告知夏代表，美國海關總署已依國務院的建議，裁定自一九八〇年八月一日起，我國產品不得再有「中華民國」字樣在標幟上。夏代表與丁大衛交涉，丁表示也許可以延後到十二月三十一日再實施。許多位參議員聽到這個訊息後十分不滿，他們嘲笑卡特政府對中共的討好，並表示照此原則，所有貼用中華民國郵票，蓋有中華民國郵戳的信件也都要退回了。這些批評、指責使國務院備感難堪。六月四日郝助卿就通知史東（Richard Stone）參議員，國務院仍將堅持使用「台灣製造」的標幟，但是在台灣之後加有「中華民國」或 R.O.C. 的貨品，仍然可以進口。

葛樂士勇於突破禁忌

一九八〇年八月二十七日在台協會葛樂士處長來外交部看我，談話一小時多，因為次日我將隨孫院長前往中美洲訪問。那天談話的主題是軍售以及我方對美方頗多的不滿。這是中美新關係建立後，在台協會處長初次步入外交部。我們很小心地處理，沒有發布新聞，媒體也不知道。但是夏代表於九月初與丁大衛談話時無意中透露。丁報告了國務院，郝助卿等三人十分憤怒，急電台北在台協會嚴詞申責葛樂士處長。辦事處的總務組長（政治參事）班立德（Mark Pratt）覺得很冤枉，就將國務院大張撻伐的情形告知北協章孝嚴副祕書長，並說明葛處長認為中美關係十分密切，「一定不可」到官署拜訪實在是不合理的，他正好在九月十八日要回華府述職，而我要到十月三日才回台北，所以在我出國前到外交部拜會，建立前例後，再於返美時向國務院報告，希望能為該院接受，從而漸次改善雙方的接觸。

葛樂士處長是一位正人君子，他在來台北工作之前曾擔任駐新加坡大使和駐香港總領事，中美斷交時他正擔任國務院視察團的成員，奉派擔任在台協會辦事處主任，立即在國務院辦理退休。最巧合的是他在一九四八年入國務院工作，次年外放，第一個職務是台北美國總領事館新聞組的官員，可是他在台北的工作不到半年，因為頂撞一位不講理的上司，就被調往印尼工作。

葛樂士第二次到台北工作是擔任館長，有責任使中美間的非官方關係能夠發展到符合雙方的利益。他自抵達台北以後就和我有很密切的合作關係。他在一九九九年出版了回憶錄《出生是個外國人》（*Born a Foreigner*），書中提到使他的全盤工作能夠成功，關係最大的兩個人，第一個是我，另外一位是時任北協祕書長左紀國的岳父、總統府的馬紀壯祕書長。葛樂士在書中並沒有提到國務院親中共的官員對他的嚴詞申責。我對他勇於突破美方這種毫無意義的禁忌，懷有很高的敬意。我猜想他的總務組長班立德在這一勇敢作為中也扮演了一定程度的角色。

這年另一件使中美雙方發生齟齬的案子，是一九八〇年十月二日夏功權代表與丁大衛在華府簽訂的《中美間特權免稅暨豁免協定》。這一協定於《台灣關係法》生效後就開始談判，經過一年半的磋商才告完成。

中共於簽訂後立即強烈反應，正式向美國政府提出抗議。美方則表示該協定是兩個非政府機構所達成的「私下」協定，美方並無任何提升雙方關係的意圖。但是我國的平面媒體在報導本案時，強調在新協定下，我駐美人員所享受特權的範圍超過了在美國的國際官方組織官員。這種方式的報導，使中共副外長章文晉在十月十五日提高了抗議的程度，找了美國駐北平的伍考克

（Leonard Woodcock）大使正式提出抗議照會。美方非常緊張，立即在中共的壓力下取消了原已同意給予我方駐美人員的若干特權，如在機場保留供外交官及國會議員停車區停車的權利，以及由國務院製發我方人員的識別證。

美官方的七項不滿

國務院由亞太副助卿阿瑪寇斯（Michael Armacost）於一九八〇年十月十一日在丁大衛的辦公室約見夏功權代表，宣讀了一項文件，其內包括七項不滿。同時在台北，葛樂士處長也同時約見協調會蔡維屏主委提出相同的文件。七項中開宗明義說明美國政府致力於與中共修好，因此對於我方明示或暗示中美關係有官方性質的舉措，都有極強烈的反感；而我政府及執政黨似乎有意改變中美雙方非官方實質關係的做法，使整個情勢變為複雜，對彼此都產生不利的影響。

文件中舉出七項事實：一、洛杉磯市議會通過的雙十節升旗並宣布為中華民國日。二、夏代表座車使用GRC-001牌照。三、協調會駐美代表處在華府電話簿的黃色分類簿中，公然在「外國使館」項下刊登廣告並使用「中華民國字樣」。四、《特權豁免協定》簽訂後，《中央日報》披露協調會代表處人員可在華府機場或其他地點使用專為外交官保留的停車場，並由國務院禮賓司發給代表處人員證件，都是無中生有。五、對美國大選有任何期待都是錯誤的；美國與中共修好是既定政策，絕無任何更改的可能。六、我空軍烏鉞總司令擬訪美，國務院不予同意。七、中美間的關係為非官方關係、實質關係，列於《台灣關係法》內，不容混淆。

國務院這項強烈且直率的舉措（demarche）可說是很少有的。國家和國家交往時，最重要的是互信，此時中美間的互信已經很缺乏了。此時我剛由中美洲和歐洲長途旅行歸來，因為重感冒發高燒，在家休養。十月十三日下午蔣經國總統召我去討論此事，表示十分憂慮。我將自己的看法報告，並表示雙方必須要恢復互信。蔣總統很同意，並指示我立即約見葛樂士處長，一切應容忍，雙方互利關係的維持最為重要。

次日我和葛樂士談了一個多小時。他明白指出問題的癥結在華府。我為他詳細述明美方七項不滿的事，大多是想像的，並非事實。例如第五項指責我方對美國大選有所期待，實際情形是一九八〇年八月二十七日下午美國CBS電視網香港記者柯林斯（Collins）來訪問我，問到前日雷根在記者會表示卡特在中美斷交時對行政部門下達祕密指示——限制雙方人員在官署會晤乃是不當的，他當選後會撤銷——我們的看法如何？我簡單說明外國的選舉，我們不能介入，也不能評論。這項節目播出後，國務院和在台協會都向我表示極滿意，這是事實，怎麼能說我們對美國大選有所期盼？葛樂士說《特權協定》中停車和製發證件都是機密默契，未形諸文字，而且協定是十月二日簽訂，為何《中央日報》在一日就能刊出，顯然是協調會代表處高層人員所透露。

葛樂士也表示卡特認為與中共建交是任內重大成就，所以一年多來處處遷就中共；《特權協定》的簽訂引起中共極高層次強烈抗議，白宮和國務院必須對我方施加重大壓力。

一九八〇年是美國的大選年，民主黨方面卡特遭受小甘迺迪（Edward Kennedy）參議員的挑戰；共和黨則是雷根前州長與布希（George H. W. Bush）的競爭。但是布希於五月二十六日公開宣布退出角逐，全力支持雷根，使共和黨呈現團結氣象。相形之下，民主黨內卡、甘兩人不斷相互攻訐。雷根深受共和黨保守派的支持，在早一階段參選時他曾表示卡特總統處理正常化時，對中華民國極不公平，倘他擔任總統將與我國恢復完整的外交關係。不過等到他的提名幾乎已確定時，他的主要外交幕僚艾倫（Richard Allen）在六月二十日公開解釋並修正雷根的立場，他說雷根認為美國應該和中華民國維持某種程度的官方關係，諸如互相設置聯絡辦事處，但是美國無意和我國恢復邦交。

布希狼狽訪大陸

共和黨全國代表大會在七月中旬舉行，最初全美媒體都預測雷根將選擇福特（Gerald Ford）前總統作他的競選夥伴，一方面福特有兩年多擔任行政首長的經驗，可以和雷根的地方首長經驗互補，另一方面福特代表共和黨的自由派，提名他為副總統候選人可以獲得全黨一致的擁護。但是在大會進行到第三天晚上，布希認為大局已定，回到旅館休息時，卻接到雷根的電話，要他趕回會場，並宣布提名他作為副總統候選人。整個轉變是雷根陣營與福特陣營談判合作計畫時，後者要價太高——要主導國家安全會議，要任命季辛吉為國務卿，任命賽門（William Simon）為財政部長。雷根陣營認為如此不啻是福特在當總統，因此決定轉而提名布希。

布希曾在北平擔任美國聯絡辦事處主任，對於雙方關係甚為重視，在被提名後一個月，就在雷根首席幕僚艾倫的陪同下赴日本和中國大陸訪問。啟程前兩位候選人於八月十六日在洛杉磯舉行記者會。雷根指出以往他所說將與台灣重建正式關係，他一貫的主張是在台灣設立官方聯絡處，卻被誤會是外交承認。布希則說明他此去將向中共解釋雷根外交政策目標，對中共的關係不會有任何改變。雖然兩位候選人的發言都是盡量不使中共惱怒，然而，布希在大陸的訪問不但不順利，反而是相當狼狽。中共的宣傳工具在布希抵達時以最嚴厲的語調抨擊雷根。艾倫事後告訴我，布希和中共人民代表大會的人員有一次聚會，由於對方態度非常惡劣，不歡而散。艾倫也說鄧小平在見面時對布希說，美國的《台灣關係法》在中共眼中是「全然無效」（null and void），美國倘若敢在台北設聯絡辦事處，必將有最嚴重的後果。艾倫也說伍考克大使曾為布希舉行酒會，當時與布希有說有笑，可是酒會以後對媒體大肆批評雷根，指責他使美國與中共的關係受到損害。

等布希返回美國，在一九八〇年八月二十五日再度與雷根共同舉行記者會時，兩人都不再提聯絡辦事處的事，雷根只是如上文所提，主張撤銷卡特對行政部門所下的限制性機密命令。

民主黨方面，卡特在八月十四日獲得提名再度競選總統，但是他在接受提名的演說中並無一字提到他最引以為傲的政績——與中共關係的正常化。我們研究他所以不提，一則是他與小甘迺迪參議員間的爭執非常激烈，必須全力對付小甘；一則是他對正常化處理的方式以及對於中美關係的安排不當，使美國國際聲譽以及他個人在美國民間獲信任的程度受到損害。特別是猶裔美人認為卡特今天如此對中華民國，未來亦可能如此對付以色列。所以這項得意政績不如不提。

雖然卡特保持緘默，美國參議院民主黨領袖勃德（Robert Byrd）於八月初赴大陸訪問，國務院特派郝爾布魯克助卿陪同，受到貴賓式的接待。勃德在返美後於參院為中共的立場多次發言，九月三十日在《華盛頓郵報》以「邁向一個中國」（Toward One China）為題發表專文，主張美國政府應該積極鼓勵我方與中共直接商談，以達成中共「促統」的目標。代表處的同仁詢問國會研究服務處沙特（Robert Sutter）研究員，他表示這篇文章實在是郝助卿借勃德的名字所提出的一個試探氣球，如果美國各方面反應好，國務院即將設法推動。不過沙特也指出，在國務院內部持反對主張的大有人在。

十月間代表處的同仁不時與國務院中下層的官員接觸，這些官員表示卡特如當選連任，我國的處境會比過去更差，美國可能逼迫我國與中共和談，他們建議我國政府要放低姿態，更要改善人權、法治和民主方面的紀錄。他們也表示郝助卿雖然不友好，但是他對官僚體系的運作瞭解不夠，所以對我們的傷害不大，對我們最不利的官員是原任副助卿，已調到國家安全會議擔任亞洲事務主任的蘇里文，最近一些使我國難堪的點子，如十月十一日阿瑪寇斯對夏代表「算總帳」的做法，都是出自此人之手。

因應美大選對策

在此同時，根據美國各地所做重要民意測驗都顯示雷根似已領先卡特，但是仍有百分之二十五的選民尚未決定投票對象，同時卡特是現任，仍有其優勢。

所以我和北美司的同仁進行了一連串的腦力激盪會議，分別就雷根或卡特當選，我們該怎麼做加以探討，在大選前兩週分別呈報總統府和行政院。

我們建議如雷根當選，應加強目前已有的以及和他助理間的密切聯繫，對於一切期盼關係改善的磋商都應祕密進行，新聞處理上要格外審慎，以免洩密。我們對於當前關係期盼改善的有：一、是否可能雙邊關係升格。二、改善雙方官員交往的方式。三、忠實履行《台灣關係法》。四、軍售問題。五、增設在美的辦事處。六、雙方所簽協定「中文本」問題。七、助我改善國際地位。

倘若卡特當選連任，鑑於近兩年來雙方關係的困擾，我們建議對若干原則性的問題不如使其懸而不決，以免發生齟齬或猜疑。我方應致力於實質關係的加強，也就是避虛務實。此時更應加強與國會和地方政府的關係，以使其能在中美關係上有若干潤滑作用。

十一月四日美國大選投票，由於油價上漲、政府赤字造成通貨膨脹，對在任者不利，因此雷根獲得壓倒性勝利。卡特在四日晚間九時半就致電雷根致賀，十時半正式向全國發表談話承認失敗。共和黨在參院中增加十二席成為多數黨，在眾院也增加了三十三席，但仍是少數黨。民主黨的很多名人都落選，如伍爾夫（Lester Wolff）眾議員，參院外委會主席邱池（Frank Church）、麥高文（George McGovern）等。

雷根當選，我國人都十分興奮。我政府人員在三年來深受卡特政府的高壓對待與折磨，更是舒了一口氣。孫院長告訴我，他在十一月五日中午獲得雷根當選的消息，高興之餘，在家中開了一瓶酒，和孫夫人舉杯相賀。行政院也囑咐外交部和新聞局就今後中美新關係如何加強提出擬議。孫院長於十一月十日將「加強中美關係策略計畫綱要」一件呈給蔣總統，這件報告共十五頁，一至八頁「情況分析」由新聞局主稿；九至十五頁包括「工作目標與重點」、「工作方法」和「結論」由外交部撰寫。仔細閱讀這一報告，新聞局撰寫部分較為樂觀，其中指出：「我們經過長期的忍辱等待，終於等到了一個對我們基本上極為友好的美國總統，和一個對美國外交政策具有重大影響的友我參議院。如果說韓戰是我們國運發展的第一次轉機，則此次美國大選，應是千載難逢的第二次轉機。如果我們相信事在人為，則應主動積極把握此一機勢，在對美外交上有所作為，包括盡力提升中美雙方關係的形式與性質，以及實質的好處，如取得充足的軍售如F-16戰機等，以保反共基地的安全，進而設法修改《台灣關係法》，改善中美關係，以奠定我們國家長久生存之基礎。」

至於外交部的觀點則相當持重：「鑑於其就任後，可能面臨之國內外複雜情勢，在中美關係上一時或難做大幅度之改變。在此情況下，我自宜審慎將計，萬不可持有依賴僥倖之心理，庶免因應不慎，影響今後四年改善中美關係之機會。」外交部的建議中特別指出，「新聞發布必須與我對美工作策略計畫密切配合，尤須避免張揚、洩密，對於我不利之報導。」

新聞局和外交部都建議，在一九八一年一月二十日雷根就職以前，應派妥人選去美國與其幕僚及可能進入新政府的人員密為聯繫。

善變的國務卿海格

這個報告呈上去以後，蔣總統於十一月十三日上午召見我，詢問對該報告的意見。我特別強調美國雖有新總統，但是國務院的職業官員仍然在位，我們不宜有過高的期待。未來國務卿的人選非常重要，我們最好步步為營，不要好高騖遠。蔣總統對報告中建議派員赴美也很贊同，提議可由協調會蔡維屏主任委員、新聞局宋楚瑜局長和研考會魏鏞主委前往。兩週後葛樂士處長為感恩節舉行餐會，他特別向我建議對於雷根不能提太多要求，最好列出優先次序，逐項提出。我們的觀點是一致的。

雷根於十二月十六日提名前尼克森總統（Richard M. Nixon）的幕僚長及北約聯軍總司令海格（Alexander M. Haig, Jr.）為國務卿，在此以前美國媒體已廣泛報導海格積極爭取此一工作。據說他為了獲得此一工作，曾向保守派的赫姆斯（Jesse Helms）參議員保證，他將徹底整頓國務院，引進保守份子。他也獲得高華德（Barry Goldwater）參議員和共和黨參院領袖貝克（Howard Baker）參議員的支持。

不過在一九八一年一月十日參院外委會為他的任命舉行聽證會時，他的言論就和一個月前有相當的轉變。加州的早川（Sam Hayakawa）參議員問他是否將執行雷根改善與台灣關係的政策主張時，他說尚未和雷根談過此事，他將與雷根討論此事是否適宜。一月十二日赫姆斯問他是否將以F-16戰機售予我國，他就顧左右而言他。在參議院通過他的任命後，他指派也是軍校畢業、曾任駐新加坡大使的何志立（John Holdridge）擔任負責亞洲太平洋事務的助理國務卿。

美阻止我參加雷根就職典禮

雷根一九八一年一月二十日正式宣誓就職。華府許多友人紛紛表示我們應該有些重量級人士去參加。獲得慶典委員會邀請函的有執政黨蔣彥士祕書長、台灣省林洋港主席、台北市李登輝市長等多人，台北的媒體也大幅報導，引起中共向國務院強烈抗議。一月十三日丁大衛邀胡旭光副代表午餐，在座有新任國家安全會議資深官員李潔明（James R. Lilley）。丁表示他代表何志立以及他的長官，李代表布希副總統，希望蔣彥士等要員不要參加就職大典。我接到電報立即報告總統府馬紀壯祕書長轉陳蔣總統。稍後朱撫松部長由行政院會回來，要我轉告蔣祕書長可以私人身分參加；林、李兩位尚未啟程，可用國內公忙理由，無須赴美。當胡副代表把這項決定告知丁大衛時，丁說他有「如釋重負」的感覺。

可是過了兩天，一月十七日上午葛樂士處長緊急要求和我晤面，只是轉達一句話，他奉新政府高層官員指示，要求蔣祕書長切勿參加大典。次日是星期天，傍晚時蔣總統叫我去，要我告知胡副代表在華府當天下午（也就是十小時後）通知丁大衛，蔣祕書長無法參加大典，同時請蔣即時住入醫院。這時候蔣祕書長在華府確實有重感冒，由他的好友高資敏醫師診治，所以入院治療並不是「政治病」。

雷根新政府剛成立，中美雙方就為了參加就職典禮事弄得頗為尷尬。在這裡我想提一下，國內許多人認為參加慶典是很榮耀的事，不知在美國這個國家，就職大典只是一個法定形式，除了宣誓以外，只是新任總統發表一篇未來施政方向的演說。就職大典的邀請函是做人情的，國會議員可以向大典籌備委員會索取送給自己的親友。這年我也收到幾份邀請函，印刷十分精良，我保存了一份，過了二十多年還是很漂亮。但是拿了邀請函只是就職當天可以在華府的賓州大道上站著聽典禮台上的演說，遠不如在家中看電視來的清楚舒服。其他就職大典期間的餐會、酒會、舞會、演奏會都要由主辦單位另發請帖。縱使收到請帖，到了會場也無法和新任總統、副總統伉儷見面談話，因為辦這些會的人，都是新任官員的至友，他們在那兩天晚上必須馬不停蹄地一處處「走攤」。到了一個會場，主人一定像捧鳳凰般陪了這四位新貴在會場中周旋一下。到底見到了哪些人，拉了誰的手，誰說了什麼，在那亂哄哄的場合中，四位新貴必然是一片模糊。客人們是要等四位新貴離開會場後，才能真正享受主人為他們所準備的食物或娛樂。

不管如何，新政府的國務院有了一位強勢的國務卿海格。他非常霸道，堅持每週要有數次與雷根單獨會面討論外交事務。這就是表示雷根本人的外交幕僚艾倫是無緣參加的。雷根在那年已是七十歲，過去對於外交問題接觸不多，在加州州長任內也是充分授權，對政策問題並非十分深入。在此情形下，海格在外交方面大權獨攬，在中國問題上他和他西點軍校的同學何志立助卿的基本立場和卡特時代的郝爾布魯克助卿相似。他們都認為美國在戰略上最大的威脅來自蘇俄，蘇俄和中共已發生全面的對抗，基於「敵人的敵人就是朋友」的考量，他們把中共視為對美國戰略利益有貢獻的一員。因此對於中共的要求，盡量予以滿足，以避免中共與蘇俄復合。這段時期，中共主政者鄧小平和主持外交大計的黃華與吳學謙，都充分瞭解美國外交當局的考量，只要遇到與我國相關的事件就大聲抗議，以降低外交關係威脅，每次都是十分有效。這點稍後在第三十一章將有詳細的敘述。海格在他的任命聽證會時曾說過這樣一句話：「保護台灣安全最佳方法是美國與中共保持良好關係。倘若中共沒有感到其領土完整有任何威脅，將繼續容忍台灣之存在。」可見他贊成發展美國與中共間良好的關係。

新政府有如此的外交團隊，難怪雷根執政以後最初兩年，我們想改善與美國的關係是很難實現的。但是我國行政部門的若干首長以為雷根來了，他是一個誠實的人，以往競選時要大幅度改善對我國的關係，現在是兌現的時候。這些首長在接見美國記者時不斷表示要提升雙方的關係，美國應該以最先進的武器出售給我國；他們也主張要全面拓展對美關係，「用多少錢都不在乎」，這些話經過媒體的報導，當然引起中共的嚴重不滿。

駐美夏功權代表在新政府就職後八天就見到何志立助卿，這是較郝助卿時代的一項改進，但是何氏開宗明義就告訴夏代表，希望我們忍耐，他明白點明，我方許多公開對於新政府期望的發言，已經為美國造成困擾。我們所期盼的各項問題應該靜靜地改進，避免公開陳述我們的真實意向。

蔡維屏出任駐美代表

在此同時，我政府高層也考慮更動駐美代表。在我代表參加就職大典的爭執達到最高潮時，朱部長在一九八一年一月十七日告訴我，上面考慮更動夏代表，可能由蔡維屏主委去接任。兩週後朱部長就囑我就夏代表轉任駐烏拉圭大使、駐美代表由蔡維屏接任的人事案簽報府院。這項人事案也許是因為適值農曆新年，拖了三週才奉核定。我在二月二十五日會晤葛樂士處長提出徵求同意，到三月九日他告訴我，同意已收到。不過蔡代表過了兩個月，直至五月中旬才履任。

在這段時間，新政府對我國沒有任何新舉措，代表處的同仁與國務院和國安會的官員會晤時，美方多表示雷根上任以來對台灣問題沒有下達任何指示，大概他以全部時間處理國內經濟復甦的問題以及對蘇俄的關係，因為當時的三大熱門問題：俄軍入侵阿富汗、伊朗政府挾持美國在德黑蘭大使館的人質案，以及蘇俄干預波蘭內政，都是與蘇俄有關，因此無暇顧及其他的外交問題。

雷根總統的內心始終是對我國有好感。一九八一年三月二十日美國保守政治行動委員會等團體舉辦向雷根總統致敬餐會，當天夏代表因事未參加，由胡旭光副代表前往。餐會前有一小型酒會，沒有媒體在，胡副代表經艾倫國安顧問介紹與雷根總統見面，雷氏態度非常愉快，向胡副代表說他曾經二度訪華，對於我國有深厚的友誼，請胡副代表向蔣總統及中華民國的人民致候。可是，十一天後雷根在華府希爾頓飯店遇刺受傷，對於改善對華關係又要暫時擱置。

然而在六月中旬海格國務卿要去中國大陸訪問。早在三月十三日《華爾街日報》已刊載該報華府分社外交記者豪斯（Karen Eliott House）的一篇專文，題目是：「海格掌控外交政策的戰略」，文中提到在中國政策方面，雷根是傾向台灣，但是這一政策不是海格所主張的，因此他說服了雷根，在一項徹底的全盤檢討完成以前，先不要做任何決定。

美國解除對中共的武器禁運

海格的大陸之行，是在美國國內對於《台灣關係法》和美國與中共的《建交公報》究竟哪一樣優先發生辯論之際，他表示此行要澄清與中共關係的疑雲，並設法注入活力。在一九八一年六月十六日，他即將結束三天訪問時，在北平舉行記者會，宣布美國願意解除對中共銷售具有殺傷性武器的禁令。當時是以逐案考慮的方式對中共出售軍、民雙重用途的精密科技設備，以及若干軍事輔助裝備，如C-130運輸機、直升機、卡車、通訊器材、早期警報、雷達系統等。卡特政府曾一再重申不以武器出售中共，所以這項宣布已超越卡特時代的政策。

海格在記者會中也宣布，美國將安排中共副總參謀長劉華清於一九八一年八月率團去美國洽商武器採購事宜。甫於一個月前抵任的蔡維屏代表看到記者會的內容，就向丁大衛表示嚴重關切，丁則答覆對於詳細情形並不瞭解。然而美國國會的反應並不強烈，不少議員向我們表示中共缺乏外匯，購置武器有其限制，此外這一發展對美國售我武器有利。

海格一行返華府後，何志立助卿於六月二十八日向蔡代表簡報海格訪問的大概情形。第一天雙方廣泛討論國際戰略問題；第二天是討論雙邊問題，提到美國與我國關係時，黃華用詞相當強烈，一再對《台灣關係法》表示不滿。海格說明該法是美國的法律，政府有執行的義務。黃華說台灣海峽現時十分平靜，美國無理由向我出售武器。

中共方面也明瞭海格訪問，將使其獲得不少利益，為了不過分刺激蘇聯，《人民日報》在海格離開北平的當天（六月十七日），就撰文呼籲蘇與中共締結和平解決邊界問題的新約，並強調中共並未關閉談判之門。文中也說，「我們需要一個長期的國際和平環境，需要和平安寧的邊界。這就決定了我們繼續奉行和平的睦鄰政策。」

我們國內對於雷根政府就職半年來的沒有任何動靜，而海格則去大陸送禮，感覺到十分不耐和不安。蔣經國總統觀察到這一現象，特別於一九八一年七月十四日上午十時，在總統府邀了嚴前總統、孫院長、司法院黃少谷院長、袁守謙中常委、黨部蔣彥士祕書長、安全會議沈昌煥祕書長、總統府馬紀壯祕書長、國防部高魁元部長、宋長志總長和我十人，先要我將約半年來的中美關係做一報告，接著蔣總統說白宮曾透過非正式管道多次表達重要意見，歸納起來共有七點：一、雷根希望蔣總統瞭解，美國的對華政策和其他政策都有作業時間表，將依次推動。二、雷根競選時所宣布的政策並未變更，也不會變更，最近且曾進一步重申此態度。三、台灣所需要的東西（並未指明）將可得到。四、美國的政策需要溫和派、自由派和保守派各方面協調決定。五、美方不希望造成中華民國與雷根間有不和現象。六、每人手中都有鈴，不希望將鈴耍得太響。七、希望我國能追求問題的實質解決，而不要注重形式（如堅持使用中華民國年號，而不用公元）。蔣總統說由以上七點來看，現在最需要的是耐心，他準備於七月十五日的執政黨中常會中，對中美關係發表一篇公開談話，今天聚會要聽大家的意見。十位中有七位多少對談話稿表示一些建議，都是文字表達方面的。蔣總統要我整理好以後，他又對媒體的做法表示不滿，特別提到：「現在連中央社也在趕時髦。」他具體表示，今後軍售問題，不論有利或有弊的消息，都不要刊登，因為美國太擔心這件事，到了可以發表時政府自會發表；另外，媒體對於白宮及國務院的人事不要隨意猜測或批評。

第二天這篇談話發表了，其中最重要的一段是：「我們要瞭解目前美國政府有許多急待解決的問題。因此我們必須一本既定的政策和原則，以最大的耐心與毅力，一點一滴去做，相信今後中美兩國共同有利的關係，必將隨時間逐步改進。」這篇談話，美方反應非常良好，都認為是對雙方關係裨益良多。

雷根政府釋出善意

過了一個多月，八月二十五日晚間七時半，白宮國家安全顧問艾倫、主管政治事務國務次卿史托賽爾（Walter J. Stoessel, Jr.）、何志立助卿、國防部國際安全事務代次長阿米泰基（Richard Armitage）、國安會李潔明主任、丁大衛和蔡代表、胡旭光副代表、張彼德副代表及溫哈熊採購團長於在台協會有很長的談話，也是雷根政府在執政七個月後對我國政策的檢討總結。

艾倫首先代表雷根表示他對在台灣的友人有很高的敬意，他也有一項口信要轉達給蔣總統，簡言之，他有意改善關係並改進交往的方式。不過這項關係是非官方的，因此雙方必須遵守一些基本遊戲規則，美國將恪遵《台灣關係法》的全部，其中表示台灣的未來必須是以和平方式決定，如果發生其他方式，將引起美國的嚴重關切。蔣總統七月十五日中常會的談話使吾人深深感激。

接著史托賽爾次卿表達了十項決定：一、我國高級官員前往美國將受到熱烈接待和禮遇。二、關於雙邊關係的任何問題，我方代表處人員都可經由在台協會安排與國務院官員會晤商討。三、代表處人員可經由在台協會安排前往貿易特使署、輸出入銀行、農業部、商務部及能源部與工作階層官員（科長）晤談。四、稍後如無媒體披露，可擴展到其他部會。五、與高級官員的會晤仍由在台協會安排在機關以外進行。六、美方在台灣的在台協會人員，可在無報導的前提下前往貴國科學、文化、商務與經濟單位訪談。七、如有需要，美國工作階層官員可前往台灣協助民航、紡織品及科學方面的談判。八、美方計畫使協調會在年底設立波士頓辦事處，但切勿做任何事先報導；如果本案進行順利，其他各地辦事處可在來年逐一恢復。九、美方有關戰略與傳統情報的簡報可能予以擴大。十、軍售問題（在第七章再予敘述）。

這項重要談話的第一項表示我方重要官員可以前往美國。事實上，參謀總長宋長志曾於稍早赴美國訪問；不過此處美方似乎暗示我可以前往訪問，因此蔣總統指示我要盡快前往美國。正巧行政院對外工作會報的中南美地區工作會報將於十一月下旬在哥斯大黎加舉行，我已奉命前往主持，所以特別安排提早一週去華府訪問。

核能研究解凍

就在此時，《錢復回憶錄》卷一第二十一章所敘述的中美核能談判又發生了新問題。一方面是雷根新政府在核能政策的做法上與卡特時代不同，對於商用核燃料的再處理不予阻止，也使快滋生反應爐（fast breeder reactor）計畫重行啟動。另一方面，美方一如中美民航協定，盼望由在台協會與協調會重新簽訂中美核能和平用途合作協定，國內的核能單位認為是將以往在一九七七年五月及一九八〇年三月兩度對我方所要求的祕密諒解，對我國核能研究做種種的約束和限制予以解脫的最好機會。因此中科院核能研究所經由國防部呈請孫運璿院長主持一項有關中美原子能和平用途協定現況討論會議，並且建議由我來主持此一問題的專案小組。

孫院長於一九八一年八月三十一日召集有關首長商討，會中決定設立平安專案工作小組，由台電陳蘭皋董事長、國防部參謀次長葉昌桐、原能會祕書長鄭振華、核能研究所錢積彭所長、周仁章副所長、協調會朱晉康祕書長、外交部國組司王飛司長和我參加，設法統籌運用一切可行方法、途徑和力量，促使美方將以往極不合理的祕密諒解取消。

平安專案小組在我主持下於九月上、中旬密集地舉行了三次會議。參加的同仁都非常努力，在會議以外的時間做了許多研究和準備工作。我在十月九日將專案小組研商結果簽報給孫院長：一、取消中美間妨礙核能和平用途發展之「限制條款暨補充規定備忘錄」。二、我國核能七、八號機組向歐洲或仍向美國採購之利弊分析。三、中華民國絕不發展核武器之立場（此文件已在九月二十一日先呈，供孫院長於九月二十三日立法院院會答覆立委質詢，作為我政府正式官方立場）。四、我國絕不發展核武器之理由等四項文件。以後孫院長指示我於十一月赴美訪問時與美方研商。

我於一九八一年十一月十五日去美國華府訪問一週，這是四年半來初次赴美，因為美方表達相當的善意，朱部長特別指示內人和我同行，這是我們初次奉派共同赴美國訪問。內人在十一月初，因為右腿膝蓋內側有脂肪瘤，承婦幼醫院陳炯霖院長安排在該院由陳一弘醫師動手術切除。啟程時手術剛兩週，因此機場還安排輪椅。

關於核能問題，我在十七日中午在下榻的四季旅館約美國核能管制委員會主席派萊丁諾（Nunzio J. Paladino）和國務院主管核能事務副助理國務卿馬歇爾（Marshall）等若干官員餐敘，有相當長時間的商討。美方對台電核能四廠七、八號機開國際標甚表關心，盼我國仍能同意由美廠商提供。我說該案的價格標正好是當天開標，全案可望於五、六週內決定，此次有美、法、德廠商參與競標，我方將以公正態度決標。我同時表示過去四年半時間，中美雙方曾就核能問題簽訂二項對我甚為不利的祕密協定，一是一九七七年卡特政府以高壓手段迫我接受極不合理的六項《限制條款》，另一是一九八〇年強迫我方接受的六點「補充規定」，這兩份文件使我為和平目的核能研究與發展受到嚴重的限制與妨礙。美方時時以停止供應我核能發電所需的核燃料為威脅，我相關機關至今餘悸猶在。此一情勢如不予糾正，對今後中美核能合作甚為不利。美國曾於一九八〇年一月提出中美核能新協定稿，但因其內仍包含上述限制條款，我方迄未答覆，竭誠盼望美方考慮在新協定中取消此等限制條款，使我方能順利進行各項和平目的的核能研究。

我的陳述獲得在座美方官員的同情反應，但是他們指出美國國會方面亦有相當的影響力，希望我們在國會方面用力。他們也表示盼望就我所提的各點與我方專家做進一步交換意見。很難能可貴的是派萊丁諾主委同意我方看法，認為《限制條款》中有若干規定是相當不合理，倘有可能應該予以更改。但是他也坦白表示對於已燃燒過的核燃料再處理工作不可能同意我國單獨進行，也許可能以區域合作方式來進行。

我返國後得到代表處的報告知道，由於我的陳述，美方對我核能發展有不再採取緊迫干預的跡象，例如我核能研究所的「台灣研究反應器」改裝，美方就表現了相當的善意。

除了核能部分的洽商外，我赴華府之行是低調保密的，沒有任何新聞報導。因為如此，美方的安排是相當認真，和三年半前雙方仍有邦交時所會晤到的官員層級並無太多差別。美方還因為三個原因未能做更高層次的安排表示歉意，三個原因是：一、我抵華府時正好國家安全顧問艾倫陷入日本商社行賄的醜聞。二、國會對預算拖延不決，各首長忙於疏通。三、若干與我國業務相關首長因公出國。

參觀中情局

這次訪問中，我過去的老友，前進出口銀行總裁凱西（William Casey）改任中央情報局局長。他主動要邀我去該局晤談並餐敘。我自幼對該局的神祕性就有高度好奇心，到華府後知道第二天上午就要去有名的蘭利（Langley），感到十分興奮，晚間很難入睡，不知道這個全球聞名的情報機構真面目是怎樣。

第二天十六日上午中情局派車來接，蔡代表和胡副代表陪我前往，沿著波多馬克河（Potomac

River）向北走，過了鐵鍊橋（Chain Bridge）到了維州，走不久就到了中情局。由大門進去看到許多大樹，看不清楚營區的分布，走了不到兩分鐘就看到一幢五層樓的房子。我們的車子直接駛入地下室，停在電梯旁，有該局同仁帶我們乘電梯直達頂樓。凱西局長率領了東亞處長斯來弗（William Sifler）、中國科長葛里斯（David Gries）、國家情報研判委員會主委羅文（Harry Rowan）教授，以及該局經常來華向我們做簡報的海英曼（Heineman）等共同接待。先由羅文教授就美國所獲得對我國有關的情報做簡報。他們也問了我不少問題，包括國內選舉、中共對我方的統戰、大陸內部的政治鬥爭和經濟發展。我也利用機會說明，由於美國對我軍售久懸未決（有關軍售問題將在後面章節進一步敘述），使我國經濟發展頗受影響，投資意願減低，政府收支出現赤字。軍售不僅能確保我國安全，更能增進並改善我投資與經濟環境。凱西等人對這點說明非常重視。

談話結束後我們被帶到附近的局長宴客廳，有兩個餐桌，上面已經布置周全了。我稍微瀏覽就感到不妙，因為桌上放了吃羊肉專用的薄荷凍（mint jelly）。我自幼由於先母的原因，不吃羊肉和蔥、蒜。兩年多前去中東時，我是沙國情報局長的客人，每餐飯都有羊肉，但是都為我另備牛肉、海鮮或雞。今天來到全球首屈一指的情報機構，卻要面對我不能下嚥的羊肉。

開始用餐時，我對所上的湯、沙拉和麵包都盡量吃，等到正菜上來果然是羊排，這在美國是珍饌；除了羊肉外還有烤洋芋、紅蘿蔔和青菜。我將所有蔬菜一一吃完，再將羊排切成小塊塞進烤洋芋的錫紙所包的皮內，看起來好像都吃完了。但是事後大概是被發現了，因為一年二個月後我奉派赴華府工作，抵任後不久，凱西局長又辦了同樣的敘談和餐會，這次的主菜換成了長島燒鴨。

會見美國高層政要

同日晚間我夫婦和國務院何志立助理國務卿、已內定派來台北擔任在台協會處長的李潔明伉儷等共進晚餐。何氏表示目前我國處理中美關係的做法甚為妥適，特別對蔣總統的睿智表示欽佩。我也提到何氏六月五日在亞洲學會演說時，曾提到對我國將以符合老朋友的尊嚴相待，在我國朝野廣獲好評。我也提到八月二十五日史托賽爾次卿告知蔡代表的十項美方決定，若干項已次第實施，還有一些尚待推動，我方必將按照雙方共同諒解不做渲染。何氏表示他明瞭我方最關切的是軍售，這是一項極為複雜瑣碎的工作，因為程序十分繁瑣，目前國務院該做的都已做完，尚待國防部完成，希望我方能體諒。

白宮國家安全顧問艾倫連日為媒體指控涉及日本商社弊案，每天焦頭爛額，但是由於是多年老友，他在十一月十九日中午在水門旅館餐廳邀我餐敘。他邀了李潔明和接替李擔任國安會資深官員的葛來格（Donald Gregg）參加，主要談的是軍售，他對於每天在他家門外露營的媒體已感到十分不耐，但是他對自己的無辜是很肯定的。

在國會方面，由於我方多年的經營，因此雖然此期間國會每日集會時常拖到午夜以後，各重要議員仍能抽暇會見我。參院方面見到外交及軍事委員會主席、亞太小組全體成員、小甘迺迪、共和黨總主席賴克紹（Paul Laxalt）參議員、杜爾（Robert Dole）等。眾院方面包括奧尼爾（Tip O'Neill）議長、兩黨正副領袖、外交及軍事委員會主席，此外尚二度與該二委會十數位眾議員作一小時以上的長談。

每次談話時我都詳述我政府願與美國維持友好關係的意願，也說明蔣總統在一九八一年七月十五日在中常會的談話，以及雷根總統於一九八〇年八月二十五日在洛杉磯演說，保證充分履行《台灣關係法》，構成今後在大環境未變更前中美關係的指導原則。中共領袖不斷對美國政府首長改進中美關係，或對我軍售、或履行《台灣關係法》的言論多加強烈抨擊，這在一方面是干預美國內政；另一方面《台灣關係法》及對我軍售都是卡特政府時所決定，當時中共並未如此強烈批評，在雷根政府擬依法實施時大肆攻擊，顯係對美國現政府的差別待遇。美方國會以及行政部門人士對我的剖析都表贊同，並向我保證必將忠實履行《台灣關係法》，繼續改進中美關係。

但是美行政部門人士也告訴我，美國本身國防力量不足，必須藉中共牽制蘇俄的擴張。我也向他們說明雖然在中蘇邊界上，中共是讓約五十師的蘇聯部隊駐紮在那裡，但是中共是否真有實力來承擔美國期盼的戰略責任，是可以推敲的。美國想要維持世界和平，需要充實盟邦的力量，加強與盟邦間的合作關係才是正辦。

我在美國訪問時正好我國對美特別採購團剛結束任務，而中美／美中經濟促進會的聯合年會也順利舉行，所以遇到的國會議員對中美經貿關係都很滿意。我也利用機會說明我方致力平衡中美貿易失衡的誠意。

我在美國訪問時目睹美國經濟的困難，失業率急劇上升已達百分之八，預估一九八二年四月可達百分之九點五；國會與行政部門對預算案無法獲致共識；雷根所任命的預算局長對雷根所倡導的「供應面經濟」（supply side economy）無法認同；艾倫廣受媒體攻擊等，都是政府難以克服的問題。這些問題的繼續存在，使美國政府無法依照自己所訂的日程進行各項施政計畫。中美關係的改善是此等計畫中的一項，難免也蒙受影響。至於國會方面，由於我們多年來不斷的經營，對我國尚屬友好，但是美國人善忘，我們必須持續努力，使此種良好關係得以維持。

我在華府度過了很扎實的五天，十一月二十一日我飛往休士頓，晉謁蔣夫人，在《錢復回憶錄》卷一第十八章已有敘述。我在二十二日由休士頓轉往哥斯大黎加首都聖荷西主持中南美地區的工作會報，將於本書第五章敘述。

我在十一月三十日結束旅行返回台北。第二天清早蔣總統就召我去垂詢此行經過，慰勉有加，特別對於蔣夫人所表示對他關懷的至意，我可以清晰看出他的感動。他也提到政府在我出國期間有相當程度的更動，他問我有何看法。我很坦率地報告，外交部和經濟部必須密切配合，現在張光世部長離開，今後的配合情形，可能不如與張部長的順利。他聽了許久不語，以後喃喃說，這是伯謀（馬紀壯祕書長的號）的意思。因為當日是外交界老前輩葉公超先生飾終之禮，我不敢久留，辭出以前，蔣總統似乎自言自語地說了一句：「今後美國的情形不能樂觀。」我當時沒有能體認這句話的意思，不料四十天後，這句預言真的實現了，而且不只一次。

軍售案生變

一九八二年一月十日星期日，這天晚上國務院亞太副助卿修斯密找了蔡代表和胡副代表宣讀雷根總統對蔣總統的口信表示，美倘以高性能戰機提供我國，將使美與中共關係惡化，甚至可能斷交，因此對我方要求無法同意，但是目前中美共同生產的F-5E生產線可以繼續維持。美方同時表示我擬在波士頓恢復辦事處可以進行，但不得於三月底前公布。以上各節將於一月十一日中午白宮記者會宣布。

蔡代表得到訊息後立刻打電話給我，當時我正在行政院參加早餐會，立刻向孫院長報告，並約了馬祕書長、沈昌煥祕書長和朱撫松部長來研商，並由馬祕書長向總統報告，另外要我在中午約剛抵達台北履任的李潔明處長洽談。李氏對此亦感十分不安，但是他勸我們不要過度反應，因為他預見中共對於F-5E的繼續合作生產也將有強烈批評。一月十一日下午四時半蔣總統召我到七海官邸，由我做詳細報告，他要我擬一個針對當天午夜白宮宣布的新聞答詢稿，特別指示措辭平靜不要太強烈。

一九八二年一月十二日一早總統找了孫院長、馬祕書長和黨部蔣彥士祕書長與我對新聞答詢稿再一次審核。孫院長建議增加一句：「美政府有關機關認為我國不需要高性能戰機，對於這種觀點我國不能同意。」獲得大家一致同意，因此我們很快就對白宮的宣布有了反應。

雷根致中共三函件

四月二十日布希副總統的助理蓋瑞特（Thad Garrett），也是我們的好友，來告知副總統不日將有亞洲之行，可能於五月四、五兩日訪中共。他說布希本人並無意願，但是中共主動要求，國務院也在積極推動。過了六天，李潔明也告訴我說布希將去大陸，他知道我們擔心聯合公報，明白說雖然是官式訪問，但將不發表公報。訪問的主要目的是與中共交換意見，並不進行談判。我對他說既然如此，布希實在沒有去大陸的理由，我們對於此行非常關切，特別是李潔明與布希有密切的工作關係，對於他的政治未來一定非常關心。一年半前布希以候選人身分去大陸，受到中共的冷落，一無所成。此次以副總統身分去，又沒有任何議題或是可能獲致任何結果，則一定被批評為另一次失敗，對其未來政治前途必有損害。李聽了我的話後表示同意，他說雷根和布希都沒有訪問的意願，只是海格和國務院在積極運作。

稍後他告訴我，布希將於六、七兩日先到杭州遊覽，八、九兩日再赴北京，之所以如此安排是布希本人的決定，他的意思要各界看到在世界各地緊張情勢中，美國副總統伉儷仍能欣賞西湖的湖光山色，以降低他此行的政治意義。

原是一次沒有太多政治意義的旅行，卻因為布希在五月九日離開北京記者會上說，他這次來攜有雷根致鄧小平、胡耀邦、趙紫陽的三封信，並且公布信函的內容而引起軒然大波。三封信撰寫的時間並不一致，給鄧、趙的信是四月五日，給胡的信則是布希啟程以後五月三日的。給鄧的信中說明「台灣問題」是兩國政府間最困難的問題，雷根保證只有一個中國，美國將不允許美國人民與台灣人民間的非官方關係削弱美國對此一原則的承諾。給趙的信則指出，「我們之間的分歧，扎根於美國人民和居住在台灣的中國人民之間長久以來的友誼。我們支持和歡迎任何和平解決台灣問題的決定。也正因為如此，我們欣賞貴國政府為和平解決台灣問題所採取的政策。」給胡的信中寫到：「在副總統將涉及的問題中，包括美國對台灣出售軍火問題，這是我國政府在邦交正常化時已承認的殘留分歧，我相信只要我們兩人以政治家氣魄和遠見處理這一問題，我們將可以消除這個構成雙邊爭執的問題。」

三函件的應變措施

以上所引的三封信內容引起了我國朝野的震驚。尤其是當時中共不斷對我提出和平統戰攻勢，一九八一年九月三十日葉劍英所提的「九項和平統一建議」雷根竟然表示歡迎。

一九八二年五月十一日一早，蔣總統召我到府內垂詢布希記者會及三函件，我逐一報告後，他立即指示要我草擬一項措辭強烈的反應稿。我下午先約見李潔明，表達政府的不滿，並要求儘速澄清外界可能有的誤解。李說：「你今天的發言是一項強而有力的陳述（powerful presentation）。」他承諾在十日後返美述職時，一定當面向布希報告我方的不滿，並要他設法補救。

當日下午四時，總統邀了嚴前總統、孫運璿院長、黃少谷院長、袁守謙中常委、馬祕書長、沈祕書長會商。總統簡單說明會議目的後，要我向各位大老就本案做詳細報告。接著各大老發言，很多對未來中美關係表示悲觀。經過一百分鐘的會商，決定政府的反應由外交部發言人談話方式處理，另外蔣總統有一封箋函給雷根總統。在會商中總統特別指出，中共在當年（一九八二）三月十五日以外交部名義照會北京各國使館，要求各國政府停止或不再加強與我國的各種關係，這是在國際社會上孤立我們的陰謀；未來中共對付我們一定會在主權問題下功夫，對於美國不僅要求停止軍售，更可能要求修改《台灣關係法》。我們面對這種橫逆，不必怨天尤人，而是要面對各種情況，團結奮鬥，反求諸己。那天會中的大老都比我大三十歲，看到他們的悲壯心情，作為後輩的我深受感動。

五月十三日是行政院院會，我奉命將布希的訪問和三封函件案做報告，之後孫院長和國防部宋部長發言都非常悲觀。會議尚未結束我又被召往晉見蔣總統，蔣總統告訴我後天想邀執政黨中央常務委員舉行一次談話會，要我在會中報告，他也想作一些提示；但是因為連日心情很亂，所以要聽我有什麼意見。我當時就報告，國家的前途要操之在己，因此對於本案無需過於悲觀。倒是今天美國會與中共關係發展到如此緊張，毫無疑問是由於雷根總統對我國友好所引起。自從雷根就職以來，我國不分朝野，大家都有「一心以為鴻鵠之將至」的感覺，對於媒體不斷放出樂觀的言論。不知中共閱讀我們的媒體比我們自己更認真，一看到美國將如何如何幫助我們，就立刻嚴詞抗議。可是目前美國依賴中共對付蘇俄，不能不對中共的抗議虛與委蛇，最後就是我們吃虧。所以最好重要的是：官員少作樂觀的發言，媒體也少作樂觀的揣測。也就是說，說愈多，我們什麼都不容易得到，反之可能得到。總統聽了我的報告十分嘉許。

五月十五日是週末，總統只邀了中常委和蔣祕書長到府內，這與一般常會不同，因為平時常會列席者與出席者的人數幾乎相等。我先奉命做了二十五分鐘的報告，總統接著講話，說得相當重，對於行政首長和媒體一年半來的樂觀揣測予以嚴厲的指責。三位新聞界的常委余紀忠、王惕吾、曹聖芬也先後發言，對新聞界處理相關新聞不當之處，造成對國家的傷害，表示歉疚。總統表示今後對新聞處理，中央應成立一個專案小組，由黃少谷召集，文工會擔任幕僚工作。但是很可惜這個小組似乎並未聚會過。

駐美蔡代表也就此事向丁大衛主席表示，過去美政府多次表示美絕不介入兩岸間的問題，現在所公布的函件中則對中共統戰的做法表示歡迎。美過去一再說不以FX戰機提供我國是因為我們無此需要；而函件中則說由於葉劍英的九項建議，甚為重要，所以不售我FX。蔡代表更指出過去美方也曾暗示布希去北平時將攜有雷根的函件，其作用是倘美與中共有關軍售的談判破裂，將予公布，以便向美國朝野有所交代；現在雙方並無破裂，為何公布？丁氏對這些質問都無法答覆，只頻頻說，實在不幸，他也表示今後美國對我的軍售將會困難重重。

稍後國務院的官員密告我代表處，這三封函件都是該院中共科的羅樸（William Rope）科長和郝扶東（Scott Hallford）副科長所擬，本來只有致鄧小平和趙紫陽的兩封，是經由外交途徑遞交中共方面；對方表示還應該有一封給胡耀邦的函件，因此又趕擬一函，由布希面致。當這封信致送後，中共立刻加以發表；因此美方不得不表示並不是只有一封函件，另外還有兩封，一併公布以免引起更多的困窘。這位官員還附上一句話：「我們又被北京擺了一道。」

到了五月十九日蔡代表見到何志立助卿才瞭解實際的狀況。布希並沒有和胡耀邦見面，而是在和萬里副總理會面時，把信交給萬里；可是當時在場攝影記者尚未離去，看到了這一幕，隨布希訪問的美國記者就追問剛才所轉遞的是什麼文件。布希和隨行人員擔心如不老實說出來，記者一定會認為有什麼祕密協議，因此決定完全公布，也獲得中共同意。蔡代表也利用此一機會重申三函件的公布對我國民心士氣打擊極大，全國輿論譁然，對雷根總統深感失望。

雷根的電傳保證

同一天李潔明處長也在台北賓館向我說明美國對「中國問題」的處理立場並未改變，今後也不會改變。函中所說的「歡迎」僅是中共所採取的和平做法（peaceful approach）；美方無意將軍售案與葉劍英的「九點建議」相連結。雷根總統將忠實地履行《台灣關係法》，美國對我方的軍售將不設定限期，美國將不對我方施加壓力迫使我們與中共談判。

我對李潔明的說明表示謝意。自布希訪問大陸後，美國與中共雙方高階層都表示彼此間獲得更好的認識與瞭解，我盼望明瞭雙方在北京交談時談了些什麼，而使彼此能有更佳的瞭解。李表示並無所悉。我說「你三日後將返國述職，希望能設法澄清我們的疑慮。」

那天談話很短，因為我要陪他去七海官邸晉見蔣總統，轉達雷根總統的電傳函件，這封信中表達他很明瞭我們的關切，也保證他的立場絕無任何改變。關於三封函件和公開地發表，是在說明美國政府將不採取「兩個中國」或「一中一台」的政策，使世人明瞭此項說明有助於祛除中共當局對美國的誤會與懷疑，同時對布希在北平進行談話的氣氛亦有助益；台灣問題將由中國人自行解決，美國唯一關心的是解決應以和平方式為之，函件中提及九項和平建議是在此一立場的前提下所做的。雷根特別保證，美國將不會做出任何企圖影響我政府做自己決定的舉措。

這是李潔明履任後初次晉見蔣總統。總統知道他三日後將返華府，所以表示將有覆函託他帶給雷根。當時也口頭講了五點重要的意見，要李氏轉達美國政府：一、葉劍英的九點建議，主要的目的是要阻止美對我的軍售。二、我對美國的承諾始終遵守。三、中共行為不能以常理判斷，我們必須隨時做好充分防衛準備。四、盼美方瞭解人心的安定最為重要，而防衛周全就是安定的基礎。五、瞭解美政府盼望能增進與中共的關係，但是希望不要以傷害我國為代價。

李氏表示對總統的忠告極為欽佩，也說明在來七海官邸的途中，我曾經將以往與中共談判的經驗告訴他，說明和中共交往絕不能讓步，必須堅定，倘不瞭解共黨的本質，則談判必將失敗。

總統給雷根的覆函仍以對李氏所述的為主，由我在李返美前當面交給他。

高華德為我發聲

這一連串的事看在反共最積極的高華德參議員眼中，自是感到非常不平。一九八二年六月中旬他去看雷根，對他處理中美關係的欠當表示不滿。他也知道雷根只抓大原則，不理會細節，所以常受國務院左右，因此他特別將雷氏就職一年多，美國處理與我關係不當之處歸納成十二項，撰為說帖送致雷根。

高氏所提的不滿有以下各項：一、美於一九八一年八月同意售我軍機零件，但延遲六個月才通知國會。二、美政府不允台灣官員至其部會洽談公務，在台協會職員亦不至我國機關洽公。三、美於一九八一年十二月同意中共建議在嗣後數月凍結對我軍售，俾與中共談判軍售問題。四、自雷根執政以來，除零件外，未批准任何其他軍售。五、雷氏本人於一九八二年一月宣布不以FX戰機售我。六、國務院對某一美公司在台合作生產731飛機引擎擱置一年以上。七、一九八二年五月布希訪大陸，但美國政府官員並未訪問台灣。八、以雷根名義所發的三函件顯示美國對中共的和平統戰做法認為妥善。九、一九八二年五月三日修斯密副助卿稱中共為友好國家，但絕口不談其為獨裁政權並在全球多處進行顛覆行動。十、一九八二年六月一日史托賽爾次卿重申視中共為一友好國家，並說在戰略上與美國無根本的利益衝突。十一、美已宣布將與台灣合作生產F-5E戰機，但遲不通知國會，使生產線有中斷之虞。十二、中美斷交前我在美共有十四個館，目前僅九個。

高華德在共和黨內屬大老級，他的批判，行政部門不能忽忽，由布希副總統函覆，這封信除了對高氏備極推崇外，有兩段非常有價值的文字，值得引述。一段是解釋三函件：「雷根總統寫這三封信不是叩頭，你有如此看法我甚為遺憾，因為你的看法並非事實。我以長達數小時的時間告知中共領導人，雷根總統是個有原則的人，他是台灣的朋友。他會堅持執行美國的法律。他有意與中共改善關係，但是這需要不違背他的原則、承諾、信念和就職時的誓詞。我們要找尋一項程式使美國能和中共有良好的關係，同時仍能維持我們與台灣的友誼。我們明白這不是一件容易的事，而如果你去做你在信中暗示要做的事，會使此事更為困難。」

另外一段是說明美國外交的處境：「還有最後一點——我們在亞洲的每一友邦及盟邦，包括東協、美澳紐公約和日本，都要求我們加強與中共的關係。他們認為這是與他們本身以及我國的戰略利益攸切相關。我們歐洲的盟邦也是如此。」

這封信明白指出，為何一位對我們極友好的雷根總統，就職後無法使中美關係真正改善的原因。

海格下台

幸運的是，深受高華德指責的國務院也在此時更易負責人。原任的海格國務卿，自上任以來一直爭議不斷，最有名的一件是新政府上路不久，發生雷根總統在華府希爾頓飯店遇刺，當時情況很緊張，而布希副總統恰好在德州。海格就進入白宮「狀況室」接管一切，並且對記者說，「我現在是負全責（I am in charge）。」這項狂妄的舉措使雷根的近臣極為不滿。而且依美國《憲法增補條文》第二十五條的規定，如總統及副總統均不能視事，應由國會議長來決定。海格在當時雖是資深官員，理應立即報告議長來白宮坐鎮。他宣稱自己在負全責，除了使人感到他的猴急，亦顯示他雖位居高官，但對自己國家的《憲法》並不夠瞭解。

此次事件由於布希迅即返回華府，以及雷根稍後手術順利痊癒而落幕，不過美國媒體嗣後三不五時就揣測海格要離職。一九八二年六月二十五日我在維也納主持歐洲地區協調會報，晚餐後返回旅館打開當地電視台，正好是用德文報導海格辭職，由我們的朋友，貝泰公司（Bechtel Co.）的負責人舒茲（George P. Shultz）接任。他在五月底曾代表貝泰公司訪問台北。

一九八二年五月二十九日孫院長在行政院設早餐款待舒茲，同席有馬紀壯祕書長、朱部長、宋長志部長、趙耀東部長、李國鼎政務委員和陳蘭皋董事長。在一個半小時的餐敘中，我一再奉孫院長之命將影響當前中美關係的三項問題：軍售、主權、和平統戰向舒氏提出說明，他聽得十分認真，在餐敘結束時特別走到我的面前，向我申謝，並且說如果我能將席間所談寫成說帖，他可能可以向層峰轉達。我回到辦公室口授了八頁的英文說帖，經清稿後於下午他晉見總統時交給他。說帖有三項結論：一、美國對中共主張對台灣享有主權一節應予拒絕。二、美應繼續對我國軍售。三、有關兩岸談判及統一問題美國不宜介入，可由兩岸中國人自行決定。

我在旅途得到舒茲新任的喜訊，立即擬一賀電給他，發給駐舊金山辦事處鍾湖濱處長，請他代為轉致。

在結束本章前，還要對斷交時我方將雙橡園、大使館、武官處辦公房舍三處，以象徵性代價售予自由中國之友協會的後續狀況，做一交代。

市價購回雙橡園

自由中國之友協會是一個非營利性組織，經費十分拮据。取得這三處房屋後的賦稅、安全和水電費用，都不是該會所能負擔。三處房屋的維護費用每年需十萬美元，賦稅年約七萬五千元，保險費年約五千元。該會由於無力支付，又將大使館、武官處二房屋向銀行抵押貸款二十萬，因而每年又要增付二萬四千元的利息。

總之，三座房屋到了協會手中變成了沉重的財政負擔。因此夏代表到任後不久，協會就建議由我政府以每月五千元租金來租用雙橡園，並表示我方如不租用，則只有由協會與房地產業者對雙橡園加以開發興建為七十五戶房屋。

我們對於後一建議當然不能同意；而當時國務院對雙橡園仍擬設法使中共占有，因此我們也覺得租用是否妥當，值得研究。

一九八〇年初協會就以周轉不靈為由，將武官處房舍以二十六萬五千元出售予一家公司，接著又以九十五萬元出售大使館辦公室予海地大使館。照說有了這兩筆大收入，協會的財務應該好轉，但是協會的總幹事柏川（Jack E. Battram）仍是不斷嘆窮。以後我去華府工作，曾要他拿支出的帳目給我看，真是一筆爛帳，家中的人都在協會領薪水。

一九八〇年協會又動雙橡園的腦筋，一下是要與建商合建，一下又要我們以市價購回。何以當初我們是以象徵性價格售給協會，而現在需要以市價購回？這是因為當時中共對於雙橡園仍想攫取。克里斯多福副國務卿曾寫信給霍林斯（Ernest F. "Fritz" Hollings）參議員說，中共表示「帳還沒有算清」。如果房屋土地轉移有不合理的地方，過戶時就可能發生問題。

當時自由中國之友協會取得雙橡園，由於不是外交機構，所以要交土地稅和房屋稅。華盛頓市政府以價值二百七十七萬九千九十九元為課稅標準。因此我們和協會談購回雙橡園也以這一數字為基礎。雙方經過多次折衝，終於一九八一年六月二十三日協議，我方以二百萬美元一年內付清的代價購回雙橡園。但是有鑑於該協會總幹事對前二房屋售款任意支用，我方要求將此款設立基金，以其利息支應活動（當時華府年利率約百分之十二）。因為總幹事常自誇協會在各地都有分會，因此用錢甚多；我們特別要求他在各地辦理自由中國之友徵文比賽，獲獎者可免費來我國旅遊，徵文對象為各地的高中生。整個雙橡園購回的行政手續到一九八二年三月初才辦好。距離斷交時匆匆交出，整整過了三年兩個多月。

第三章 拓展東南亞國家關係

東協五國中就重要性而言，毫無疑問是印尼。印尼戰略地位重要，其外交動向足以影響其鄰近國家，因而是我國對東南亞地區工作最重要的一環。

東南亞各國為我鄰邦，其中馬來西亞於一九七四年與中共建交，泰國與菲律賓則於次年與中共建交。我擔任政務次長時，主管亞太業務，當時新加坡及印尼和我國與中共均無邦交，對於這些國家我都設法與他們的朝野人士廣泛結交，在負責亞太地區工作的三年半期間，也曾多次去這些國家訪問。

新加坡友好往來

當時這五國中和我國關係較密切的是新加坡。李光耀總理每年都會帶一些內閣菁英來我國訪問。他曾多次說，他和蔣總統之間的交誼是非常深厚，他希望新加坡未來的領導人也能藉著每年的來訪，會晤我國未來的政府領袖。

李總理在一九七〇年代來訪時，都由我國國家安全局負責接待，主要原因是他不希望來訪成為新聞。以後他來訪多了，和我們逐漸建立互信，接待工作就由外交部辦理。為了保密，對他的來訪都用「高賓〇號演習」作代號，第幾次訪問就是幾號演習。

早期他嗜打高爾夫球，來訪時我們總安排二、三組打球的首長和他共同揮桿。他的女公子是一位名醫，後來建議他以跑步機和游泳代替高爾夫，因為一方面時間可以節省，另一方面運動量大，可以使心肺功能增強，因此我們一定安排善於游泳和慢跑的警官陪他運動。

李總理和蔣經國總統相知甚深，一九八二年以前，他每次來華訪問，蔣總統都會親自去機場迎送。訪問期間除了邀宴外，一定會找最美麗的觀光勝地，親自陪同參觀，並進行重要談話。因為李總理很早就提倡使用華語，他的說、聽、讀、寫的能力都極強，所以兩位領袖的談話經常是沒有第三者參加。李總理每次來訪一定帶他的機要祕書，通常談話結束，他就會向祕書口述談話內容，做成紀錄。

我在擔任政務次長期間曾多次訪星。第一次是一九八〇年三月六日，由印尼返國途中，在星停留半天與星外部常任祕書納譚（S. R. Nathan）晤談，並應邀共進晚餐。我們那次的談話主題是印尼和沙烏地阿拉伯。因為印尼和星國都未和中共建交，星方對印尼方面常對外放話說星國即將與中共建交，非常不滿。納譚很鄭重表示，此一問題星國絕不搶先。至於沙國當時和星國尚未發展關係，他們知道沙國與我國友好，希望我們能仲介。我建議他們派重要人員訪沙，我國駐沙的薛毓麒大使一定會全力協助。

次年（一九八一）二月底李總理率團來華訪問。二月二十六日晚蔣總統在台北賓館款宴。二十八日蔣總統率我陪同李總理前往金門，我們先後參觀莒光樓、古寧頭、花崗醫院、擎天廳、馬山、民俗文化村、陶瓷廠，前後約六個半小時。抵台北後我奉命陪李總理返圓山，繼續談馬來西亞問題。當時馬來西亞胡仙翁（Huessin Onn）總理健康欠佳，他表示擔心。我向他報告我們和馬國的關係自一九七四年以後就非常不順，請教他有何改善之道。他對馬國外交部批評頗多，認為是癥結所在。

李總理對中美間關係詢問甚詳，並表示他對雷根印象頗佳，可以為我們代為進言。我在他的要求下，將斷交以後的雙方關係、新的美國政府對我們的態度，以及我對美方的期望，做相當詳細的報告。時間過得很快，原來孫院長的晚宴是七時開始，竟因而延後了一小時；奇怪的是談話期間並沒有他的隨從進來報告，這可能是他領導的風格。

一九八一年五月中我又去印尼，十四日經新加坡轉機去雅加達，中間轉機花了兩個半小時。星國外交部禮賓司官員送我先去星國總統府，因為星國總統席爾斯（Sheares）於十二日逝世，靈櫬停在大廳，我進入行禮，並簽名於致哀錄，發現我是第一個簽名的外賓。接著轉往外交部與納譚常任祕書談話一小時，談到星國與中共的關係、高棉問題、法國總統大選、美國情形等問題，這次星方提出盼望我們能協助星國與南非交往，我表示當量力而為；我也提到星國在許多歐洲重要國家均設有大使館，而我方派駐當地人員不易與各國外交部接觸，當時歐洲共同市場各國在外交做法上已有很周密的協調機制，我們盼望星國在歐洲的使節能協助我們同仁多與當地國外交部官員接觸。納譚表示願意配合。

赴星說明中美關係

一九八一年六月上旬我又奉總統和孫院長的指示去星國，主要是希望我能晉謁李總理，針對美國海格國務卿六月中旬赴中國大陸訪問並將參加東協國家外長會議，向他陳述我國的立場，請他為我們從旁進言。

層峰會有這一想法，主要原因有二。一是李總理曾多次來訪，對我國印象良好，曾一再表示願在國際事務上助我；另一方面美國在台協會處長葛樂士曾任駐新加坡大使，深刻瞭解美國決策官員對李總理有關東南亞或其他國際問題的觀點和意見一向甚為重視，認為我們不妨請他協助我國。

在我啟程前先向長官報告此行三項任務：一、洽請李總理為我向美政府反映我對中美關係的看法，並為我進言。二、設法使李總理對我堅拒中共統戰做法的立場能有清晰瞭解。三、就今後我在東南亞努力的方向和做法向李總理請益。對於這三項任務，蔣總統核示同意；孫院長則在第一項後親筆寫了「特別對軍售問題予以說明」。

蔣總統並為我的訪問星國特別準備了給李總理的函件，向李氏祝候，且要我就中星兩國共同關注及符合彼此利益事項有所陳述，「本人對錢次長信任有加，舉凡渠對符合雙方利益事項與進一步增進兩國友好關係之途徑辦法等有所陳述時，均足以反映本人之見解與敝國政府之立場。」這封信中所表達的信賴使我深感責任沉重。

我是一九八一年六月九日赴星，十日全天分別拜訪了外交部長丹納巴蘭（Dhanabalan）、副總理拉惹勒南（Rajaratnam）、外交部常任祕書納譚和李總理，丹納巴蘭外長並於晚間設宴款待。我與外長的談話是以即將舉行的東協外長會議和傳聞中趙紫陽將有星、馬、菲之行為主。丹外長對外長會議的過去與未來敘述甚詳，對於高棉狀況認為蘇、越間已有裂痕；而未來高棉主政者，中共主張由波布（Polpot）及其同路人擔任，星及其他東協國家則反對。趙氏訪星，最初確是只看到報載，但此後中共方面來聯絡，星方建議最好在年底。

我和副總理的談話以大陸情勢為主，他認為大陸內部動亂方興未艾，但是對鄧小平則寄有相當期待，認為未來數年內倘鄧不死，中共不至於有重大變亂；如鄧死亡則必大亂。他亦認為目前中、蘇共的交惡，自由世界可加利用。我向他說過去中共政權成立之初，蘇俄亦以為可利用中共，而後中共對俄援不感滿足就開始反蘇，今日自由世界所能予中共的支助恐不能達到五〇年代下半俄援的程度，何能期待中共之能長久供自由世界的利用？

我和納譚的談話以雙邊關係為主，因為我國早已在星設有商務代表團，現在中共亦將在星設立代表團，訂於七月正式成立。我向納譚表示中共代表團成立，不應允其對我方在星的工作有任何干涉。納譚表示「請放心，我們能分辨敵友，絕不能讓你們受委屈」。

與李光耀談台灣處境

我在六月十日下午五時四十分晉謁李總理，談話五十分鐘，期間他的祕書曾兩度進來表示下個行程已落後時間，他的談鋒甚健，堅持要我續坐。我先將奉層峰核定的三項任務逐點向李總理報告。我特別強調我國居於東南亞及東北亞間的樞紐地位，戰略價值甚為重要。當前我與中共海空軍實力的對比，戰鬥機數量約為一與十，我海軍雄蜂飛彈的射程只是中共溟河飛彈的七分之三，是以為維持我國安定繁榮，並使本地區的安全不致遭受惡劣影響，我必須獲得高性能戰機及魚叉飛彈。我也指出，現在若干亞洲國家認為應結合中共以制蘇俄的想法，以及若干先進國家擬對中共進行軍售，由長期看來將有嚴重後果。

李總理極為認真地聆聽，他接著問到美國與中共建交時是何人宣布仍將繼續售我防衛武器，以及雷根於一九八〇年八月二十五日演講內容，我都逐一答覆。李總理說丹納巴蘭外長將前往參加東協外長會議，他會將我所報告的中美關係內容告知丹外長。李總理亦回憶一九七九年四月他和蔣總統在高雄談話時曾提到，由於鄧小平一再向我們進行和平統戰，而我國所堅持「三不政策」，形成了我國在國際間形象問題，希望蔣總統認真應付。現在經過了兩年多，中共的和平統戰變本加厲，每次提出都獲得國際媒體頭版頭條的報導，我方不予理會則被視為頑固，所以他仍然要重申前議，希望我們政府認真處理。

他對我所陳述的第二項內容表示同意，認為我應該積極向自由世界做翔實說明，尤其要指出中共統戰的手法是欺騙以及企圖吞併我國的做法。李總理指出他所看到的媒體報導中，以蔣總統不久前答覆《華爾街日報》記者的說法，也就是「中共今日對我國的做法就是當年對西藏做法的翻版」，最具說服力。可惜該報的銷售只有一萬五千份，看到的人不多。今後宜多使自由世界新聞界做我與中共對照的報導，尤須注意電視界，縱使有若干我不願見到的報導，亦切勿介意。

一九八二年一月九日我陪新加坡駐華代表鄭維廉前往總統府晉見蔣總統，他報告李總理擬於當年二月十三日至十八日來華訪問，不知是否方便？總統表示極為歡迎。過了半個月即一月二十四日星期日，也是農曆除夕，中午時刻接到電話要我下午四時去七海官邸。我到了以後蔣總統告訴我，他因為視網膜脫落，過了年要動手術，這種手術做完後要有相當長時間休養，過去李總理來，他都親自去迎接、送別，並且陪他赴外地，這次不可能做到，因此想要我過完年後去星國一趟向他說明，以免誤會。我聽到蔣總統的話覺得他真是設想周到，也因為他如此誠心誠意，我國與星國的關係才能如此密切。

銜命赴星

十天後，一九八二年二月三日是星期三，我接到通知要我立即去執政黨中央黨部主席室，這時每週的中常會剛結束，我進入主席室內，見到除了蔣總統外還有孫院長、蔣彥士祕書長和馬紀壯祕書長。總統的態度仍如平日，其他三位都臉色凝重。總統說他就要去榮總動手術，結果如何要孝勇盡快通知我，且要我馬上去星國，並代表他向李總理表示歡迎之意。

當天晚上八時十分孝勇兄給我打電話，告訴我他父親經過三個多小時的手術剛剛清醒，立即叫他給我打電話說明手術經過順利，一切都如醫生先前所說的，要我放心。

次日上午我立即安排行程，並請代表處與星方聯絡。二月五日上午飛往新加坡，下午抵達後不久就到總理府晉見李總理。我將蔣總統派遣我來晉謁李總理的原因詳細說明，特別是他由於動手術不能親赴機場迎接，我看到這位一向面容嚴肅的領袖臉上突然有一種感動並且難以置信的表情，很明白地向我表達這是完全出乎他意外的事。他立即問我蔣總統的情形如何？我將孝勇兄前天晚上對我說的內容轉述。李總理說：「我是真正對蔣總統的周到和友誼深受感動，請你務必轉達我衷心的祝福和謝意。他能在病房中接見我是我的光榮，我去台北主要是期盼能和他交換意見，其他禮賓方面的問題並不重要。」

李總理接下來要我將近來的中美關係做一個報告，我也將應該向他報告的問題做了一番陳述。李總理表示雷根總統是一個可以信賴的人。在我告辭之前他又對我說「貴國應該注意國家的長期政策設計。」這事在當時他並未詳細說明，大約十年以後他才詳細敘述，這段容我稍後再述。

我在二月七日返回台北，剛到家就接到通知要我立即去榮總晉見總統。我到了總統病房，先由孝武兄和孝勇兄接待。不久總統即由夫人和侍衛扶出來，神情相當委頓，他對我說眼部手術以後感到疼痛難耐。我將赴星與李總理談話詳情報告，他甚感安慰。我想告辭，他仍留我坐下，繼續就大陸情勢、東協關係、李總理的接待計畫以及我何時去馬來西亞提出問題，我逐一報告，由這一談話我知道蔣總統的神智非常清晰，只是軀體上的痛楚是很明顯的。

李總理偕楊錦成議長、吳作棟部長、林金山主席等於一九八二年二月十三日下午抵台北。十五日是星期一，他單人前往榮總與蔣總統做一小時的談話，並無他人在場。十七日我隨孫院長陪李總理一行前往石門水庫，他表示此次得晤蔣總統極感欣慰，對兩國今後各方面的合作有很大的助益。

我們由石門水庫乘船赴阿姆坪，登岸後乘車到復興山莊，先去蔣公當年在角板山居住的舊館參觀，並進午餐。以後由舊館往新館參觀，並看梅台思親亭。返台北途中又在慈湖小憩。我與吳作棟部長往返都同車，談了約三個半小時，因為我不久將訪馬來西亞，所以我問他倘若我們加強與馬國關係，對星國是否有所影響？他表示我們應加強與馬國各方面的關係，包括軍事合作，星國認為如此並不會損及其安全。

李總理返回星國以後立即寫了一封信給蔣總統，誠摯表達他的謝意。信中倒數第二段是這樣寫的：

我盼望你早日康復。你必須以其他方式保持健康，現在你可能無法如過去到農村訪問農民。你的健康是極為重要的。在這個艱難時期，中華民國需要一位以堅毅著稱的領袖，他也是一位因為公平正直而廣受尊重的統治者。

李總理的建議毫無疑問是非常正確的，只可惜蔣總統在此後的健康始終不能改善。不到一個月的時間亦即三月十三日晚間，孝武兄告訴我，他父親在昨晚曾有一次輕微中風，此一消息被隱瞞沒有對外公布。四月一日蔣總統恢復上班曾召我到總統府，垂詢我去馬來西亞的訪問，並對我將去日本訪問給予指示。我看到他行動十分艱困，此後數年始終沒有改善。

訪問印尼

東協五國中就重要性而言，毫無疑問是印尼。印尼戰略地位重要，幅員廣大，人口眾多，天然資源豐富，發展潛力極為雄厚，其外交動向足以影響其鄰近國家，因而是我國對東南亞地區工作最重要的一環。多年來我國對印尼工作以原任外交部長、嗣任副總統的馬立克（Adam Malik）為主要對象；我國方面則由楊西崑次長負責，他外放後這項責任就交在我身上。

我於一九七九年底參加由美國全國戰略情報中心在泰國芭達雅舉行的亞太安全新基礎會議，曾與印尼新聞部長莫托布（Ali Murtopo）多次敘談。他是蘇哈托（Suharto）總統的親信，特別是國家安全問題上，對他依畀甚殷。他在當時就告訴我，印尼會與中共談判邦交問題，但是由於印尼有很多的華僑，同時中共始終將「政府與政府關係」和「黨與黨關係」分為二事，都是印尼政府不能與中共立即建交的主要原因。他建議我國積極加強與印尼的關係，並立即邀我去印尼訪問。

我在次年（一九八〇）三月一日與亞太司沈仁標司長前往印尼做四天訪問。啟程前蔣總統曾於二月二十八日上午召見我，先詢問何以印尼迄未承認中共？我報告印尼建國之初在蘇卡諾

（Sukarno）總統執政時與中共極為親近，及至一九六五年九月三十日共黨政變失敗，蘇卡諾下台，蘇哈托將軍上台，印尼政府轉採反共政策，並於一九六七年十月九日與中共中止外交關係。不過一九七二年八月開始，印尼與中共駐聯合國大使就在紐約開始接觸，為關係正常化鋪路，但是由於上述原因，迄今尚無結果。蔣總統接著表示印尼漁業資源豐富，我漁民甚盼能前往捕魚，盼我能促成兩國漁業合作。

我在印尼四天中先後晉見蘇哈托總統，拜會安全協調部長彭嘉賓（M. Panggabean）上將、外交部長慕克特（Mochtart Kusumaatmadja）、財政部長瓦德納（Ali Wardhana）、新聞部長莫托布、貿易合作部長拉迪斯（Radius Prawiro）、交通部長盧斯明（Rusmin Naryadin）、綏靖總司令蘇多摩（S. Sudomo）上將。款宴者有馬立克副總統、安全局長尤嘉（Yoga Soegama）和印尼戰略與國際研究所長林綿基（Joseph Wanandi）。我也利用空暇分別約談各機關派駐印尼的同仁。

印尼國情

在印尼所晤印尼政軍首長基本上對我國都相當友好，並極重視雙方實質關係。馬立克副總統認為雙方關係益臻密切友好，印尼與中共的復交將更為困難。他建議兩國加強合作，就可有效阻止與中共的復交。蘇哈托總統對歷年來兩國關係的進展，甚表滿意。對於我政府在農業、漁業和專業訓練方面所提供的協助，尤其是我政府以優惠價格供給印尼急需的食米，至表謝忱。蘇哈托總統在一小時多的談話中，數次強調穩定糧價和確保糧源對維繫印尼政府的執政有重要關連，盼望我政府能繼續供應食米。

關於印尼和中共的關係，各首長並不諱言終將復交，但所涉問題甚多，除華僑入籍問題以及中共支持印尼共黨外，中共亦庇護一九六五年九月三十日政變失敗的印尼共黨領袖，並支持彼等繼續在印尼從事叛亂活動。印尼軍方反共態度尤其堅決，對復交力主審慎，認為在一九八三年總統大選前應不與中共復交。但是印尼遭受國際上的壓力頗大，特別是美、日和其他東協國家。為了肆應這些壓力，印尼領袖不時需做各種姿態，或發表不久將與中共復交的言論，希望我政府能諒解。

印尼的最終決策權都操在蘇哈托總統之手，自馬立克副總統以下的重要官員，如果沒有蘇哈托的信任，也只是有名義上的工作，而沒有實際的權力。蘇哈托的親信在他三十年的執政期間有莫托布、科技協調部長哈比比（B. J. Habibie）、政府採購署（BULOG）署長阿利芬（B. Ariffin）、侍衛長兼近衛軍司令兼國防情報局長穆丹尼將軍（Benni Murdani）、安全局長尤嘉、總統特別助理林寶興（Yani Haryanto）。林君是華裔，他的家在蘇氏官邸的隔壁，一個是西丹那路（Jalan Cedena）八號，一個是十號，兩家是通家之好，並且是蘇釣魚的夥伴。至於打高爾夫球則輪流由阿利芬、穆丹尼和尤嘉陪伴。

不過真正獲得蘇氏完全信賴的只有他的國師胡麻丹尼（Humadanni），這是一位宗教術士，見過他的人說他很像猿猴，平時是蹲坐在椅子上，房間內光線很暗，煙霧迷漫。外人見到他的時候常會以為見到仙人。蘇哈托對他供奉非常豐厚，對他言聽計從，只是可惜胡氏於一九八四、五年間去世了。

我初次晉謁蘇哈托總統是在他的官邸客廳，致送的禮物已經過檢查打開陳列在一旁。我們坐定後他即刻進來，看了一下禮物稱謝就坐下來。他顯然對英語相當熟稔，但是由於是元首，發言仍是用印尼文，由一位維篤多（Widodo）教授譯成英文。這位教授可以將蘇氏一口氣說了十多分鐘的話，立即用非常流利的英語譯出。我不懂印尼文，無法判斷是否完全正確，但是翻譯的時間和蘇氏講話時間相若。這位教授不做筆記，翻譯得極為流暢。

坐定後蘇氏就問我有什麼要向他陳述的，我依照事先準備好的資料，分別為中印關係的發展、我國國內情況及大陸情況，提出約十五分鐘的報告。使我相當有挫折感的是，我一開口他就閉上眼睛，但是他並未叫我停止，我就繼續將報告敘述完畢，這時他才睜開眼睛。以後，我由他的親信獲知，這是國師胡麻丹尼傳授給他的，要以閉目來養精蓄銳。

蘇氏接著說我的報告簡明有力，他除了致謝外並表示讚賞。關於兩國關係，他對農技合作認為已有良好發展，今後應設法擴大。關於漁業合作，可透過印尼國營合作社及私人企業兩途並進，希望及早付諸實施。蘇氏對於我國在困難情況下繼續以食米提供印尼，一再表示謝意，他強調糧價為各項物價的基準，維持糧價平穩有政治及經濟意義。為確保糧源，他指派林寶興君為特使赴各國洽購，請我政府務必繼續提供食米，協助印尼度過難關。他對我政府同意由中國石油公司參與印尼富商林紹良主辦、西班牙企業協辦的杜梅（Dumai）煉油計畫深表滿意。對於我提出請印尼供應石油和天然氣一節，他說印尼原油及天然氣如有餘裕必將優先提供我國。關於林業合作，他建議我國公私營廠商赴印尼投資木材加工，因印尼已決定不許原木出口。

蘇氏繼而表示印尼對中共在其國內所做統戰陰謀，具有高度警覺，但是對我建議印尼勿與中共復交則無正面答覆。他認為東協各國應先由本身國內建設做起，才能進一步談區域性的團結合作，以抗拒中共的滲透顛覆。蘇總統表示我國與印尼的各項合作已為東協各國樹立典範，深盼今後能加強擴大。

我聽完維篤多教授一口氣翻完這些內容，十分訝異，因為我報告時蘇氏在閉目養神，但是我所報告的內容鉅細靡遺他都完全掌握，而且做了清晰和明確地答覆，可見他確實具有領袖特質。等我站起來告辭，走向門外登車時，一看手錶，這次談話竟長達七十分鐘。

再訪印尼

過了一年，一九八一年五月十四日我二度去印尼訪問。先一天是星期三，蔣總統於中常會後召見我，告訴我此行是要為荷蘭代製的潛艇找尋魚雷，任務重大，要我特別保密，不要用電報呈報。我表示為了投桃報李，我們可否售印尼若干食米。他說目前國內糧食供應仍不充裕，供應印尼一定要等國內需求充足後才能考慮。

這次所見的人除了第一次所敘述的，增加了國會議長達雅莫（Daryatmo）將軍、總統府部長（即祕書長）蘇達慕諾（Soedarmono），他也是蘇氏的親信，另有新升為合作部長的阿利芬，和總統侍衛長穆丹尼和警察總監阿瓦魯定（Awaruddin）。談話時各人均表示重視雙方關係，馬立克副總統於其赴美前夕，約我在家中談了五十分鐘並設午宴款待。蘇哈托總統於赴新加坡訪問歸國後，即在同日晚於官邸約談一小時。

這次的談話與去年的大致相同，使我感到驚訝的是他竟提到去年我向他表示擬購買印尼油品，當時他沒有肯定答覆，這次談話就由此開始，表示印尼可以考慮售我若干油品，希望中國石油公司立即派員來與印尼石油公司商談。

我談到我國由荷蘭取得潛艇，現在需要採購魚雷，盼印尼協助，他立刻表示可由哈比比部長與穆丹尼侍衛長處理。他仍談到印尼需要我國食米，我將蔣總統的指示轉報，我政府在萬般困難情形下，仍將提供五萬噸，盼印方派妥員來台北談細節。蘇氏指出印尼實際需求是二十五萬噸。我就表示我政府為保障農民有足夠收益，所以訂有稻米收購價格，較國際米價高出很多；我方售印尼米價則低於國際米價，其間差額由政府預算支應，對我國是十分沉重負擔。蘇氏表示此為一項甚為微妙問題，印尼對我國能以廉價糧食提供印尼，是中印改善關係的一大助力。蘇氏並表示既然我方糧食生產由於收購價格高昂，而逐年減少，印尼亦願充分配合，將需求由二十五萬噸降至二十萬、降至十五萬，最後表示最少需有十萬噸。我表示此事必須呈報層峰核示，現在蔣總統已公開表明在任期間絕不出國，印尼似可邀孫院長往訪。蘇氏立即表示本案可交林寶興助理縝密處理。

密購魚雷

關於魚雷事分別與蘇總統、哈比比科技協調部長和穆丹尼談。他們表示此事只要機密處理，並無困難。因為哈比比部長出身西德軍火公司MBB，原任副總裁，蘇總統請他返國擔任部長工作，開發印尼科技事務，他要求仍能保留此一工作，每年暑假在該公司服務兩個月。印尼在萬隆所設的科技專區與許多歐洲國家都有合作計畫。MBB即介入合作生產魚雷案，可以與我國分享。我返國後立即與國防部宋長志總長、葉昌桐副總長和海總鄒堅總司令詳細說明魚雷案，他們非常滿意。這些天蔣總統政躬違和，到二十七日才初次出席中常會，會後立即召我去報告並慰勉有加。

我返國後約兩個半月，駐印尼中華商會顧問韓大志將軍來看我，說軍方始終沒人來接觸，穆丹尼甚感不耐。穆表示知道我極忙，他願到任何對我方便的地點與我會商解決此一問題。到一九八一年八月二十二日我和宋總長研商，決定於二十五日與海軍總司令部計畫署柴翔業署長共同前往雅加達，與穆丹尼將軍洽談魚雷案。八月二十四日下午一時半宋總長在國防部召集相關人員會商此事，決定授權給我全權處理。海軍方面提出SUT魚雷需求項目一共五頁，我這個外行才知道購買魚雷，不僅是幾枚魚雷，而是一項十分複雜而且極為精密的武器系統。看了這件極機密的資料，使我不由得感到任務的沉重。

我在八月二十七日上午九時，在印尼國防部和穆丹尼將軍會面談到本案，他認為雙方最好簽署一項同意備忘錄，以便稍後我方、德方及印尼方面可以繼續推動。我因為已獲得宋總長的充分授權，所以就同意照辦。

接著我就草擬了我給穆將軍的函件以及他的覆函稿，由代表處同仁送給他徵詢意見，到傍晚他表示同意。我就將去函簽署好送往印尼國防部，去函主要提到我與他二度就魚雷案的洽商，他同意協助我國取得ＳＵＴ魚雷，至於細節則將由兩國政府指派專家進行處理。

穆丹尼將軍的覆函也是同日，但是在八月二十八日我將搭機離開雅加達時才送到我手中，函中主要是確認我對本案的瞭解，並建議雙方專家於九月初開始就數量、規格、價格以及支付方式予以討論。這次去印尼是我數次訪問中任務最單純、時間最短的一次。一九八一年年底孫院長赴印尼訪問，國內媒體揣測我是為了安排而在八月底去印尼準備，事實上這項高層訪問開始於五月，八月間並未涉及。

蘇哈托總統於一九八一年九月二十三日派他的助理林寶興來台北，我在當天下午陪他到行政院當面向孫院長轉致邀訪之意。孫院長於十月三日邀經濟部趙耀東部長和我討論，決定於十二月上旬前往，並且為了加強農、漁、畜牧業合作，請經濟部張訓舜次長先行赴印尼預為安排。十二月三日孫院長又主持行前會議。

隨孫院長赴印尼訪問

孫院長一行於一九八一年十二月七日飛抵雅加達，印尼貿易合作部長拉迪斯在機場迎迓，由警車開導，沿途交通管制，直達旅邸。不久孫院長即率主要隨員前往馬立克副總統官邸拜會。

次日上午我即前往慕克特外長家拜會，他正要啟程赴泰國芭達雅參加東協外長會議。他提到美國政府準備以武器供給中共是一項極為不妥的做法，他認為英國經由香港設法影響大陸人民的做法則較為可取。他認為美國售中共武器最為不妥的一點是，使中共可以將其國家資源移作侵略他國之用。

以後我又隨孫院長先後拜訪安全協調部長彭嘉賓、國防部長尤索夫（Andi Yusuf）和財政部長瓦德納。當晚赴總統官邸拜會蘇哈托總統，談到兩國間各項合作問題，此時印尼正擬興建糖廠，孫院長特別為台糖、台機擬投標予以推薦。

十二月九日上午孫院長一行拜會總統府部長蘇達慕諾和科技協調部長哈比比，下午飛往泗水慰勉農耕隊同仁，我則奉命與國防部後勤次長胡裕同將軍飛往棉蘭島南部的德祿比東（Teluk Betung），慰勉榮工處修築棉蘭公路的同仁。這是我多次去印尼卻初次赴雅加達以外的地方，給了我很大的震驚。

雅加達若干地區固然有貧窮的一面，但是和德祿比東相較實在是進步很多。德祿比東的街道沒有柏油，每天下午大雷雨後街道上就是泥濘一片，許多貧苦的印尼民眾就在骯髒潮濕的路旁踡縮著睡覺，這種情景非親眼目睹是很難想像的。我以後在不少落後地區也看到貧苦民眾生活的悲慘，但是比起在此地所見到的，還是略勝一籌。另外有一件事也令我很擔心，那就是當地比較漂亮的房屋，門外都有對聯，顯然是華裔所擁有，這種情形以後在不少東南亞地區也曾見到。如此強烈對比，如果要我在那裡居住，我會很憂慮。

十二月十一日上午再和安全局長尤嘉、綏靖總司令蘇多摩和財經協調部長威若篤（Wijodo）會晤。中午由合作部長阿利芬陪侍前往機場。下午結束訪問乘專機返國，孫院長對此行相當滿意，一路與專機組員個別攝影。

這次訪問相當順利，孫院長抵達雅加達後，國際通訊社就發了新聞，以後數日也有若干報導。中共新華社在十二月十二日發稿指責印尼政府此舉乃是製造兩個中國，並且引述西方通訊社報導，稱孫院長的訪問使中共與印尼早日重建外交關係的遠景受到損害。一個月後我們獲得確訊中共對孫院長訪問印尼極為不滿，因而將原在聯合國進行的與印尼官方接觸切斷，並令在香港的商務代表中止與印方的貿易談判，中共中央並令其駐港統戰機構加強對印尼的統戰工作。

應邀訪泰

除了新加坡、印尼以外，已與中共建交的東協國家中，泰國是與我國交往比較密切的。我擔任政務次長不久，就收到老友紐約大學屈格爾（Frank Traeger）教授以國家戰略情報中心研究部主任名義來函，邀請我協助組成我國代表團，參加一九七九年底在泰國觀光勝地芭達雅舉行的亞太安全新基礎研討會。這是該中心所舉辦一系列研討會的第五場。這次除了由美國的該中心和泰國的石油公司共同籌辦，受邀請的國家是美、澳、紐、東協五國和中、日、韓共十一國，每國參加者不超過五人。

經過我向相關機關協調，決定我國代表團由我、國防部葛敦華常務次長、經建會孫震副主委，和台大政治系蔡政文教授四人組成。經通知主辦單位後，獲告我和孫副主委要在第二、三分組擔任引言。

我們啟程前，駐泰國沈克勤代表有電報來說堅塞（Gen. Kriangsek Chomanan）總理聽說我要去泰國，表示在曼谷時請我下榻他的私人招待所，作為他的賓客。堅塞的盛情是因為一九七三年他還擔任泰國後勤廳長時來華訪問，和我初晤，他的夫人問起內人哪裡可以買到價廉的毛衣。在那個時期，泰國政府是以貪汙著稱，居然能有一位高階軍官如此潔身自愛，實在是難能可貴。因此我每次路過泰國一定去探訪他，他來台北也會找我，有時也會交換函件。想不到不到十年他就成了泰國政府最高首長。以後無論他在位或失勢，我們的交往都沒有中斷。

很有趣的一件事是，一九八四年初他已下台，他們伉儷帶了女公子到美國華盛頓來，主要是送女公子到佛農山學院（Mt. Vernon College）入學。我們在家中款宴他們一家，原想約泰國駐美大使卡仙姆（Kasem Kasemsri）夫婦作陪，他堅決不同意。我知道他的個性對職業外交官很厭惡，所以餐敘就是兩家人。席間他很落寞的樣子，我就盡力找了若干他有興趣的話題，像是高爾夫，設法使場面輕鬆些，但是顯然沒有成功。終席時他很鄭重地說，女兒的學校必須有一個在華府地區的聯絡人，不知是否可以由我擔任？我說當然可以，他立刻有如釋重負的感覺，一再表示謝意。我和內人說這沒有什麼，只要週末假日都可以來我們家，美端比她小一、二歲，也可以作伴。這件事確定了，他又有如釋重負的表情。等他們離開後，我和內人說這真是天下父母心，一位權傾一時的大人物，為了女兒讀書照料要如此費心。

過了一年多，有一天早上看報紙報導堅塞在泰國意圖發動政變失敗，被捕入獄。我立刻告訴內人，請她趕去佛農山學院探視堅塞小姐。我的想法是政變可能判重刑，他的女兒不能回泰國，我們必須負責照顧一切；去了以後才知道她已經在幾天前返回曼谷，我心中的擔憂是多餘的。但是在泰國，政變像辦家家酒，很少會有人判刑。堅塞在獄中沒有幾天又恢復自由了。

一九七九年十二月十三日，堅塞總理在市郊官邸邀我早餐，他對於泰國的前途以及他的領導表示無比的信心，請我轉陳蔣總統：一、泰國對邊界安全有充分掌握，如越南進犯必予膺懲。二、泰經濟困難由來已久，前任總理置諸不理，所以目前益形嚴重，現在他親自處理。三、難民問題，泰國每月需使用三百萬銖（約八萬美元），幸有國際協助可勉強應付。四、泰對我國友誼絕不變更，盼我能持續繁榮發展。五、媒體對泰國政局及其個人地位有各種揣測，盼我切勿採信。

我對堅塞表示，我駐泰代表處仍是用華航的名稱，甚為不妥，應早日更名。總理稱已指示泰外部與沈克勤代表進行研究。我說要使中泰關係改善，一方面要使泰駐華代表地位升高，多與我外交部交往；一是請總理指定一名充分信任的官員與沈代表經常聚晤。堅塞說他同意，但是人選很難找，外交部的官員經常在從事破壞。

我也對堅塞表示，泰國正與中共進行民航協定的談判，請慎防中共利用談判干預我國與泰國航空協定，乃致華航名稱、使用機場等問題。總理說該項談判目前停頓，泰方亦將堅持與我方各項安排絕不改變。

堅塞在送我登車時表示他自己兼任農業部長，很希望我國能增購泰國農產品。我說來泰之前曾和主管農業的經濟部張光世部長洽商，請他酌予增購，但是我國的農業問題也很困難，請泰國貿易部長歐布與張部長直接連繫。

「低姿態」參與國際活動

我們一行不久就前往芭達雅，到會議舉行地點皇家懸崖海灘旅館（Royal Cliff Beach Hotel）辦理報到。晚上大會辦理歡迎酒會和餐會，我遇到泰國鄔巴迪（Upadit Pachariyangkun）外長、馬來西亞的內政部長葛沙禮（Tan Sri Ghazali Shafei）和新加坡國防部政務部長陳天立等人。大會籌辦人屈格爾也對我很明白表示，這項會議自一九七二年開始，由十國派代表參加，今年是第五屆，他鑑於去年底卡特與我國斷交是不義之舉，所以特別邀請我國參加，獲得地主國同意，但泰國外交部向他表示盼我方「以低姿態」參加。他也說在曼谷時，美駐泰大使阿勃莫維茲（Morton I. Abramowitz）曾因為此次會議加邀我國，對他表示不滿。國際間的現實、近利由此可見。

不過兩天半的會議非常順利，完全沒有任何意外，屈格爾教授希望增加我國與亞太地區領導人士增進交往的目的完全可以達成。

大會主要議題有四項：一、亞太地區（東南亞部分）安全的政治及軍事觀點。二、亞太地區（東北亞部分）安全的政治及軍事觀點。三、亞太地區安全的經濟觀點。四、亞太地區能源、原料及海線交通的安全確保。

軍售之必要性

我在會中曾針對當時東南亞地區普遍所持的兩項觀念，一是中蘇共的糾紛使自由世界可以從中取利；一是由於中共已開始致力於四項現代化，今後對外將採溫和路線，提出不同的看法。我由歷史和戰略的觀點說明這實在是一廂情願的想法。

此外，由於以往會議均無我國參加，會議文件於提及亞太安全威脅時都未提到我國，所以我事先和澳洲的蓋爾勃（Harry Gelber）教授洽妥，在第二分組會議時由他提出台海地區是否安定，由我詳加說明，會中決定由我草擬一段文字列入小組的綜合結論，文字是：「中華民國為確保其安全，必須維持在台灣海峽空中及海上之優勢。為維持此一優勢，中華民國必須獲得繼續及不受阻撓之具有高性能精密防衛性武器及武器系統，主要是自美國獲得。」

參加會議各國代表中以泰國代表團長柯滿（Thanat Khoman）前外長最為資深。他在泰國外交界有「教父」之譽。三天半的會議中有兩次晚餐我和他鄰座，最初做一般社交性的交談，逐漸談到較嚴肅的課題。他聽到我在會場中對東南亞國家有關中共的錯覺發言以後，甚感興趣，不斷提出各種問題，特別是當時在位者的背景，我都向他說明。談話逐漸投機以後他的講話就很開放。我記得他曾批評日本貨向泰國傾銷，日本自泰國市場賺了很多錢，可是沒有任何錢再流向泰國市場。他說：「日本人住在日人興建的住宅，坐日本車，吃日本料理，打球也到日人投資的球場……結論是沒有一個銖留在泰國。」這是一項十分悲憤的陳述，以後我在處理中日貿易逆差問題時曾向自民黨幹事長竹下登敘述過。十六日返回曼谷他又設晚宴招待我，使我頗有受寵若驚的感覺。那晚的談話是集中於美國和韓國。

我在泰國期間，國內正舉行執政黨十一屆四中全會。十四日傍晚我接到台北的電話告訴我，蔣彥士部長在中常委選舉中沒有續任，很可能要接任黨部祕書長。次日上午關鏞次長電話告知蔣部長仍暫任部長，我無需趕回國。十二月十七日在回國的飛機上看到《聯合報》預測將由朱撫松接任部長，所以我的訪問報告就分呈給二位部長。

一九八〇年我由歐洲訪問返國途中，因為政府決定協助泰國救援中南半島難民，捐款兩百萬美元，要我在曼谷辦理此事。當時中東有兩伊戰事，由歐洲飛亞洲的班機都受影響，我在一九八〇年十月一日搭法航班機由巴黎經杜拜、德里抵曼谷時誤點一個半小時，已是當地時間上午十時，一小時後就要在總理府遞交捐款，曼谷的交通又是十分亂，真是緊張萬分。所幸沈克勤代表早有安排，他和泰國國務院禮賓官在機門等我，不走空橋，直接由扶梯下去，車輛就在梯旁等我，一上車就直駛總理府貴賓廳，抵達時還不到十一時。

泰方接受捐款的是柯滿副總理，他找了電視和文字媒體在場採訪。我坐定後就表示泰國自一九七五年以來就為中南半島難民貢獻良多，最近一年來泰棉邊境情勢緊張，影響邊境泰國居民，我政府至為關切，除對泰國政府與人民所採各項人道措施表示欽佩，為表示人溺己溺特令我前來做若干捐贈，以代表中華民國政府及人民的深切關懷，並面遞捐款支票。柯滿副總理答詞表示承我政府及人民對泰境民眾不幸遭遇表示同情，至以為感，尤其我政府派其老友專程前來致送愈見盛情，特代表泰國朝野向中華民國政府及人民致謝。當晚八時泰國三家電視台都以頭條或二條新聞播出這則消息。

中午沈克勤代表在官舍（就是過去堅塞總理的招待所）款宴我，突然接到總理辦公室電話，要我立即前往秉姆（Prem Tinsulanonda）總理的官邸，我們也顧不得用餐，立刻飛車趕往。秉姆總理和阿隆（Arun）副外長曾於一九八〇年七月八日下午過境中正機場停留一小時，我曾前往迎接並陪同談話，總理當時即對我說，泰國對我國有良好的印象，雙方交往只要不張揚，可以積極進行，因此我和總理並非初次晤面。我一進官邸坐定後，他很親切地說，「貴國蔣總統勤政愛民素所欽佩，常想能有機會當面親自拜候請益。」我將九月間隨孫院長訪問中美洲受到盛大歡迎的情形，簡單陳述，說明德不孤必有鄰。關於中泰雙邊關係我建議總理：一、在東協組織的各項機構中協助我國能有某種方式的參與。二、在總理與印尼蘇哈托總統、新加坡李光耀總理會晤時，請向彼等說明印、星兩國不宜在與中共交往時有所競爭，特別是目前中共對外聯絡部仍與各國共黨有極密切的交往，星、印兩國仍以避免與中共接觸或減少接觸為宜。三、最近各方紛紛主張成立太平洋共同體，我國極盼能成為其成員，請泰國從旁協助。四、請泰國在各種國際政府及民間組織中予我國支助。總理聆聽後表示我所提出的四項問題，他都明瞭；但是聽到我的詳盡報告後，更有深刻的印象，對於這些問題他將親自注意辦理，對我支助。

秉姆總理接著詢問我對大陸情況的看法，我報告自中共舉行五屆三次人代會後，看得出來內爭方興未艾。鄧小平主張四個現代化，但是現代化必須有自由化加以配合，而現在中共強調要加強黨的控制，則是與自由化背道而馳，「四化」的實現甚為困難。總理對我的分析表示同意。

當天晚上，柯滿副總理在東方大旅館設盛宴款待，參加者除泰國高官外，尚包括友邦使節，因為泰政府視我這次是正式訪問，而且招待我下榻於依拉萬旅館（Hotel Erawan），也就是政府賓館，費用均由泰政府支付。席間柯滿副總理暢談國際情勢，對於美國和西歐主要國家都有不滿之意。我乘勢建議由他來推動太平洋共同體，並邀我國參加。這次柯滿是以泰國主要政黨民主黨黨魁的身分，進入無黨籍秉姆總理的聯合政府，占有相當重要的分量。

次日清早前總理堅塞邀我打球，一組六人，每人有兩到三個球僮服務，打起球來浩浩蕩蕩，是我很難得的一次經驗。中午他在市郊的家中邀請我午餐，自己穿起廚師服，煮了一桌辛辣的泰國菜款待我。在敬酒時他說，泰國雖然因為政治理由不得不和中共建交，但是泰國人內心仍熱愛中華民國及其人民。他也表示下個月要到夏威夷參加太平洋共同體會議，我就請他設法在會中發言建議邀請我國參加。當天下午結束一天半的訪泰旅行。

我回到台北不久，就收到秉姆總理十月三日的信，對我代表政府於三日捐贈款項救助泰境中南半島難民表示誠摯謝意。他本人對我政府此一慷慨捐助及善意舉措，認為將對泰國政府目前所從事的人道救助工作具有重大貢獻。另一方面我們也側聞中共駐泰大使張偉烈對泰國政府以官式接待我，表達強烈不滿，認為違背雙方建交原則。泰國政府則表示基於人道考量，泰國對我政府的捐助必須接受，對我的接待也和其他捐助國代表相同。

支援泰北難民計畫

一九八二年六月我奉派去歐洲，主持第三屆地區協調會報並訪問若干歐洲國家，七月初返國途中又在泰國曼谷小做逗留。我在七月二日上午抵達，隨即拜會接替柯滿擔任民主黨黨魁的前外長披猜（Phichai Rattakul），我先向他新任黨魁以及該黨總部新廈落成道賀。他說泰王時常昭示同仁，泰國長期的安全威脅來自中共。我向他說明亞洲各國與我增進實質關係情形，但是泰外交部因恐懼中共，對我刻意保持距離。他曾擔任外長，可以告知外部舊友宜以祕密方式增加中泰高層對話，對於彼此都有益處。他同意雙方高層對話的重要性，他也會向秉姆總理報告要外交部改善對我態度。

披猜是一位儀表堂堂、談吐風雅的君子，他實際上是純華裔，原姓黃，家中經營泰國最大的西藥工廠，所以他從政或做社會服務工作都無後顧之憂。他在卸任黨魁和公職以後投身國際社會服務運動，先後擔任國際扶輪總社亞洲副總社長和總社長，在國際社會中是一位極負盛譽的泰國領袖。

當天下午我去拜會最高統帥柿育（Saiyud）上將，我向他說明中美軍事合作關係以及我國武器自製狀況。柿育上將表示亞太地區的東協國家、日本、韓國和中華民國應共同努力，以維持本地區軍事力量的均衡，俾可對抗中、蘇共的威脅。他說泰國國力有限，需要友邦的支持協助。柿育上將也對我國政府迅速採取行動以協助泰國北部難民自衛村計畫，表示由衷感激。我說泰北難民計畫，我政府會持續就能力所及予以支援。柿育上將也建議中泰兩國軍方密切聯繫，俾可在緊急狀況時，雙方相互作後勤支援。

稍後我又去泰國國會拜會議長哈林（Harin）上將，我表示中泰兩國在許多方面可以互補，因此加強雙方合作關係是互利的，雙方應該多事接觸，加強實質關係。

一九八二年七月二日晚柯滿副總理伉儷在依拉萬旅館設盛宴款待我們夫婦，邀請的賓客很多，享用精美的法國佳饌，這餐飯用了三個多小時，長者的厚意實在使我感到不安。

七月三日上午八時我到秉姆總理官邸晉見。我先就他就職以來泰國在各方面獲得長足進展表示欽佩之意，當時正值曼谷建都兩百週年，我代表政府向總理申賀。我特別指出在他領導下，泰國剿共成功，高棉組成聯合政府，使泰國和東協在聯合國內為解決高棉問題所做努力能得到更多的支持。

秉姆總理就我所表達對泰國的深摯關切申致謝意，他歡迎我再度來泰國，但此次距上次已近兩年，應該經常來。他說中泰雖無邦交，但不應成為彼此的障礙；中泰兩國仍為朋友與夥伴，立場相同；尤其對抗共黨，立場一致，在剿共工作上宜通力合作，希望我能將這項見解轉陳國內長官。但是兩國進行敦睦邦交合作宜採低姿態。至於高棉聯合政府，泰國多年努力有此一暫時結果，是一個良好的開始，然泰國深切瞭解未來問題仍多，甚不願鄰邦政府中有共黨份子存在。但是短程目標是著眼於高棉在聯合國的席位，高棉三派結合應較分散為好，且可增加對抗越共的力量。總理強調他深深體會剿共努力必須獲得民眾的支持才能奏效。

我向秉姆總理報告兩國高層互訪及加強實質關係都宜謹慎進行。旬前國防部宋長志部長訪問泰國已增進雙方軍事合作關係，倘兩國高級外交官員亦能循此模式增加交往，建立運作管道，將更有助於兩國的合作。

總理接著提出一連串的問題，如我國發展的趨勢，中美關係和美與中共的關係，以及中共的和談統戰等問題，我為他一一說明，並且請他有機會也和其他東協國家領袖分享這些資訊。

回到旅館後泰國國民黨領袖沙穆（Samak Sundaravei）來看我。他是泰國很傑出的政治領袖，口才好，十分有群眾魅力。他對中國國民黨的主義和政治立場十分嚮往，所以他所創建的政黨也命名為國民黨。他的政黨主要的支持者是在曼谷地區。曾經有一次國會選舉，曼谷地區有三十二個名額，他的政黨竟囊括了二十九席，因此他曾被迭次延攬入閣，先後擔任內政部長、交通部長，以後曾當選曼谷市長。他的態度是堅決反共，來看我時也是就如何遏阻共黨在泰國蔓延交換意見。

稍後我去泰國過去的軍事強人他儂（Marshall Thanom Kittikachorn）元帥的家，他率同家人在門口等我，很親切地招待，因為他在以往軍事政變時曾被迫離開泰國來台北天母，居住在鄰近榮總的一幢房子，我們政府對他照料得很殷切，所以他一直對我國十分感激。他因為早已脫離實際政治，所以我們的談話也只限於問候老朋友而已。

馬可仕就職

在東南亞各國中，菲律賓地理位置和台灣最近，菲國的僑胞雖然經過一九五〇年代的「菲化案」，仍然在菲國擁有強大的經濟力量，並且始終支持中華民國。我們派到菲國服務的同仁，只要得到菲國重要僑領的支持，在菲國辦理外交事務就可以事半功倍。中菲斷交後，劉宗翰代表在菲國工作政通人和，就是一個良好的例證。

一九八一年六月三十日馬可仕（Ferdinand Marcos）總統在結束戒嚴時期以後當選總統，舉行就職大典，當時正好我在沙烏地阿拉伯主持中東地區協調會報要返回國內。劉宗翰代表要我經由馬尼拉回國。我在二十九日下午抵達，隨即去交通銀行拜會高祖儒董事長，因為參加就職典禮的邀請是由他安排的。高氏是菲律賓華商總會理事長，不但是僑界的領袖，更是菲國政要的好友。那年早些時候，外交部曾因高氏對國家的貢獻，建議蔣總統頒勳給他，並且親授。高氏視為畢生殊榮，對於外交部十分感激，因此特別為我安排參加這項盛典。

六月三十日上午的就職大典是清晨七時開始，一般民眾是四時就要進場，在觀禮台上有指定座位的貴賓是六時進場，因此我凌晨五時起床，梳洗以後著裝。典禮是在黎剎公園（Rizal Park）舉行，就在我所住的馬尼拉大旅館的對面，所以我在五時五十分就步行前往。觀禮台中央座區為各國特使，左邊是馬可仕總統的特別賓客，右邊則是菲國的重要官員，我進去後就被安排在左邊第一排第一個位置，旁邊是夏威夷喬治有吉（George Ariyoshi）州長夫人，而中央區第一排最左的座位是韓國丁來赫議長，和我隔開走道。特使團中最受重視的是美國布希副總統、新加坡李光耀總理和泰國的秉姆總理。中共派了人代會楊尚昆副委員長，他的隨行人員很多，想必有人認出了我，就去找大典司儀外交部次長柯良迪斯（Manuel Collantes）抗議，柯次長對中共官員表示我是馬可仕總統個人的貴賓，他無法介入。

今昔對照

典禮在七時正開始，參加的民眾有五十萬以上。馬可仕總統伉儷抵達時，群眾齊聲歡呼，使參加者都以為他們一定十分受民眾愛戴，可是殘酷的事實卻是不到四年他們被「人民的力量」推翻，倉促離菲到夏威夷過流放的生活。

大會先奏菲國國歌，群眾齊唱，十分雄壯。接著由眾議院馬卡林達（Querube C. Makalintal）議長介紹馬可仕總統，這時民眾歡呼聲如雷震，十分動人。接著是由主教宣讀主禱文，結束後由最高法院費南度（Enrique M. Fernando）院長主持宣誓。以後全場人員共同宣讀向菲律賓效忠的文字，相當冗長，讀完後不停喊「馬步海」（Mabuhay），也就是萬歲。馬可仕總統的就職演說是典禮中的重要節目，他以「一個新共和國，新菲律賓」為題，用塔加洛語發表了四十分鐘的演講，其間不斷被群眾的鼓掌聲和喝采聲打斷。最後是數萬人合唱，基督教在每年聖誕節要演唱的「哈利路亞」合唱曲。這個曲子我聽過數十次，每次演唱時聽眾都要起立聆聽，但是這一天聽到數萬人在唱，的確是使人感動。

我回到旅館進早餐，然後到總支部參加歡迎會並且做了講話，之後到代表處參觀，並且和若干同仁談話。下午有不少僑領來看我，先有姚望深君，之後是陳永裁君。陳君在菲國的事業很大，但是在僑界人緣不佳，主要的原因是他雄才大略熟讀《孫子兵法》，並且與馬可仕夫人非常接近。我向他說「天時不如地利，地利不如人和」，要在僑社出人頭地一定要肯吃虧。我也聽說馬可仕夫人經常和他做一些其他人不能做的生意，所以我就告訴他，賺錢很重要，但是如果錢多到一種程度，再多就沒有意義了；一個人有五十幢豪宅，一晚只能睡一張床，有五十輛名車，出門也只能用一輛。所以賺了更多的錢，對於這種人只是數字的增加，已經毫無其他價值。菲律賓貧富如此懸殊，你和第一夫人應該做些善事，使貧苦的人生活改善，這樣賺很多錢才有價值。他似乎對我的話並不同意，但是他知道我是善意的。

三、四年後我在華府工作，有一天陳君由美國中情局菲國站長陪同來看我，談起來才知道自從馬可仕被放逐後，他也逃離菲國，但是事業仍在那裡。他不知由何處聽說新任總統艾奎諾（Corazon Aquino）對我頗瞭解，希望我能代他探詢，倘返回菲國是否會有麻煩？我替他向菲駐美白萊士（Emmanuel Pelaez）大使洽詢，所得的答覆是如果他能將馬氏家族在全球各地的財產向菲政府陳報，他就可以平安返菲。

六月三十日晚間劉宗翰代表在翡翠園設宴款待僑界友人，新僑老僑共聚一堂，完全沒有任何隔閡。不過這天下午馬尼拉下大雨，不太久餐廳前就積了很深的水，客人都無法進出，一直到八時許水才散去，晚餐開始。宴席間新近移民菲國的僑胞領導者蔡順利兄告訴我，他有意聯絡新僑組織中華協會，可以協助政府做推展與菲國的關係，我覺得這是很好的主意，就請他積極推動。順利兄不久就順利完成中華協會的組織，並成為創會會長。後來我再去菲國，該會都給我許多幫助。

七月一日中午菲國移民署長雷耶斯（Edmundo Reyes）設宴款待，並由該署同仁所組的合唱團表演助興。我對他談到兩國人民來往應設法予以便利，他深表同意。當晚高祖儒董事長在他的家中大擺宴席，一共有七十二人參加，其中有多位閣員。宴會結束後我又與高先生談話甚久，對於他在僑界的各種貢獻表示欽佩之意。

七月二日我就返回台北，很多媒體都知道我在菲國所參加的典禮，就在機場要我談話，我為了不使菲國當局受窘，只就在沙烏地阿拉伯訪問以及中東地區協調會報的情形，做了詳細說明，滿足了媒體對新聞的需求。

訪日巧會艾奎諾

八個多月後，我去日本訪問，一九八二年四月十二日馬樹禮代表對我說，日本右派友我國會議員石原慎太郎剛告訴他，有一位菲律賓反馬可仕總統在美國波士頓流亡的艾奎諾（Nino Aquino）參議員聽說我在東京，一定要石原安排和我見面。我和馬代表研究，我是來日本訪問，不宜接見另一國的反對份子；但是中菲關係密切，菲國情形動盪不安，未來如何發展很難逆料，也不宜得罪這位反對人士的領袖。最後決定由石原、艾、馬和我在大倉旅館的房間見面，但是不能對外公布，否則我們一定加以否認。

第二天上午九時艾奎諾由石原陪同來到我的房間。艾先向我介紹菲國內部的動亂，反對份子有不同的派系。馬可仕夫婦是用個別聯絡，企圖深化反對份子的分裂。以他為例，馬可仕夫人就曾派人去波士頓看他，並提供金錢支助。他深信馬可仕的執政不能長久，最多只能撐一、兩年，問題是馬可仕垮台後誰會接替，他無法確定，他是可能人選之一。他要來見我最主要的原因是，他認定馬可仕夫婦在菲國搜刮殆盡，將來新政府成立一定遭遇經濟危機和糧食短缺，甚至可能發生饑荒。他想問我，如果菲國發生饑荒，我國是否可能予以援手？

艾氏對我所說的，就我而言真是聞所未聞，但是我必須面對的是他所提的問題。我做了如下的答覆：一、我這次是來日本訪問，並未預期會和他見面，因為這一問題必須由政府決定，恕我不能立刻給予正面的答覆。二、我國稻米生產成本過高，因此國內稻米採計畫生產方式，存糧僅供必需儲備，並無過剩生產。三、中國人常說遠親不如近鄰，菲國為我近鄰，倘果然發生饑荒，以個人常識判斷，我政府不可能坐視大批菲國民眾因糧食缺乏而受嚴重傷害。基於人道立場，我國一定會就能力之所及予以支助。

艾氏聽到我最後一段話，立刻站起來走到我面前，伸出雙手用力拉住我的右手說，「這就是我今天想從你口中得到的訊息，謝謝、謝謝。」我對他說還有三天我就回到台北，一定會將和他的談話盡速呈報層峰，如果指示和我剛才所說的相同，我就不再和你聯絡；如果指示和我所說的不同，我會請馬代表經由石原轉告你。艾氏非常滿意，一再稱謝。數年後他去世了，而他的遺孀接任菲國總統，初次見到我，就提到艾氏和我的這段談話，她說這次談話給了艾氏很大的鼓勵。

出訪馬來西亞

東協國家中，馬來西亞最早於一九七四年四月與中共建交，我國在吉隆坡原有總領事館因而關閉。馬國雖同意我方設立一個遠東貿易旅遊中心，但是以私人公司方式登記，派駐人員推動工作都受到很多限制。在這段時間我國的國防部情報局發揮了很大的作用，情報局派在馬國工作的夏長風君和馬國總理府研究署（馬國情治單位）建立良好的工作關係。

到了一九八一年夏季馬國胡仙翁總理因健康關係卸職，由馬哈迪（Datuk Seri Mahatir bin Mohamed）繼任。馬氏曾任衛生部長，當時是馬國政府中對華人較不友好的。可是在一九八一年十二月十五日他於吉隆坡召開駐外使節會議，宣稱馬國將加強與亞洲國家的關係，敦促馬人效法日、韓兩國民眾刻苦工作精神，是所謂東望（Looking East）政策。

因為馬國原為英國殖民地，歷任馬國總理都是留英學成回國的律師，所以馬國一貫的政策是全盤依賴西方國家，特別是英國。但是馬哈迪就任總理後與英國首相柴契爾夫人（Margaret Thatcher）數次訪談，雙方並非融洽，因此馬氏提出要效法亞洲民眾勤奮敬業精神，不要一面倒地效法西方國家，要在亞洲國家和西方國家間取得平衡。

一九八二年二月二十二日馬哈迪派其助理伊渥斯（Iwaz）博士及研究署處長扎卡利亞（Dato Zakaria Abdul Hamid）來台北看我，希望我能早日去馬國訪問，也表示馬國盼能獲得我國的支助。我也提出我國在馬的單位需要更名，也要增加人手。

我原來準備較早去馬國，但是馬外交部長葛沙禮在一月十日駕機訪問選區，不幸撞山，機毀人傷。所幸吉人天相，飛機失事時他被彈出機外，右手右腳受輕傷，在森林中熬過一夜，次日下午獲救，但同機人員都罹難。葛氏脫險後要去麥加朝聖，感謝真主庇祐，所以我的訪問決定延到三月二十三日至二十七日。

一九八二年三月二十三日我搭馬來西亞航空公司班機於晚間抵達吉隆坡，由總理府研究署卡馬魯汀（Kamaruddin）副署長迎接送往旅舍，途中獲悉馬哈迪總理剛宣布解散國會，將於下月二十二日大選，馬國進入政治熱季，總理會十分忙碌。

次日上午由扎卡利亞處長接我去總理府研究署與尤南美（Dato Ahmed Yusof）署長會晤，先是做禮貌拜會，接著由署長主持簡報，主要是有關東協及高棉問題，相當深入。稍後該署人員就中共情況提出許多問題，我逐一答覆，我也藉機提出中馬間如要加強合作關係，必須雙方在對方首都設有可發揮功能的單位及充分的工作人員。這次談話進行了兩小時四十分。

晉見馬哈迪總理

一九八二年三月二十四日下午尤南美署長接我到總理府晉見馬哈迪總理。我進入總理府看到大廳內有許多人等候，尤署長說因為大選在即，這些人都是盼望能獲提名參選的。馬哈迪總理一見我就說：「我對你很瞭解，我特別注意到貴國高級官員到任何東南亞國家一定先和華僑團體接觸，而你是唯一專和當地政府官員研究如何協助當地民眾改善生活。這是我派伊渥斯博士去台北邀請你來馬國主要的原因。我自去年倡導東望政策，表面上說是日本和韓國，實際上我們最想合作的是貴國。」

我對總理的美言申謝，特別祝福他在未來大選中獲勝，繼續領導馬國。我也提及自駐吉隆坡總領事館關閉後這七年來，中馬之間缺乏官方往來管道，雙方所設單位及派遣人員層級太低，無法發揮應有功能，上午曾與尤署長談到如何加強的擬議。總理說此事馬國已有決定，但是要大選以後進行，馬方由研究署負責。

談到雙方合作事項，總理對我方所派農業、漁業及小型工業專家表示謝意，希望我國工業如機車、玻璃、纖維、機器等業者能來馬國投資。我向總理表示馬國宜改善並簡化其簽證辦法，使我業者能便利來往，馬總理表示同意。

總理此時兼任國防部長，提出盼兩國軍方能合作。馬國盼能向我國購買軍品，並願就製造軍火事與我洽商合作。我說這些問題在雙方有合適的單位設立後，很容易處理。我也向總理透露，未來我方將派遣一位能在此一方面充分配合馬國需求的人，來擔任新單位的負責人。我當時心中想的就是曾在高棉陷共前擔任我國代表團團長的孔令晟將軍，他剛交卸警政署署長的職務，蔣總統曾要我安排他外放。我先是考慮他去維也納接替陸以正代表；但是奧地利擔心他的情治背景。現在馬國盼加強軍事方面的合作，孔將軍將是非常恰當的人選。

這次談話計四十分鐘，在馬哈迪總理十分忙碌的時候，承他撥出這麼多時間，確是不容易。

談話中他對我國的國情甚為瞭解，對中馬關係亦甚重視，談話內容坦誠具體，態度親切友好。

三月二十四日晚十時半我到葛沙禮外長官邸拜會他，他正在做競選錄影。稍後開始談話，我先賀他在飛機失事仍能奇蹟生還，顯然真主對他有更多期待。他也是餘悸猶存地說，那一晚獨自在曠野荒郊的確恐懼，但是也想了許多問題。

我對他多年來堅決反共立場，迭次公開談話指責中蘇共在東南亞地區形成威脅，表示欽佩。我也請他在國際場合中繼續為我仗義執言。

葛沙禮外長說馬國認為共產集團的擴張，不論其為越共、蘇共或中共，都構成對東南亞區域和平的威脅。馬國曾將此一立場坦白告知美國和日本。雷根總統對於向我供售武器之前曾徵詢馬國意見，他明白表示此事應以全球性戰略觀點考量，對我供售武器將加強自由世界的力量，美國應放手去做，無需顧忌中共的反對。他也曾警告日本說，如果日本不斷支持中共，中共壯大以後，可能和蘇俄修好共同對付自由世界。

關於加強中馬經貿關係、改善簡化簽證辦法、提升雙方代表機構、軍品交易及合作生產等問題，我們的見解完全相同。這次談話過了午夜才結束。

三月二十五日上午我去移民署拜會賈比德（Dato Jabid）署長，談改善簽證辦法。他說現在辦法沒有問題，何以要改善？我說貴國領袖盼我業者前來投資，但簽證手續常要費時一週以上，不能在台北核發簽證；其他東協國家的簽證都很便利，因此我很難依照貴國領袖的意向說服本國業者前來馬國，此所以昨日我先後向貴國總理與外長提出簽證問題，已承他們同意改善。他此時如大夢初醒，連說我不知道，他們尚未指示。這一談話使我明瞭開發中國家要發展經濟，最大的問題是政策的貫徹執行。

拜晤馬國國父

當日下午我搭機飛往馬國北部吉打州的首府亞羅賽大（Alor Setar）。陪我去的有扎卡利亞處長及經濟發展署的努爾（Nor Kedah）博士。抵達後就到馬國國父東姑拉曼（Tungku Abdul Rahman）的住宅，他正由檳榔嶼駕車回來還沒有到，由吉打州的首席大臣塞耶德（Dato Syed Nehan）夫婦接待，引導我參觀這所住宅。我看到這位偉大的馬國建國領袖住家非常儉樸，沒有冷氣，只有很平常的風扇，客廳沒有沙發和地毯，只有幾張木椅。他的臥室也是同樣的簡單。不久東姑拉曼回來，他還記得最近兩次來台北，都是我接待他。

我說最近聽說中共有意邀請他五月間去大陸參加中共召開的伊斯蘭教會議，東姑拉曼在伊斯蘭教界有崇高的聲望，中共顯然盼望對外界造成一種假像，就是世界伊斯蘭教界領袖也認為中共已開放並有宗教自由。

東姑拉曼說他非常瞭解我的擔心，他對中共的企圖也十分清楚，一定不會受中共的利用或任其安排。他去大陸有他自己的目標，不會上中共的當，也不會參加中共所召集的伊斯蘭教會議，請我放心。東姑對中馬關係逐漸開展，表示欣慰。三月二十五日晚間他在我下榻的旅館設宴款待，是馬來菜和海南菜的混合。首席大臣又邀我到他辦公室洽談，他是東姑的外甥，召集了州政府相關單位主管參加。

吉打州是東姑和馬哈迪總理的故鄉，距泰國最近，以往深受馬國共產黨的傷害，我國已派手工業、中小型企業、農漁業專家來該州考察或指導，首席大臣甚為感激，他希望雙方技術合作能繼續擴大，並希望我國塑膠業者能到該州投資。

解決馬國簽證問題

三月二十六日上午州政府官員陪我到吉打州各地參觀，我發現有大批竹林，就詢問開發署長阿菲福定（Affifuddin），馬國對竹子是否加以運用。他說毫無用途。我說在我國竹子可以作建築材料，可以製造家具，可以做手工藝，也可以食用。他說是否可由我國派人來馬指導。我表示請他轉陳總理向我國正式提出。我也看到該州少數地區有灌溉系統，稻米可以一年二熟；但是絕大多數的地方沒有灌溉系統，只能一熟。我也參觀了馬政府所辦理的移殖計畫（transmigration program），這是將非法占據公有土地的民眾遷移到吉打州的空地，讓他們開墾並給予工作。這種移殖計畫將人口過剩移往人口稀少的地區，是一個好計畫，但是被移殖的民眾不習慣新的生活環境，仍是千方百計想回到原住的地區。

三月二十七日清早由吉隆坡經香港返回台北。回到台北次日，印尼的科技協調部長哈比比夫婦到台北訪問，我和內人陪了他們去南部參訪，到四月一日才到總統府向蔣總統報告此行經過，他十分嘉許。我也請示駐馬單位提升擴大後，可否請孔令晟將軍出任代表，他認為非常合適。

我回到台北不到一個半月，馬哈迪總理夫婦及幼子於一九八二年五月十二日上午過境台北，在機場停留一小時，我和內人在機場貴賓室和他們敘談。他說四月下旬大選獲勝後，他已指示相關機關改善我國民眾赴馬國的簽證問題以及雙方派駐單位加強問題。我向他報告中馬間各項合作計畫均將積極展開，我方準備派遣一位傑出將領孔令晟將軍赴馬國任代表，並將他的簡歷面陳總理，我也強調所以選擇孔氏是因為總理期盼中馬間能展開軍事合作。總理認為非常妥善，他說將派研究署尤南美署長來台北處理各項後續工作。

第四章
發展歐洲關係

在無邦交國家，任何交往都不是輕易能成，都是日積月累、點點滴滴累積而成。多年來我們所進行的邀訪工作極為重要，對外工作必須與經貿工作密切配合。

一九七八年底中美斷交，對我國對外關係是一個重大挫折，但是卻使我國對歐關係產生了新的契機。過去歐洲國家認定美國獨占我國的商機，但是中美斷交使他們感覺到在台灣市場也可以有一席之地。

外交部注意到歐洲國家對我國逐漸發生興趣，就在一九七九年五月一日由蔣彥士部長召集了一項積極策動對歐工作會議，邀請了經濟部、新聞局的首長會商。會議長達三小時，主要目標是以當時歐洲共同市場九個會員國作為重點，逐漸增進與歐洲二十四個自由國家的關係。

這時美國國會已通過《台灣關係法》並付諸實施，因而我與美國的實質關係就成為與無邦交國家的模式。對歐工作方案中希望在主要歐洲國家能突破現有困難，將中美新關係模式予以引介，同時在歐洲成立工作會報，指定駐教廷周書楷大使主持，秉承政府決策，追蹤執行對歐各項工作。方案中也要做到爭取歐洲國家來華設立半官方機構、改善簽證方式、加強邀請重要人士訪華、拓展經貿關係、開闢對歐航線。在方案中也要求祕密試探與西歐國防科技工業合作的可能性。

出訪歐洲

我接任外交部政務次長後不到一個月就啟程訪問歐洲。我是一九七九年八月二十二日離台北經過香港、曼谷、孟買，於二十三日凌晨抵達雅典訪問兩天，見到外長、商業部長、副部長、國會副議長等人。

我和希臘外長雷利斯（George Rallis）在他辦公室會談四十分鐘，主要是由老同事程家瑞教授的安排。我除了向他說明我國政經情況及大陸問題外，也向他介紹中美關係的新架構，希望歐市各國，包括希臘，都能以積極的態度加強與我國的實質關係。雷外長表示對我國頗有認識，也願對我給予必要協助，今後有任何需要，可以由駐希臘舒梅生主任寫信到他家中，他會盡力配合。他所以如此審慎，是因為希臘是小國，要避免無謂的困擾。他認為目前多數歐市國家都為中共門戶開放政策所迷惑，並對發展與中共各項合作有憧憬，與我發展全面關係時機尚未成熟。對於卡特政府的做法，他有很率直的批評。他說面對蘇聯加緊赤化自由世界的做法，美國對我國、阿富汗、伊朗、尼加拉瓜所採取的政策，已令自由世界對美失去信心。這種親痛仇快的做法使他深感遺憾。

我和潘納托育普魯斯（George Panatoyopolous）商務部長的會談也是在他辦公室。我介紹了我國經建持續發展的情況，也說明我國願加強包括希臘在內各歐市國家經貿關係的誠意。潘氏對我進步情形表示欽羨，對我國最近決定購買希臘煙草二百噸以平衡兩國貿易的舉動表示感激，希望我們能持續增購以減少兩國間鉅額逆差。他說希望有機會來我國訪問。

我在八月二十四日中午去希臘船業鉅子尼亞柯斯（Niarchos）經營的希臘造船廠（Hellenic Shipyards Co.）參觀，其規模和我國中船相若，因為北約組織委託該廠生產配有飛彈裝置的巡邏艇，為法國設計，每小時航行三十四浬，包括配有極精密的電子裝備及法國飛魚（Exocet）型飛彈，也可配置挪威生產的企鵝型飛彈（Penguin missile）。此項造艇計畫為該廠最高機密事項，對外向不公開。這天該廠主管陪我參觀高速飛彈快艇的製造過程，該廠總裁德拉可普魯斯（Dracopoulos）和我密談甚久，他說倘我政府對該艇有意採購，他將全力協助，包括對操作人員的訓練；當時以色列政府已訂購二十五艘，希臘政府已訂十艘。我回國後立刻將整套資料送給國防部宋長志總長。

與荷外長會晤

我在八月二十五日轉往瑞士洛桑，因為外交部在該地所設第一個單位在二十七日正式開幕，定名為孫逸仙中心，由邱榮男任主任。瑞士友人本來擬安排我和聯邦政府首長會晤，此案在內閣會議祕密討論四十五分鐘，瑞士經濟部長剛由大陸訪問回來，認為大陸市場龐大，因此說服同僚勿與我會晤。

原來我想利用在洛桑的週末和荷蘭外長范德克勞（C. A. van der Klaauw）會晤，但是他在國內公務羈身不能前來。因此我只有飛往阿姆斯特丹，於二十六日中午和他在機場希爾頓旅館闢室密談八十分鐘。談話中，范外長要我為他分析亞太地區和大陸情勢，他對我的觀點非常認同。可是我提到向荷蘭採購軍品以及雙方正式交往。他的態度相當保留；對於我在荷蘭設立單位改善簽證做法以及雙方祕密接觸，他完全認同。這也是中荷自一九四九年斷交以來，兩國外交首長初次會晤，雖然沒有重要的突破，但是仍然是很有意義的。

八月二十七日我們在洛桑的中心開幕並舉行酒會，參加的瑞士各界人士有一百三十人，依當地僑領張天開和朱家讓事後對我說，這是自一九七一年我駐聯合國歐洲辦事處結束後在瑞士所見第一盛會。

一九七九年八月二十八日我由瑞士飛往巴黎，這是我此行的重點。因為一年半前我去巴黎結識了法國總統的裁軍顧問台坦傑（Taittinger, Pierre Christian，詳見《錢復回憶錄》卷一第二十二章），他答應我下次再去法國，他必定安排我和法國外交部政務次長會面，這是一九六四年一月中法斷交以後的首次。

我在巴黎逗留四天，都是由台氏安排，他為人熱誠謹慎，為了使我能和法方各界人士多所接觸，曾舉辦了兩次盛大的晚宴和一次午宴。台氏是世家子弟，家中經營事業甚多，包括一座釀酒廠，生產法國最昂貴的「台坦傑香檳酒」。他因為一年前來台北時，退輔會的趙聚鈺主委用最好的法國紅、白酒款待他，並且頻頻乾杯，所以這次的宴會中始終飲用他家釀製的香檳，而且不斷向法國友人介紹我國乾杯的習慣，要求他的朋友對我比照辦理。駐法龔政定主任在旁輕聲對我說每瓶價值二百美元。

次日（八月二十九日）台氏就安排法國外交部中國科長達翰（Tahain）夫人在台氏寓所和我談了三小時二十分鐘，這是法方外交部對我的一項考試，她問的問題由全球戰略、亞洲地區一般情勢、大陸現況到我國與法國的關係。我在談話中強調中華民國的存在是一事實，我國經濟能力、貿易數量都超過大陸，因此法國不應忽視此一重要的貿易夥伴。法方對我的意見表示充分同意。我也對中共內部派系傾軋情形稍做分析，特別指出由於美國對中共的關係正常化，使蘇俄因而不得不刻意拉攏中共，使中共在美蘇之間能左右逢源。華國鋒將於一九七九年十月訪法，在此之前中蘇共將於九月舉行談判，華屆時必將以該項談判結果作為對法談判的資本，多所要脅，希望法國政府切勿墜入華的勒索圈套。根據台氏於當日晚間款宴我時告訴我，法國外交部主管人員對於此一會談感到收穫甚多。

三十日晚間我和法國外交部條約領事司司長夏葉（M. C. Chayez）共進晚餐，其間夏氏表示法國政府對我國態度已漸有改善，這是和達翰夫人所告相同，也就是在簽證方面將大幅放寬，對我駐法政府人員的數目限制也將放寬，法國將在台北增設文化中心，以加強文化交流。席間有人提到夏氏將出使中共，他未置可否。

中法航權困境

這次訪法主要目的是與法外交部政務次長（或譯國務員）史汀（M. Olivier Stirn）會晤，但是他赴國外到三十日晚才回巴黎，所以約於三十一日傍晚在台氏家中晤談。史氏態度極為誠摯友好，他表示法國基於中法過去傳統友誼以及二次大戰同盟關係，對我國甚具好感。他也指出這次我訪問法國，使若干部會首長辦公桌上都放有關於我國的卷宗以及我個人的檔案，因為這次訪問使法國對我研擬採取各種改善關係的措施。

我則就四項問題和史氏洽商：一、我國興建明湖、明潭水壩案。孫院長已裁示倘法國的競標公司於得標後能與中船和台機技術合作，我可對法方投標優予考慮。史氏表示毫無問題，法極盼獲得此標。二、我擬向法國採購軍品事。史氏稱採購軍品高度敏感，牽涉甚多，他將向上級請示後盡速告知駐法龔政定主任。三、核能發電設施案。我指出向法採購發電設備最大困難為兩國間無民用原子能防護的協定，如果法方能解決此一問題，我可考慮向法採購。史氏表示他所知有限，要查明後盡速答覆。四、華航在巴黎降落權案。我說法方一向表示要先購空中巴士飛機，才能談降落權，這好像是雞先於蛋或是蛋先於雞的爭執，盼望法方對我做友好表示，由華航與法航交換航權開始。

談判航權和購買空中巴士，上次我訪法時已觸及，法方要求先購空中巴士。我返國後報告蔣總統，他要我去見行政院華航小組召集人俞國華總裁，我見俞總裁時，他說華航並無空中巴士飛機，倘若採購，將發生另增一套修理維護設備，所費不貲，不能考慮。這次訪法前又去見他，他仍是同樣答覆。

我在八月二十九日夜間睡覺時做夢，夢到我向一位面容嚴肅的長者跪求他考慮購買空中巴士，他不發一語，將一盤豆子向地上一撒，我就跪在地上，一粒一粒地撿，每撿十多粒，抬頭偷看他一眼，他始終沒有反應，大概撿到一半時，我心中甚感委屈就悲從中來，不知多久，淚水濕了枕頭，我就醒過來。第二天早上和龔政定主任談，才想起「雞生蛋、蛋生雞」的論點。不過史氏的答覆仍是待請示後再覆告。

我也利用機會向史氏提出歐市與我貿易的問題。我說歐洲曾對我做極不合理的配額限制，歐市迄未與我做任何經貿諮商，也未曾以一般優惠標或最惠國待遇給予我國，因此就我與歐市的貿易，實處於極不公平的地位。法國為歐市最主要的國家，希望法國能為我在歐市理事會中仗義執言，使我能獲公平待遇，並盼我經貿官員能與歐市官員做非正式的接觸。

史氏對我所談的表示很瞭解，他經常和歐市國家部長在理事會中會晤，下次會議中將把這些不公平的待遇提出，請各會員國同意改善，如有結果將立刻通知我方。他亦指定他的辦公廳主任和技術顧問隨時與龔主任聯絡。

這次歐洲地區的訪問在一九七九年九月一日結束。我在呈給蔣彥士部長的報告中提到在無邦交國家，任何交往都不是輕易能成，都是日積月累、點點滴滴累積而成。多年來我們所進行的邀訪工作實在極為重要，我能見到若干重要首長都是有賴曾來華訪問的友人協助安排。同時歐洲當時經濟情勢不佳，甚盼與我加強經貿關係，因此對外工作必須與對外經貿工作密切配合。此外歐洲生活費用高，社會保險金額負擔甚重，我建議蔣部長盡速提高地區加給。

再次赴法商議航權

一九八〇年九月十四日我隨侍孫院長訪問中美洲後，經紐約飛往阿姆斯特丹，此時荷蘭總理范阿特（A. M. van Agt）即將訪問中共，因此無法安排節目，我旋即轉往盧森堡做十七小時的停留。首先拜會盧森堡市長佛麗雪（Collette Flesch）女士，她已內定接任外交部長，我們是舊識所以談話很友好。她是耶魯大學國際關係研究所後期校友，和美國的關係密切。我特別託她在歐市部長會議中設法為我國爭取公平待遇。我也和內政部長史抱慈（Jean Spautz）和財政部長桑德（Jacques Santer）會晤。

九月十六日清晨就搭機赴巴黎，抵達後不久就與外交部政務次長史汀晤談，主要項目仍如上年所洽的。這次是因為他立即要去聯合國開會，所以特別到我下榻的旅館來拜會，這次他主動使用英語可以免除翻譯。我提出我國已購空中巴士飛機，盼法方及早處理航權問題，他說此案由於法航及海外航空公司均想飛台北，爭執不下，他當向上級陳報，早做決定。我也提到我們準備採購法國軍品，他希望我們有具體的需求提出。因為法總統及外長將於十月中訪問大陸，我特別將中共內部問題向他詳細說明，他則詳細予以記錄。我和他談完就登機去維也納主持歐洲地區協調會報的第一次會議。

自九月十七日開始我由前維也納大學校長溫克勒（Gunther Winkler）教授安排，先後拜會奧地利外交部長、科技部長、內政部長、交通部長、工商總會長、各政黨領袖以及重要朝野人士。有一天晚上與曾任外交部政務署長、現任國會議員史坦恩（Stein）大使餐敘，他認為我在奧地利目前工作以設法成立一個商務代表團為主，我表示在無邦交地區的工作應有彈性，不必拘泥於名稱，但要使工作同仁能享受相當的特權與豁免為重點。

十八日上午我去見奧外長派爾（Willibald Pahr），談到如何進一步加強雙方關係，他的建議是用「兩個中國」模式，只是可惜當時政府的基本國策不能如此做。派爾外長表示他與西德外長甘瑟爾（Hans-Dietrich Genscher）關係密切，願為我助力。他也提到下個月要去亞洲訪問，將取道台北。果然他在一九八〇年十月二十二日過境桃園國際機場，前往馬來西亞和印尼訪問，我在機場貴賓室將我對兩國的瞭解向他說明，他表示很有價值。

駐歐工作要點

九月十九日參加協調會報，同仁陸續來晤，我分別和他們談各單位的工作情況以及需求。二十日及二十一日在駐奧代表處舉行協調會報。這是行政院對外各地區工作會報初次舉行，因此歐洲司和駐奧代表處都盡力做好籌備工作，所有參加會議的同仁都甚為讚賞。

這次會議經過討論，決定對歐洲無邦交國家的重點依序為：一、使駐在國政府改善對我國人民的簽證作業。二、駐外單位及同仁取得當地政府明示或默示的確認。三、促成駐在國政府與我政府高階層之間交往。四、促使駐在國政府在華設立單位。五、增進我與駐在國間文教、科技與經貿關係。六、慎選應邀訪華的外賓，並於訪問後加強聯繫。七、加強與歐洲各國政黨、包括社會主義國際（Socialist International）、民主聯盟（Democratic Union）、自由國際（Liberal International）等之間的關係。

除此一重要決議外，會中也決定駐在歐洲共同體會員國的各單位，要力洽駐在國政府訓令其代表在一一三委員會助我，另洽其經貿主管單位爭取我輸歐產品以出口管制代替現有的進口管制，並設法消除歐洲共同體與我國現有的貿易障礙。會中同時決定要積極加強歐洲特殊語文人才的訓練，建議教育部准許高初中畢業生赴有關國家專修特種語文。

九月二十二日清晨我由維也納飛往羅馬，抵達後不久即由周書楷大使陪同前往教廷，先拜會副國務卿馬丁尼茲總主教（Archbishop Martinez Somalo），稍後拜會國務卿卡沙羅利樞機主教（Agostino Cardinal Casaroli）和公共事務委員會祕書長（相當教廷外交部長）席弗曲尼總主教（Archbishop Achille Silvestrini）。我向他們說明剛隨孫院長訪問中美洲，在各國都曾和教廷大使會晤，談話很親切，象徵中梵關係親密。我國天主教徒人數雖不多，但都是社會中堅分子，甚有貢獻。我政府對教會所辦事業，均甚支助，與中共迫害宗教成一強烈對比。

國務卿則表示，兩年半前他擔任公共事務委員會祕書長時曾和我談話，獲益甚多，所以今天見面特別請他的助理在座擔任記錄，希望能不拘禮節，坦誠談話。「教廷對我政府愛護教育以及在內政外交上的成就都深切瞭解。中梵雙邊關係融洽，但是雙方關係間唯一問題就是大陸的中共政權。教廷雖極反對中共的無神論主張，但是又關心在大陸的教友，此種複雜困擾的心理，想必貴國亦能瞭解，因貴國與大陸人民尚為手足關係。目前中梵雙方並無問題，問題是教廷與中共的關係。教宗仁德為懷極思有所作為，閣下所述大陸宗教情形，教廷亦有瞭解，教廷亦不願採對貴國不利的措施，這是我們目前的困難。前不久有一位法國樞機主教去中國大陸訪問，他就拒絕和所謂愛國教會負責人會面，這也是本人常說的，我希望中國大陸能有自由化運動，深盼此一問題能由中國人自行解決，因為不僅天主教會，就是國際事務也不能不受中國問題的影響。」

向卡樞機講述大陸情況

我對這位號稱「教廷季辛吉」而且地位等於內閣總理的卡沙羅利樞機主教，與我做如此坦誠的談話表示感激，對他重視中梵雙邊關係表示欣慰。不過我也明白指出共產主義與中國人性及文化完全背道而馳，無法久存於中國。我國歷史悠久，看問題自長遠觀點著眼，共黨不可能久存於中國。所謂自由化運動已在最近舉行人大五屆三次大會中遭到扼殺，中共這種一鬆一緊必將引起民眾更大的不滿。

我特別指出教廷如依照宗教信仰解決中國問題，最好是號召大陸教友群起抗暴，更號召全球教友支援中國大陸的抗暴運動；否則至少消極地不去助長共黨無神論者延長其在大陸的統治，避免採取任何親痛仇快的措施。教廷認為中共在大陸為一事實，中華民國又何嘗不是一事實？「目前中華民國政府及人民勵精圖治、安和樂利、宗教發達，似亦宜獲得教廷適當的確認，請閣下轉陳教宗多予我們公開的鼓勵。如此亦有助於大陸及海外公教教友對教廷的向心力。」當日談話約一小時，因卡樞機有甚多候見者，所以約定於二十四日在周書楷大使官舍午餐續談。

九月二十四日中午在大使官舍午宴，卡沙羅利樞機應邀前來，我們有兩小時的談話。我先表示我政府極為重視與教廷關係並盼能與日增進。卡樞機表示前日聽到我的分析，使他對中國問題獲得更深刻的瞭解，非常感激，中共實際狀況教廷瞭解不多，很希望我能為他講述大陸現況以及中共對宗教的迫害及欺騙。我應他的要求逐一向他解釋。我特別提到自從上年（一九七九）元旦美國與中共建交後，蘇俄深受刺激，此所以世界各地的衝突和緊張情勢不斷出現。教宗悲天憫人，時以和平為念，一定同意和中共接觸，不但在精神上、道德上和教廷一貫揭櫫的宗旨不符，對教廷和整個自由世界亦將有其不利影響。

卡氏對我的說明似乎頗能認同，但是仍說十億人是一事實。我說教廷如與中共發生關係，不僅將使十億反對中共政權的中國人失望，亦將引起全球華裔天主教徒的反感，尤其對忠貞不渝的龔品梅主教和其他神父如何交代？卡樞機聽了我的話後沉思很久，之後說這兩次的談話對他甚有益處，希望能常舉行。

當日傍晚七時教廷總管引導周大使、我、顧富章參事、謝新平祕書參加教宗若望保祿二世（Pope John Paul II）的公開接見。我被放在首位，教宗講話甚久，結束後下台走到我的前面，我向教宗致敬，轉達蔣總統問候之忱，並將所攜大幅教宗繡像面呈。教宗表示對中華民國甚具好感，尤以中國文化悠久，人口眾多，他常為我國代禱。我說明天主教會在我國昌隆興盛，我政府人民團結努力，不僅達到本國的繁榮安定，並對若干國家亦有援助。教宗具有高度愛人情操，盼能對我國此種事實廣為傳布。因為候見人太多，我就鞠躬後退出。

二度赴法訪問

一九八〇年九月二十五日我由羅馬再返回巴黎做二度訪問。這次法方接待態度和一九七九年大不相同，外交部領務司長和經濟司長都到我旅館拜會；許多國會議員都邀請我去他們選區訪問，而在巴黎以外的訪問，接待禮儀與國賓相符。我在巴黎期間，法國外事警察亦有二十四小時全天候的保護。

當日下午我先訪晤季斯卡（Valéry Giscard d'Estaing）總統第一親信、原任內政部長的波涅妥夫斯基（Poniatowski），他是在比京參加歐洲共同體重要會議中，專程回巴黎與我會晤。我向他說明國內發展進步情形，波氏為法國聞名財經專家，想必有興趣親睹並與我國領袖晤談，我想邀他們夫婦來華訪問。波氏表示對我國成功的事實早有所聞，承邀訪，將呈報總統；惟因法國於明年（一九八一）四月將有大選，他需積極部署，所以短時間可能不能成行。我說明中法關係經年來努力已獲若干改善，但有四項尚待雙方共同努力，請他代陳季斯卡總統。一、盼法方對我駐法代表給予禮遇與便利。二、中法通航事，前因先購機或先通航，拖延二年，現在我國已購空中巴士四架，請法方遵守以往承諾，早日實現通航。三、我將建核四廠，法如有意競標，請先向國際原子能總署解決保防協定問題。四、我盼法能出售若干較不敏感軍品，俾稍後進一步做更廣泛的交往，法方如有不便，我亦可洽請第三國採購後轉售。波氏表示他與總統無話不談，下週五回巴黎後即將報告。

九月二十六、七兩天法方安排我去吐魯斯（Toulous）參觀空中巴士的生產，和季斯卡總統渡假的香堡（Chambord）。二十八日與中央各單位同仁舉行法國地區協調會報。

我回到台北後，看到出國期間的公文，其中行政院於九月十一日正式函外交部對我們請求設置的駐英、法、德三代表處核准。過去這三國是由新聞局主管，現在新聞局在各該國所設的「自由中國中心」、「法華經濟貿易觀光促進會」、「遠東新聞社波昂總社」，都分別改為駐三國代表處的新聞組。

一九八一年的第二次歐洲地區工作會報，我因台北公務太忙，無法參加，特別請周書楷大使主持，歐洲司胡世勳司長前往協助。會議是九月十八至二十日在維也納舉行。會中主要討論對歐經貿和新聞工作，其中尤以增進和歐洲共同體的關係為主，由於最近兩年的努力，歐洲共同體一一三委員會已默許授權執委會展開與我國的貿易會商。經濟部指定駐倫敦辦事處許柯生主任負責與執委會的聯繫，該會已向我方提供產品名單，要求減低關稅。另外自上次會報舉行以來，一年中我與歐洲貿易增加百分之二十四點五，達五十億美元，同時英、德、法、荷有六家銀行在台北設分行。

一九八二年六月我又奉派訪歐，並且主持歐洲地區協調會報第三次會議。這次於六月六日中午啟程，次日清早抵羅馬。因為卡沙羅利國務卿正忙於接待美國雷根總統的訪問，次日又要赴紐約在聯大發表演說，所以他在傍晚六時接見我談話四十五分鐘。我向他表示兩年前有幸和他談到大陸的狀況，這二年間教廷試圖向大陸教友接近，但是一再受到中共的阻撓，相形之下，我政府對天主教會全力支助，教廷代辦吉立友（Paulo Giglio）公使甚受我國重視。國務卿表示教廷甚明瞭中共對教會的迫害，但是教廷關懷大陸教友及中國人民，對彼等的未來極關心。我說中華民國政府所努力的目標就是使整個中國人民都能享受自由樂利的生活和充分的宗教自由。我政府致力使大陸民眾瞭解竹幕外的情形，中央電台曾多次將教宗於三月二十一日為大陸受害教友祈禱的錄音向大陸同胞播放。我更強調中華民國的存在是一項事實，但是中共企圖在國際社會中孤立我們，教廷素主正義，宜全力支助我國。卡沙羅利樞機說中共本質上是共產黨，今日要求美國協助他，未來亦可能請蘇俄協助；根據他的觀察，美國現政府較卡特政府對我國友好。談話到此，他接到教宗電話召他前往，臨行前對我說會將今天的談話報告教宗。

之後兩天我又拜會了副國務卿馬丁尼茲，和公共事務委員會祕書長席弗曲尼，談到福克蘭群島事件後，允宜加強與拉丁美洲國家的關係，在此方面盼教廷能與我國密切配合，俾免使國際共黨勢力在此一地區乘機坐大。同時在羅馬有義大利國會議員、退伍將領、工商界與學術界所組織的義華友好協會，舉辦了盛大的酒會以及餐會款待我，也有部長級的官員參加，並且獲悉義國政府已決定在台北設立機構，其經費將由義外交部及重要廠商分擔。

赴比利時訪問

六月九日我飛往比京布魯塞爾訪問三天，比京是歐洲共同體的總部，因此我除了拜會比國政府首長外，亦設法與歐市重要官員接觸。

我曾與比國代理外交部長德柯斯馬克（Paul de Keersmarker）於十日共進晚餐，談到改善彼此所設單位的地位和待遇，以及簡化簽證問題。代外長表示當向赴波昂參加高峰會議後訪問巴黎的丁德曼（Leo Tindeman）外長報告。他亦表示此次高峰會議，他也曾前往參加。與會北約國家領袖對美國雷根總統的表現頗為滿意，認為提出民主和平與裁軍的號召頗能迎合歐洲人的心理；此外法國密特朗（François Mitterrand）總統蒞會，似乎象徵法國又擬積極參與北約活動。

十一日拜會代總理戈爾（J. Gol，本職為副總理兼司法部長，因總理馬丹斯赴波昂，故代理職務），他談到過去曾有兩次準備訪華，都因故未能成行，期盼稍後能來訪。我即代表政府表示歡迎，並告以訪問可以保密。戈氏表示中比間在他的指導下已開始情報交換，頗有成效，此次我的訪問，他亦指示安全局全程衛護，而後駐比中心有任何需要，他一定全力協助。

六月十二日上午拜會能源部長柯諾普斯（Efienne Knoops），他對我國興建核能四廠甚感興趣，表示盼能供應零組件。柯部長表示比國目前經濟困難，但為了未來的發展，兩年後要建第四座核能電廠，十年後要建第五座。此外比國對燃煤的火力發電亦具經驗，對燃煤的運輸和倉儲都有心得，希能和台電進行合作，歡迎台電派員往訪。

當天中午比國前任外長席孟奈（Henri Simonet）伉儷在寓所款宴，請了外交部祕書長蘇蘭斯（Soelants）夫婦和二十四年前我的耶魯大學國際貨幣政策的老師崔奮教授和師母。崔老師大約十年前離開耶魯返回祖國，在自由魯汶大學任教。將近四分之一世紀未曾見面，他也很高興再見到他的老學生。我向老師報告他當年所預言的黃金和美元的危機似乎已經呈顯，因為兩者的國際市場價格都不斷低落。老師的反應是憂喜參半。我也向老師報告，當年讀書時大家都擔心各國的國際收支發生逆差，但是現在美國持續逆差，似乎不以為意；而日本的持續順差則找來許多麻煩。他說全球各國都能收支平衡是不可能的。這次的師生會是十分溫馨的，不過老師大約五年後就去世了。

與歐市重要人士會晤

我在十日中午與歐市主管對外事務的德籍副主席哈弗堪博（Willem Haferkamp）晤談一小時。他對我國情況頗為瞭解，認為今後與歐市關係可在審慎情況下續謀發展。歐市願與我方加強聯繫，以後將不再有未先預告即予禁輸的狀況發生。關於我盼享受GSP優惠待遇事則有事實困難，因為我國國民所得已超過可享受此種待遇的標準。不過倘若有些與我國有競爭性的國家，同樣超過標準時，也將取消他們的優惠待遇，如韓、星、港等。哈氏對我國與東協國家關係極感興趣，向我提了許多問題。我也詢問哈氏，日本派遣江崎真澄代表團來歐市各國訪問情形。他說歐市在江崎出發前就已提出對於改善歐市對日逆差的意見，也就是要求日本取消各種對歐市輸日產品所加的關稅與非關稅限制；更重要的是要求日本通產省及日本貿易振興會（JETRO）應不僅為日貨輸出努力，亦應為歐市產品輸入同樣努力。江崎團訪問時，歐市只向他說明鉅額貿易逆差的嚴重後果，因此該團返回日本後能運用國會影響力協調各部門間不同意見，而達到日本政府自行宣布開放輸入限制的決定；這點或可供我國政府於處理江崎團七月訪華時的參考。

六月十日下午我和歐洲議會負責對華貿易事務的房艾生（Jochen van Aerssen）議員晤面，他正在準備一份促使歐市改善對華關係的報告，所以向我提出許多問題，我都逐一答覆。他表示在報告中將建議歐市對我國給予和GATT會員國相同的待遇，他也將在報告定稿前請我過目後再提出。

十一日上午我拜會西德派駐歐市的執行委員納傑士（K. H. Narjes），他也對我保證，歐市今後不會對我國有歧視情形，我方有問題可以請駐比利時舒梅生主任隨時和他聯絡。

會晤荷蘭官員

在比利時訪問後，我於一九八二年六月十三至十六日前往荷蘭訪問。十三日是週末，我由比京乘車去恩荷芬市菲利浦先生（Fritz Phillips）占地五百公頃的豪宅拜會他，這次和四年前見面完全不同，老先生非常友好，提出許多增加中荷兩國交往的好意見，他也向我介紹荷蘭的政情，認為現政府對我國的態度較以往為佳。下午我轉往阿爾納市國會國防委員會副主席蒲樂和（A. Ploog）的家中，和代理外長的范德布洛克（H. van der Broek）外交部政務次長會晤。他對我表示他願支持中荷關係的持續發展，但是荷蘭出售潛艇予我國已做甚大犧牲，而我方對非軍事性產品的採購原已承諾，但尚未履行，使荷方甚感失望。我向他說明我方履踐承諾的誠意，盼其勿過慮，我也將何以迄未前來採購的原因向他詳細說明。他告訴我次日要隨侍女王赴美國各地訪問，慶賀美荷建交兩百週年，但是認為中荷關係重要，特抽暇於假日來蒲氏宅和我會晤。

六月十四日拜會經濟部代理部務的政務次長迪克（Williem Dik），先向他說明我方對中荷民間合作各案確有誠意，也向他解釋為何進行緩慢。我也請他設法加強荷蘭在華機構的人選和功能，迪氏表示已經注意並將逐步改善加強。我向他建議中荷經濟首長應定期會晤，他說因為有政治因素，可能不太容易。

當天晚上我款宴若干荷蘭國會議員和工商界領袖，他們建議我政府考慮指定專人負責推動並協調中荷民間合作各案的進行，他們也建議我政府派遣採購團來荷蘭。

一九八二年六月十五日全天在國會，分別拜訪六六民主黨、自由黨、及基督教民主黨的國會領袖。我向他們敘述我國的現況，也說明何以我們不能接受中共的和平統戰與中共和談。我也促請各黨設法協助中荷關係的改善，他們都樂意協助推動加強與我國的關係。到了下午國會外交委員會邀我會晤，先由我做一簡單開場白，各位委員就中美關係、東南亞情勢、中荷關係、兩岸關係、我國發展核能計畫以及荷航與華航通航可能性提出各項問題，我都一一答覆，會中氣氛融洽友好。晚間我在旅館款宴政界人士，他們對我說荷蘭九月大選，選後新內閣組成，中荷經貿關係可望進一步發展。

十六日上午我去交通部政務次長史米克勞夫人（Mrs. N. Smit-Kroes）家中與荷航的負責人華森堡（Wassenberg）會晤，研究中荷通航問題，他們都認為大選後必可順利完成。當天下午飛往日內瓦，在瑞士做三日訪問。

訪問瑞士

在瑞士期間曾經會晤國防部長蘇華拉（Georges-Andre Chavellaz），外交部長歐貝爾（Pierre Aubert）。我在談話中曾敘述我與歐洲無邦交國家高層官員接觸情形及具體成效，強調這種接觸對雙方的利益，以及我方必尊重對方意願切實保密。我請求瑞士政府注意國際現實環境，不要拘泥於傳統國際法有關「國家承認」的過時觀念，重視我國存在的事實，積極發展中瑞關係，特別是在經貿和科技方面。我也呼籲瑞方對我國民眾來瑞簽證和居留手續多予便利，並能仿照西歐各國的例子，在華設立半官方代表機構，以推動貿易、觀光和文化工作。兩位部長對我的說法多表認同。歐貝爾外長表示瑞士為自由國家，任何人都可依法從事貿易或金融活動。本部現已在洛桑設立中心，邱榮男主任遇有需要可與聯邦經濟部、財政部和外交部財經司聯繫，亦可與該部政治總署第二司副司長聯絡。

十九日我又去德語區的蘇黎士（Zurich），除了參觀經濟部在該地的單位外，也宴請若干聯邦議員，談到瑞士與台灣地區有許多相似之處。二十日由蘇黎士飛往波昂，在西德做三天的訪問。

轉赴西德

我在擔任外交部次長七年間，曾接待過許多西德國會議員，他們聽說我要訪問波昂都很高興，要在國會內舉辦盛大餐會歡迎我，並且安排我和基民、基社黨黨魁及外交部政務次長會面。不幸在他們積極籌備過程中，被中共獲悉而向西德政府施加壓力，要求不發給我簽證。但是我早已洽獲西德外交部同意核發簽證，因此中共只能要求德方重要人士不得和我晤面，餐會不能在國會大廈舉行，人數不得太多。

在西德期間，因受中共壓迫，所以都沒有見到政府官員，但是國會議員和工商界領袖則見到不少。國會議長史都克倫（Richard Stuecklen）和副議長溫德倫（Heinrich Windelen）都分別接見我；除了社民黨外，基民黨、基社黨和自民黨的國會領袖和外交發言人也分別有相當長的時間和我詳談。我除了以中法關係逐漸開展而中德關係由於西德政府顧忌中共的壓力而無法開展做一對比，也提到我國對西德極為重視，所以派遣最資深的外交官沈錡大使前來擔任我國在波昂的代表，不過沈大使只能和西德外交部科長聯繫，層次實在太低，似宜提升。我也指出我國民眾申請西德簽證，最少需時一週，而且不論向何地西德外館申請，都要轉到西德駐香港總領事館辦理，既不合理，也坐失許多商機，必須改善。

六月二十五日一早我去拜會奧外長派爾。這天盧森堡總理與泰國、印尼、馬來西亞外長都在奧地利訪問，派爾外長忙碌不堪卻仍抽出時間接見我，確是不易。我先對他成功斡旋促成柬埔寨三方同意合組政府，使東協國家對他甚為稱頌，泰、印、馬三國外長同時來奧向他致謝，而他能在百忙中接見我，表示感激。派爾說柬國三方雖允合作，但是三方仍是同床異夢，不知是否能順利合作。他指出由於貿易摩擦，日本似乎有逐漸脫離西方國家的可能，問我的意見。我將日本的民族性向他分析，我說目前西方國家因為貿易逆差，對日本施加強烈經濟壓力，乃是一時的反應，但是日本絕不會脫離西方國家的民主集團。

第三次歐洲地區協調會報於二十五至二十七日舉行，此次會議採分組方式進行，議事效率增進，共分政治、經貿、新聞文教觀光三組。參加同仁認為目前我國在歐洲工作已漸生根，但國內和海外各機關與單位間的協調聯繫尚待改進。此外，駐歐洲十四個單位中有的工作績效甚優，有的並無進展。部內對各單位的支援，無論人事或經費，都著重平均，可能需要調整。

六月二十八日上午由維也納轉往巴黎，進行這次歐洲訪問的最後一站。抵達後就到參議院審計長明維爾（Gerard Minville）的豪華官舍應邀午宴，同席是外貿部長朱伯特（Michel Jobert）。這個餐會長達三小時都是談中法關係。朱伯特部長認為兩國貿易情形有待改善，積極的為法國爭取核能四廠的合約。我曾問他對改善中法雙邊關係有何具體建議，他的答覆是：「核能廠、核能廠、核能廠」，重複三次，可見他重視的程度。我向他解釋國內由於各項因素使核四廠興建延後，但是我政府對加強中法關係甚有誠意，我也列舉兩年來我方採購法方重要產品或技術計項。我也建議法政府考慮售我軍品，則可對平衡貿易有助，他說法方可先售我雷達，以後再由生產軍品廠商組團訪華，再進一步研究主要軍品。這是法方重要官員初次對軍售問題有正面的反應。我們也討論到中法通航以及法國派遣大使級官員駐華，他透露兩案都將於兩天後在高層協商。

朱伯特部長是法國資深政界人士，曾先後擔任外長、總理和總統祕書長等重要職務。他在談話中多次表示由於中法沒有邦交，法國政府必須特別謹慎，所以很多合作事項進行不能使我方滿意，希望我國要有耐心。

當日午後我拜見參議院波伏阿（Alain Pohre）議長，他對於社會黨執政情形有很多批評，認為法國的經濟問題是由於該黨過於重視意識形態。波氏的姪兒曾在台北學中文，對我國很瞭解，一再稱讚我國創造奇蹟。

六月二十九日上午我拜會了執政的社會黨一位派閥領袖科技部長謝維諾蒙（Jean Piere Chevenement）。真是巧合，我還在和他談話時，有來自密特朗總統的電話找他，告訴他要兼任工業部長，我成了第一個向他道賀的人。他對我所談中法間的科技合作極感興趣，並立即召該部的國際合作處長來，面告他要和我國駐法代表處保持密切聯絡。他提到法國有意為我興建核能四廠，我表示法方現在尚未提出合宜的保防協議。謝部長說中、美和國際原子能總署間能有三邊保防協定，法國當然也能比照辦理。他對我國新竹科學園區非常有興趣，表示要法國在華機構派員前往蒐集資料，我乘機邀他下次來亞洲時到我國做祕密訪問，他說一時恐難成行，但是要令該部同仁來華研究有那些可以合作的項目，並且表示他所主管的一切高科技研究設施都歡迎我國派員來參觀。

以後又陸續訪問曾多次任總理外長的法國名政治家德慕維爾（Maurice Couve de Murville），

以及國會外委會主席傅爾（Maurice Faure）和許多老友。他們告訴我中法關係目前在法國最高層很受重視，認為此次訪問，特別是和朱伯特部長的長時間談話，對於改善關係甚有裨益。

我在返國後向長官建議，當時我國在歐洲十四國設有單位，以外交部的人力和財力不可能對各國給予相同的重視，所以宜集中力量對較易發生效果的國家用力，如法國、荷蘭、比利時、奧地利，因為這些國家樂於與我國接近，縱使中共有抗議，她們雖有顧忌，但是並不畏懼。至於其他國家則執著於傳統國際法，不敢與我多事交往，並且對中共的抗議非常恐懼。所以我主張對於前述四國集中人力、物力、積極爭取，一方面多派青年同仁去學語文，課餘可協助與當地人士交往；同時今後公營事業大型工程或政府重要採購，宜以四國為優先，使政治與經濟能相互配合。至於其他歐洲國家，我仍維持單位，但不必多派人員，等她們見到與我國交往有實際利益而有意接近時，我們再根據她們在政治方面的配合度，對她們重新歸類。

這項建議獲得蔣總統、孫院長全力的支持。只是可惜半年後我調往美國工作，工作乏人推動，以後並沒有認真執行。在我去美國工作前，我在歐洲有兩項主要的努力方向，一是希望開闢歐洲航線，一是將軍品的採購由美國分散到歐洲。現在要分別敘述。

法方來台促談航權

一九七九年二月我獲悉法國季斯卡總統的遠東顧問米索甫（Francois Missoffe）有意訪華，米氏與法國巴爾（Raymond Barre）總理關係密切，他的妹夫是時任外交部長的法昂索・龐賽

（Jean Francois-Poncet）。如此重要的人物，我們要積極爭取，所以他夫婦由駐法代表處邀請，於同年八月三十一日來華做兩週的訪問。第一週他們伉儷自行在各地觀光，第二週起安排正式訪問節目。

我在九月七日和他初次敘談，由中法傳統友誼談到當時中共與越南間的緊張情勢。他也問到中美斷交後的新關係，雙方談得很投機，決定在他返國前再談一次。

九月十一日下午第二次談話，都是有關發展中法間的實質關係，如我國準備在巴黎設立一個統合機構以及中法間通航問題。因為兩週前我在巴黎曾見過法國海外航空公司的總經理魏爾（Antoine Weil），他曾表示海外航空公司有班機飛往法國在太平洋的屬地新卡利多尼亞的首府努米亞（Noumea），很願意將台北列為中間站之一。

米氏表示目前中法通航可能性不大，但是倘若我國能買法製空中巴士則對通航有助，他說空中巴士性能好，而且貸款條件優惠。他也提到法國政府對於空中巴士的外銷極為重視，希望我們積極考慮。

他在晉見蔣總統和拜會央行俞國華總裁時都主動提出盼我國採購空中巴士。總統表示可以考慮。俞總裁則說一九七八年時我國原擬購買空中巴士，但是那年九月他去華府參加國際貨幣基金年會時，美國的財政部副部長所羅門（Anthony Soloman）對他威脅說，如果我們購買空中巴士，美國將取消華航在美的降落權。當時為了邦交不得不取消該項合約。

米氏返法後，法國總理巴爾於一九七九年十一月十二日召集外長、財長、外貿部長、工業部長及米氏舉行會議，討論我國的問題，會後米氏告知我駐法龔政定主任說，如果我國購買空中巴士，請不必顧慮華航降落權，他可負責促成。這項訊息經呈報高層後，我奉命於一九八〇年一月二十一日致函米氏請他設法轉達法國政府，我國原則上同意購買四架空中巴士。稍後空中巴士派員來台北向華航洽商購機事曾提到，有關華航在法降落權事，法政府已同意華航在法設辦事處，並以法航的子公司作為華航在法的總代理；而法航亦在研究將航線由馬尼拉延伸至台北。通航似已顯曙光。

一九八〇年六月三日下午孫院長親自主持「華航購買 A-300 機會議」，做出決議：一、華航確擬購空中巴士，惟該公司營運狀況欠佳，虧損數字頗高，難以籌款支付高昂的購機費用。二、有建議由政府代購，但費用高達八十億台幣，國家預算無法支應。三、有建議由華航向銀行貸款，但過去華航購機貸款均由美進出口銀行代為安排，合約規定，華航向其他銀行貸款亦需該行同意。四、此所以我方遲遲未做簽約的苦衷，經一再研商，唯一可行之途是由民航局出面承購空中巴士機，由法國銀行安排最優惠的貸款，購後交華航使用。五、法方如同意，我盼法方對價款再予減讓、利率降低、貸款額度盡量提高；簽約後交機前，盼空中巴士公司提供同型機租予華航做區域飛航之用。這些決定當日就由我草擬電報，請龔政定主任轉告米氏。

航權談判波折多

六月下旬經濟部張光世部長率團訪法，於二十九日指定由國貿局卲學錕局長代表民航局與法方簽署購機意願書，訂購三架，另選擇購買一架。

購機案和通航案都是在機密狀態下進行，以免受到外界干擾，但是一九八〇年八月二十七日在我隨孫院長訪問中美洲時，合眾國際社由台北發了一項電訊，透露我國已用一億六千萬美元購買四架空中巴士，中法間可望於一九八一年夏秋之交開始通航。這則很短的電訊引起了中共和美國的注視，通航問題因而受到擱置。到一九八一年初法國外交部官員對龔政定主任表示，此時法國政府還不能考量通航的問題。直到三月米索甫顧問告訴龔主任說法方終於開始處理本案。不過好事多磨，季斯卡總統在五月大選未能連任，而由社會黨的密特朗氏當選，政權轉移使這個案子又拖了下來。

一九八二年初，米索甫氏在和新政府的總理和外長洽商後告知龔主任，法國外交部已明白告知中共駐法大使，法國除了對我國不給予外交承認以及不售武器外，其他與我國的關係中共不能干涉。二月二十二日，米氏率團來華訪問，曾對我表示，此行曾奉莫若阿（Mouroy）總理指示告知我方，中法通航事可以積極進行，由雙方民航局及航空公司直接洽商，同時亦表示法方決定由法航出面與華航討論如何交換航權。

但是雙方經過初步接觸發現並非如此單純。我在三月三十一日下午邀交通部和華航代表來部會商，決定由交通部和華航各派兩位專家前往巴黎洽談。對於法方基於我國不是國際民航組織的會員國而有意使華航更改其名稱和標誌，則決議無法同意。

這些專家還未啟程，法方又由莫若阿總理指派他的親信畢業德（Jacques Piette）擔任中法事務聯絡代表，於五月十二日來華訪問。那天晚上他和我長談說明法政府認為通航是政治問題，應循政治途徑解決，現階段尚無法以完整降落權給予華航，初期可由華航與法航合作，成立一新公司，負責營運巴黎、台北間航線，由華航與法航提供飛機，以新公司標誌飛航。

我說明通航為經濟問題，因中法經貿交往密切，雙方往來人士增加，此一航線成為有利航道；華航為一民營公司成立多年，飛經十六國均以其名稱標誌飛行，不能因第三者的干預而更改。且我方答允採購空中巴士時曾獲法方一再保證給予我方航權，現在不該因政權更迭而不踐履前約，因此我方對畢氏所轉達的建議無法接受。這次畢氏來訪唯一的結果是中、法雙方將派專家去比京會商。

一九八二年六月間我在歐洲訪問時，這項會商在比京舉行，但是無法獲致協議，因此中法通航的問題在我赴美工作時仍未能解決。可是六月二十八日正逢我在巴黎和法國政府人士談通航問題時，卻傳來中、荷雙方代表已就華航飛往阿姆斯特丹獲得協議。這真是有心栽花花不開，無意植柳柳成蔭，也正是印證了一句古話：「謀事在人，成事在天。」

為購買潛艦牽線

至於分散軍品採購問題，我想敘述的是向荷蘭採購潛艦。這件事與荷蘭國會國防委員會副主席蒲樂和有關。蒲氏曾參加韓戰，對中共甚為痛恨。自從我國在荷設處後，他曾多次訪華，每次和我談話都很投機。中美斷交後約一個月，他由漢城打電話給我，表示希望能立即和我晤面，當時因為斷交後的談判很緊張，我只能約他在一九七九年一月十九日傍晚六時十五分和我晤談。見面後他第一句話是，過去我對你們有誤會，以為一切事務都由美國決定，現在貴國與美國斷交，表示歐洲國家也能和貴國發展關係。目前荷蘭經濟困窘，很多大公司都要倒閉，引起許多工人失業，其中一家叫RSV造船公司，如果最近不能拿到一份大訂單也要倒閉。聽說貴國需要潛艦，這是最好取得的時機。

我對蒲氏說公司同意，但是倘荷政府不發出口許可證也是枉然。他說荷政府對類似的事務，都會徵詢國會的意見，他是自由黨的重要幹部，該黨會支持；基督教民主黨一向對我國友好，也會支持；問題是社會黨，本案要使他們瞭解五千名勞工的職業要靠此一合約維繫，該黨也應支持。

蒲氏的分析相當合理，所以我就安排他和國防部宋長志總長與海軍鄒堅總司令晤談，我所扮演的是媒人的角色，當事人雙方要自己去接觸洽商。

同年（一九七九）二月二十三日駐荷蘭的劉伯倫主任報稱，荷蘭政府工程顧問饒偉達（B. P. Rauwerda）向他說，荷蘭的經濟部長希望能協助我國製造潛艦。

海軍總部於八月七日致函外交部，安排中船的齊熙顧問去荷蘭與RSV公司會面，對潛艦的型別、基本特性、武器裝備的供應，以及是否可以在台灣做若干的合作生產設法瞭解。齊氏在一九七九年八月下旬順利啟程，可是我在八月二十六日在荷會晤外長時，他卻表示目前尚無法以潛艦售予我國。

到了第二年（一九八〇）二月，荷蘭RSV公司主動派業務經理費德航（Veldhoen）來華，向我國海軍總部提出該公司所出產二千六百噸的劍魚（Swordfish）級潛艦的詳細簡報，充分表現其誠意。

五月間海總派了計畫署柴翊業署長赴荷，參觀國際海軍武器工技展覽並與ＲＳＶ公司商談購艦案，曾與荷國經濟部及國防部主管官員洽談，對方已表示支持的意思。這期間主要是荷國經濟衰退，失業率達百分之五，造船業尤為嚴重。

柴署長返國後，六月底由海總在軍事會談向總統簡報，奉指示本案要看能否得到荷國政府出口許可，以及是否能取得魚雷的供應。

八月初ＲＳＶ公司費經理又來華向海總表示，目前荷方各機關均支持，只待外交部的同意，如果能獲得我方的建艦意願書，則有助於荷國政府最後的決定。海總乃於八月九日提出意願書，但是由於荷總理和外長將於十月底訪問大陸，所以荷政府不能立即有所決定。

荷蘭內閣和國會於一九八〇年十一月二十九日及十二月十八日先後通過出口許可，最驚險的是荷國會一百五十席議員，投票時七十六票贊成，七十四票反對。荷媒體分析能如此勉強通過，一則是荷蘭經濟不佳，需要此一合約，再則是雷根在美國大選中贏得勝利。《遠東經濟評論》於十二月二十四日以二頁篇幅報導指出，此項潛艦交易「打破了一項外交障礙」，並表示這是「中華民國兩年來高度成功的祕密外交的成果」。報導也說，由於推動與全球國家的雙邊關係連鎖網，台灣目前已處於比美國斷交前更能影響外國政府的地位；文章將這些成果歸功於我，形容我是此項積極政策的設計者。

實際上這些工作是許多在不同工作崗位上努力的同仁共同辛勞致力的結果，我則受了一項「不虞之譽」。

第五章 初訪中美洲

此一地區的外交工作在目前對我國整體外交極為重要，但是我們對這地區所給予的重視還有待加強，特別是在經貿方面。魯肇忠副局長表示返國後要向經濟部建議，考慮做若干政策性的採購。

我擔任外交部政務次長時，中南美洲地區已獨立的國家共三十個，其中與我國有邦交的共十二國，另外六個國家雖然沒有邦交，我們仍設有單位。此時在加勒比海地區許多原來是英國屬地的島嶼國尚未獨立；而在南美洲仍有四個國家和我國有邦交，就是哥倫比亞、玻利維亞、巴拉圭和烏拉圭。

我受到蔣彥士部長指派主管此一地區業務時，對於該地區的工作瞭解不多，對於該地區最通用的語文——西班牙語也沒有學過，因此甚感惶恐。我和中南美司桂宗堯司長研究，認為對此一地區的工作最重要的是全力維持、鞏固並加強與各邦交國的關係。我們要設法增強經貿、文化與技術方面的合作，使邦交國重視與我國的外交關係。此外東加勒比海有若干島嶼即將獨立，要爭取和這些國家建立外交關係。

籌劃孫院長中南美之行

一九七九年十一月十二日哥斯大黎加外交部長喀德戎（Raphael Calderon Fournier）以節略致駐哥吳文輝大使，代表哥國政府邀請行政院孫運璿院長擇時訪問該國。一九八〇年二月二十六日巴拿馬羅岳（Aristides Royo）總統致函蔣總統歡迎孫院長往訪。另外，多明尼加共和國總統府行政部長艾南德士（Jose Maria Hernandez）於一九八〇年四月中旬來華訪問，代表該國古斯曼（Antonio Guzman Fernandez）總統邀請孫院長往訪。因此外交部就開始籌劃孫院長中美洲的正式訪問，我們依照邀請提出的先後，由駐三國的使館與當地國政府洽訂於八月二十九日至九月三日訪問哥斯大黎加；九月三日至七日至巴拿馬訪問；九月八日至十二日去多明尼加訪問。我在外交部內也舉行了數次訪問籌備協調會。

協調會中最重要的是決定行程、使用專機或班機、航程路線、訪問日程、總統致對方元首箋函、相互贈勳、院長在各場合講詞以及談話參考資料、是否需要發表聯合公報，如有需要，公報稿的草擬、洽談事項以及贈送禮品名單及禮品購置。這些工作十分辛苦瑣屑，卻不能有一絲一毫的差錯。

孫院長於七月十九日正式簽呈總統報告訪問計畫，隨行正式團員有經濟部長張光世、我及內人、國防部副總長姚兆元、經濟部次長張訓舜、新聞局長宋楚瑜、中南美司桂宗堯司長、國貿局蕭萬長副局長、院長室嚴孝京主任和禮賓司黃秀日副司長。訪問期間擬與三國政府商談有關加強農漁技術、工業、貿易、軍事及交通等方面的合作關係，並宣慰僑胞及農漁技術人員。

孫院長伉儷及全團於八月二十八日先在松山機場接受各界的歡送，並發表啟程講話，然後乘車去桃園機場，直接登上華航為此行所安排的波音747SP專機，於洛杉磯當地時間同日中午十二時四十分抵達，全團分乘轎車及巴士前往世紀廣場旅館。美國在台協會主席丁大衛在機場迎接，並在旅館與孫院長做一小時的談話，將中美最近關係的發展向孫院長做詳細說明。

訪問哥斯大黎加

二十九日上午專機由洛杉磯起飛，於哥斯大黎加首都聖約瑟當地時間下午四時四十分抵達，由哥國第一副總統阿特曼主持歡迎典禮。哥國沒有武裝部隊，因此無閱兵節目。可是哥國民眾、學生以及僑胞來迎接的人數很多，自動自發的熱情使我們深受感動。哥國有兩位副總統，第二副總統阿法洛（Alfaro）夫婦亦來歡迎。兩對副總統伉儷都曾來華訪問，由我和內人接待，在異國重逢，備感親切。接下來四天他們四位不分晝夜，都陪著我們，實在盛情可感。

我們在哥國下榻首都郊外最有名的卡利阿瑞旅館（Hotel Cariari），這家旅館專門接待國賓，只有兩層樓但是占地極大，而且附有十八洞的高爾夫球場。這家旅館的設備和服務甚佳，唯一的問題是我們幾個主要隨員和孫院長伉儷所住的總統套房，距離甚遠，院長召往，我們常需跑步約兩、三分鐘才能趕到。經過二度奔跑，我學乖了，只要沒有節目，還是待在總統套房外走廊上的沙發休息，可以隨傳隨到。

三十日晨孫院長率重要隨員前往總統府晉見卡拉索（Rodrigo Carazo Odio）總統，他夫人和兩位副總統、新任外長伉儷均在座，略事寒暄後，孫院長以國產電動車一輛贈送卡拉索總統，兩位首長並共同駕車繞行總統府一週。之後孫院長與卡總統私下會談，我與新任外長倪浩思（Bernd Niehaus Quesada）會談，其他我國的首長分別與他們的對等首長會晤。

我和倪浩思外長的談話主要是區域問題，包括尼加拉瓜的桑定政權以及薩爾瓦多游擊隊的問題。我特別提到自從七年前我國和墨西哥中止外交關係後，雙方雖不時有接觸，但是始終未能互設單位，哥國和墨國的關係密切，希望能協助我們在該國設立單位。倪外長表示，前任喀德戎外長因為要代表執政黨（聯盟黨）參選總統，所以辭職由他接任。喀氏家族與墨國關係密切，其父曾流亡墨國，喀氏的母親現任駐墨大使，等選舉結束後可請喀氏協助。

三十一日晨孫院長率團赴哥鐸樹（Coto Sur）參觀我國農耕隊的工作，吳琨團長和技師們看到院長來訪都非常高興，院長很親切地和大家交談，並且慰勉他們的辛勞。事實上，我們的訪問團受到農耕隊最好的照料。我們的行李是由他們用卡車運到旅館，逐一送到我們的房間。他們也不斷準備清粥小菜供訪問團人員享用，特別是人數眾多的記者團和專機組員，對他們的接待更是銘感在心。

當天中午我們到首都北郊一位彼德斯（Eckhart Petas）先生的豪華農莊與自由黨兩位重量級

領袖孟赫（Luis Alberto Monge Alvarez）和費格萊斯（Jose Figueres）餐敘。費氏為前任總統，而孟氏已獲自由黨提名，將於一九八二年與喀德戎前外長角逐總統職位。這餐午宴也長達四小時。當晚哥國華僑總會舉辦四海歸心自強晚會歡迎孫院長。哥國僑胞人數雖然不多，但是節目安排十分精采，到午夜才結束。

九月一日是我們抵哥國以後第一個工作日，所以上午孫院長率領全團向哥國無名英雄紀念碑獻花，接著去國會拜會格瑞佑（Rafael Alberto Grillo Rivera）議長，他很鄭重地接待我們，還開了香檳酒，我們談了約半小時，就轉往首都郊區柯洛那多鎮（Coronado）的美洲國家組織所設的國際農業研究中心訪問，由主任阿魯和（Jose Emilio Araujo）博士接待，先後參觀了印刷廠、圖書館和資料處理中心，並由阿特曼副總統及馮錫加（Hernan Fonseca Zamora）農業部長陪同共進午餐。返回市區後我立即轉往外交部與倪浩思部長舉行會談。

這次訪問，哥方很隆重認真地接待，使孫院長深受感動，所以指示我和宋局長要和哥國對方機構首長簽署議定書。我向倪外長提出三項建議：一、請哥國助我加強與尼加拉瓜、薩爾瓦多的邦交，請哥外部電令在該兩國的駐使和我國大使密切聯繫。二、請哥方協助我與委內瑞拉與墨西哥改善關係。三、請哥方助我與中美洲共同市場建立合作關係，最好能取得觀察員地位。

對於三項建議倪外長均欣然同意。所以我結束會談後就擬電報告朱部長，請准我以機密備忘錄方式致送倪外長，以符孫院長的指示。

當晚八時卡洛索總統伉儷在總統府設宴款待，談話甚為親切，也是到午夜才結束。

九月二日上午我們在大雨中又回到總統府，由孫院長將蔣總統邀請訪問函親交卡洛索總統，之後由卡氏親自主持雙方的工作會談，長達四小時，我們到下午二時半才回旅館午餐，四時又回到總統府簽署聯合公報，並舉行記者會。晚間孫院長伉儷在哥京鄉村俱樂部舉行酒會答謝哥國多日的款待，並代表政府贈勳哥國各首長。

造訪巴拿馬

九月三日上午我們由哥京飛往巴拿馬首都巴拿馬市，由巴國艾斯普雷雅（Ricardo de la Espriella）副總統在機場主持軍禮歡迎，之後孫院長伉儷分別由歐索雷斯（Carlos Ozores Typaldos）外長伉儷陪同前往希爾頓旅館。

下午孫院長率主要隨員前往總統府拜會羅岳總統，談話半小時後女賓亦來參加。巴國當時有軍事強人，因此總統僅是名義上的國家元首。談話結束後我們全團前往向巴國國父銅像獻花，結束了這天的正式行程。

午後我去外交部，巴國的安排很奇怪，要我先去拜會禮賓司長，再依序拜會次長和部長。由此一安排可以看出我國駐巴使館與駐哥國使館的工作績效有明顯的差距。我和外長談話時先對他即將訪華表示歡迎，之後將我與美國、歐洲和東協的關係向他分析。他提到巴國羅岳總統與墨西哥政府關係良好，可以代我國進言設法改進中墨關係。我也提到「箇郎自由區」將來可為我國對整個中南美洲貿易的發貨市場，但是國人來巴簽證尚未便捷，希望能予改善，以利我工商界人士前來巴國。他同意要巴國內政部和駐華大使館盡量改進。

九月五日上午孫院長與巴國農牧部長羅德瑞格茲（Francisco Rodriguez）共同主持中巴農技合作會議。巴方希望我國能增加農技人員，使巴國能增加主要作物如稻米、玉米和黃豆的生產，此外亦希望我國協助養蝦、養鴨及養豬等。當日下午赴總統府與羅岳總統簽署聯合公報並舉行記者會。晚間孫院長伉儷在巴京最大的中國餐廳龍鳳酒家舉行答宴，參加的客人三百多位，氣氛非常熱烈。

在巴拿馬的訪問於答宴後原應畫上句點，但是巴國駐華大使席艾洛（Ramon Seiero）一再堅持孫院長一行應該利用週末到他的家鄉，巴國最西部的奇利基省（Chiriqui）的首府大衛市（David）訪問。

九月八日有巴國計畫部長龔沙雷斯（Gustavo E. Gonzales）來旅館與孫院長共進早餐，他對巴國經濟情形予以說明，非常有條理。巴國所處國際地位很重要，所以受到各方重視，但是目前失業率仍偏高。我曾就我國盼望在國際貨幣基金會及世界銀行能比照瑞士方式取得合理地位事和他討論，他表示他在兩機構中都是巴國所派的理事，將全力予我支助。中午就前往機場飛往多明尼加首都聖多明哥。

孫院長對於巴拿馬之行不甚滿意，一方面是接待不如哥國親切禮遇，另一方面孫院長甚盼能與強人杜里荷（Omar Torrijos）將軍會晤，但是大使館始終無法安排。

訪多明尼加的意外事件

至於多明尼加則完全以元首的禮儀接待孫院長。多國古斯曼總統伉儷親臨機場歡迎，並且有隆重的軍禮。不過由機場到旅館的途中，因交通管制未盡完善，車隊前後不能銜接，所以第五、六輛禮車發生車禍，車內的宋楚瑜局長、蕭萬長副局長、吳興強組長均有輕微擦傷，桂宗堯司長及新聞局李培徽攝影師則受傷較重，有腦震盪跡象，所幸經同行姜必寧醫師的診治均無大礙，是此行中的一次意外事件。

九日上午孫院長率正式團員前往多國紀念開國三元勳的國家聖壇獻花，稍後前往總統府拜會古斯曼總統。孫院長將我國與多國在農業、漁業和工業各方面技術合作情形做一報告。多總統表示兩國關係極為良好，我國所給予多國的援助極有效益，盼我能在水稻、養豬、林業、灌溉各方面續予協助。談話完畢，我們返回旅館換了便裝，立刻上車前往農耕隊所在的胡瑪（Juma）農業試驗所，我國技師協助該所培育了新水稻品種，深受中南美國家農業界的重視。

我國在各地的農耕隊胼手胝足在海外為國家效力，無論任何一團都受到當地政府和民眾的讚揚，孫院長在胡瑪特別到農地向這些勞苦功高的外交鬥士表示慰問之意，所以那天的午餐約下午三時半才到附近的伏堪度（Volcando）鎳礦公司的俱樂部，由農業部長梅希亞（Hipolito Mejia）做東。這位部長二十年後當選多國總統，自一九七〇年起他曾來華訪問十五次，是多國對我國最為瞭解的一位領袖。我們由午餐處返回多京已是傍晚，過不了一小時又要換裝去外交部應費南德斯（Emilio Ludovino Fernandez）部長晚宴款待。

這次晚宴的場地是外交部後面一個長廳，依西班牙方式建築，旁邊是一個長型的水池，水面上漂了五色繽紛的花朵，仔細去看原來是我國的國旗。主人用心充分反映了對我國的友情，這餐飯也是賓主盡歡，到午夜以後才散。

九月十日早上多國的非裔傑出政治家、執政的革命黨祕書長賓諾葛梅茲（José Peña Goméz）來旅館與孫院長共進早餐。賓氏是國際社會黨聯盟的副主席，當然也受了一些左派人士的影響，對我國頗有成見，孫院長指示我對他詳細說明若干他的見解並不正確，他聽了頗能接受，立刻表示他明年要來華訪問。我和他以後成為很好的朋友，他也曾多次參選總統，可惜總是票數略為落後，幾年前不幸英年早逝。

他鄉遇故知

稍後我前往外交部拜會費南德斯外長，因為朱部長曾在五月間來訪，因此他對我國甚為友好，對於我所提出請多方洽助的事項都欣然接受。中午多國僑團在大使酒店公宴，十分熱情。結束後我去大使館探訪以瞭解同仁工作和生活的情況，這時有一位曾來我國政工幹校遠朋班受訓的賈西亞（Garcia）中校，因為在華時受過我的接待，一定要我和他同車去家中小坐。我一上他的車子，發動後就播放鄧麗君的歌曲，萬里以外能聽到甚感親切。不但車上，到了他家中，音響所放的也是國語歌曲。他的夫人佛蘭西亞（Francia）女士是多國前內政部長貝雷斯（Perez Y.

Perez）將軍的千金，是多國的世家，家中陳設全是由台北運回的紅木家具和古董陳設，對我國文化的喜愛的確令人感動。我雖然只逗留了十五分鐘，他們夫婦都十分滿意，而我亦有萬里他鄉遇故知的感覺。

下午五時孫院長率正式團員前往總統府向古斯曼總統贈勳，儀式比照呈遞國書，儀節非常隆重，府內由於許多攝影所用的燈光甚強，亦無冷氣，因此人人一身大汗，典禮結束趕返旅館沖涼易裝，再回到總統府參加總統宴會，宴前古斯曼總統為孫院長頒勳，大家又是一身大汗，所幸宴會廳有冷氣，使溼透的衣服逐漸乾了。

十一日是各隨行團員與多國相對首長會談，中午是總統府技術部長馬丁尼斯（Ramos Martinez Aponte）邀宴，當天正好是他的生日，大家為他祝賀，非常溫馨。下午尼加拉瓜駐多國的尼伐斯（Rivas）大使來旅館見我，這時尼國已是桑定（Sandinista）政府在執政，非常左傾，我們對中尼關係十分擔心，因此一路上託哥國、巴國和多國的外長協助我們確保邦交。尼伐斯大使的態度極為誠懇，我們討論如何使雙方關係能更加強。傍晚時孫院長率領全團到總統府簽署聯合公報並且舉行記者會。晚間是總統府行政部長也是總統的女婿艾南德士夫婦設宴款待，賓客很多，並有交響樂團演奏助興。

十二日上午九時半全團到多京機場，仍由古斯曼總統主持軍禮歡送，且目視專機起飛後才離去。全團都走了，費南德斯外長留下來陪我搭中午的班機去紐約轉歐洲，因為談話甚歡，也沒有人通知，我在十一時五十分到室外看時才發現班機已在滑行，趕緊聯絡塔台，要飛機停下來，我飛車到機旁登機，才順利結束這次中美洲之行。

孫院長回到台北後對於訪問期間和三國所獲致的協議極為重視，曾指示我要將三國分別列表並指定主辦單位及協辦單位，詳細地予以分工。我們做完以後呈上去，他又親筆做了不少修改。他特別指示行政院對外工作會報要強調中南美洲是我國外交上的重要據點。因此第二年，也就是一九八一年，我奉命前往哥斯大黎加主持中南美地區第四次使節會議，我利用那年赴華府訪問（請參閱本書第二章）之後轉往哥國。

加強中南美洲外交工作

一九八一年十一月二十三日使節會議在哥京聖約瑟郊區的卡利阿瑞旅館舉行，國內相關機關均有重要人員參加，國防部是情報助理參謀次長莊銘耀少將，經濟部是國貿局魯肇忠副局長，新聞局由宋楚瑜局長親自出席。駐中南美地區十一位大使及五位代表，另外還有國家安全局、國防部、經濟部、僑委會、新聞局以及駐中南美農技團的代表各一人列席會議。如此龐大的與會者和過去三次使節會議不同。

這次會議前後兩天半，對於行政院對外工作會報所擬的中南美地區工作方案和實施計畫做了深入的研究和檢討，並且分成政治、經貿、新聞文化、軍事安全以及僑務五個小組做細部的討論。與會同仁深感此一地區的外交工作在目前對我國整體外交極為重要，但是我們對這地區所給予的重視還有待加強，特別是在經貿方面。魯肇忠副局長表示返國後要向經濟部建議，考慮做若干政策性的採購，而國內派出的貿易團過去多是走馬看花，訪問後並沒有做任何採購的舉動，以後要慎重選擇參與者。

與會同仁多表示國防部在政戰學校所辦的遠朋班甚具績效，各友邦派遣受訓學員在返回本國後都受到重用，因此各使節都建議擴大辦理，提升受訓學員的層級。我也建議各使節要和曾在遠朋班受訓的學員多加聯絡，或者鼓勵學員們組成同學會。

中南美地區幅員遼闊，當時已有三十多個國家，使用語文有西文、英文、葡文、法文，並不一致，各國的歷史背景也不同。從前我們常將中南美國家視為單一地區，事實上各國雖有其共同性，也有其不同之處，我們不能一成不變，必須因時、因地、因人而制宜。在此地區的各友邦有一項共同的問題，就是經濟困難，我國宜加強與各友邦的技術合作，現有的農漁技術合作及手工業技術合作雖然有相當的成效，但是還要講求合作方法，特別是要慎選優秀人員前往，也要加強大使館和團隊間的聯繫。

會議中，很多使節也提到駐在國政府都盼望我國廠商前往投資設廠，但是我國尚無對外投資的法令規定，使節們建議政府有計畫鼓勵並輔導績優廠商前往投資。但是中南美國家政情並不安定，基於投資可能遭遇風險，建議政府仿照先進國家訂定投資保障辦法，以袪除投資者的疑慮。一般而言，此地區國家經濟相當落後，國內廠商可運用汰舊的機器運往設廠，同時亦可利用此地區產品輸往先進國家不受配額限制，都是有利的誘因。

我也藉主持使節會議之便訪問哥斯大黎加，特別是因為該國在一九八二年二月即將舉行大選，我也利用機會和已展開競選活動的三大黨總統候選人分別會晤。

十一月二十四日清晨吳文輝大使電告哥國卡拉索總統的尊翁剛去世，中午在大教堂有追思彌撒，我和內子由吳大使夫婦陪同前往參加，並向總統伉儷致唁，由於我是唯一參加的外國政府官員，他們特別感激。兩天後卡拉索總統的公子馬利歐（Mario Carazo）夫婦在新建的住宅設宴款待內人和我，到了他們家中才知道真正的主人卻是總統伉儷，並且邀了家人和最親近的政府官員作陪，使我們受寵若驚。

我們在哥國期間正值總統大選即將展開，三個主要政黨都已確定總統候選人，也都成立了競選總部。哥國選舉有一個特色，大多數民眾都會在住所的庭園中插起所支持政黨的旗幟。我在哥國待了六天，走遍了首都聖約瑟的各區，每次在街道上經過，我都默默數旗幟，初步的印象是支持自由黨的較多。

我也利用會議和訪問的空檔，分別拜訪了三黨的競選總部和三位總統候選人會面。自由黨的候選人是孟赫，一年多前我隨孫院長訪哥時已和他見過面，因此談話甚為投機，他也約了內定擔任外交部長的伏利歐（Volio）教授一起和我會面。他表示對勝選甚有把握，當選後與外長必將加強與我國的關係。聯盟黨的總統候選人是原任外交部長喀德戎。我們是舊識，他告訴我昨天他的夫人剛生產，又得一子，談話非常投機。國家運動黨的候選人是曾擔任過總統的艾羌迪（Mario Echandi Jimenez），大家都知道他的機會不大，但是我仍將中哥關係的現況向他詳細說明，希望他當選後能加強雙方的關係。他表示參選迄今，我是唯一登門拜訪他的友邦官員，他非常珍惜這項友誼。

鼓勵國人投資中南美

這次訪問哥國並主持中南美使節會議後，使我感受到這一地區的外交工作對我國整體外交極具重要性。我們對該地區所給予的重視仍待加強。過去我國與中南美地區很少有經貿關係，經過這次會議，國貿局代表魯肇忠副局長表示將盡力設法改進。

我在返回台北後曾應立法院外交委員會邀請前往報告，我說明中南美地區的友邦對我國的農漁業技術合作都十分感激，但是沒有一個國家願意一直停留在農業為主的經濟發展階段，我們友邦的領袖們都期盼我國的資本家去投資，使國家能逐漸工業化。但是當時推動相當不易，一方面不少友邦內部都缺乏安定的經濟發展條件；另方面我們政府對於赴海外友邦國家投資也沒有訂定投資保障辦法。

我在當時向層峰建議，國內的工業必須急速升級，將勞力密集的產業升級為資本密集、技術密集的產業，將淘汰的機械轉往友邦投資，提供他們人民就業機會，利用友邦能享受的配額出口到歐美先進國家。我也建議主管機關應該對此類投資訂定投資保障辦法。

第十八章 參與對日工作

訪日之行，我除了以很多時間處理經濟部擦槍走火的禁輸案件外，也用了不少時間與日本的政界、學界和媒體溝通，設法化解他們對中蘇共復合的恐懼。

我國於一九七二年九月底與日本斷交，成立亞東關係協會，由馬樹禮先生擔任駐日代表，他在任十二年，使中日關係由谷底逐漸上升，貢獻極大。多年來，很多國會、媒體或學術界人士常表示駐外單位要統一領導、統一指揮，這項觀念非常正確，但是很難推動。不過在馬代表十二年任期中，真正做到統一指揮。這是因為他的做人處事大公無私，獲得所有駐日同仁由衷的尊敬，大家心悅誠服地聽從他的指揮。更重要的是政府對於駐日代表處提供了相當數額的「光華專案」經費，馬代表在經費運用上讓若干重要同仁充分參與，涓滴歸公。我體認長久以來，外館所以會有館長館員不斷衝突爭執，主要原因是館長享有對館費完全的支配權，運用時，如果引起館員的質疑，館內就會不斷發生糾紛。馬代表能支配很大數額的經費，但是他一秉經費公開的原則，完全不考慮個人的享受。他在東京十二年，始終住在一座五十坪左右的公寓中，家事均由馬夫人親自操持，所有的公費完全用於公務。他駐日長達十二年，而我在部內任次長八年中，從未聽到任何人對他有過指責，大家對他都是極為尊重。

接觸對日工作

我在擔任次長之初，並不負責對日工作，直至一九七九年八月接任政務次長後才主管亞太業務。然而縱使我沒有掌理對日業務，馬代表每次返國述職一定會和我有頗長時間的談話，也使我逐漸能接觸到對日工作。中日斷交後的十二年間，雙方在經濟、貿易、技術合作、文化交流和人員互訪等各方面關係，逐年都有增進。馬代表在東京也能經常與日方重要政界人士會晤，一九八〇年八月雙方協議增加互派人員，日本亦同意我在橫濱設處，我駐日人員的身分也獲提高。

一九八二年初馬代表約日本外相櫻內義雄早餐，席間提到中、日、美、韓的合作是亞洲安全保障不可缺少的條件，因此中日雙方外交首長宜加強直接聯繫。馬代表向櫻內說明我在近年曾歷訪無邦交國家，增進雙邊關係，建議日方能同意我來日本做私人訪問，與外相直接交談。櫻內外相當場表示歡迎，並建議可於國會通過預算案後四月初較為適宜。

當時中日間最大的爭執課題是貿易逆差的持續擴大，一九八一年我對日本的貿易逆差已達四十億美元。一九八二年一月十四日，日本各媒體駐香港特派員組團訪華來看我，主要是談中美關係與中日貿易問題，談到逆差問題，我說日本一方面在政治上經常迎合中共對我打擊，而貿易上又對我處處設限以致逆差不斷增加，而日本更以鉅大數額金援中共。我警告說，如果日本不採取適當改善措施，我們可能採取類似八年前斷航的相當措施。日本共同通訊社記者小林幹夫撰寫了通訊稿，刊於十六日的英文《日本時報》。

當然，造成中日貿易逆差的原因很多，其中之一是我國的工業生產時常仰賴日本零組件的供應。所以日方常說由於日本輸出這些零組件使我國能產生附加價值，為我賺取外匯。而我們對日本的不滿主要是政治方面，經貿方面我方所要求於日本的是應消除對我方產品的非關稅障礙，並且使日方來華投資生產的產品能回銷日本。此外我們亦希望日本能擴大與我國的科技交流。

限日進口風波

然而經濟部於一九八二年二月十三日未請示行政院，亦未洽任何相關機關，突然宣布禁止一千五百項日本產品進口，另外尚有三十三項產品不得自日本及東南亞地區進口。駐日馬代表也是立法委員，當時正在國內參加立法院會議，他在經濟部正式宣布以後得到該部首長的電話，說明只是通知他這項決定，並非向他徵詢意見。馬代表對此相當不快，來部和我相商。

宣布的當日新加坡李光耀總理和隨行人員正在國內訪問，因為蔣總統住院，行政院孫院長擔負主要的接待責任。我很快地將馬代表的不快和質疑向孫院長報告，他對於這項突兀的決定也毫無所悉。孫院長表示，這些限制進口的產品事實上並沒有構成日本對我國進口的主要部分，絕大多數的項目從來都沒有進口實績，少數確實有進口的項目，其金額極為有限。換言之，這項決定對於改善中日貿易逆差並無實效，但是在政治和外交上極可能引起日本報復的行動。院長指示外交部和駐日代表處審慎因應，不要造成中日雙邊關係的緊張。我立即將孫院長的指示轉告馬代表，請他盡快返回任所。

日本方面的反應相當強烈，政府方面認為我國此舉必須予以制裁，否則各國相繼效尤將動搖其國本——對外貿易。因此揚言將對我國採取「停止便益關稅」（也就是優惠關稅）的報復措施，以避免其他對日本有貿易逆差的國家也比照採取限制日貨進口的做法。

日本政府主管機關通產省內部的幕僚則有二種不同的主張。一派主張強硬，認為我方未經協商亦未事先通知，即片面採取如此激烈的行動，日方亦應採取報復措施，不然美國及歐市各國亦採類似行動，將破壞自由貿易體制，且對日本極為不利；另一派主張溫和，認為以中日經貿關係的複雜，如日本採取報復行動，將造成長期傷害，難以補救。

經過長時期的思考，日本政府指示交流協會於東京及台北分別向我方提出日方的立場。三月四日我們收到這件公文，首先日方對於我們未經通告，遽爾採取進口限制措施，表示驚訝和遺憾；對於我國整體對外貿易仍然享有順差的時候，竟然採取如此措施表示非常遺憾。日方認為：「從維持自由貿易體制的觀點來看，也認為是很難放置不管的非常重大的問題。如果貴當局繼續施行此措施之時，我方恐怕不得不對貴國採取如停止關稅上的便益提供等某些措施，我方深怕也許這會變成事實。」最後日方指出：「此次的措施為中日貿易之重大障礙，可能造成中日雙方經濟上莫大的損失，我國強烈要求貴當局立即撤銷該項措施。」

這件公文的文字雖然不甚流暢，但是所表達的立場是非常明確的。這時外交部朱部長正在中南美洲做三週的訪問，我代理部務，立即將日方的公文轉呈孫院長，並且送給經濟部趙耀東部長。

一九八二年三月五日是星期五，立法院總質詢的日子。孫院長在立法院召集趙部長和我討論日方來文，他做了四點具體指示：一、對外關係的處理，由外交部錢代部長負責。二、對外新聞之處理，在台北由亞東關係協會為代表，統一發布；在東京由馬樹禮代表發布。其他政府首長及官員均不得表示意見。三、連日來國內新聞界對於中日貿易逆差問題的報導，似有意氣用事，造成一片反日情緒，似欠妥當，宜加疏導，由新聞局宋局長協調。四、日方所提抗議見解，威脅如我不撤銷管制，將停止我便益關稅乙節，經濟部等有關單位應妥為研擬因應策略。

積極化解雙方歧見

孫院長並指示趙部長於下午立法院開議前約我、亞協張研田理事長、中日貿易平衡委員會辜振甫理事長等會商。我們於下午二時在趙部長辦公室集會，趙部長的顧問陳世昌和國貿局蕭萬長局長亦參加了會商。會中決定對日方的覆文，我們反駁了日方的說法（認為這次的措施事出突然），指出對日逆差逐年擴大，我已多次促請日方重視，孫院長亦曾於一九八一年九月在立法院會議中表示嚴重關切。對於日方擬停止便益關稅一節，我們指出停止進口是改善貿易不得已的非關稅措施，而日方所擬採的卻是關稅歧視行為，顯然與日方所標榜的自由貿易體制背道而馳。對於日方要求我國撤銷限制進口措施，我們要求中日兩國政府間進行高層次的磋商，以解決此一問題。

我方答覆文送到日方後，馬代表就積極地和日方友我人士磋商。日華議員懇談會由佐藤信二、椎名素夫、船田元、龜井久興四位青壯代表約通產省負責官員談話，對日方來文措詞過於強硬表示不當，並要求今後在採取任何行動前，務必先洽詢懇談會的意見。

此外藤尾正行議員則向交流協會負責人表示，該會成立以來對改善我對日貿易逆差沒有任何動作，而此次向我方提出強硬文件前未曾與懇談會洽商，殊屬不當，今後交流協會應先與懇談會洽商後才能有所舉措。

我方正設法與日方研究如何化解此一貿易糾紛時，經濟部由於與國防部合作，將軍方聯勤軍車廠轉為台灣機械公司，為一重車廠，並與美國通用汽車公司合資成立華同汽車公司，成立時協議對華同出產的重型卡車、客車及柴油引擎，將給予國內市場的保護，至該公司足以與進口商品相抗衡時為止。該公司的產品於一九八二年初出廠，經濟部乃呈奉行政院核定，於三月三十一日公告將此等產品暫停自日本進口。這件公文送來給我看時，我覺得此時指明不得自日本進口，事涉敏感，所以洽請國貿局代局長潘家聲改為「限歐美地區進口」。雖然有如此的修正，日方仍有反應。馬代表於四月三日的電報中指出，此一訊息引起通產省的關注，內部議論紛紜，有官員表示此舉與雙方謀求解決貿易爭執之努力，實屬背道而馳，報復之聲又起。

此時正好是駐日馬代表與日本研商我訪問日本的時候，因此馬代表囑咐我在啟程前與經濟部長當面會商如何解決僵局，因為他在日本觀察僵局的長期拖延將對我國不利。我在一九八二年四月三日上午約見趙部長，他向我說明中日貿易逆差近年急速擴大，並給了我一幅圖說明中日間進出口成長比率極為懸殊。他表示此次限制自日進口的都是家電用品及奢侈性的消費品，對於自日本進口的重要項目都未予限制。趙部長重申僵局盼能由中日雙方高層官員心平氣和研商解決，基本上我盼能減少逆差，平衡進出口比率，我亦盼日本對韓國所採取若干措施，亦能對我採行。

初次訪日

一九八二年四月八日上午我啟程赴東京做一週的訪問，這是中日斷交十年來，外交部次長初次訪日。行前我們盡量做好保密工作，但是在台北機場仍有許多記者在等我，經過國家安全局的協助，我乘車到登機門旁由樓梯走上飛機。登機後我看到專程來華參加先總統蔣公逝世七週年的日本前首相岸信介和他的隨員。岸氏的女婿安倍晉太郎時任通產省大臣，對於中日貿易問題負主要處理責任，而我在動身前收到馬代表的特急電說，日本外務省內部認為我政府在貿易問題上繼續採取對日方追加進口限制措施，甚感不滿，認為櫻內義雄外相不宜與我會面；因此要處理貿易爭執問題必須與安倍通產大臣有所接觸。在飛機起飛前我利用機會向岸氏致意，表示訪日期間將專程前往距東京約九十分鐘車程的御殿場他的家中拜會，洽談貿易問題，他欣然同意，並約定週日上午（四月十一日）在他家中有充分時間可以暢所欲談。

我和外交部亞太司林尊賢司長於四月八日下午二時三刻抵達羽田機場，交流協會理事長西山昭大使、國會議員青壯派的領袖玉置和郎等在機場迎接，到了大倉飯店後就與馬代表就未來數天的行程，日方對我國所產生的誤解，我們宜如何化解，詳細加以研究。

關於經濟部所堅持的雙方高層研商一節，馬代表認為我和日方首長未來的商談就是如此。他也提到，日本政府為了與美國和歐市的貿易失衡，特別請了曾任通產大臣、自民黨政調會長，當時擔任自民黨「國際經濟對策特別調查會」委員長的江崎真澄於一九八二年二月、三月間分訪美、歐各國，研討改善措施。中日間無正式外交關係，日本現任大臣不可能來我國，但是江崎委員長僅是國會議員，可以來我國訪問，如果能由他率團來華洽談貿易失衡問題，可顯示日本對我國與美、歐市同等重視。馬代表早已透過關係洽詢江崎氏的意見，他甚表願意。我聽了馬代表這番說明，深感所謂老成謀國，馬代表實在當之無愧，我表示敬佩之餘，說明此後數日當以促成江崎代表團來華商談作為談話的重點。

四月九日上午開始，我展開在日本七天忙碌的訪問。首先是拜會日華議員懇談會灘尾弘吉會長，在座的還有長谷川峻、金丸信、藤尾正行和佐藤信二等老友。懇談會有自民黨議員過半數的參與，影響力很大。灘尾先生曾任國會議長，在日本政界甚受尊重，因此我一開始就感謝他多年來為我國仗義執言。日方友人則逐一對我國經濟部所採的措施加以嚴厲的批評，主要是事前完全沒有知會懇談會，該會長久以來堅定支持我國，而現在變成進退失據。我花了很多時間向他們解釋此次措施的發生，目前雙方不宜相互指責，而宜找出解決之道。我提出了如能由江崎真澄率團訪華，或有助於問題的解決。他們建議我向自民黨當局做此建議。他們認為增進兩國政府和人民的進一步相互瞭解為當前第一要務。

分析日本與中共交往之弊

接著我去王子飯店別館拜會於一九七六年至一九七八年擔任總理大臣的福田赳夫，他辦公室內陳列與先總統蔣公合影的照片。他對於大陸情勢極感興趣，向我提出許多問題，我都逐一答覆。我特別向他表示日本政界有不少人認為自由世界應加強拉攏中共以牽制蘇俄，這是錯誤的戰略思想。美國和中共建交後，蘇俄並未改善對自由世界的態度，而且更積極地在各地擴展勢力範圍。美、日如欲協助中共發展經濟、增強戰力，恐將更形刺激蘇俄。日本與中共友好的結果是蘇俄在北方四島增加兵力，戰機數目亦大量增加。所謂中蘇共的爭執，使蘇俄在中蘇邊界聚集大軍，對歐洲是有利的，對日本則可能是不利的。

我也提到一九八一年十月葉劍英提出所謂「葉九條」統戰言論後，鈴木善幸總理立即予以支持，使我國的國際形象受損，希望日方切勿助紂為虐。福田表示日本政府對我方立場頗重視，曾審慎研討，已有統一說詞，就是事關中國內政，日本不應插嘴，不宜有任何表示。稍後他又在王子飯店以法國料理款待我，席間他說對我國經濟迅速成長，非常欽佩，盼望不久來台北親自觀察。

午宴後我轉往自民黨本部拜會二階堂進幹事長，在座的有他的主要同僚竹下登、金丸信和小淵惠三。二階堂特別對我說明，約十年前田中角榮以總理身分訪問大陸洽談建交時，曾為了我國的國際地位問題和中共當局發生爭執，他表示田中到此時仍對我國事務表示關切，田中氏知道今天的會晤，特別要他向我表達歡迎之意。

十年前日本與中共建交問題我並未深入瞭解，似乎記憶中是外相大平正芳對我國態度不佳，稍後中日斷航也是因為大平在國會有對我不利的言論，至於田中扮演的角色如何我並不清楚。不過我去自民黨拜訪主要是談貿易問題，我花了很長的時間將中日貿易糾紛的癥結向他們說明，特別是日本在享有大幅度順差後，在政治上又常有對我國不利的舉措，每次媒體有所報導，我國國會及社會各界對日本都是一片不滿之聲。中日兩國為近鄰，如果民間對日高度不滿，則兩國關係必將蒙受不利。我提到日本政府內有官員主張對我以關稅方式報復，我必須指出在國際上日本此舉可能招致廣泛的批評。

二階堂表示我的分析是合理的，他問我要如何解決這項棘手的問題。我說中日間無邦交，我政府雖希望能與日本政府高層會商解決之道，但是深恐不易安排。今年初日本政府請自民黨的國際經濟對策特別調查會江崎真澄委員長率團赴美國及歐市訪問，以研商改善貿易失衡的問題，普遍獲得好評。江崎氏在政府內並未擔任要職，但其地位甚高，如能由他率團來華與我國首長探討減少貿易逆差之道，對於解決此一棘手問題必有助益。

二階堂聽了十分愉快，與竹下登商量一下之後對我說，他們兩位將聯袂去見鈴木善幸總理提出此項建議，使江崎氏能及早成行，並且要求政府絕不能再放言報復，以免刺激我方。這項談話約八十分鐘，我辭出時外面風雨大作，很像颱風天，但是我們又匆忙趕赴下個約會。

與日高層會晤

接著是拜訪北海道出身的科技廳長官中川一郎，他是我國的誠摯友人，願意在辦公官廳正式接待我。中川長官不拘小節，一定要我坐在他的座位上，他坐在辦公桌上，非常親切地敘談。他表示在科技方面將盡全力使我們能參與日本的先進研究，當時日本正擬在東海村興建科技城，包括準備興建核廢料的再處理工廠，他歡迎我方科技人員前來，他將無保留地對我方專家公開一切計畫。由於他的坦誠態度，我返國後就建議國家科學委員會可以在東京的代表處增設科學組。中川長官也對我說，法國密特朗總統五天後要訪問日本，他奉命擔任隨侍大臣，但是他對訪賓和法國瞭解不多，深恐談話時有不妥之處，希望我能提供他若干談話資料。我因為每年都去法國一次，對他的問題也據實以告，特別指出法國以核能大國自居，對於廢料再處理極有興趣，大臣不妨向密氏一提；當然我也懇請中川大臣居中為我國進言，望密氏能願意強化中法關係。這場談話進行了一小時半，他仍意猶未盡，但是祕書已多次來報下一節目早已逾時。中川一郎是一位難得的好朋友，可惜不久他就在北海道選區自縊逝世。所幸他的哲嗣中川昭一克紹箕裘，已多次當選國會議員。

四月十日早晨日本外務省事務次官須之部量三來大倉旅館和我共進早餐，有兩小時的談話，而且使用英語，不必傳譯。這是中日斷交後首次高層的對談。我先應須之部次官的請求，把我國對外關係做了簡單的敘述。在提到東南亞和參與國際組織兩項問題時，我特別指出在印尼訪問時，該國首長多次告訴我，日本為中共作說客，促使印尼早日與中共復交；而在多個官方或民間國際組織內，日方代表時常有為中共執言，刻意排斥我國的言論。我說中日間雖無邦交，日本仍是我國近鄰，雙方有密切的經貿關係，日本不應該在貿易上坐享對我國的大幅順差，而在政治上處處打壓我國。

須之部次官表示日本政府並無對我不利之意，很多事都是媒體錯誤的報導。我說報導錯誤應立即更正，否則以訛傳訛，使我國民眾對日本的做法極為不滿；而對最近我政府限制日本產品進口，均極表滿意。如此下去對中日關係的發展實極不利。

須之部次官說日本重視與我國的關係，亦願加強與我國的實質交往。日本樂見我國與東協及其他國家加強關係，絕對無意採取損我的舉動。

我接著提到櫻內義雄外相於年初（一九八二年一月十三日）接受《紐約時報》專訪時，曾稱發展與中共的友好穩定關係為日本外交的一大支柱，認為日本與美國都應該與中共保持良好關係，因為這是亞洲和平安定的基礎。櫻內也對美國因為對我國的軍售與中共發生歧見，表示美國的做法欠妥。而三月初日本媒體對外相將於三月二十日赴美訪問，透露外務省官員表示，外相將向海格國務卿說明美國因售我國武器而引起與中共爭執，似宜軟化立場或對中共讓步；亦將對美方表達日本對此一爭執的重大關切。此節經我方向友好國會議員查證，皆謂報載消息並非事實。但近日又有日本報紙刊登，中共副外長韓念龍於三月三十日率團與日外務省舉行會商，其間曾洽日本向美方表示，請美國重視與中共的關係，不要為對我國的軍售而影響美國與中共的關係，不知真相如何？

須之部答覆說，美國因軍事上落後蘇俄以及國內經濟不景氣，所以盼望世界各地不要發生動亂，這樣美國可以有一段安定的期間來重整國力。日本同意美國此一觀點並願採取配合的步調。但是中國統一問題是中國的內政事務，美國供售武器予我國是美國和我國及中共的問題，日本絕對無意介入或有任何表示。日本媒體所刊都是不實的揣測，不能反映日本政府的立場。實際上就美國以武器售予我國一事，美國確曾請日本向中共表示，盼中共採取較具彈性的立場。

這次談話在雙方都甚滿意的情形下結束。那年年底我奉派赴美國工作，須之部次官曾親筆寫了一封介紹函給日本駐美國的大河原良雄大使，請他多和我聯繫，也有一份影本給我。因此我抵華府後不久就與大河原大使結識，並時有聚晤。

富士山下球敘外交

四月十一日凌晨我就和馬代表同車赴東京西方富士山麓的御殿場，拜訪岸信介前首相。他的家非常大，是東京看不到的巨宅，布置非常典雅，有不少他出訪各國的紀念品，在玄關進口就陳列了他和先總統蔣公的照片，這是和福田前總理相同的。我向他詳細說明中日貿易逆差問題我方的立場以及具體建議，請他先行告知其快婿安倍晉太郎，因為我擔心三天後拜會安倍通產大臣可能時間不夠。岸氏那年已八十七高齡但是精神矍鑠，談鋒甚健。他認為我方建議由江崎真澄率團訪華是很有建設性的。

我向岸氏告辭後就前往御殿場五百人高球俱樂部，與青嵐會的領導者玉置和郎與岩動道行眾議員及馬代表打球。這是一個極為美麗的球場，球道綠草如茵，富士山就在附近，似乎果嶺的草都是由山的方向流走，也就是面對富士山打推桿力量要大些，而背對富士山則要特別小心，以免推桿時球會一瀉千里。但是我們在擊球時仍不斷談各種問題。玉置和郎主張中、日、美應加強合作，具體做法是用阿拉斯加的原油輸往中、日，以解決我們兩國對美的順差問題。我則對兩位議員表示我國與澳大利亞斷交已十年，始終無法展開實質關係的交往，他們都是日澳國會議員交流的健將，盼望他們協助使中澳關係能夠展開。當然我也對中日貿易問題做了詳細說明，使他們對我國的立場充分瞭解，並全力支持。

十二日清早渡邊美智雄大藏大臣在旅館和我共進早餐，他對我國的對外貿易以及是否有通貨膨脹等事項，詢問頗詳。進早餐時他很神祕地對我說，「你知道嗎？鈴木善幸總理和我們只是一牆之隔。」原來總理也在鄰室和人同進早餐。渡邊對於國際事務也很有興趣，問了不少當時的問題。十年後我擔任外交部長，他曾來台北訪問，在西華飯店和我暢談國際事務，過了幾天他就接任外相。

拜會宮澤喜一

早餐後我就趕往內閣官房長官宮澤喜一的私邸拜會。宮澤前此已兩任經濟企劃廳長官，通產大臣及外相，是日本非常資深的政治人物。不過他的住宅非常儉樸，客廳只有八疊（編按：日人計算室內大小單位，二疊合為一坪），放四張單人沙發，已頗擁擠。家中好像也沒有僕傭，茶水由宮澤夫人奉上，給我非常深刻的印象，和我曾去過亞洲其他國家的政治人物的住家完全不同。宮澤的英語非常流利，在日本老一輩的政治人物中是少見的。

我首先對他在外相任內促成中日間的復航表示敬意，以及他多年來對馬代表的支助表示謝意。接著我說中日近年來實質關係雖有增進，惟在政治方面由於日本及國際新聞媒體的報導渲染，使我國朝野多認為日本在國際社會中多支持中共而對我造成極大的不利，例如鈴木總理上年十月對葉劍英的統戰言論予以呼應，今年四月一日鈴木總理對美國溫柏格（Casper Weinberger）國防部長表示對我軍售宜慎重的談話，以及鈴木總理對印尼、巴拿馬總統為中共助言等均為例證，報導歷歷，從未見日方做任何澄清，對中日關係的發展甚有傷害。宮澤長官與總理關係甚為親近，甚盼能隨時向總理建言使其對中國問題的發言，切勿再損及我國權益。

宮澤長官首先表示，馬代表駐日九年多以來對兩國關係貢獻極鉅，尤其今日馬代表將獲其母校明治大學頒發創校百餘年來第八個名譽學位，實在應該表示誠摯的祝賀。關於我所提的問題，十年來中、日及中共三方面的關係極不正常，這是由於日本與中共建交時，日本承諾不認定我國是一個政治實體，所以鈴木總理的發言會忽視我國利益，對我造成傷害，實在是值得遺憾的事，他會將我的建議轉告鈴木總理，請他今後發言時特別留意。

我接著說，日本方面有一種看法，認為只要美國及日本能和中共維持良好的關係，就可以防制中共倒向蘇俄；不過這兩者間並沒有必然的關連。現在的情形是中共有求於美日的多，美日有求於中共的少，所以在處理對中共關係時無需太過關切中共的虛聲恫嚇。宮澤長官對我的觀點表示完全同意，並且指出若干美方高官如溫柏格亦有相同的看法。

對於中日貿易關係發展到目前情勢，我請日方特別要加以重視，希望日本政府能派大員如江崎真澄者來華懇談；此外四月七日報載宮澤長官稱已決定對韓國提供低利貸款，甚盼日本政府同意以低利貸款提供日本業者來華，與我業者投資生產可回銷日本的產品，以減少逆差。

宮澤長官答覆四月七日報載並非事實，日本私營銀行利率較日本輸出入銀行為低，所以日本政府不可能提供低利貸款。至於中日貿易問題，他對我國立場甚表同情，我國前此所採取的禁輸措施，他不認為是一項冒犯，今後雙方當設法找尋適當管道討論以求解決。

這次談話的氣氛甚為友好，大家都能坦誠相向，我辭出時，他一直送到大門外，並且一再表示盼望今後能時常聚晤。

會晤日外相

四月十三日清晨，赴永田町的宗政研會所十一樓玉置和郎的辦公室，與櫻內義雄外相共進早餐。我先就他於元月十一日與馬代表的晤談促成我這次訪日向他表示謝意，並問他三月下旬去美國訪問，談話中是否有涉及我國之處？

外相說，日前我和須之部次官的詳細談話紀錄他已看到，他對我所談的各項問題均將注意配合處理。他在美訪問時曾與海格國務卿長談，海格對他說美國和我國的關係將循《台灣關係法》

的規定處理，總統和國會都不能違反或改變其規定，中共對美國供售我防衛武器事雖多加責難，但美國不能接受其干涉。外相曾告海格說，日本鑑於中共與我國均主張一個中國，日本對此事不能參加意見，以免使問題複雜化，因此他不會就美國與中共的關係表示意見。海格聽了外相的說明後，臉上的表情立刻轉為輕鬆自然。

外相接著說他訪美所得的印象是，美國政府對售我武器立場甚為堅定，但是由於仍在與中共商談，目前尚在一個微妙的階段。

我對外相的坦誠表示謝意，並提到雷根總統對我國確甚友好，曾多次派人向我方表達其堅定支持我國的立場。中共與美國建交時並未對美國供應我國武器做如此堅決的反對，此次中共的做法只是反映其一貫得寸進尺的態度，意圖逼使美國就範。事實上美以防衛性武器售我，對整個自由世界的戰略態勢是有裨益的；國際問題的解決，不能只聽單方面的主張，聽任單方面的擺布，深盼美日兩國政府能堅定立場。

櫻內外相表示他深有同感，並稱中日間雖無外交關係，但我國在日本政界有極具影響力的支持者，加上馬代表積極努力任事，雙方交流的遠景是光明的，他個人亦願全力以赴，促成雙方更大的合作。

四月十三日下午我去訪問中曾根派的副領袖，對我國一向友好的山中貞則議員。他曾任官房長官、政調會長，在政界很有影響力，年輕時曾在屏東任教，所以每次來台訪問，一定回到原來任教的學校去敘舊。我因為沒有安排見中曾根康弘（他在當年稍後接任總理大臣），而中曾根雖對我國不甚友好，但是馬代表建議仍宜備禮物請山中代轉，所以將禮物請山中代為轉致。山中一聽臉孔立刻變得很憤怒地說，「如此對你們不好的人，為什麼你還要送禮物給他？」當時的場面很尷尬，我連忙說我國的孔孟儒家思想是不念舊惡的，當年抗戰結束，先總統蔣公對日本以德報怨也是本此精神。山中聽了我的說明，立即表示是他誤會了，並表示當立刻轉致，之後的談話也非常投機。

稍後我拜訪日本競艇協會會長笹川良一，這位先生在日本人的眼中亦俠亦盜，他的競艇協會資金雄厚，因此有能力在全球許多落後地區進行援助工作。他的最高願望是能獲得諾貝爾和平獎，可是直到他逝世，始終沒能實現。馬代表要我去看他的主要原因是他對中日青年交流積極推動，特別建了一艘和平之船在日本和台灣間航行，使中日青年能真正融洽地相處。但是不知為何，我們國內合作機關所做的配合工作不能使他滿意，因此他就結束了交流活動。馬代表盼望藉由我的拜訪，能使他回心轉意。

我進入他的辦公室，大概有四、五十坪大，地上鋪著兩大片老虎皮，虎頭昂然對著進門的客人，的確很有氣勢。我知道他在台灣有一位好朋友，就是台中市的老市長，曾任立法委員的張啟仲先生。因此我坐下之後先向他說張先生要我向他致意，他聽了很高興地說「你這麼年輕怎麼會認識張先生？」我說因為隨魏道明部長去立法院答詢，所以有機會認識。他馬上問魏大使（魏部長曾任駐日大使）「現在好嗎？」我說已經去世了。他的態度逐漸親切，向我數落國內合作機關的種種不妥做法，我對他說可以另闢途徑進行合作，不要因噎廢食，他說如有適當的配合，和平之船仍將航向台灣。

晚間在淺草的王子飯店應日本民社黨和總同盟會（日本工會組織）合組的日華懇談會款宴，並且在席間做半小時的講話。

拜會通產省大臣

四月十四日上午先到代表處，有日本公明黨的二宮文造副委員長來訪。公明黨是日本宗教團體創價學會所組成，因此談話中亦提到創價學會來台佈教所遭遇問題，他特別說明竹入義勝委員長因為公務前往長崎，否則亦將前來拜會。

上午十時十五分我和馬代表前往通產省拜會安倍晉太郎大臣。我先向他說明中日貿易失衡我國的立場以及具體建議，希望他能清楚瞭解彼此觀點上的差距，以及如何解決此一尷尬問題的可能途徑。安倍大臣說明日本政府對涉及我國權益的事項一向很謹慎地處理，盡量避免採取可能傷害我方的舉動，今後自然更將如此處理。他對中日貿易失衡問題非常關心，也曾指示所屬研究如何自我國增加進口，通產省也準備籌組民間貿易團來華訪問。他認為我方建議由江崎真澄率團訪華是一項甚佳建議，將與相關人士洽商優予考慮。我方如有要員來日，他也願會晤商談。他也表示此次我們片面限輸造成很大的衝擊，對雙方關係諸多不利，盼望我國盡早解除對日本的限輸措施，以利雙方磋商改善辦法。我也提到鈴木總理九月間計畫去大陸訪問，希望安倍能適時進言，在訪問時不要對我國有不利舉動，他立即表示將依言辦理。這次談話非常融洽，我相信他的岳父岸信介前總理一定曾和他有過溝通。

接著我去民社黨黨本部拜會井上計幹事長及國際局長古野女士談政黨合作事。中午馬代表邀請自民黨外交部會會長秦野章、眾院外委會委員長中山正暉和參院外委會委員長稻嶺一郎共進午餐，就國際情勢交換意見。

下午我拜會產經集團的負責人鹿內信隆，他對法國密特朗總統訪日甚為重視，我也藉機將中法間的各項問題向他分析，之後返回代表處，與駐日各單位工作幹部進行工作檢討的談話。晚間佐藤信二（佐藤榮作總理之子）邀了許多青年議員和我餐敘，包括椎名素夫（椎名悅三郎外相之子）、愛知和男（愛知揆一外相之子）、船田元（船田中眾院議長之子）及麻生太郎（吉田茂總理之外孫）。其中好多位都是英語流利，相談甚歡。

十五日是我訪日的最後一天，早上馬代表來旅社陪我去大倉新館舉行媒體的背景說明會，日本的重要媒體《朝日新聞》、《每日新聞》、《讀賣新聞》、《日本經濟新聞》、《產經新聞》、《東京新聞》以及《時事》、共同通信社都派了外報部長及論說委員（主筆）前來，這次的背景說明會為了節省時間，完全用英文進行，約兩小時，參加者相當滿意，承諾不會使用我的名字，但在會後報導及評論中使用我所提供的資訊。

中午馬代表在著名的山王飯店邀請僑領、學人和我方新聞界人士餐敘。回到旅館到地下室牛場信彥事務所拜會這位著名的外交家，他曾任外務省事務次官、駐美大使、國際經濟事務大臣，是少數事務官員轉任大臣者。他在十一年前我們為聯合國席位做保衛戰時擔任駐美大使，對我國很有助益。這次談話時發現他的精神很委頓，無復當年英姿煥發，我不敢坐得太久就告辭了。那年稍後他就因為腸癌去世。

返回房間後收拾行李，並略看電視轉播密特朗總統接受軍禮歡迎，大雨滂沱，相當狼狽。不久我就前往羽田機場，藤尾正行議員來送，他表示我這次訪問，深受日本政府高層的重視，他對於此行表示滿意。四月十五日晚八時十分我抵達台北。

建議培育對日工作人才

這次訪日之行，我除了以很多時間處理經濟部擦槍走火的禁輸案件外，也用了不少時間與日本的政界、學界和媒體溝通，設法化解他們對中蘇共復合的恐懼。我強調中蘇共的衝突不會造成世界大戰，兩者間縱使復合亦不可能恢復五〇年代初期的關係，因為雙方的爭執主要是權力鬥爭，在可預見的未來，此一爭執不可能獲得解決。中蘇共的衝突固然使蘇聯的若干部隊被牽制於中蘇邊界，但是由於蘇聯部隊集中於亞洲，亦使日本北疆備感威脅。因此歐美國家的憂慮雙方和解，還有理由，就日本而言，雙方倘能和解，對日本並非一定不利。

返國後我將經過詳細報告長官，特別指出，由於日本或其他國家媒體經常刊登日本為取悅中共，在外交、政治、經濟上採取對我國不利措施的報導，引起我全國同胞的不滿和憤慨，使中日關係蒙上不利的陰影。但這些報導有許多不是事實，而日本政界對於這種不實報導，素來不予否認，以免得罪媒體，因為媒體常會因政府更正而有嗣後報復之舉。這情形如果不能使我國民意代表和輿論界清楚瞭解，將來會不斷引起不必要的困擾。同時我也向長官報告政府必須積極培養對日工作的人才，因為三十年以來的不重視日文教育，造成一個世代的斷層，必須及早補救。

江崎代表團來華

我回國後不久就接到駐日代表處的電報說，日本自民黨已決定先請倉石忠雄議員利用來華參加大陸問題研究會之便，和我國政府研究如何解決禁輸問題。馬代表認為仍宜由江崎率團來訪為宜。一九八二年四月二十三日二階堂幹事長親自發表，已決定於五月間派江崎代表團赴東協五國，與我國商談貿易逆差問題。

實際上，江崎一行於一九八二年七月十二日才由日本赴東南亞，於二十日來台北訪問。該團有副團長一位，是曾任經濟企劃廳長官的倉成正。另外團員五位：曾任大藏省政務次官的林義郎、曾任大藏大臣的村山達雄、藤尾正行、江藤隆美、谷川和德。此外自民黨日華議員懇談會派金丸信和佐藤信二早一天來台北，預為安排，並參加代表團的活動。

七月十九日上午十時半在外交部先由金丸、佐藤與我方舉行預備會議。我方參加的有王昭明次長、辜振甫理事長、馬代表、蕭萬長局長等。我主持會議做了簡單歡迎之後，表示此次會議要為明日正式會談做好準備。由於日本在政治上採取若干嚴重傷害中華民國的措施，使鉅額逆差成為朝野一致矚目關切的事項，因此切盼：一、日本今後勿再促使我國友邦與中共建交，也不要協助中共排除我在國際組織的會籍或勸美國不予我軍售。二、處理對外關係時要做到對中共與我國平衡。三、建立雙方高層接觸管道，以避免日本報界不實報導損害雙方關係。總之雙方應以誠信相待，一切問題均易解決。金丸和佐藤都表示對我所提的三項建議充分瞭解，並且承諾將由懇談會全力設法改善。

接著日方提出請求我方早日解除限制日貨進口問題，我方表示將於日本同意我方所提擴大對日貿易方案六項要求後逐步解除。我方則建議建立高層交流管道，合作發展改善產業結構，請求日方提供融資以及增加自我方採購等項。會議到下午二時半才結束。

江崎代表團於二十日上午十一時抵台北，當天下午三時四十分拜會孫運璿院長進行最重要的會談。我方除孫院長外有經濟部趙耀東部長、財政部徐立德部長、辜振甫理事長、亞協張研田理事長、新聞局宋楚瑜局長、馬代表和我。會談進行兩個半小時，日方非常懇切地要求限輸的解禁，我們只同意倘日方派遣採購團來華，我們可逐次解除禁輸。事實上我們在一個月後先解除八百四十二項，其他的在三個月後全部解除。

第七章 《八一七公報》風暴始末

《八一七公報》的發布，主要肇因於雷根在競選時言論甚為友我，使中共警覺，在其就職後一再在軍售問題上對美吹毛求疵。而雷根新政府團隊中，認為美國在戰略上需要中共來牽制蘇俄。

本書第二章為行文便利，有數處提及軍售問題，然於中美斷交後的軍售事務，本章將做一個概略的全面敘述。

斷交後的第一年也就是一九七九年，因為那年中美共同防禦條約仍然有效，所以全年沒有軍售。一九八〇年開始條約自動失效，美國政府於一九八〇年一月三日在華府正式通知我國代表處，就一九七九年十一月我國防部代表向美方提出的採購清單，予以答覆。美方表示這是經過詳盡考量並由最高階層批准的。這次答覆對於未在同意清單上的軍品，未來仍可能再予同意；至於已同意的則可能要分年度購買。美方所同意的軍售包括一營改良型鷹式防空飛彈、改良型海欉樹飛彈、MK75-76戰車砲、拖式飛彈發射器、H930射控系統等。至於我國期盼獲得F-4、F-16及F-18L戰鬥機，美方認為與卡特總統武器供應政策不符。另外我國有意獲得F-5G，則由於該型戰機尚未生產，無法提供。美方將協助我國取得F-104G型戰機，以補充老舊的同型機，美國亦同意我國購取以色列製的KF1R型戰機，此型戰機的引擎和飛控系統都是美國生產的。

卡特政府繼續執政到一九八一年一月二十日，改由雷根總統的共和黨政府接替。在這年內中美間沒有進一步的軍售交易。雷根總統競選時曾對當選後要改變前任政府有關對我國關係的做法，有許多令我國感受鼓勵的言論。因此他接任後，我政府高層除了蔣經國總統仍保持冷靜，沒有做任何期盼性的發言外，許多重要官員都對中外媒體熱心表示美國新政府一定會對我國提供先進的武器。過去對於戰鬥機只希望能有F-5E的改良型F-5G就頗滿足了，現在連F-16也認為不太有興趣，堅持要取得美國空軍最新型的F-20戰機。這種發言經由媒體刊登後對中共無疑是很大的刺激，因此中共就對美國新政府不斷表示不能容忍美國以高性能戰機售與我國。

雷根政府新任國務卿海格

雷根新政府的國務卿是海格。在雷根當選後不久，海格就透過北卡羅林納州以保守著稱的赫姆斯參議員大力爭取國務卿的職務。《華府明星報》在一九八〇年十二月十日報導，海格為討好赫姆斯，曾向他保證一旦取得國務卿的職位後，他將全力整頓國務院內的媚共份子，也將安排保守派人士出任該院重要職務。因為如此，高華德和田納西州的貝克參議員也對海格全力支持。一九八〇年十二月十六日正式宣布海格出任國務卿。可是他就職以後的表現，完全使他的支持者失望。

新政府上台後不過三星期，美國企業研究院外交政策研究主任普倫格（Robert Pranger）就對我們駐美同仁指出，海格和他任命的亞太事務助理國務卿何志立是一面倒地傾向中共，中共指稱美「中」《建交公報》中聲稱美「中」雙方都願以和平方式解決台灣問題，美國就不應該以高性能戰機售與我國。而海格則認為美國主要敵人為蘇聯，中共對美國具有戰略價值，因此美國不能有任何開罪中共的行動。

一九八一年三月十六日出版的《時代》周刊載有對海格的訪問，他表示以高性能戰機售予我國不是迫切的事，他也將盡量避免處理此事。

此時我政府決定更動駐美代表，由北美事務協調委員會主任委員兼政治大學國際關係研究中心主任蔡維屏繼任。國防部在蔡代表赴任前，於四月七日為他做簡報。關於軍售事務，國防部指出台灣海峽的制空和制海是防衛台澎的關鍵，所以高性能戰機和魚叉飛彈對我方而言，有極迫切的需求。軍方曾於一九八一年二月底在華府正式向美方提出請求，希望美方能及早批准允售。

蔡代表抵達任所後，就託高華德參議員代向海格國務卿和艾倫國家安全助理洽詢。高氏於六月一日會晤艾倫，他表示雷根總統有決心貫徹競選時有關以高性能戰機售予我國的諾言，只是剛接重任，待處理的問題太多，俟時機到來即可供售。第二天高氏和海格見面，他說美國基於全球戰略的考慮，必須與中共合作，因此任何售機決定，必先使海峽兩岸有平行的進展。

海格兩岸觀點

海格接著就去大陸訪問，一九八一年六月十六日他在北京舉行記者會宣布美國將向中共出售武器，中共副總參謀長劉華清將於八月間赴華府商討此事。之後海格返美，蔡代表由隨行官員處獲悉，中共曾要求美國全面停止向我出售武器，海格曾予拒絕。中共即表示其自行發展的西安一號戰機，遭遇困難，五年內無法完成，其現有戰機均非我國F-5E型戰機的對手，美國無需售我高性能戰機。海格因此認定：一、我國對高性能戰機無需求。二、美倘以高性能戰機售我，中共將不單單提抗議，美「中」雙邊關係將遭受重大損害。

一九八一年八月二十日，美國眾議院外交委員會主席扎布勞基（Clement Zablocki）率團來華訪問。次日上午政府在國防部為該團做外交和軍事簡報，我就中美關係做全面的說明，接著宋長志總長提出軍事簡報，關於軍售問題，特別指出自雷根總統就任以來，雖然一再公開表示美國將忠實履行《台灣關係法》，但是有關我方為維持台灣海峽海空優勢所需要的軍品，始終未曾核准售予，期盼該團能協助推動。

同年十月二十二及二十三日，在墨西哥的觀光勝地坎昆（Cancun）舉行二十二國的「南北高峰會議」，主要是討論先進國家對落後國家的援助問題、能源問題、外債、糧食和貿易等問題，個別國家的領袖也藉機舉行雙邊會談。美國哥倫比亞廣播公司的晚間電視新聞於二十一日晚報導，雷根總統曾在當天與中共總理趙紫陽舉行會談，其間趙一再提起美國與台北的關係，以及美可能以高性能戰機售予我國的問題。二十二日的《巴爾的摩太陽報》報導指出雙方辯論相當激烈；事後傳聞趙紫陽曾以手敲茶几，使雷根頗為受窘。雙方因時間有限，無法詳談，所以會議結束後，中共外長黃華於一九八一年十月二十八、二十九兩天訪問華府，繼續討論該項問題。

由於參加黃華會談的何志立助理國務卿赴國外訪問，蔡代表到一九八一年十一月十三日才和他會面，何氏稱黃華談話認為美國任何軍品售予我國都是干涉「中國內政」，如美國執意進行，將使美「中」關係惡化，態度甚差。海格答以美對我國關係是依照《台灣關係法》處理，也按照對待多年老友的態度處理。雷根在接見黃華時表示美國將以審慎態度做應該做的事。兩天的談話雙方均感極不愉快，最後勉強同意雙方將繼續就此問題磋商，但是並未確定時間地點。

與雷根的國家安全顧問會面

過了兩天我去華府訪問，十一月十九日晚間國務院邀我晚宴，修斯密副助卿對我一再表示我方不宜堅持採購高性能戰機，由於我方的首長多次公開表示要購買新戰機，所謂FX已成為具有象徵性的指標。他並指出解決我國戰機需求有其他可行的辦法。

我在華府時，國家安全顧問艾倫約我在水門旅館的餐廳午餐。我們是多年老友，所以可以坦率地交談。我表示據聞當時行政部門中的國務院、國防部、中央情報局就FX案曾向雷根總統提出建議，內容對我國並不有利，因此我方非常關切。我方向美政府提出的軍購申請，是早在美國尚未與中共關係正常化前；現在竟有人指責我國欲藉軍售破壞美國與中共的關係，實在不合邏輯。中共對美售我武器事，明顯有雙重標準。在卡特政府時，美方堅持繼續予我軍售，一九八〇年開始即宣布大批軍售，中共均未強烈反應；而雷根總統執政後，卻不斷做全面而激烈的反對。雷根政府對此切不可逆來順受，應明白批評其態度的前後迴異。

我強調軍售不僅關係我國安全，更與我經濟發展攸切相關。最近由於軍售問題，特別是高性能戰機案懸而不決，中外廠商在台灣投資的意願已顯著降低。

艾倫說明對於各部門的建議，他在呈送給雷根總統時保證將是一項持平的文件，請我釋念。雷根對我國的友誼以及堅決執行《台灣關係法》的立場毫無改變。他對於我所提的投資意願降低非常注意，認為是有利於售我高性能戰機的合理因素。

白宮的態度顯然較行政部門對我國友好，只是很可惜艾倫沒有幾天就辭職離任了。

一九八二年初，我們獲悉在一九八一年秋季美國國防部和中情局做成一項共同研究，認定我國並不需要高性能戰機，這項研究報告由白宮發交各有關部會簽具意見。國務院的意見是由亞太局副助卿修斯密主稿，經海格國務卿核可，內容是：一、同意國防部及中央情報局的研究結論。二、如向我國提供高性能戰機將使美「中」關係惡化，中共可能與美國斷交。三、建議對我國延長共同生產F-5E的計畫。一九八二年一月七日雷根召集副總統布希、白宮顧問米斯（Edwin Meese）和國家安全顧問克拉克（William Clark）三人討論此案，只有米斯一人主張以FX戰機售我，因此會議決定採用修斯密的意見。

雷根的口頭信息

一月十日晚修斯密和丁大衛將此項決定告知蔡代表，並附一項雷根總統致蔣總統的口頭信息，說隔天（一九八二年一月十一日）中午白宮記者會將宣布此一決定的內容。蔡代表立即給我打電話，我正在行政院參加早餐會，他就找了北美司程建人司長，程司長立即轉告我，我就向在座的各位長官報告，決定由我約剛到任的美在台協會新任處長李潔明，設法瞭解原因。

李潔明雖然剛由華府來台北，他對這項決定並不知悉，因此深感困擾。他說剛接到電報何志立助卿又去了大陸，相信中共和我們一樣，對於雷根總統的決定極為不滿。當天我也替蔣總統草擬了一封函件答覆雷根總統的口頭信息。這封信措詞盡量委婉，沒有絲毫指責，但是指出：「鑑於中共從未放棄以武力併吞台灣之意圖，本人切盼貴國政府繼續評估我國合理的防衛需要，以使中華民國保持足夠的自衛能力，並使我國人民之安全與福祉獲得保障。」

國務院稍後表示何志立助卿去大陸，主要目的是因為波蘭局勢的演變，美國需要中共協助對抗蘇俄。有關軍售問題只是去告知，並非去談判。

何志立於一九八二年一月十五日返華府，他在二十七日和蔡代表會晤說明在大陸與中共當局交談，關於波蘭問題無功而返，但是中共對美國繼續延長F-5E的合作生產線，有極強烈的反應，因此美國勢須再與中共洽談對我軍售事。何氏亦密告，中共官員私下表示美國對我軍售如能設定結束期限以及限制軍售數量，則中共尚可容忍。但是何氏指出美國對這種要求不能接受，他也聲述今後美對我軍售的性能愈高，中共的反應必將愈激烈。言下之意，我方取得高性能戰機的可能性極為渺茫。

第二天（一月二十八日）參議院外交委員會由共和黨資深參議員波西（Charles Percy）主持，出席者包括葛倫、派爾、早川、赫姆斯、陶德（Christopher Dodd）等兩黨重要參議員；主要證人是何志立助卿。會議是祕密進行，與會議員除陶德一位以外，一致以極憤怒的語氣指責何氏未事先將拒售FX戰機案事先與外委會諮商。會議氣氛極為火爆，尤其是何氏辯稱，美國由於波蘭事件不能觸怒中共一節，更使議員們不能接受，認為只是一種藉口而已。有的議員要求國務院與外委會定期會談，俾國會能對全盤情況掌握。主席波西特別指責海格國務卿利用國會休會做此宣布，是一項有計畫的陰謀。

三月間我方獲美國政府友人告知，何志立訪問大陸後，美國與中共仍繼續在北京就軍售問題進行談判。美方原以為不對我出售FX可以換取中共的默許軍售，卻沒有料到中共變本加厲，認為美國不得對我軍售。談判時中共提出三條件：一、美方今後對我國的軍售價值不能超過卡特最後一年，也就是一九八〇年的額度。二、今後對我軍售應逐年減少。三、美必須提出一個最後結束軍售的日期。中共方面的談判者並暗示，這些嚴苛的條件是由最高當局，也就是鄧小平所決定的最後立場。美國政府必須接受，否則美「中」關係將降低。

美國政府此時處境十分尷尬。美方由於一九八一年十二月中旬波蘭團結工聯公開反抗波蘭政府，為了想要中共能協助美國支持團結工聯，因而有一九八二年一月公開宣布拒售FX之舉。不料中共非但沒有支持團結工聯，反而公開讚揚波蘭政府壓制的舉動，同時對美國提出十分難堪的要求。

此時美國眾議院的黑人議員由戴麥雷議員（Mervyn Dymally）領銜於四月一日函雷根總統，對他拒以FX售我表示不滿，說明我國是美的忠實盟邦，而且是全球反對被迫害民眾的象徵，要求雷根基於維護《台灣關係法》的精神，對他年初的決定重新加以考慮。事實上國會兩院、兩黨的議員都有類似的函件給雷根，唯一的例外是一向自稱支持台灣的索拉茲（Steve Solarz）眾議員，他致函雷根讚揚他維護與中共關係的做法。

一九八二年四月十三日，美國國務院在拖延了兩個月後，才將擬售予我國一批價值六千萬美元零件的請求送請國會核可。由於通知國會必須公開為之，中共獲悉後立即表示強烈反對。

四月下旬我們獲悉布希副總統將赴大陸訪問，我在一九八二年五月六日中午約李潔明處長在家中午餐，表達我方憂心這次訪問是否可能造成對我不利。他表示布希本人原無意往訪，是國務院要他去的，他認為布希返美後，軍售案及其他美國對我方的做法將逐漸開始。不過李氏表示中共不久前公布《憲法》草案，美駐北京的大使館和當地的美國記者都解讀為中共內部已日趨安定，開明的務實派已掌權，而保守的過激份子都失勢；但是「台灣問題」及「軍售問題」可能是保守派對開明派反撲的課題。因此李氏說，他擔心國務院方面亦將贊同此種論調，因而在此二項問題上對中共讓步。李氏特別指出，雷根總統一向認為共產主義在走下坡路，不久將化為灰燼，亦可能接受此種論點。

我方對布希訪中共的應變

布希訪問大陸時，除發生雷根三信函事（見本書第二章）外，他在五月七日接受中共趙紫陽總理宴時曾稱：「雷根總統要我來，是因為他極為重視美『中』關係，他本人強烈地表示要建立一種以平等、互信及諒解為基礎之持久關係。」

一九八二年五月十一日下午我約見李潔明，對三信函表示極度嚴重的關切，並且提出五項具體要求：一、美應立即逐項履行對我軍售承諾（本書第二章：即上年八月二十五日史托賽爾國務次卿對蔡維屏代表所提的）。二、美國無權損害我國的主權和管轄權。三、盡速就布希大陸之行對我提供簡報。四、明確向我保證不對中共再做讓步，不同意中共所提就軍售的時間、數量與種類設限的要求。五、盼美方切勿再做任何與中共對台統戰相唱和的措施。

稍後美方對我們所做的簡報表示，趙紫陽只是和布希談美國對中共的技術轉移；軍售問題是由軍委會主席鄧小平和外長黃華提出，美方將於六月開始與中共就此問題展開諮商。

李潔明於一九八二年五月下旬返回華府述職，他見到布希、白宮國安會亞洲主任席格爾（Gaston Sigur）、副主任葛來格、國務院亞太助卿何志立與副助卿修斯密，詳細地向他們反映我國的關懷、憂慮甚至於不耐，使華府的官員在處理問題時亦能顧及我方立場。他瞭解國務院已為與中共的諮商準備了一個聯合公報稿，其內容不違反雷根對我國的保證，亦盼能獲中共的接受，一俟雷根總統由歐洲訪問回來，即將呈核。六月十四日的《新聞周刊》也透露了有這樣一份聯合公報稿。

參議院軍事委員會主席高華德看到此項報告非常關切，就在雷根返美後於六月二十一日去白宮訪晤，當時布希亦在座。高氏表達了他的關切，雷布兩人都矢口否認將與中共簽署有關軍售的聯合公報。雷根甚至說，如果有公報稿呈上來，他也不會核可。

我政府也分別在台北和華府向美方嚴正表示，聯合公報涉及我國權益，我必須先看到並表示意見，不能在公布前數小時才通知我國。兩地的美國官員——李潔明與何志立都表示目前提供尚有困難，但是不會再在數小時前才告知我方。

初次接觸「八一七公報內容」

我整個六月都在歐洲地區訪問，六月二十二日晚沈錡代表在波昂美國俱樂部邀我餐敘，進餐時侍者遞了一張英文紙條上面寫著：「**你是否錢復？若是，請出來一敘**。」下面署名只有史蒂夫。我不知何人所寫，由於這次赴西德，中共多方阻撓，我也有點聯想，是否有人想整我。不過我認為在俱樂部內應該沒有問題，所以出到外面，原來是老友克萊恩（Ray Cline）的女婿海普勒（Steve Hapler），他當時是國務院政治軍事局的代理局長，正率領一個軍方訪問團在歐洲訪問。他說沈代表和我進來時匆匆一見不敢確定是我，所以寫了那張紙條。他見我是要提供一些機密資訊：美國務院所擬的上海二號公報稿原有「**視中國和平統一問題漸獲進展將減少並最後終止對台軍售**」語句，在呈雷根核閱時遭退回。經修改的公報稿已無此句，但仍有「**美對台軍售將在質與**

量方面逐漸減少」語句。這是我方初次接觸到公報內容。我當晚草擬了電報，次日一早就請代表處密譯報部。

我在一九八二年七月四日返回台北，五日蔣總統在府內約見我，我將訪歐情形稍做報告，沒有太久他就打斷我說：「你要去美國。」我以為他要我再去訪問，就答稱：「去年（一九八一）十一月才去，現在再去是否太密集了？」他說：「不是，是要你去接蔡維屏。」我說那有兩個困難，一是美方已有兩次不願我去華府的紀錄，現在能否改變？一是父親已年邁身體不好，需要我夫婦照顧。他說，「不要緊，美國會同意的。令尊方面我已同他談過，他同意要你去。」我只能說一切由總統決定。

七月八日朱撫松部長告訴我，外交人事將有大更動，我去華府，蔡代表調沙烏地阿拉伯，薛毓麒大使調韓國，丁懋時大使回來接我的工作。但是這些調動雖然已由總統核定，何時進行並未決定，希望我保密。因此我連家人也未告知。

一週後，七月十四日李潔明處長要我安排去見蔣總統，經我聯絡後，我和他同車於下午五時到七海官邸。坐定後李即取出雷根總統的書面訊息宣讀，有關軍售問題有三項：一、美方已準備於華府在台協會與我軍方代表在適當時間檢討台灣當前軍事需求，並將就上年八月二十五日所決定的整批軍品售予是否與我國當前軍事需要相符問題進行檢討，會期為二至三日（李氏口頭補充時間可能在七月底、八月初）。二、在一九八二年八月底以前，美將正式通知國會有關與我延長合作生產 F-5E 戰機案，俾使合作生產不致中斷。三、美國由西德所購的六十六架 F-104G 戰機中，二十三架將於八月底前運交我方。

雷根六項保證

這三項軍售處理事項談完，雷根的信息進入最敏感部分，美方期盼我方能切實保密，毋使媒體獲悉。美方曾在最近於北京舉行的有關對華軍售問題的談判中告知中共，美方的六點基本立場：一、美方無意對台灣的軍售上設定結束期限。二、美國不擬同意中共的要求，就對台軍售一事與其事先諮商。三、美無意扮演任何台灣與中共間調解人的角色。四、美將不同意修改《台灣關係法》。五、美不能支持中共對台灣的主權主張。六、中共從未在任何時刻要求美國對台灣施加壓力與中共進行和談，美國亦無意如此做，因為這是中國人自己的事，應由中國人依其自由意願自行解決。美國曾公開或私下向中共表示，美國所唯一關心的，是此問題必須以和平方式解決。

這就是以後非常有名的雷根「六項保證」。在說明六項保證之後，雷根的信息就進入重要實質部分，也就是日後《八一七公報》的主要內容。

信息指出美國曾向中共提議，以發表共同聲明方式將對台灣軍售的數量與質量維持在中美斷交後最初數年的標準；但是這是基於中共願意聲明以和平方式處理台灣問題。美國亦曾向中共提議在共同聲明中，美國表示在相當時期內，將逐漸減低其對台灣的軍售，以期導致此問題的最終解決，當然這也是要中共能以和平方式解決台灣問題。以上兩點如能得到中共的接受，則將以聯合公報方式予以公布。

雷根也瞭解此點將引起我方的憂慮，所以在信息中指出，美國的決定是基於中共將以和平方式解決台灣問題。關於此點美國將不僅注意北平的言論，更將以各種方式偵察其軍事生產及軍事部署，美國在這方面所得的情報將隨時告知我方。**倘中共對於和平解決台灣問題的立場有任何改變，則美國所做的兩項承諾，均將變為無效。**美國的立場，尚未能完全滿足中共的要求，亦可能予以拒絕。倘若如此，則美方期待與中共關係後退，此一發展對中美關係亦有損害。因此美有必要再做一次與中共達成協議的努力。如果中共能接受美國建議發表聯合公報，美國對台灣真正需要的軍品仍將依《台灣關係法》的規定予以出售。李潔明處長希望蔣總統能瞭解雷氏對我國民眾的福祉繼續關切，美對我方的軍售將予繼續。

李潔明花了二十分鐘宣讀了雷根的信息，我亦逐句譯成中文，因為那天除了蔣總統和李氏兩位只有我在場，因此我同時擔任傳譯和記錄。

蔣總統聆聽雷根信息後，先提出一項軍售質量的問題，那就是往後的軍售將不超過以往的十八個月。李氏表示並非如此，但如何計算，他亦不太清楚，當向華府請示後答覆。

蔣總統指出，雷根總統保證無意對我軍售設定結束期限最為重要，此項政策不能受中共的限制。他表示美想與中共獲得妥協是頗困難的，因為中共現在的立場變本加厲，根本反對任何的售予，連一根螺絲釘也要反對。他也指出美不宜與中共發表聯合公報，因為這將予人以雙方業就台灣問題做了一項共同決定的印象，在台灣一定會引起嚴重後果。過去《上海公報》與《建交公報》均對我產生重大打擊，如再發表另一聯合公報，則其打擊將與上兩次同樣嚴重。美國不如與中共各自表明本身立場，亦可達到相同的目的。

談話結束後我送李氏回家，再返部向朱部長報告並草擬談話紀錄。次日蔣總統又召我去七海官邸，此時為了他的行動不便，由房屋左側修了一條車道可直達他的書房，那天我就循此路到其書房門外，他立即詢問關於昨日談話的進行，並指示我應就美擬與中共發表聯合公報事，擬一函件給雷根總統。

我方回應公報內容

這封函件我回到辦公室立即草擬，第二天（十六日）就奉蔣總統核定可以發出，信中除對雷根信息中的六項保證表示謝意，也對擬議中的聯合公報表示坦誠觀點。蔣總統指出：「此一舉措將對美國在盟邦間——尤其在本地區——之信譽產生不利之影響。」並且「將對中華民國造成極度有害之影響，因該文件將不可避免地被視為顯示出美國與中共間已就台灣問題獲致協議。」因此蔣總統鄭重促請雷根重新考慮其立場，勿與中共發表此一聯合公報。

七月十七日星期六上午，蔣總統在府內邀有關首長，要我將美國對中共建議就軍售事將發表聯合公報的經過情形提出報告。各位首長的發言都相當悲觀。蔣總統在結論時提示與會人員對外少發言，另指示我對未來可能發表的聯合公報先擬妥政府的嚴正反應。

過了八天，蔣總統於週末召我去七海官邸，告以廖承志（編注：國民黨元老廖仲凱之子，時任中共國務院僑務辦公室主任）有電報給他，內容是威脅利誘，要我盡速告知李潔明處長，另外有關聯合公報事也可以和他談談。

我在次日（七月二十六日）下午約李來我家中，先表示蔣總統看到十五日《華盛頓郵報》奧勃鐸夫（Don Oberdorfer）有關聯合公報稿已由雷根核可，經由美駐中共大使恆安石（Arthur Hummel）轉交中共方面；又看到二十三日《中國時報》傳建中由華府的報導稱中共方面對軍售問題採較為妥協立場。蔣總統對此等發展感到極度憂慮，美國果與中共發表另一聯合公報，對我民心士氣必將造成嚴重的打擊，而產生無可彌補的傷害，蔣總統希望並要求美國政府考慮不發表該項公報。其次我提到廖承志七月二十四日致蔣總統的信息，且由新華社公布，蔣總統命我轉告美方此乃中共在統戰方面最狠毒的一項陰謀，旨在分化我內部。蔣總統做了兩項決定，一是置諸不理，二是斷然拒絕廖氏來台。

李潔明在記錄了我所講述的兩項問題後表示，當盡速呈報華府。他也藉機向我宣讀雷根總統答覆蔣總統七月十六日的函件，其要點是雷根再次表示其對台灣人民福祉的關心，以及對履行《台灣關係法》的決心，此為一項必須堅持絕不妥協的原則。聯合公報事仍在與中共討論中，但此項公報絕不可能包含限制美國在目前和平趨勢逆轉時的反應能力。

我向蔣總統詳細報告後，一九八二年七月二十七日下午，他在府內再度約相關首長會商。各位首長對雷根覆函的迅速、誠摯的意向均有深切的感受；但是對於聯合公報仍感憂慮。蔣總統結論是聯合公報發表的可能頗大。雷根既有函來，我們仍宜答覆，還是交代由我草擬覆函。總統也表示我國的軍方代表團不日將由副參謀總長葉昌桐率領前往華府與美方會商，此為一重要機會，應予掌握；會商時應該還沒有聯合公報，因此我們仍應依十年建軍計畫提出國軍合理的要求，但是就立即所需的應該有另外一個簡明的單子。

我所擬的覆函在七月二十八日就奉核定，除指出二十六日我向李潔明所轉達蔣總統對聯合公報的嚴重關切外，表示召開在即的雙邊軍事檢討會議期望及早進行。

七月三十日，雷根在白宮召集布希副總統、新任國務卿舒茲、國防部長溫柏格、白宮幕僚長貝克（James Baker）、國家安全顧問克拉克，與國會共和黨及外交事務的參眾議員二十四位，討論中美關係約一小時。事後據參加的議員轉述，雷根表示八月初我方軍事代表團將到華府討論軍售事宜；美與我合作生產F-5E飛機事即將正式通知國會。溫柏格則表示如果發現中共有犯台準備，將立即供給我防衛所需的裝備。舒茲則向議員表示他在五月底曾來華訪問，我曾對他做詳細的簡報，因此對我國情形甚為瞭解，認為中美關係的發展應該軍事與經濟並重。雷根表示中共雖然不會倒向蘇俄，但是也不必去特別刺激中共，至於未來對華軍售的質與量要如何判斷，美國將是唯一有決定權者。

一九八二年八月二日美國保守派媒體《國家評論》發行人魯歇（William Rusher）來台北看我。他說由紐約飛往舊金山轉台北途中，得到「雷根總統急著找他」的通知，他抵達舊金山到旅館後致電白宮轉到大衛營，雷根表示對他一向撰文支持其政府非常感激，知道他要來台北，託他告知我們：一、美國絕不放棄我國。二、軍售事隨著技術的更新，自然亦將使我國軍備更新。三、國務院的職業外交官時有不妥當的發言，但是他也不能隨時加以駁斥，以免引起外界不必要的猜測甚至形成爭執。我立即將魯氏所告向蔣總統呈報。

八月十二日華府的代表處電告，國務院的中共科科長羅樸告稱，美國與中共將就軍售事發表聯合公報，但是雙方均無人出面簽署，並將以低姿態方式公布。

公報終究發表

八月十六日一早李潔明來電盼能及早晉見蔣總統，我料到是聯合公報問題，就問他擬談何事，他說有重要發展，盼能及早報告。我向府方請示，指定是十八日下午五時接見。李君以事甚急，所以當天下午五時他來我家告訴我，美東時間十七日晚十時（也就是台北時間十八日上午十時）將發表聯合公報，內容與他過去所告知的相同，也就是軍售質與量均有一定額度逐年遞減。我立即向他表示不滿，並表示我方將公開發表雷根總統的六點保證以資平衡。談話結束時，即接到電話，隨即趕往七海官邸向蔣總統面報，他指示我立即告知李君：一、我對聯合公報堅決反對。二、雷根的六點保證最好由美方自行發表，否則我將發表。三、F-5E延長合作生產案應立即通知國會。我立即轉告，並趕回部內準備各項因應措施。

十七日上午我們在十一時許收到美處傳來的**聯合公報，一共九段，第一段重申《建交公報》中的一個中國觀念，第四段指出中共致力於台灣問題的和平解決，第六段美國表示不尋求執行長期對台軍售的政策，對台軍售在質量方面均不逾最近數年的水準，並逐漸降低，在一段時期後導致最後的解決。**

為了平衡聯合公報對我方的不利，**雷根總統同時也發表一項聲明表示，美國未來對台軍售將依《台灣關係法》的規定，以及中共繼續以和平方式處理台灣問題，雷根特別強調美國重視中共在公報（第四段）中所申述的和平解決台灣問題為其大政方針，美國未來行動將充分考慮此項和平政策。雷根也宣示美國無意干涉海峽兩岸中國人自行解決台灣問題，美國也不會對台灣人民施加壓力**。

《八一七公報》無效之聲明

我在中午隨朱部長前往總統府向蔣總統報告最新情勢，他立即核定本部對此事所擬的聲明稿。這一聲明稿由本部發言人具名，首先指出此一公報涉及我國政府及民眾權益，由美國與中共達成，就我國而言全屬無效。聲明亦指出聯合公報對售予我國的軍品予以質與量方面的限制，是與《台灣關係法》的規定不符。聲明稿中亦將六項保證予以敘述。

當天下午我接了李潔明去七海官邸晉見蔣總統，途中我問他F-5E戰機何時將照會國會，他表示尚無消息；我再問大概何時可照會，他即爆發怒氣。我向他說很瞭解他所承受的壓力，但是我們政府所承受的壓力更大，他才逐漸平息。到了七海，蔣總統態度很平靜，對於聯合公報沒有多談，反而問李是否看了美國名記者包德甫（Fox Butterfield）和勃恩斯坦（Bernstein）所著的《苦海餘生》（*Alive in a Bitter Sea*）一書？李說還沒看到，蔣總統竟然親自上樓拿了一本給李氏。

當晚八時蔣總統邀集各大老在七海官邸會晤，要我對聯合公報以及本部的聲明做一說明，會議進行一百分鐘，對於聲明稿都沒有意見，因此散會後我就回部請同仁立即發表，正好是華府正式發布聯合公報不到半小時。

同日何志立助理國務卿在華府舉行背景記者會一再強調：美國同意和中共發布聯合公報，乃基於中共宣稱和平統一為其大政方針，倘中共不遵守此項承諾，美國將重新檢討對我軍售的政策。何氏也指出此一公報必須整體閱讀，不能斷章取義；美國之所以同意逐漸減低軍售，完全是基於中共一再保證今後其大政方針是和平統一；停止軍售並無確定日期，美國也無意訂定日期；所謂「最終解決」究竟是何意，美國有意使其模糊，不予解釋。

八月十八日全天台北來了許多外國媒體，新聞局宋楚瑜局長一早就要我逐一接見答覆問題，包括美國三大電視網。而國內媒體也要我說明，到了傍晚宋局長陪我去中視攝影棚，應CBS電視做現場衛星轉播的訪問，這是國內創舉。在紐約現場主持訪問的是著名女主播戴安沙耶（Diane Sawyer）。我側聞該台因為在十七日晚的夜間新聞由主播雷扎爾（Dan Rather）有所評論，使雷根總統震怒，因此沙耶小姐一再用話引我說出我們感到被美國出賣了。所以我在答詢時既要加速回答（衛星轉播價格以秒計算），又要字斟句酌；既要表達我們的不快，又不能過度刺激美國政府，這十幾分鐘的確是很大的考驗。

何志立助卿於十八日前往眾院外交委員會做證，其內容與前一天背景記者會說明大致相同。加州的拉哥馬西諾（Robert Lagomarsino）眾議員宣讀了我國外交部針對聯合公報所發表的聲明，特別指出七月十四日雷根總統對我方所提的六項保證，並質詢何志立是否有此事。何助卿答覆說那是正確的。

八月十九日美國國防部正式通知國會，美國將與我國繼續合作生產 F-5E 戰機三十架，F-5F 戰機三十架，總值兩億四千萬美元。葉昌桐副總長所率領的軍事代表團也在那天起，和美國防部副助理部長阿米泰基舉行一天半的軍售會議。

六年以後，我還在華府工作時，有一位好友提供我一件雷根總統於八月十七日親自簽署給舒茲國務卿及溫柏格國防部長的機密備忘錄，其內容略以「美國之願意降低對台灣的軍售，絕對是基於中共對於台灣與中共的紛爭承諾將持續以和平方式為之。此兩者間的關連應被明確瞭解為美國外交政策的永恆且必須掌握的。此外，提供台灣軍品的質與量必須完全由中共所呈顯的威脅決定。台灣的防衛能力在質與量方面必須以中共的相關狀況予以維持。」

《八一七公報》的成因

《八一七公報》的發布，主要肇因於雷根在競選時言論甚為友我，使中共警覺，在其就職後一再在軍售問題上對美吹毛求疵。而雷根新政府團隊中，特別是海格國務卿，認為美國在戰略上需要中共來牽制蘇俄。中共利用在墨西哥坎昆舉行的南北高峰會議，趙紫陽與雷根的會面以及稍後外長黃華訪問華府的機會，對於美國施加壓力。稍後又發生波蘭政府鎮壓團結工聯，蘇俄出面支持波蘭政府，美國更感到需要中共的支助，海格乃全盤接受中共有關軍售的要求。等到我國多次由蔣總統致函雷根表示無法同意此項做法，木已成舟，只能採取補救手法，諸如六項保證以及雷根的發言與備忘錄等，以減少聯合公報對我們的傷害。

兩年後我在美國西岸蘭德公司（Rand Corporation）與稍後擔任國務院情報研究助卿的索羅門（Richard Solomon）談起這項公報，他認為根本沒有需要，完全是當年雷根競選時主要外交策士艾倫「誤導」雷根，做了若干不能執行的承諾，海格意圖予以挽回，卻做了過度的修正。總之，**《八一七公報》是一項重要文件，如果切實執行，對我國將極為不利，我就是被指定要使這項文件名存實亡的人。**

八月二十六日外交部北美司第一科鄧中生科長由美國公幹返國，帶了一封蔡維屏代表的函件，我打開一看，原來是他的辭呈，我就拿了去見朱撫松部長。他表示蔡代表一九八二年九月中旬要返國述職，等他返任後再處理較為適當。同時雙十節也很重要，希望由蔡代表主持為妥，所以決定十一月初向美方徵求同意。

這項工作是由關鏞次長找李潔明處長辦理。李在十一月一、二兩日去了中部，因此約好在三日上午十時會面。關次長把我的簡歷交給李，他表示將立即電呈華府，盼望能及早得到答覆。

到了八日上午十時許李潔明來電告訴我，華府已來電報表示歡迎我去美工作。此時我就打電話給仍在中央銀行工作的內人，告訴她這項工作變動，她十分訝異問我何時要搬動，當時我也無法說出確定的時間。

第二天外交部就正式辦公文呈院，一方面是我由現職辦理退職手續，一方面請求派任我為北美事務協調委員會駐美代表。行政院於十日呈請總統正式明令發表。

準備赴華府履新

一九八二年十一月十五日是我母校台灣大學的校慶，虞兆中校長邀我在慶祝大會上做專題演講，我於上午到了校總區的體育館，九時四十五分開始以「由所謂匪蘇復合談起」做四十分鐘的講話。那天父親也在場，全校師生都很安靜，沒有任何聲音，這是很不容易的。第二天媒體上也有相當篇幅的報導，《中國時報》更由記者李雅卿和楊喜漢把全篇講話整理出來予以刊出。在該日《中國時報》也同時刊出駐華府特派員傅建中的十五日專電，稱華府消息靈通人士說，「中華民國政府已決定派遣現任外交部次長錢復出任北美事務協調委員會駐美辦事處代表。不過由於目前中美的關係屬非官方性質，錢復次長須離開現職，才能轉任。」

就在十六日上午行政院人事行政局第四處曾處長奉陳桂華局長之命來看我，告訴我退職必須正式辦理，因此我二十二年的公職必須終結，一次可以領到六十一萬三千一百六十元台幣的退職金。

同日我走到哪裡，記者也趕到哪裡，但是我奉命不能對外證實傅君的報導，所以也沒有辦法滿足媒體的期待。不過使我驚訝的是，那時在再興中學高三上就讀的國維，原是住校的，那天老師看到報紙要他向同學發表惜別談話，並且在課後讓他回家，所以我下班回家時發現他已和美端都在家中，很熱烈地討論去華府讀書的問題。

的確，他們兄妹一個是高三上，一個是高二上，轉學是相當困難。美端表示她有一位好同學黃心怡，剛好暑假時轉學到離華府不遠的維琴尼亞州史坦頓市（Staunton）的私立住宿學校叫史都豪中學（Stuart Hall High School），她們感情很好，所以很想去和她同校，因此我們決定向這方面進行。國維就比較困難，一則他要讀高三下，幾乎不可能有學校願意接納，再則華府的公立學校問題頗多，而私立學校我們也缺乏資訊。所以我們和原來在外交部北美司擔任司長，剛調去華府代表處擔任顧問的程建人電話聯絡，請他協助。建人兄建議國維應盡早來華府，不宜等我們同行，他也建議最好申請讀高二下，並表示國維先去可以暫住他的家中，和他的公子維忱同室。後來還是建人兄的協助，使他順利進入華府聞名的席德維爾朋友中學（Sidwell Friends）。

玲玲也有工作，必須處理。她自從一九六三年由美國讀書返國後，就在中央銀行經濟研究處工作，自三等專員、二等專員、一等專員升到相當襄理的文書科主任。不過她的服務年資只有十九年多，不足二十年，無法辦理退休，因此只能請求資遣。說來也巧，我們兩人都因為這次外調，使我們的公職生涯中斷。我是被要求退職，二十多年的資歷就結束了，雖然我從未有一天離開政府的工作。後來我由美國回國工作，許多朋友都對我說這樣將來退休時吃虧太大。我也曾找過人事行政局的卜達海局長和銓敘部的陳桂華部長，探詢可否將退職金退還，我也願意補利息，但是他們都說於法無據。玲玲更是為了我的外調，多年的公職經歷一筆勾消。我們兩人都不是讀法律的，但是也都覺得法律的僵硬是否真是完全不能考慮到例外？

十一月十七日台北各報都刊登了外交人事的變動，其中《中央日報》的余思宙女士以「錢復外放任重道遠」為題寫了一個專欄，她引述了我過去對外交記者所說的一句話：「人無法創造奇蹟」；她又引了我另一段話：「一位稱職的外交工作者，根本不能有自己的立場，要懂得犧牲自我，時時以無我的心態，關注國家的利益，做對大局有益的反應。」當天晚上美國共和黨全國委員會由內定擔任主席的法蘭柯夫（Frank Fahrenkoph）率團來訪，我在外交部款宴他們，談得甚為投機。我致詞時特別指出這是我以外交部次長身分主持的最後一次宴會。自一九八二年十一月十八日起我已收到退職令，雖然朱部長希望我仍協助他處理公文，我認為不宜在公文上簽名，朱部長特別拿了一個印章給我，要我看完後用他的印章批發。

總統的囑咐

十一月二十日我正式接到任駐美代表的派令，那天是星期六。蔣總統自一九八一年起就不大下鄉探問民眾，週末假日通常在官邸召人來談政事，我經常是在週六下午四時被召往，談話總是一小時左右。那天也是在傍晚被找到七海官邸。蔣總統見我進入室內就說：「你這次去美國我的內心是非常複雜，一方面捨不得你離開台北，一方面又不得不讓你去。」這句話給了我很大的震撼。因為近三十年來我所熟悉的蔣總統是不大說話的，很少表示意見，尤其是從不講出他內心的想法。在以往十年我和他有很多接觸的機會，他總是聽我的報告多，他自己講話少。有時候他要我對某一問題提報看法，我詳細報告後，覺得他很認同我的說法，但是也只是淡淡的一句：「我也是這個看法。」這一天他開宗明義說出他的內心感想，實在使我感動。我向他報告：「我是國家的一個小兵，總統要我到哪裡，我就一定盡力做好。」

蔣總統接著指示去美國以後行事要穩重，對於很多不順心的事一定要忍，他也要我少說話。我很直率地向他報告，駐美代表必須要去各地演講，對於美方不反對的媒體訪問也是要做的，所以我不可能少說話，只能謹慎地發言。他聽了以後笑起來了，說：「我就是這個意思。」

蔣總統也表示我上任以後，整個美國地區的人事由我負責，任何人不聽指揮，他一定調走。我對總統的充分授權表示謝意，但是這項指示我並沒有告訴任何人，包括在台北的外交部和在美國的各單位。因為人事權應該屬於台北各部會首長，我絕不能僭越。

蔣總統也說在美國是需要用錢的，你有任何經費上的需求，我一定全力支持。這項指示我以後也從未遵循，因為經費必須依預算撥付。外交部的預算是固定的，我要是獅子大開口，則其他駐外單位一定要吃虧。我服公職多年，在每個機關服務都是按其預算額度量入為出，從無逾越。

維持與美友好關係

蔣總統也指示我赴美後，對於雷根總統要全力支持，可見他和雷根確有惺惺相惜的感覺。這項指示我站在外交人員應守的不介入駐在國內政的前提下，敬謹遵奉。

最後蔣總統也和我談了一些私人的事，他告訴我糖尿病影響了他的眼睛和腳，使他的視力衰退，而腳部只要站立或走動就會劇痛。我父親也是長期糖尿病患者，但是這兩方面就沒有蔣總統所感受的痛苦。

在嗣後我赴任前約四十天的時間，蔣總統曾數次召我去七海官邸，在他臥室內談他對中美關係的看法。雖然在他主政的十年半（一九七二年至一九八二年）內，美國政府曾多次使我們失望，他仍堅持我們要和美國維持最友好的關係。對於雷根總統他更有一份深厚的友誼。他也瞭解在美國政府內有若干官員極為重視美國與中共的關係，認為我國是在破壞此一關係。蔣總統苦口婆心多次囑咐我一定要忍受這些官員的冷嘲熱諷，他要我一定要有耐心，慢慢改變他們的看法，使他們明瞭我國是美國可靠的友邦。我對蔣總統謀國的苦心有深刻的認識，這些談話成為日後我在美國服務時最大的精神支柱。

接到新的任職令後，我在十一月二十四日下午於博愛賓館，也就是行政院北美事務協調委員會的辦公室，舉行了一次記者會，由胡世勳主任委員主持。由於我的任命發表後全國各媒體都有很高的期許，多認為此一任命使朝野國人同感振奮並寄予厚望，對我來說增加了不少心理上的壓力，因此我以「戒慎恐懼」形容我的心情。我說我是一個人，一個凡人，沒有任何超人的力量。我始終相信個人的力量渺小有限，必須眾志成城，要依賴代表處全體同仁同心協力，加上國內全力配合支持，或許可以免有疏失。

我在記者會中也指出加強中美關係有三項重要的途徑：一是建立共識。二是廣結善緣。三是除了政治軍事關係外，其他經貿、文教、科技、觀光等方面都不能疏漏，要不斷努力。

有媒體朋友認為我對此一工作有很高的期待，也可以說是我很想謀求這個職務。我的答覆是我從未求此一工作，但是我是公務員，一如士兵，對於長官的命令只能欣然接受、全力以赴。《中國時報》記者楊喜漢在第二天的報導中有這樣一段話：「以才思敏銳著稱，在接受各國訪客訪問及演說從不準備底稿的這位前外交部政務次長，昨天在會見台北中外新聞界的場合，以至為誠摯、謙虛的態度，以『新生』自況，請求各界對他不吝賜教，使在場人士無不為之動容，亦足證他的惶恐之情的真切。同時面對使美的重大挑戰，當他在說普通人做不到的，我也做不到，但我是一個國民，國家需要我的地方，我全力以赴時，那種赴湯蹈火不計個人得失，以及欣然接受徵召的無畏勇氣，也已流露無遺。」

香港的英文《南華早報》在一九八二年十一月二十六日也發表一篇社論指出：「台灣遴選四十七歲的美國事務專家錢復實為最佳的人選，他代表第三代的台灣領導人，並屬於年輕體力充沛及對國家利益勇於執言。錢復博士一直是中華民國的主要發言人之一，他不屈不撓的努力，不但替其政府在若干問題上爭取到有利的地位，同時更結交了許多友人，包括外國政府官員與記者。」

我在啟程赴美之前，必須和政府各部門先做充分的溝通，因此安排一連串的拜會請益。各位首長都安排了簡報並且表示一定全力支持代表處的工作。在我拜會秦孝儀先生時，他透露這次派我去華府是由蔣夫人所發動，而蔣總統也認為只能由我去華府才能使他安心。秦先生說要我心理上先有準備，這次去美國工作可能會很久，而且只許成功不許失敗。

美方下馬威

十二月一日下午李潔明處長在他的招待所以茶會招待我，實際上是談公事。他是奉國務院的指示有很多話告訴我，因為他講得很快，我也無法速記，幾年後國務院的友人浦為廉（William

Brown）將當時訓令的原文找出來，送給我作紀念：

過去兩年雙方關係一般而言相當好，但是仍有若干例外，其中之一是蔡博士十月五日的酒會，克拉克法官（指白宮國家安全顧問）參加所引起的媒體報導，以及被指為克拉克法官在酒會中對蔡博士所做的談話。此種報導蘊涵美國與台灣的關係仍有若干官方因素。事實上雙方關係之所以可能，是由於其純屬非官方原則，任何有意破壞或與該原則不符的行動，則不僅違反美國利益，亦對台灣不利。吾人深信經由審慎低調處理此項關係則可在維護雙方互利及基本利益的方向持續發展。本人深信在閣下領導下北美事務協調委員會華府辦事處將在此等積極方向進一步發展。本人所言自然是反映美國政府各有關部門一致的觀點。

這項說詞無疑是想給我一個下馬威，也就是要求我一定要低調，絕對不能有任何涉及「官方」的舉措。我對李潔明說，「你的話我很清楚地聽到了。」除了這句話我沒有再多說。蔣總統要我遇事忍耐的指示在我耳畔不斷響起。

比較有趣的餞別宴是，十二月四日中午在國賓飯店二樓內政部林洋港部長的午宴。我原是想去內政部向林部長辭行，他說辭行不必，但是一定要吃頓飯。我知道他是喜歡灌酒的，很怕酒醉，所以請求在週六午飯，心想如果醉了下午還可以休息。但是當天早上七海官邸通知蔣總統下午四時要召見。我請玲玲中午來接我時帶兩片烤麵包，中間夾三片「起士」，意圖以起士在胃壁形成一層保護膜，不致醉酒。但是玲玲那些日子實在太忙，沒有時間準備。到了宴會場所一看，都是酒量很大的朋友，林部長一聲令下，逐個向我敬酒。我連忙說酒可以喝，但是希望不要喝醉，因為下午要見總統。林部長不信，我說這是真實的，他可以去查。這頓飯我大概被灌了四十多杯紹興酒，終席時還能站起來走下樓，他有點不大高興地喃喃自語：「都沒有喝酒嘛。」事實上我回家後很不舒服，玲玲建議洗個熱水澡，使酒意消失，按時趕往七海官邸。

接著下來台北外交圈、北美事務協調委員會、全國二十二個文化、文藝和新聞團體，以及獅子會中華民國總會，都有盛大的歡送會並有餽贈。

美國的《紐約時報》十二月二十九日於「華府漫談」專欄中，以「兩個美國通」為題，刊出我和章文晉將分別於一九八三年初代表我國及中共駐紮華府。中共原先在華府的大使是柴澤民，一般認為他對外交事務並不嫻熟。而章文晉，燕京大學畢業，精通英語，原任駐加拿大大使，調為外交部副部長，專門掌管北美與歐洲事務。他的副手是在紐約市成長、哈佛大學畢業、久任周恩來英語翻譯的冀朝鑄。

一九八三年元旦上午十時，蔣總統在總統府對我做行前的指示，仍是要我「穩忍」，他贈給我一冊吳經熊資政所撰的《內心悅樂之源泉》，說是給我壯行色。我看到他精神不是很好，說話也不太有中氣，就勸他要多節勞，注意健康。他回答說：「謝謝你，我一定會注意，年紀大了不能太勉強。」

一九八三年一月四日下午四時半，我和玲玲帶了美端搭華航班機赴任。那天正是為了二重疏洪道的興建民眾抗議，很多車輛在高速公路上被堵塞，不能趕到機場，但是仍有兩百多位長官友人到機場送行。在機場記者要我講話，我表示此行任務重大，個人才識不足，臨深履薄，深為惶恐，唯有竭盡所能戮力以赴，庶期全面配合協調，激勵奮發，徹底發揮團隊精神，達成改進並增強中美關係之目標。

一九八二年十二月二十一日，北美事務協調會歡送錢復夫婦（中央前戴眼鏡者及其右）赴美履新。

第二篇

中美外交新篇章

・北美事務協調委員會駐美代表

1982年11月20日～1988年7月20日

第八章
履任駐美代表

我一直認為從事外交工作，是進行一場以人為主的作戰，同仁對於工作目標的切實掌握以及士氣的提升，是外交工作成敗的根本，所以我在晨報中總有十至十五分鐘的講話，不斷鼓舞士氣。

我奉派到華府工作是我外交生涯中第一次，也是唯一的一次去國外工作。國內的長官、民意代表、輿論界都對我寄以厚望，而華府駐美代表處是我政府最大的駐外單位，中美關係又處於空前的低潮，個人所承受的壓力的確非常沉重。赴美履任之前，報章雜誌的社論、專欄和報導紛紛以文字為我送行，其中所表達的勉勵、期許、鞭策和建議，我都牢記在心。國內許多民間團體以茶會或餐會為我餞行，主持人和許多貴賓在講話中對我的任命予以祝福，並且殷切盼望我能在赴任後將中美關係做好，他們的衷心期待溢於言表。每聆聽一次，我就對自己說：「你一定要忍辱負重，不能辜負這些朋友對你的期待。」說老實話，就我而言，「負重」比起「忍辱」來是容易得多。

長時間在外交界的磨練，我對能做好這一工作是有信心的。但是在新的工作崗位上，有來自各方的掣肘或是常發生「為山九仞，功虧一簣」的狀況，我必須要有「打落牙齒和血吞」的精神，抱著「謀事在人，成事在天」的態度來面對。

飛往華府

一九八三年一月四日下午我由台北飛往洛杉磯，在那裡休息了一天。六日早上乘環球航空八九〇號班機飛往華府杜勒斯機場，到達機場時發現許多人來接機，不少人都手持小國旗，使我十分感動。深受我們夫婦尊敬的前眾議員周以德（Walter Judd）伉儷，以八十歲高齡親自到機場來歡迎，實在使我們感到榮寵。不少記者圍著我提出各式各樣的問題，特別是此時中共方面將柴澤民大使調回，代之以科班外交官出身、原任駐加拿大大使和外交部副部長的章文晉，媒體都要我對於兩岸同時更換在華府的館長表示意見。由於處境的尷尬，我無法滿足他們的需求，只對於到機場來的美國朋友和僑胞表示感謝，今後當努力工作以不負大家的期許，就登車去代表官舍。

這座官舍位於華府使館區麻省大道（Massachusetts Avenue）旁的教堂大道（Cathedral Avenue）三八二八號，是二層樓房，有一個供儲藏使用的三樓閣樓和廚房與工作人員居住的地下室。前院很淺，大門開了，走四、五步就是馬路，因此不少朋友認為不適合我們使用，因為在馬路上對室內狀況很容易瞭解，包括國內來的長官都一再建議我另換房子。可是我認為我們的辦公房舍在華府郊外，應該優先將辦公室更換。

這幢房子作普通住家是不錯的，樓下有兩間客廳，一間用藍色傢俱叫藍廳，並有壁爐，是通常我們使用的；另外一間在裡面，傢俱是紅色叫紅廳，客人多時使用，平時有機密問題要談，多用這間。兩間客廳相連，大概可坐二十多人。餐廳在另外一側，只能放十二人份的餐桌椅。因此正式宴會主客一共僅可坐十二位。所幸餐廳另一方通向一間長形的日光間（solarium），如果放八人份的餐桌椅，可以放五桌，也就是說最多宴客可達四十人，超過此數就要到外邊餐廳去了。

我們到了官舍，放下行李就去華府北郊巴塞斯達鎮（Bethesda），探望胡旭光副代表夫人。她因中風已有數年不能行動，見到玲玲和我很高興，我們一下飛機就去看她，使她非常感動。胡夫人楊錦鍾女士當年在南京金陵女子大學是非常有名的校花，一九五、六〇年代在台北社交圈也甚為活躍，只是經過多年疾病纏身，已無復當年風采。她在同年（一九八三）十二月十五日晚間逝世。

回到家中看了當時華府僅有的兩份報紙——《華盛頓郵報》和《華盛頓時報》，發現都刊登了我履任的消息，並且登了我的照片。

三人行必有我師

次日我一早到辦公室，黑人駕駛羅賓遜（Paul Robinson）君給我上了第一課。我向來到未去過的地方之前，必先看地圖，這天也是一樣。在途中我注意他繞了彎，就問他是否該直走。羅君說，不能直走，因為那段路是單行道，地圖上沒有標明，事實上只可以由逆向駛來。羅君也教了我不少常識，比如我們晚間去友人家吃飯，巷道很暗，我想下車看門牌，羅君說：「沒有必要，前面左手，亮燈的大門就是我們的目的地。」我問他何以如此肯定，他說因為這家亮燈就是要宴客。「三人行必有我師」，這句話是不會錯的。以後羅君和我逐漸熟了，時有交談，有一天他終於鼓了勇氣說：「錢先生你真不像大使，我替不少大使開過車，多少年下來，我和他們說的話加起來也比不上這兩天和你說的多。」我就將孔子所說的這句話告訴他，並且說要對一個新地方很快認識，最好就是有不瞭解的時候就要問，所以你是我的老師。他聽了十分高興，以後兩年多，他給予我最好的服務，直到他的姊姊去世，在南卡羅林那州留下一所幼稚園要他去負責，才向我們辦公室辭職。

協調會當時的辦公室在華府北郊巴塞斯達鎮河路（River Road）五一六一號一座三層樓的辦公大樓，二樓有夾層，所以可以使用的是三層半，原先是美國旅館業著名的瑪利奧特（Marriott Hotels）公司的企業總部。因為使用年份較久，所以看起來並不堂皇，而且進門處不像是一個外交機構的門面。

進了三樓辦公室，因為到得早，同仁尚未來，所以先看早報。那天的《美洲中國時報》刊有傅建中的〈迎錢復，談互信〉的一篇專文指出，美國務院院內若干官員認定我國在美一切作為都在破壞美國與中共間的關係，這種偏見已根深蒂固，因此建議我必須盡一切可能爭取美國國務院官員對我個人和我們國家的信賴。傅氏此文非常明確地指出我國在美處境的艱困以及改變處境的做法。這是我抵美後所上的第二堂課。

建立信賴

過了沒有幾天，美國的三大電視網就邀我上他們星期日的新聞訪談節目，我每收到一個邀請就打電話問美方是否可以接受，他們都說不必接受，我也都照辦。很多美國重要平面媒體要訪問我，我也如法炮製，美方的答覆也是一貫的不必。

我到華府後承陳香梅女士的鼎助，很快地列入新出版的華府社交名錄，同時美國許多社團也對我們友好，因此我經常收到來自白宮雷根總統的請帖及國務院舒茲國務卿的請帖（這都是依照主辦方面所提供的名單），我也逐一去問美方是否可以參加，答案始終是不要接受，我也每次回覆婉謝。

這些事我自己都記錄下來，到了二十次以上時，我發現國務院及其他政府機關官員對我的態度開始變更。他們先是願意接受我的邀請，時間久了，他們會主動建議我可以請哪些重要美國官員餐敘。傅氏所提的「信賴」慢慢產生了。

一九八三年一月七日早上九時半，胡旭光副代表陪我去美國在台協會拜會丁大衛主席，他一方面對我表示歡迎，也強調美國對我國有確實而真正的友誼。談話中白宮國家安全會議亞洲部主任席格爾博士也來電話，表達他本人和國家安全顧問克拉克熱誠歡迎之意。

丁大衛說美國政府甚盼利用雷根總統執政期間與我開始建立良好的實質關係，以奠定今後十年中美關係開展的基礎。我表示這就是我接受政府指派來美服務的主要目標，希望雙方共同努力以期實現。

這天下午我又去國防採購組拜訪溫哈熊將軍，參觀他們的辦公室和同仁宿舍。當時國防部規定除了正、副主管可以帶眷屬出國，該組其他同仁都是單身赴任。採購組為他們提供舒適的住所，並有國內派來的炊事兵為他們準備可口的三餐。溫將軍對我就該組在美採購的實務做簡報，在他的領導下採購工作的確是弊絕風清。

下午我又去拜訪國家安全局派在本處的單位，是和我們合署辦公，單位的主管是過去蔣公的侍從武官汪希苓將軍，他為我介紹了他的同仁，並且對工作做了詳盡的說明。

接著下來我到代表處的每一個組探訪，他們也為我做簡報，我建議各位組長在每星期的一、三、五上午九時在本處會議室舉行晨報，由政治組和新聞組就兩天間重大事件先做報告，各組準備在未來兩天做的事也提出來，使其他單位可以知道。國內給本處的重大指示也在會中報告並交換意見。最重要的是遇有重要事件和問題時，利用晨報分工並且不斷協調，使一個有兩百多位工作同仁的代表處能轉化為一個意志集中、力量集中的戰鬥體。以後各組也將組內同仁未來一週準備邀宴的對象在晨報中提出，彼此比較，不要使同樣一位美方官員接連地受到我們的款待，而應聯絡的卻沒有人去聯絡。我也對同仁說明，外交工作的重點在績效，而不在形式。因此我不認為簽到是最重要的。同仁如為了早上趕去國會或其他機構洽公，只要打一通電話告知祕書小姐，不必拘泥於一定要先來處簽到或簽退。這個決定公布以後對同仁士氣的提高是很有助益的。

我一直認為從事外交工作，是進行一場以人為主的作戰，因此工作同仁對於工作目標的切實掌握，以及士氣的提升，是外交工作成敗的根本。所以我在晨報中總有十至十五分鐘的講話，一方面是提醒同仁在某一時間工作重點在哪裡，同時也利用講話不斷鼓舞士氣。

首次官方會晤

我到華府以後第一個重要的官方會晤，是在一月十二日下午去在台協會晤見國務院亞太助卿伍夫維茲（Paul D. Wolfowitz）。他是芝加哥大學的博士，曾在耶魯大學任教，在國務院擔任過政策設計局局長，並沒有中國背景，舒茲接任國務卿後何志立助卿請辭，才將他調來擔任助卿。伍氏是位謙謙君子，接下來三年多我和他有很密切並友好的互動。

那天見面伍氏第一句話就是：「上月十八日和你在電話中談話，非常愉快，今日晤面再一次向你致賀。」我想起來李潔明處長於十二月十八日在官舍為我餞行，突然間電話鈴響，他拿起話筒沒說幾句話，就交給我說：「是你的電話。」我接起話筒剛喂了一聲，那頭傳來聲音說：「我是保羅伍夫維茲，歡迎你來華府。」我很驚訝，和他稍事寒暄結束了交談。我問李君是否他安排的，他說不是。由這件小事我瞭解伍氏心思細密，將是一位極佳共事的優秀外交官。

伍氏在談話中重申去年《八一七公報》時的美方六項保證，但是他也說明未來的交往美方不能有官方性質，而且必須切實保密，希望我們不要太重視形式。我說明履任前各位長官均一再叮囑要與美國政府密切合作，避虛就實，以低姿態努力工作。我說明在赴任之前曾和新聞界的負責人有很長的談話，說明了若干新聞報導和揣測，對於國家可能造成傷害，請求他們協助，對軍售消息除美國政府已發表者，不作揣測或報導，對雙方高層接觸不作報導，其他可為中共用以傷害中美關係的敏感性事項也勿報導。

我也說明自己是深盼增進中美關係，其中經貿、文教、科技、觀光等無敏感性的關係，我會全力推展並予報導。至於有些事項敏感性不高，如引渡協定的締訂，可以積極進行；而有敏感性的問題如軍售等，則應審慎推動並避免任何報導。

接著我提到舒茲國務卿將於二月前往大陸訪問，對於高層訪問我國都很關心，只怕對我國的權益造成傷害，特別是四天前的《華盛頓郵報》報導國務院曾邀請專家討論中國問題。伍氏表示此為國務院一系列的討論會之一，參加者相當平衡，《華盛頓郵報》稱與會者表示美國應爭取中共以免其投向蘇俄，但實際上與會者都認為美國不應為一哀求者，故舒茲此行應以美國利益為先，不必遷就中共。

接著在一月二十一日上午，我和白宮國家安全會議亞洲部主任席格爾和他的助理勞克思（David Laux）會晤。席氏是老友，在我駐美期間的前三年多擔任白宮職務，最後兩年接伍夫維茲擔任亞太助卿，可以說是我駐美期間交往最多的官員。他是一位正直誠信的人，也是我極為尊敬的友人，可惜他英年早逝，在我回國工作不久就因心臟病突發去世。

我對席氏表示來美前蔣總統曾指示要向雷根總統致意，也特別表示我方絕不會做任何可能使雷氏困窘的事，並且交代我要全力配合雷氏的工作。席氏表示雷根總統對蔣總統深有欽慕之情，此所以雷氏對我國關切問題，如舒茲訪問大陸，均指示應提早知會我方。中美間由於實際困難無法有官方關係，但仍可維持最密切的交往。席氏也代表國家安全顧問克拉克法官向我致意，他盼望能及早和我見面。

席氏接著說他知道我在美國國會內有不少友人，他希望我能在適當情況下使他們瞭解美國政府在對華政策方面，做法上是有限制的。在以後的歲月中他和其他美國政府官員也時常要我向參、眾議員進言。

我在來美之前，就曾請我在各國政界重要人士為我撰函介紹他們駐在華府的大使會面，除了我國有邦交的大使之外，亞洲、歐洲重要國家的大使都知道我的抵達任所。當時華府的外交團有一百二十多位大使，由於人數太多，外交團在抵任、離任時並不相互拜訪。不過我考慮到我國特殊的處境，仍逐一地去拜會邦交國的大使，他們中間有的也來處回拜。至於無邦交國家的大使，有些也歡迎我去拜會，有的則表示盼望在社交場合中會面。大約兩、三個月後，華府主要的外交團成員我都認識了，這在以後的社交場合是十分有助益的。

修葺雙橡園

我們全家在到華府後的第二個週末去雙橡園勘察。這個占地十九英畝半的名園，是華府最大的一戶住宅，即連白宮的占地也只有十八英畝。只是我們去的時候已經荒廢了四年，沒人居住，情形相當淒涼。正房的樓下大致還可以，只是髒亂；由樓梯向上走，感到房子的結構似乎有問題。二樓的幾間臥室和書房更是一片零亂，地板上都是香菸蒂燒的洞。三樓的儲藏室更是蛛網密布，裡面還堆了不少葉公超大使一九六一年十月倉促返國留下的物品。我請行政組同仁妥為保管。

看完房子以後玲玲和我的心情都非常沉重，我們認為這是國家珍貴的財產，絕對不容棄置不顧。所以我請行政組同仁研究如何整修，特別強調整修不能只做表面工作，必須使房屋的結構強化，冬季下大雪時不致被壓垮。代表處一方面報請外交部給予原則指示，同時也到處打聽，終於找到一位專門整修古蹟房屋的徐叔沅建築師，不久之前白宮的整修也是由他主辦的。

我和徐建築師討論修葺雙橡園的原則，第一是安全，務必使房屋結構能強化。第二是明亮，因為過去很多人對我說這棟房子過於幽暗。第三是室內所有使用的木料（都是橡木）由於多年不斷油漆已呈現深咖啡色，希望能還原成本來橡木的色澤。徐君表示都沒有問題。第一項是他的專長，第三項白宮的修葺也有相同的問題，他使用一種化學品使木料的油漆脫落回復原色。至於第二項，他建議我們在室內設計時多用較淺的色澤，照明也要注意，更重要的要找庭園布置專家，一方面將園內鄰近房屋的樹木稍予減少，另一方面在靠房屋的周邊加添照明設施。

我們將徐建築師的修葺計畫和預算需求報回台北，很快就批准，於是就動工了。這期間程建人副代表、行政組王維傑組長和馮景江祕書最為辛苦，當然我們駐守雙橡園的憲兵同志和園丁蔡啟村更是忙碌不堪。

修葺工程進行的同時，玲玲和程副代表夫人何友蘭女士就擔任義工，對室內布置加以計畫。一樓所有宴請賓客需用的房間，原則上都使用榮民傢俱廠和榮民地毯廠的產品，我特別請國軍退除役官兵輔導委員會鄭為元主任委員依照我們提供的房間圖樣，量身訂製。室內所有的書法繪畫，也是請託故宮博物院秦孝儀院長邀請國內藝文界的大師們，為每間房子精心製作。至於最大一間宴會廳是周書楷大使在一九七〇年增建，由於常要改為五至十桌宴客用途，不能使用紅木傢俱，而考慮用輕便的籐製傢俱。正好我早年在北美司工作時的同仁洪鳳沼女士已卸公職在舊金山經營籐製傢俱，所以請她協助尋找適當的物品。

雙橡園史

由樓下大廳通往大樓的樓梯在一半處有一平台，我們找了一套紫檀木的傢俱，這原是慈禧太后使用過，十九世紀末年飄洋過海來美國參加世界博覽會以後就留在華府，同時又請外交部將當年在祕魯使館運回部內的一對大花瓶送來華府分置左右。一對花瓶中的一隻早已破碎，得到國立歷史博物館何浩天館長的鼎助將它修復，整舊如新。

至於二樓三間臥室和書房的傢俱，由於當時中美貿易已呈現我國大幅出超，所以特別採購美國北卡羅林那州生產的傢俱。我每次陪外賓參觀時總不忘說明這是我國設法平衡雙邊貿易的具體做法。書房內有一張經裱糊過的一八七八年九月的美國報紙，敘述我國首任駐美公使陳蘭彬履任的詳細報導。書房內有兩個古董櫃，由於我們沒有古董，所以將我多年來所獲的二十幾個勳章放置其內，並附有說明。

雙橡園始建於一八八八年，是一位富商赫伯德（Gardiner G. Hubbard）用來作夏季避暑之用。他的女婿就是發明電話的貝爾（Alexander G. Bell），傳說中他是住在雙橡園內時做研究而發明的。他所製成的第一個電話也是陳列在書房內。赫伯德有一位外孫女雷諾絲（Helene Reynolds）在雙橡園出生，並且在園內舉行結婚典禮，並在大廳樓梯口拍了一張婚紗照，我們在修理完畢後請她由佛羅里達州回來參觀，她就將這張照片送給雙橡園，就掛在上樓的地方。這時她已八十多歲，對於修理布置工作非常滿意。

雙橡園還有三樓，也有兩間臥室，一間書房。當時由於經費不足，沒有做布置。直到一九八七年玲玲找了奧列岡州派克伍德參議員夫人（Mrs. Bob Packwood），她是維多利亞式建築室內布置的專家。她為三樓蒐集到許多維多利亞式傢俱，還在埃及的跳蚤市場找到一個上面寫有 Twin Oaks 字樣的放置信件盒子。在一九八八年六月十八日我們為雙橡園舉辦一百週年慶祝會時，來參觀的朋友們對於三樓的陳設都讚不絕口。

雙橡園的整修也包含庭園設施。首先四周建造了不太高的圍牆，其次由大門到主房的通路由單行道改為對開道，同時將許多貼近房屋的樹都鋸了，因擔心它的根可能傷及房屋。園內增加不少燈光照明設備，晚間宴客有賓至如歸的感覺。其中園丁蔡啟村君在正門前的花圃別具匠心培植出國徽圖案的植物，使每一位來訪者都留下深刻的印象。

雙橡園的名字原是因為在大宴客廳的落地窗外有兩棵碩大的橡樹。在一九五〇年代時有一棵因為有蟲害而萎謝了，所以葉公超大使時種了一棵替代，但是沒有找到原先的樹種。新橡樹愈長愈高，而老橡樹則在我到華府前遭到雷擊，奄奄一息了。因此利用庭園造景時，我找了一棵和葉大使所種相同品種的橡樹，使得雙橡始終挺立捍衛這座名園。

整個修葺和裝修的工作經歷了一年三個月的時間。到第二年（一九八四年）夏季，工程即將完成，我向國務院探詢未來的使用他們有何意見？經過一番研究，答案是：一、不能作代表的官舍。二、不能舉辦國慶酒會。三、不能舉行外交宴會。除此以外我們可以做任何其他的使用。最有趣的是他們告訴我，我可以在裡面睡覺，但是不能用雙橡園作為我的住址。

雙橡園重回華府社交圈

有了如此明確的規定，我們就研究要如何使雙橡園重新成為華府社交圈的一個重心，最後決定為華府歷史悠久的黑人大學霍華德大學（Howard University）舉辦一次募款餐會。所有賓客的邀請、募款事務都由該校負責，我們提供場地、飲食，時間是一九八四年九月十四日。那天有百人參加，有四位黑人國會議員，他們多是民主黨自由派的，看到我們為霍華德大學的發展出錢出力都感到十分滿意，奠定了他們以及黑人國會議員團（Congressional Black Caucus）對我國長久的友誼。第二天華府各報的社交版都有詳細的報導，對於修葺後的雙橡園備予稱讚。

但是實際上，修復後的雙橡園首次舉行餐會是一九八四年九月十日，那天的主賓是協助我國保全這一珍貴財產的博倫參議員、史東前參議員和拉哥馬西諾眾議員伉儷（他們的鼎助請參閱《錢復回憶錄》卷一第二十三章）。那晚我們特別準備了香檳酒，對他們五年多前的協助代表政府表示由衷的感謝。那是一個十分溫馨的夜晚，貴賓們目睹他們努力的具體成果都非常滿意。

因為國務院規定不得在雙橡園舉行外交宴會，所以我邀請國務院官員仍在官舍。可是有一天同仁來問我：「美國駐馬來西亞的大使克里扶蘭（Paul Cleveland）的公子結婚，婚禮後的接待會想借雙橡園，不知是否可行？」我很老實地回答說很願意借，但是擔心客人可能多是國務院官員，只怕他們不願意來。這個答覆帶到了，男方仍然表示希望借用，並且希望我也在場。我到場一看，國務院的職業外交官由次卿、助卿以次來了百餘人，冠蓋雲集，四處仔細地參觀。我感到非常驚訝，過了幾天我私下問一位熟悉的官員怎麼會有這麼多的官員前來？他說你修好了雙橡園請了許多人，大家都讚不絕口，但是你卻不請我們，所以我們只好自己安排來品嚐一番。我才知道自己實在太老實，做事一板一眼，不能理解人都是有好奇心的。在此以後我宴請很熟悉的國務院官員時也常安排在雙橡園。有幾次有些高層官員還表示希望能請全家，我自然遵照辦理。

尋覓市區辦公地點

到華府工作後，另外一件行政上的大事是找尋位在華府的新辦公室。河路的辦公大樓雖然老舊些，但是敷用。不過同仁們多以為我們的地址不在華府市內是一遺憾，特別是國會組的同仁由河路去國會山莊車行要四十五分鐘，如果搬到市內就方便多了。

瞭解了同仁的心聲，我就積極設法尋覓適當的辦公處所。我在抵任後最初兩週的週末和玲玲走訪一些前輩，如周以德、中美文教協會會長卡爾（William Carr）、克萊恩、詹遜故大使夫人（Mrs. Nelson Johson）、譚紹華大使、胡適大使的長公子胡祖望等。這以後的週末我就由國維駕車去看許多可能作為辦公處所的對象。我之所以不由處內同仁陪同而自行前往，主要是不使業主知道，可以詳細地察看建築的狀況，周邊的環境。因為業主在場，他必定全程陪同，只讓我們看好的一面，缺點部分一定不讓我們看到。

看了不少房屋，覺得比較如意的是二十二街國會季刊（Congressional Quarterly）大樓和水源路的未婚母親之家（Home of Unwed Mothers）。前者是大理石建築，在市中心邊緣，鬧中取靜。後者占地二英畝，停車方便，還能擴建。但是兩者都有若干缺點。國會季刊大樓有十二個分租戶，我們如買下該大樓，還要付錢請分租戶搬走，此時他們必然獅子大開口，我政府要增加不必要的負擔。未婚母親之家位置極佳，離法國和西德駐美大使館很近，雖是自成一體的使館區，可是屬於教會所有，購買時一定會有很多意見，使我們不勝其煩。

我也考量到國人有求全的心理，如果我們買了一幢西式房屋，一定有人批評毫無中華文化特色；如果我們要發揚中華文化自己蓋一幢宮殿式的房屋，也會有人批評與四周建築不搭調，不倫不類。因此我只能將所觀察到的房屋優缺點，報告政府請求政府組團實地勘察，並做指示。

稍後外交部派團來華府實地視察各個可能的辦公場所，一致認為國會季刊大樓最為適當。我很誠實地向該團報告說明：一、此大樓的售價六百二十五萬美元是相當合理的，但是還要付地價以及十二個分租戶要求的搬遷費用，可能總價要達一千萬美元，這和自己興建全新辦公大樓所需費用相差無幾。二、此大樓進口狹隘，毫無氣派，而且進大門先要走下幾層階梯，和我國辦公房舍的格局不符，而且各樓層的走廊都非常窄，兩人並行都有困難，搬運物品很不易。我的結論是如果大家都認為國會季刊大樓最合適，我們可以覓地建造外貌類似該大樓的辦公室，而將該大樓的缺點予以消除。

稍後代表處委託華府的唐納休建築公司（Donahue Construction Co.）協助尋覓工地，經過一段時間，他們找到華府西北區三十九街和范納斯街（Van Ness Street）交界，但有一段面對威斯康辛大道（Wisconsin Avenue）的土地。此處距麻省大道只有一條街，而距華府新使館區國際大道（International Drive）也很近，是一個非常合適的地點，而且門牌可以使用威斯康辛大道四二〇一號，在華府也是受尊重的地址。

但是這塊土地上仍有一家酒店，店主已年邁原來有意出售，不料唐納休公司和他商量購買時，他表示已有麥當勞漢堡公司要以優渥租金向他租用土地，因此他就要提高售價。經過很多周折，到一九八四年九月才購得該段土地。

興建四億元新館

這塊土地的面積約八百坪，我們計畫在其中五百坪興建地上五層、地下三層的房屋。代表處委託華裔建築師陳建華（Vincent Chan）以國會季刊的大樓為藍本，改進設計本處新建築。他在十月一日完成結構及工程圖，十月十五日完成內外工程設計圖和大樓模型。我在這段時間雖然十分忙碌，但是每月最少兩次和陳建築師與唐納休公司負責人詳細地檢討各項設計和建築細節，特別是我們特殊的需求。例如在一樓就有階梯型可容一百人的講堂或表演場地。在五樓有占地一百二十坪大的會議廳或大餐廳。地下一、二樓有可容近百輛汽車的停車場。進門大廳挑高二層樓，左右各為行政組與新聞組。辦理護照和簽證的服務組也在一樓，但在范納斯街另闢一扇門，使辦理領務的國人和外國人可以由此進出，並且有休息處所。

整個大樓於一九八五年一月六日開始動工，工程大約十八個月，此期間王維傑組長、馮景江祕書不斷地在監工，我也不時以突襲方式到工地檢查，注意材料和結構的堅固。當然陳建華建築師也負責為我們監工。

這座大樓，政府連土地、建築、設計、監工一共支付了一千二百萬美元，一九八六年八月完工時，西班牙駐美大使館找馮祕書談，願意出價一千七百萬美元購買。當他告知我這一提議時，我笑了，請他轉告對方我們並不從事土地開發工作，否則這次不到兩年的時間，投資報酬超過四成以上，一定很高興。

一九八六年十一月十四日外交部派了總務司長柯振華和會計長張華威來華府巡視新大樓，對於一切都表示非常滿意，並且轉達朱撫松部長指示，希望我立即找新的官舍。我說政府財政並不寬裕，本處建館經費已耗四億多新台幣的公帑，實在不宜另覓新官舍。

十一月二十五日上午，我正式為新大樓啟用剪綵，中外來賓不少，我曾對同仁簡單講話指出，政府指示本處新建美侖美奐的辦公大樓，一方面是重視對美工作，一方面也是對同仁這些年來的辛勞努力給予鼓勵。我們雖然有了全新的辦公室，一切都是量身訂造的，卻千萬不能自我陶醉，應該深深體念「毋忘在莒」的精神，中美邦交一日無法恢復，我們肩上的千斤重擔一日不能卸下。後來有同仁私下告訴我，有好些同仁都在流淚，顯示他們能夠深切體認只有不斷奮力工作，才能報答政府對我們的體恤。

再回到剛到華府的時候，我到任後約四十天就是農曆新年，外交工作中送禮和宴客是很重要的事。每個駐外館長赴任時，外交部都會發給一筆到任交際費，一方面是舉辦到任酒會，一方面是購買禮品以備贈送駐在國朝野人士。美國對於接受外國官員的饋贈有嚴格的限制，價值不能超過一百元，因此我赴任前就去故宮博物院找價值合適的複製品以及故宮寶藏的書冊，以作為禮品。

用人以才

當我向負責事務的同仁請求提供過去贈禮的檔卷時，所得答案是沒有檔卷，斷交後就沒有餽贈。我覺得這樣不妥，所以花了幾個晚上列出農曆新年應送禮的名單。當然我列的對象只限於行政、立法部門我所認識的官員、議員以及媒體方面的友人。初步一列有兩百多人，我問了行政組的馮景江祕書，在只有不到十天就要過年的情形下，是否可能一一送到。馮說絕無問題，因為過去大使館時代送的數量更多，他都是交給國會兩院、白宮、國務院各機關的文書中心代他分送。他多年來和這些工作人員維持良好關係，不因斷交而中輟，就是等這一天還需要他們協助。馮祕書這番話使我認清了，「凡事豫則立，不豫則廢」這句古訓的確是放諸四海皆準。

馮祕書是一個奇人，他的個子很矮，因此以拿破崙（Napoleon）為名。他在台大政治系高我三年，是僑生，畢業後曾在教育部國際文教處工作過幾年，以後就到華府在駐美大使館任僱員，歷經蔣廷黻、周書楷、沈劍虹三位大使，真可說是三朝元老。他在華府各地，無論三教九流都非常熟悉。我在一九七七年四月訪問華府時得到他許多幫助，覺得這樣難得的人才不能長期委屈擔任僱員，就請人事處將他的職銜改為專員，可以列名在華府的外交官銜名錄上。他對我這項做法十分感激，因此我到任後他在工作上特別努力。我每個月到各地去出差演講，行程都是他安排，只要飛機起飛前十分鐘到機場，他一定能使我順利登機。如果搭乘火車，他可以安排我的車子由車站駛到月台旁直接登上車廂。車站的負責人對我說，就是華府外交團團長也無法得到這樣的禮遇。

我到華府第一年的聖誕節，送禮的份數就大幅增加。馮君也建議我送禮不單要給官員、議員，他們的女祕書也要有所表示，或是口紅、或是粉餅、或是原子筆，他都在免稅商店購買，價廉物美。下次我再去拜訪那位議員，女祕書就會特別殷勤安排、接待。我離任前那個聖誕節送禮的份數已達一千以上，無論選材分送都是他一手包辦，不但沒聽到他叫苦或抱怨，反而是精神百倍；時常忙得連飯都忘了吃。

談到送禮，使我想起一九九一年我早已回到台北，那年夏天美國總統的競爭已經開始。共和黨方面先由堪薩斯州的杜爾參議員率先宣布與當時的老布希總統角逐候選人。我在台北看電視新聞，杜爾在他家中的客廳做此宣布，他的背景是一個大的玻璃櫃，櫃中陳列著很多他們夫婦很喜歡的裝飾品，其中很明顯的有兩、三件鶯歌或蔡曉芳所精製的陶藝品，都是我在華府工作時所送的。

再說宴客。蔡維屏代表原僱的廚師，在他決定辭職時，就被華府的中國餐館挖走，我請他多留兩個月幫忙，以便我物色新廚師。多謝薛人仰大使夫婦告訴玲玲，他們在中美洲擔任大使時的廚師有位外甥，年二十二歲，手藝很好，希望我們能試一下他的烹飪。於是我們在啟程前在薛府嚐到這位青年廚藝專家陳正湧所做的菜。玲玲和我都認為不錯，所以決定聘用他，外交部協助辦理出國手續。陳君在我們抵達華府後幾個月也來了。他的年齡只比國維大四歲，很快就成為朋友，常常一起打籃球。

陳君到了華府，我們就積極展開宴客。最初在家中每次人數由十二至四十位不等。玲玲在知道哪天要請哪些客人後，就和陳正湧研究菜單。買菜是陳君和蔡啟村的責任，有時馮祕書也參加。宴客時都由華府瑞奇威公司（Ridgewell Co.）派侍者來服務。蔡啟村負責攝影。宴客後一週內，玲玲會將照片分贈給各位賓客，使他們對這次宴會能留下記憶，玲玲也將每次宴客的名單和菜單記錄留下，下次有相同的客人，一定會有不同的菜肴。

宴客趣事

宴客也有不少有趣的小事。我們到華府不久，國防部政戰部主任王昇夫婦應邀來華府訪問，我們初次在家中舉行分坐五桌四十位賓客的大宴會，那天正好是一九八三年婦女節，我們喝的是紹興酒，可是菜上了不過三分之二，由於賓客的熱情，頻頻乾杯，蔡啟村君在我耳邊悄悄地說：「報告，酒已經沒有了。」我急中生智說：「改開威士忌。」客人們彷彿比較喜歡紹興酒，改了威士忌酒興就差了很多。事後檢討才知道，過去數年都沒有大規模的宴會，而且也很少有這樣熱情的餐會，所以事務同仁沒有考慮到會有酒供應不上的窘境。

再有就是在我到任後兩個月，有幾位處內資深的顧問來看我，他們有的是一九五〇年代葉公超大使時就在華府工作的前輩。他們用很關切的語調問我：「聽說代表每天都是晚上十時以後就寢，但是歷來駐美大使都是午夜以後才睡的。」我就答說：「是的，我一向是早睡早起，但是為什麼過去的大使都很晚睡，是不是天天加班？」他們說不是。我問那麼過去的大使晚上做什麼？他們說常找我們聊天到午夜以後。我問談的是公事還是閒談？他們說都是閒談。我再問：「第二天他們是否仍按時上班？」他們說是。我再問那麼大使何時上班？他們說大致是十時以後。這時我說，我每天準時上班，因為我認為應該和一般同仁同時上班，而且我從來沒有午休。中午都是公務午餐會。普通六時四十分下班，七時到家，匆匆淋浴。七時一刻下樓接待即將到來的賓客，請帖七時半，有的客人會早些到。飯前酒大致半小時，八時客人都到齊就上桌。我們通常是六菜一湯甜點和水果，另外加米飯和醬油（許多美國友人喜歡用醬油拌飯）。我們安排一次上兩道菜，大概一小時可結束。九時以後，女賓上樓補妝，男賓在客廳飲飯後酒、抽雪茄、談問題。大概十時前後就告辭。我上樓洗臉刷牙，大約十時半就可上床。起初我對各位前輩的提問有些擔心，以為美國友人也和拉丁語系國家的人民一樣喜歡熬夜。過了若干時日，我才知道早開始、早結束的宴會，深受美國友人的喜愛，特別是白宮、國務院、國防部、中情局的官員，他們很多都是清晨六時離家上班，因此相當歡喜我們宴客的時間。

後來雙橡園修好，我們宴會的人數大量增加。一則是參加過的人對整修後的雙橡園印象深刻，常常在友人間講，沒來過的就會主動要求；再則是玲玲積極參加華府社交圈的婦女活動，大家知道我們有雙橡園，就紛紛請求玲玲擔任慈善餐會的主席，這是出錢出力的苦差事，但是對於我們來說，正好符合廣結善緣的原則。在這種慈善餐會中，我們時常會與重要官員「不期而遇」坐在一起，認真討論業務。

最有趣的是每年十二月，很多重要的國會參、眾議員都會由他們的助理出面，要到雙橡園為辦公室的同仁辦「尾牙」。我們通常都是用蒙古烤肉，佐以台灣啤酒或紅酒。花費不多，但是那位大牌議員整個辦公室都成為我們的好友。這種場合處內的國會組同仁會全員參加，代表副代表的社交祕書也參加。以後有任何事找那位重要議員時，常只要同仁或祕書一通電話便可解決。

辦理宴會也不是非常輕鬆的事，記得到任的第一年，我們曾邀請中央情報局凱西局長、司法部長史密斯（William French Smith）、聯邦調查局韋布斯特（William H. Webster）局長先後來家用餐。每次晚宴前一定有兩車聯邦幹員來官舍詳細檢查，出入口都有管制，宴會時都有若干隨扈警衛，我們要準備春捲、叉燒招待他們。事實上這些官員去其他地方參加宴會，警衛不一定會得到招待，但是我認為警衛們和長官應該是相當接近的，這些警衛如果對我們有好感當然是妥當的。

高級餐館招待美友人

我們在華府將近六年的時間，每個月除了數次去外埠，在家中和雙橡園最少舉行二十次宴會。但是我也常在華府的名旅館或餐廳招待美國官員早餐和午餐。說來很傷心也很好笑，因為中美沒有邦交，所以我要和美方官員商討問題，必須借用餐敘；但是約人用餐並不容易，然而找對了地方就不那麼困難。

當時華府有一家著名的法國餐廳叫柏維亮（Le Pavillion），以價昂菜好聞名，午餐時每人最低消費大概是五十美元。我有不少經驗就是當臨時約一位美國友人午餐時，他往往說已有先約，等我說想約他去柏維亮餐廳用餐時，他就會說讓我設法推了另外約會，和你共餐。柏維亮在一座商業大樓二樓，同樓有另一家以美國菜價廉物美聞名的齊伯特餐廳（Duke Zeibert），老板是以自己的姓名作為餐廳的金字招牌。他自己每天都在餐廳門外歡迎顧客上門。我和齊伯特先生是高爾夫球友，相當友好，每次我去柏維亮餐廳時，一定要先經過他餐廳的門口，他一定冷冷地說：「大家看，錢復又去那家華而不實的餐廳浪費他政府的錢！」這當然是玩笑話，他十分瞭解我的處境和不得已，才要運用柏維亮餐廳這張王牌，而我也只是和賓客一對一餐敘並談話。朋友總是朋友，我們家中有聚餐，如復活節、感恩節，還是全家到齊伯特餐廳，東主總是給我們最好的服務，小朋友們更是對那滿滿一盤堆成塔尖的豐富食品，十分滿意。我們有時邀些年輕朋友，十個人晚餐不過百餘美元。

不僅柏維亮餐廳，華府著名的餐館只要聽到駐美代表處（CCNAA）訂位，都是非常優遇，因為我們是固定的大主顧。我記得華府麗緻旅館（Ritz Hotel）有一家名餐廳叫騎師俱樂部（Jockey Club），這是一個華府名流人看人的地方，例如雷根總統夫人離開白宮家中用午餐，大都在此處。前任國防部長和世界銀行總裁麥納瑪拉（Robert McNamara）當時是一位七十多高齡的鰥夫，每週最少兩次在此地午餐，有不同的女伴，但是老先生總是在飯後握著女伴的手，雙眼注視對方，含情脈脈地款款敘談。

俱樂部的首席侍者傑克（Jacques）是位很瀟灑的男士，很多女賓都是因為他而常去光顧。此君對我極為禮遇，每次我訂座他總是將最好的座位留給我，那是進門斜對面角落的位子，也是每位客人一定看的位子。只是我時常要婉謝他的好意，要求轉到後進的座位，因為中美無邦交，我邀的賓客不能公開被人看到和我在一起。

很奇怪的是，在這些地方並未看到中共大使館的人員。我到華府時他們的大使是柴澤民，他是軍隊幹部出身，雖曾出使埃及和泰國，不過美方對他的評價不高。我到任後不久就換成章文晉，他是資深外交官，英語流利，頗受國務院官員的稱讚，但是他年事稍長，活力不足。他最有意義的措施是購置了大使和公使的官舍，都是在使館區附近，相當寬敞的房屋。在此以前，中共使館一切的應酬都集中在位於康奈迪克大道中共大使館（也是所有館員的住宅）之內。有了新官舍後，宴會就改到官舍內舉行。不少去過雙方官舍的美國官員表示他們喜歡到我們的官舍。章文晉的任期不過三年，之後換成曾擔任過禮賓司長和聯絡辦事處副主任的韓敘。很奇怪的是，美方官員對韓的評價遠不如章，在他們的批評中有一項說韓不諳國際禮儀。

宴客甘苦談

我談了不少送禮和宴客，讀者可能認為這樣辦外交太簡單了，實際上這是外交工作上重要的手法。許多人一定羨慕我每天都有美酒佳肴可以大滿口腹之慾，殊不知外交人員請客是極苦的事。因為一上飯桌我一定要找些新鮮有趣的話題，使整桌人的氣氛熱絡起來，這時主客就會向我提出一連串的問題，賓客們享用美食，我就要逐一答覆。結束後我趕緊狼吞虎嚥一些食物，其他賓客聽了剛才的對答，有新的問題，我又趕緊答覆。一餐飯就在這樣一問一答中結束。我所能吃的食物可能只是和家人用餐時的一半。晚上睡覺時正如甘迺迪總統（John F. Kennedy）所說的是餓著肚子。許多人常奇怪我在外交界服務三十多年，天天應酬，怎麼腹部沒有變大？我不好意思說，事實上我每晚都是餓著肚子上床。請客做好主人的工作，實在是瘦身最好的方法。

到華府後不久，我在一九八三年一月二十二日星期六下午去華埠的中華會館拜會李俊祺主席和僑領們，感謝他們於我們到機場時親往迎接，並且詢問他們，代表處有什麼可以為僑社增強服務的。稍後到華埠華樂大廈參加全僑歡迎茶會，來的僑胞非常多也很熱情，講話的人有十餘位，我也簡單致謝。

華府僑社每年在新春和雙十節有兩次盛大活動，先是遊行，再是慶祝大會，每次都吸引大批遊客觀賞。通常於下午一時半開始遊行，約二時半各僑團的舞獅隊在鑼鼓引導下出來共襄盛舉。

每頭獅子來到我的前面就會行禮，我就要放一個大紅包在獅口內。到三時大家聚集在搭好的舞台前，華府的巴瑞市長（Marion Barry）或克拉克議長（David Clarke），各僑界領袖和我們夫婦與副代表夫婦都被請到台上，由中華會館主席主持。很多人要講話，我每次都用國語、粵語和英語做簡短的講話，這種做法僑界都很欣賞，我去全美各地僑社集會時大都是這樣做。差不多四時左右，市長和我就被帶領到台下前往廣場最遠的地方。那裡有兩輛消防車，車上的雲梯都撐到最高，由頂端懸下兩掛數十呎長的鞭炮。我們兩人要各點燃一掛，這是華埠的大事，僑社為了放鞭炮要繳付五百美元的保險費。我們要認真點燃，而且開始燃放後要持續不斷，切不可半途熄火。每串鞭炮大概要放三分多鐘。這之後我們要回到華樂大廈觀賞華埠小學的同學表演民族舞蹈，總要到天黑才能離開。

我也先後到美國各地的重要華埠去訪問。最先是紐約。我在一九八三年二月八日下午去運河路（Canal Street）和勿街（Mott Street）交界處，受到僑胞隆重歡迎，又有舞獅隊多組。稍後依序到中華公所、安良總公所、協勝總公所、中國文化中心拜會。其中協勝總公所是由其永久總顧問，號稱「七叔」的伍佳兆老先生接待。他是一位慈眉善目的老紳士，聽到我用粵語向他致意，十分高興，就說：「錢大使你會說『唐話』，你是好多年來第一位真正的中國大使，我一定支持你（廣東人稱廣東話為『唐話』）。」我知道他在僑界分量很重，一言九鼎，所以就對他說：「最近紐約華埠時常發生『堂口』間的械鬥，使西人（指美國人）不敢進入華埠，對華埠的經濟十分不利，我希望『七叔』登高一呼，使『堂口』間能和睦相處，化干戈為玉帛，造福僑社。」伍老先生聽了很高興就說：「錢大使，你的話很對，今年我們年會開會要請你來對大家說明。」我說：「七叔『堂口』很多，我如果只來協勝的年會不去其他的年會，一定得罪人；如果每個都去我也沒有那麼多時間。如果七叔能邀請各『堂口』舉行年會我一定會來。」伍老十分高興就說：「一定這麼辦，今後我絕對會要大家全力支持中華民國，如果有人敢對錢大使不敬，告訴我，我一定『做了他』（粵語就是幹了他的意思）。」我聽了大吃一驚連忙說：「七叔，我是辦外交的，大家都是老朋友，千萬不要有這種想法。」他聽了哈哈大笑說：「錢大使你是讀書人很斯文，我是想什麼說什麼。」

參加華埠「堂口」年會

伍老先生非常守信用，兩個月後四月二十五日他在芝加哥邀請各「堂口」舉行聯合年會，我專程由華府趕往，他邀了安良、洪門和致公堂的負責人和我商談，大家決定了一項合作計畫，使僑社和華埠內的血腥事件大為減少。以後他們每年開聯合年會我都前往參加，有一年是在東岸有名的賭城——大西洋市（Atlantic City）舉行，使我十分困擾。因為美國各大賭城以我國的客人最多，大家都認識我，縱使是公務，大家都可能誤會我是假公濟私。所以我在美國工作期間去過四十一州，但是沒有去過以賭聞名的內華達州，雖然該州兩位參議員賴克紹和海克特（Chic Hecht）都是我的好友，而州長奧卡拉翰（Mike O'Callaghan）更是由我新聞局長任內就長期為我國仗義執言的《太陽報》社長。他們不斷要我去內州訪問，我都是用同一原因婉謝，直到今天我還是沒有去過。

對於聯合年會的邀請，我思考再三，請他們將原來要我在晚宴演講改為在早上年會開幕式演講。我在凌晨五時半由華府啟程，抵達時正趕上開幕式，講完後立即搭車返回華府，這樣對伍老可以交代，也不牴觸我自己所訂的原則。

紐約之後我也陸續到其他各大城市的華埠訪問，節目大致類似，只是每個地方都要設法知道在其他城市有幾頭獅子歡迎，僑界歡宴時有多少桌。因為僑社很重面子，所以總想能比其他地方更盛大。所以我到僑社能拉多少雙手盡量拉，好像台灣公職候選人競選的模式。至於僑界公宴，不管多少桌或分散不同的樓層，我一定逐桌敬酒；在宴會時不斷有僑胞要求照相，我是有求必應，常常感到自己確實做到「一飯三吐哺」。有時候當地辦事處的處長或僑團負責人怕我太累，總是設法勸阻。我總攔住他們，我的想法是到了動物園一定要和猴子照相，我既然是那個猴子，當然有責任要和觀眾照相。

我在美國服務期間，用於僑務工作的時間可能沒有超過百分之五，可是我返國十多年來所感受到僑胞的愛護和美意實在使我感動。我自忖並沒有為僑胞做多少事，但是他們對我的溢美和支持實在令我感動。

安排葛蘭姆訪蔣總統

前面提到我初到華府時，美國政府不允許我在平面或電子媒體曝光，為了建立雙方的互信，我也認真照美方意見辦理。可是我被派到美國工作，主要是使美國政府和人民對我國有更確實的認識和瞭解，進而增加對我國的同情和支持，所以我絕對不能作一個木頭人，我必須和美國媒體積極交往並且到美國各地訪問演講，以達到維護國家利益的目標。

我抵達華府後不久，就由代表處新聞組王曉祥組長陪同拜會了華府重要的媒體，如《華盛頓郵報》、《華盛頓時報》和《美國新聞與世界報導》。美國的媒體中心是紐約市，不過紐約的重要媒體在華府都設有由重量級新聞人士主持的分社，如《時代》雜誌、《新聞週刊》、《紐約時報》和三家大電視網，我們也逐一拜會。這些拜會並不只是禮貌性的，而是實質問題的深入討論。不過為了尊重美國政府的意見，我都很懇切地請求各媒體不要使用我的名字或照片，也就是說我對他們的答詢是屬於背景性（backgrounder）的。我很敬佩這些華府媒體友人，他們對於約定都能尊重。在各次拜會結束時，媒體友人都意猶未盡，所以都要求能夠不時繼續舉行這種背景訪談，我當然欣然同意。

過了不久，《時代》週刊華府分社主任塔包特（Strobe Talbott，此人以後在柯林頓（William J. Clinton）政府曾擔任副國務卿）於一月十九日約我在白宮對面海亞當斯旅館（Hay Adams Hotel）該社辦公室套房請我午餐，實際上是背景訪問。過了一段時間我再回請。對於其他新聞機構大致也是如此。《華盛頓郵報》就由總編輯席蒙斯（Howard Simons）於二月二十五日邀請，在該報發行人葛蘭姆夫人（Katherine Graham）的專用餐廳和該報的重要編輯、主筆和記者午餐作背景談話。稍後我再回請。經過數次敘談，就升格為葛蘭姆夫人主持。這位夫人恪守新聞界的嚴格規定，不接受政府官員邀請或餽贈，因此每次見面都是去報社，我一定帶剛出爐的炒飯、炒麵和春捲去，非常受歡迎。她請客時我就帶故宮出版的瓷器、玉器等專門畫冊，每次一本，她很高興地收下，因為這是沒有價值的藝術集。她看了很多這類藝術品的專輯，使她對故宮愈加嚮往，終於決定在一九八六年十月初訪華。就是在那次訪問中，我安排蔣經國總統接見她，因此十月七日《華盛頓郵報》頭版頭條刊登她親自採訪到的大消息：中華民國政府將取消戒嚴和報禁。

至於其他媒體如《美國新聞與世界報導》，由於對我國增加瞭解，以後和《聯合報系》的王惕吾董事長合作，在台灣出版該刊的中文版，王必成社長和張繼高先生為了此事多次到華府與該刊負責人史東（Marvin Stone）商談，我雖然不參加，但是事後雙方都對我詳細告知。

除了美國媒體之外，在華府的外國媒體如日本的幾家大報：《朝日》、《每日》、《讀賣》、《產經》駐華府的特派員，西德《法蘭克福廣智報》的特派員也不時來找我，我也盡可能滿足他們的需求。

國內的媒體在華府有特派員的也為數不少，如《中時》、《聯合》兩報系都有三人以上，他（她）們過去都是和新聞組聯繫。數月後新任新聞組長姚雙向我建議，可否經常和我國記者聚晤。我認為每月一次對我的壓力較小，因此由五月開始，每月第一個星期一下午，原則上一個半小時，是背景說明性質，除非他們要求我同意，否則不可以發表。這項定期說明會在以後的五年二個月中，除了我返國述職，都按時舉行，我本誠信原則，知無不言，大家也頗能合作。約六十次的背景談話都沒有引起困擾。當然在華府的我國記者多數都是水準極高，他們常由美方的消息來源取得內幕消息予以報導，數次引起美國政府的緊張和不滿。對於這些報導本處也一定很誠懇地和美方合作調查，事後都證明不是我們所洩漏的。在華府的中國記者群中有兩位以後轉入外交界工作，先有中央社特派員冷若水來外交部擔任新聞文化司長及發言人，後有《聯合報》特派員施克敏擔任駐荷蘭代表。在他們之前有《中國時報》的徐啟明經我延攬到新聞局駐美新聞參事處工作，斷交後轉到代表處祕書組任副組長，後來升任組長。

國會工作

在華府工作很重要的一環是國會。我國自一九七一年代初期開始在大使館內設國會組，即由胡旭光公使負責。到我抵華府時他已主持這項重要工作超過二十年。這冗長的歲月中，他對國家有極大的貢獻，但是也有說不出的辛酸，尤其是幾年前一次心臟重症以及胡夫人的腦溢血造成的傷害，使這對在華府社交圈很出名的夫婦無法再如過去一樣地活躍。

當胡副代表知道我要去華府，立刻打電話給我表示歡迎，並說要及早為我在國會舉辦歡迎酒會。他的喜悅很像一位老師傅看到他鍾愛的學徒已經能獨當一面了。我到華府以後他不辭辛勞，每週數次帶我去國會山莊拜會兩黨領袖黨鞭和外交及國防委員會的成員。美國國會的建築很大，走廊很長，我看到他吃力地陪我長途跋涉，實在於心不忍。當時國會組的胡為真組長、袁健生副組長以及祕書諮議都是他精心訓練的愛將。於是我向胡副代表請求可否由年輕的同仁陪我去，由他在辦公室坐鎮。他很鄭重地告訴我：「如果我無法支撐，會要他們陪你；現在我來陪你，對我等於是物理治療。」

我們一起拜會了不少重要議員，多數都是老友，我向他們簡單敘述國情以及中美關係的課題，他們的答案都是ＳＫ（胡副代表的英文名字）對國會的瞭解比華府任何人都要深。我也設法請這些大牌議員得便來家中便餐。

代表處為我舉辦的參議院介紹酒會，於一九八三年一月三十一日在國會山莊凱悅大飯店舉行，來賓甚多，包括數以百計曾訪問我國的參議員助理，參議員也有十位參加。二月三日晚在國會山莊俱樂部為眾議院舉行介紹酒會，到了二十七位眾議員和許多助理。

初次和雷根見面交談

此時雖然離一九八四年十一月的美國總統大選還有二十個月，但是爭取提名的活動已積極展開。我在二月十一日呈朱撫松部長的親筆函中提到：「目前民主黨中群雄並起，最受注目者則為孟岱爾及葛倫。前者遙遙領先，但乏南部支援，是否能獲提名尚有疑問；後者則較木訥，且未獲猶裔及勞工之支助，為其弱點。目前除與此兩陣營密切聯繫外，亦需注意其他人士如克蘭斯頓、哈特（Gary Hart）及霍林斯等。現下最感困難者為此等人士均極忙碌，非有特殊關係實難接近。」

事實上，我們和各位有意角逐的候選人外交顧問都有相當連繫，其中孟岱爾的首席外交顧問就是喬治城大學外交學院教授歐布萊特女士（Madeleine K. Albright）。她是民主黨內助選健將，每屆大選都積極參加，終於在一九九六年柯林頓總統連任後，由駐聯合國大使轉任國務卿。

當時我很早就邀她來家中餐敘討論中美關係，使她能充分掌握。華府有一個很有意思的社交習慣，就是邀請單身女性賓客時，她可以要求加邀一位護花使者。我曾多次請她，每次都是固定的護花使者，是喬治城大學法學院教授卡特（Barry Carter）。久而久之，我總是同時邀請兩位，直到一九八八年我快要離任時，有一次歐女士對我表示今後請她時別再邀卡特教授，我猜兩者間一定發生了問題。不過一九九二年柯林頓當選總統，我看到卡特教授也受邀加入政府擔任商務部次長。

我們雖然很努力地對民主黨可能被提名的總統候選人（多數是參議員）下工夫，但是在選情評估上仍看好雷根總統會連任，唯一可能使他不連任的因素是他的健康。

我到任後一個半月初次和雷根見面，那是一九八三年三月十八日晚在華府喜來登旅館的德拉華套房（Delaware Suite），保守政治行動委員會向雷根致敬宴會前的小型酒會，有不到三十位賓客和他先會晤，我是唯一的外國人，由愛達荷州麥克魯參議員（James McClure）介紹我和玲玲與他談話，顯然有人先向他簡報過，他開口就說：「歡迎你到華府任職，蔣經國總統健康如何？」我回答後，他很快地說請你轉告他，「我一定會對貴國全力支持，上帝也不允許我們做其他的事（God forbids us to do anything else）。」因為有其他賓客還在等待，我謝了他鞠躬而退。接著到大廳參加宴會，雷氏先講話，結束後就告辭。我在那天的日記上記下：「雷氏精神不若往日煥發，講話稍久則嗓音沙啞。」那個晚上國務卿舒茲伉儷也在場，雖然我們八個月前在台北曾有長時間的談話（見本書第二章），可是此時他見到我好像是十分詫異，立即調頭而走。在他是深恐媒體在場渲染我們見了面，所以不得不如此做；在我則是寒夜飲冰水，點滴在心頭。

與國會議員互動經驗

整體來說雖然美國正進入大選熱季，國會議員特別是我的舊識，都非常友好。第一位在參議院餐廳款宴我的是夏威夷州松永正幸參議員（Spark M. Matsunaga），這也是一個人看人的地方。因為一般人想請參議員給五分鐘見面都難如登天，可是在此地就餐的每桌最少一位參議員（因為非參議員只能作客人，不能作主人）。該餐廳中間有個大圓桌可坐十多人，這是松永所包的，每天邀請來自夏威夷家鄉的選民；旁邊第二大的桌子可坐十二人，是南卡羅林那州的賽蒙德參議員（Strom Thurmond）所固定使用的。他不僅在此每天宴請本州來華府的選民，吃飯過程他還不斷為每一位客人在參院餐廳的菜單上寫了客人的名字，題了很高興在那天一起在參院餐廳共餐，再簽自己的名字。賽氏有一位能幹、低調、負責的女祕書李查遜女士（Holly Richardson）。這位小姐是一百位參議員中，唯一能和老闆共用一間辦公室的女祕書。據說賽蒙德參議員曾當選過南卡州選美小姐的夫人南希，還多次對人表示這位祕書和自己的丈夫同一辦公室，並不妥當，而且引起她的不滿。但是李查遜小姐的確是十分得力的助手，她不僅每天打點老闆的公私活動，而且對老闆每一位客人都很清楚，因此賽氏所簽的菜單一定姓名完全正確，而且分發的對象也絕對無誤。

松永參議員款宴兩週後，賽蒙德參議員伉儷也在參院餐廳請玲玲和我。這是我第一次看到南希夫人。她大概比夫婿年輕約四十歲，雖然生了四個小孩仍是美艷動人。說到四個小孩，據說賽氏每次要競選連任時，總有人說他年齡太大，而他在每次要競選連任以前，一定和南希生一個小寶寶，以證明他並不老。在我離開華府返國工作後不久，華府友人告訴我，賽老兩夫妻已分居，而且可能離婚。其中發動者不是南希夫人，而是賽老。我懷疑是否李查遜小姐要有責任？答案是：不然，因為李查遜小姐已先結婚。一九九二年五月十二日賽老的朋友在華府參院為他九秩華誕祝壽，南希夫人仍專程前往參加，並且說自己是給賽老祝壽最佳禮物，但是柔性攻勢並未化解賽老的執著。

和國會議員間密切的互動是我工作中的重點，我到華府後就不斷拜會重要議員並廣泛宴請兩黨議員，這項工作並不是單憑勤勞努力就可以完成。國會議員來自全國各地，為了尋求連任，他們必須每週返回選區，耕耘選區。因此國會兩院在每週一、五都不安排重要的會議，換言之，一週中只有星期二、三、四這三天議員們會在華府，到週四下午五時以後都要飛回選區。所以我們宴請議員通常只能在星期二或星期三晚間。不過縱使議員答應來赴宴，他們都隨身帶著國會發給的傳訊器（beeper）。常常在筵席之間，傳訊器響起來，議員們必須匆匆趕返議場投票，把夫人們留下，我們要安排車輛送她們宴後回家。經過幾次這種經驗，我學會了把要傳達的訊息，盡可能在飯前酒或上湯時提出。萬一無法做到，我就會在議員離席時，很自然的起身送他登車，在途中把我想傳達的訊息告知。

至於拜會重要議員也大都安排在星期二、三、四這三天。國會組同仁好不容易安排好，我一定早十分鐘到達他的辦公室等候。由於會議時間不易把握，重要議員常會晚回來，我在辦公室靜候四、五十分鐘是很普通的事。陪我的同仁有時感到尷尬會去催詢，我勸他不要催，因為對方行程上已列了這一拜會，他不能及時趕到，必然會有歉疚之感，我們處之泰然，將容易贏得他的好感。我這一想法屢試不爽。有時議員們感到實在不能讓我久候，也會要助理電告辦公室祕書要我逕往會議所在地晤面。這時我就要拿出參加運動會競賽的精神，快步走向會議所在地。

奔走國會山莊

美國國會山莊範圍太大，參眾兩院除主建築物外，各有距離頗遠的三幢辦公大樓。參院部分依次定名為羅素辦公大樓（Russell Senate Office Building，簡寫為 Russell S.O.B.）、竇克遜辦公大樓（Dirksen S. O. B.）和哈特辦公大樓（Hart S. O. B.）。眾院部分依次為雷朋辦公大樓（Rayburn House Office Building，簡寫為 Rayburn H. O. B.）、郎吾斯辦公大樓（Longworth H. O. B.）和坎農辦公大樓（Cannon H. O. B.）。這些碩大的建築之間都有地下捷運系統相連。所以由一個辦公大樓到國會主建築會議地點，用跑步方式、上下電梯加捷運總要五分鐘才能趕到。匆匆趕去，運氣好議員也許可以走出會場晤面；如果會議進行緊張，可能要在門外苦等。議員出來後一定會先表示歉意，再問我有什麼事可效勞。我要以最簡潔的方式說明來意以及請他協助的要點。以後經驗多了，我會在去國會前請本處的資深特別助理王湧源先生來，口述求助要點，他不用十分鐘就會打繕一份極為清晰的備忘錄，我帶在身上，講完後再送給議員。

說到王湧源先生，他是我國外交界的前輩，在抗戰前就在駐英大使館追隨顧維鈞大使。王氏的英文造詣極高，據說是唯一能改顧大使英文的人，精速記和打字。抗戰後顧大使調往法國，王氏就轉往華府大使館，一直升到一等祕書，專掌大使英文文書。顧大使在戰後出使華府十年，每晚結束應酬後一定找王氏到雙橡園，口述一天的經過，鉅細靡遺。顧大使退休後將他歷年數十萬頁的紀錄贈給母校哥倫比亞大學，事實上都是王氏的辛勞工作。王氏屆齡退休後仍留在大使館代表處擔任特別助理，工作十分認真，直到我回國後約兩年才因病逝世，當時是八十八歲。在我於華府任職期間，他雖已八十高齡，不論風雨下雪，他一定按時到處，努力工作，是我十分敬佩的長者。

議員和我會晤的地點是會議室外的大廳和走廊，一般稱為Lobby。也是因為如此，很多民間企業或社團在華府有專職與國會聯繫的人，他們都在大廳或是走廊與議員或助理洽談，而被稱為游說者（lobbyist）。

我和議員們的餐敘和訪談，除了有特定議題以外，多數是希望他們能增加對我國的瞭解，進而在對我國有利的議案上能給予支持，在對我國不利的議案則加以反對。這項工作是周而復始永無窮盡的，一方面眾議員每兩年就要全面改選，而參議員每兩年要改選三分之一，對於新任議員要從他們剛入國會就要接觸；另方面對於已有聯繫或熟識的議員也要不時連絡，特別是那幾年我們大量邀請兩院議員訪華，有的是個別往訪，有的是組團往訪，我在行前或訪問回來總要邀宴或訪談。去以前是向他們介紹國情，回來後聽取他們訪問的觀感。

一篇丟官的文章

邀請議員們餐敘和邀請美國官員或民間領袖最大的不同，是前面所提到的不確定性。約好了臨時國會有重要會議不能來，或到了以後臨時又需離開。華府外交界對於這點大家都有無可奈何的感覺，和我同時在華府服務的加拿大大使夫人高麗柏（Sandra Gottleib）曾在《華盛頓郵報》發表過一連串的專文，題目為〈華府來簡〉，她將華府的形形色色透過給她在加國的友人函件的方式予以敘述。她在好幾封〈華府來簡〉中詳細敘述在華府作女主人的苦楚，特別是邀請國會議員的艱辛。不過高麗柏夫人最有名的〈華府來簡〉是敘述她們夫婦接待訪問華府的加國外長，最重要的一項節目是在大使官邸的宴會。他們同時邀請了舒茲國務卿夫婦和國防部長溫柏格夫婦還有許多其他的高官。她不知道在華府沒有人會邀舒、溫同席，因為兩人間似乎有所隔閡。請帖發了以後，過了一週沒有一個賓客答覆參加或不能參加。打電話去探詢，答案都是還沒決定。一直到宴會前三天都是如此，幾乎讓她快發瘋了。然而那天下午兩個電話同時響起，一個是舒氏伉儷會參加，一個是溫氏伉儷要參加。這兩個電話以後一個小時以內，所有受邀的高官都答覆將準時出席。這時候女主人感到整個人好像虛脫一樣。

高麗柏夫人的這篇文章，在華府引起不少震盪。雖然她敘述的都是真事，但是從來沒有人公開敘述過。沒有多久高麗柏大使就被召回加京，表面上的理由是大使夫人有一天震怒之餘，揮手打了大使的社交女祕書一個耳光，女祕書一狀告到加京。但是她那篇文章的確也使她的先生很難在華府工作下去。

在華府宴客作主人的確不容易，除了要準備美食佳釀外，男女主人必須隨時小心不使任何一位賓客受到冷落。主人通常要準備許多不同的談話資料，除了要熟悉美國主要運動如美式足球、職棒、職籃、高爾夫球的最新資訊外，藝文界、社交界有新的發展亦必須掌握。這些話題可以使宴席氣氛熱絡起來。接下來是談美國政治的時間，主人必須熟知貴賓的政治傾向，適當地提一些對貴賓所支持的政治人物有利的新狀況，但是自己卻不能表露有任何偏袒；對於一些最新的民意調查數字要能掌握，討論政治問題時要有許多資訊；對各項現實問題都能瞭如指掌，但是絕不能有喜憎的表現。等到賓主間討論政治問題到很融洽的時候，就是作主人的我要開始談有關我國的課題；賓客們也不斷地提出問題，而且不一定是涉及我國或大陸的，無論蘇俄、歐洲、亞洲或非洲、拉丁美洲都有被提出的可能。我必須能滿足他們的需要，不時使用一些非英語的名詞，或者很長的外國政治人物的名字，客人們不太清楚，再為他們詳細解釋。如此這般，一頓飯吃下來，他們酒醉飯飽，而在知識方面也認為頗有收穫，賓客回去後，就會對朋友同僚說昨晚去某人家，不但中國菜好吃，某人對很多問題都有深入瞭解，這個晚上是很值得。

學思並進的外交工作

華府其實不是太大的都市，話傳得很快，逐漸我想請的賓客大都能邀得到，而每次宴會，貴賓們一定都準備不少問題考我，當答案令他們滿意時，口耳相傳，愈來愈多的人認同我對美國問題、中美關係和國際問題有若干認識。這個名氣傳出後，對我是十分有利的。因為華府外交團很大，不少大使到華府幾年，沒有幾個人認識。而我們是唯一和美國沒有外交關係的代表處，經常被邀請出席各種外交場合。每次我去參加，進門向主人致意後，就有不少人圍上來，逐一向我提問題，我斟酌情形，有的可以當場答覆，有的不適合當場答覆，就說明原因另約時間細談。我們的處境不利，必須要如此才能在華府外交圈內不致受到冷落。

當然要做到隨時可以答覆任何事先不知道的問題，不是一件容易的事。我每天花在閱讀書報雜誌和資料的時間很長，而且在讀的時候要不斷思索，將新的資訊和自己原來所瞭解的情況予以比較、分析是否有變化發生。對於數字和人名、地名都要記錄下來。我很幸運一直有司機為我服務，因此我一上車就想問題，設法將不同的資訊融會貫通成為自己的見解。我是很愛讀武俠小說的人，小說中，嗜練武功者都想得到各門派的祕笈，學各門派的武功；但是學會或得到後一定要在深山中發憤苦練，打通任督二脈才能使武功登峰造極。研究國際政治問題也是一樣，必須「學」、「思」並進，所謂「學而不思則罔，思而不學則殆。」我在車上也不時拿小本子上所記的數字及名字細看，設法記住，能隨時運用。

此外，四分之一世紀以前我在耶魯大學法學院受到最優秀的法學學生的日夜詰詢，在此時充分發揮效能。我可以認真聆聽提問者的問題，同時在腦中搜尋最恰當的答案。我深信「功不唐捐」這句話，也就是一分耕耘，一分收穫。沒有人是「天縱英明」，一定要下苦功才能應付各種不同的環境。

讀者們耐心讀到此處，一定會產生一個問題：這一節的敘述為什麼都是拉拉雜雜、零零落落？不錯，這正是我初到華府工作的寫照——百廢待舉。每天不是忙東就是忙西，幸好那時年輕精力充沛，從來沒有叫苦叫累，熬過了這段艱苦的日子。不過，雖然在華府如此忙，我還要照顧全美各地。

我到華府後半個月，一月二十一日晚在華府修翰大旅館（Shoreham Hotel）舉行到任酒會，到的賓客極多，我和玲玲在酒會大廳門口站著迎賓，足足握手三小時。旅館的接待人員用馬錶計算，參加者約三千六百多人。酒會結束後他對我說，自己在華府擔任此一工作已十餘年，從未見到有如此多賓客參加的酒會。

對「廚房內閣」演講

以後五年，每年雙十國慶，代表處也在同一地點舉行國慶酒會，這位先生也年年在進口處計算賓客人數，數字逐年增加，到一九八七年國慶，人數已達四千五百人，排隊的賓客已到旅館大門外，還有不少賓客因為實在找不到停車地點，不得已只能回家。

元月二十四日我離開華府做初次外埠的演講。這次演講是我在台北時已安排好，洽邀單位是美國國家政策協會（Council on National Policy），這是一個保守性的政治組織。我所以決定接受是因為該會的理事中，有許多位是雷根總統「廚房內閣」（Kitchen Cabinet）的成員。所謂「廚房內閣」是指雷氏的民間友人，而且是主要捐獻者，他們和雷氏極熟，隨時可在雷氏住宅的廚房酒吧台上和他隨意談話。這些人士包括德克薩斯州大油商亨特（Nelson Bunker Hunt）、科羅拉多州的大啤酒商庫爾斯（Joseph Coors）、《民族評論》發行人柏克萊（William Buckley）等。我很希望能利用前往演說的機會結識他們，並且設法經由他們的管道增加雷根總統對我國的認識。

那天的會議是在德州達拉斯市安那托利大旅館（Leow's Anatoli Hotel）舉行。那天早上我仍按時上班，並前往馬拉威大使館向米扎瑞大使（Mizere）做到任拜會，中午搭機赴達拉斯，由於中途要停一站，飛了四個多小時才到。抵達拉斯後，當地學人陳謨星教授和杜奎教授先來談，六時我下樓參加酒會，先找到想要結識的幾位理事敘談。

七時半開始晚宴。先由周以德先生介紹我，對我獎飾有加，接著由我以「中美關係的未來」為題做三十分鐘的演說。我並沒有正式的講稿，因為早一天我在紐約曾晉見蔣夫人談一個半小時，她聽說我要做這一演講，特別叮囑我向該會的諸君致意，她認為這些是我國真正的朋友。當我轉述蔣夫人命我轉達致意時，全場響起一陣掌聲，久久不停。我接著由台灣經濟奇蹟談到中美間的經貿關係，由經貿關係切入雙方的政治和戰略關係。我知道對這樣的聽眾可以盡量地說內心的感受；但是另一方面我也確信聽眾中有人會將我所說的向國務院報告。因此我必須小心謹慎地走這條鋼索。講得太軟了，保守和反共的聽眾會不滿意；講得太強硬了，必然使國務院對我更有戒心。

我只得誠實地，表達我國政府與民眾對十多年來幾位美國總統意圖利用中共以牽制蘇聯的做法不能同意，因為如此做的結果，不僅我國，還有其他的美國反共盟友受到傷害，並且失望，而美國的做法未使其本身獲得任何利益。

我也提到我國從未涉入美國的選舉，但是兩年前雷根總統就任，在我國確是引起極為興奮的反應。不過兩年來雷根政府的作為也有使我國失望的事例，雖然如此，我國同胞對雷氏的友誼從未置疑，蔣總統特別經常稱讚雷氏是一位具有崇高理想與原則的政治領袖。

就我國而言，一定堅持不斷增進與美國的友好關係，我接任華府新工作後與美國政府的高級官員交談，發現兩國具有許多共同利益，今後我必將盡力增進雙方互利的關係，請牢記：「在台灣的中國人是與貴國民眾合作無間的好友。」

我講完後，一連有五位聽眾提出不同的問題，有的問軍售；有的問日本中曾根康弘總理剛於上週結束美國訪問，傳聞有要求美國更向中共接近之說，我有何看法；有的問我國與中蘇共的關係。對於後兩個問題我都有很長的答覆。整個演說到晚間十一時十分結束，參加者都很滿意，紛紛向我致意祝賀。由於我用詞非常審慎，國務院方面也沒有任何不快。

媒體鼓勵與警惕

我在華府工作的第一年一共做了三十九次演講，絕大多數在外埠。處內年長資深的同仁告訴我，在過去五十年間，從來沒有一位駐美大使或代表有如此多的邀請。在第一年以後，美國的外交關係協會和世界事務協會（World Affairs Council）每年一定要安排我到全美各地給他們的分會演說，總在十次以上。就他們而言，我是「廉價勞工」，因為我不但不收演講費，連飛機票和旅館費都自理；就我而言，這些協會提供我良好的機會，把我國的情形讓美國各地的菁英明瞭，所以雙方都有所得。

我到華府不到半個月，《聯合報》華府辦事處主任施克敏寫了一篇專欄報導〈錢復重建北美事務協調會〉，文中指出：「錢復的就任，大大提高了北美事務協調會全體人員的士氣。」「此外，錢代表似已體認到，在華府這個世界政治首府，關係複雜、人際錯綜、勢利險惡，因此事無大小，若走單一路線，極其危險。因此，錢代表已著手擴大接觸面，使協調會更耳聰、更目明。」

在我到華府工作四十天後，《台灣日報》華府特派員續伯雄以「小花臉錢復的蜜月」為題撰了專文。（「小花臉」一詞出自我對記者們談到，斷交時美國特使來華受到示威群眾的羞辱，把帳記在我的頭上，替我畫了小花臉想要我在華府出醜，伯雄兄說這是我適時自我警惕的一個外號。）文中提到「錢代表跟記者閒談時，便有三嘆，一是沒想到華府地區這麼大，出門一個來回，車程至少需一小時。二是美國每個地區都同等重要，恨不能把人撕成數片，可以分頭並進。三是由台北的官變成華府的民以後，美國朝野中許多人仍看我是官，但身在華府，沾不到官的半點好處，卻有官的一切不便。」「但他也有兩項鼓舞的發現：一是駐美辦事處上下同仁的工作能力與合作精神，比過去的瞭解更高一籌。二是美國友人支持協助的誠意超出了想像之外。」

一年以後，《中國時報》駐華府特派員傅建中以「歲暮天寒訪錢復」為題寫了一篇專訪，結論中他指出：「中美之間沒有邦交是個現實，而且是短期內無法改變的現實。錢代表坦然地說，從事外交，他是個現實主義者，面對冷酷的現實，他從不逃避，也不沮喪，他所想的，只是如何在惡劣的現實中，挽救、維護他所代表的國家利益。」「錢復在華府工作，不過短短的一年，說成功未免言之過早，若說已奠定良好的開始，則是不容否認的事實，演繹下去，也可以說是成功了一半了。錢代表該感到欣慰的是，公正的中美人士一致認為，在過去一年，錢代表和他那美麗端莊的夫人田玲玲女士，已為中華民國在美國樹立了良好的新形象。這形象所代表的是中華民國和西方文化的結晶，他們所表現的智慧、理性、高度的文明與教養，象徵著中華民國的新希望和優秀年輕一代的興起。」

這幾位媒體界的先進現在大多已退休或未退休，但是他們在華府長久居住和工作的經驗是我所不能及的。他們對問題的看法非常深入，可能比當事人的我還要透徹，這是我一再引用他們文章的主要用意。

第九章
父親逝世

父親逝世後有許多親友學生撰文紀念他。余英時院士認為父親對國內學術界的影響十分深遠，在各國學術界也備受重視。他對父親的感覺是誠懇、開放、溫暖、謙虛。

當蔣總統派我赴華府工作時，我最放心不下的是父親的健康。自母親於一九七六年初去世後，七年來都是玲玲在照顧父親的健康。父親主要的健康顧慮是高血壓和糖尿病，臺大醫院的李源德醫師和謝炎堯醫師多年來都是為他隨時診治。父親每天要吃四十二粒藥丸，玲玲每晚睡前一定將每餐需服用的藥分別放在三個小藥盒內，父親用早餐時就會取用其中的一盒，如果那天他有應酬，就會將一盒或兩盒帶在身上。

父親對健康也很注意，例如他自幼喜歡吃東坡肉，尤其是肥肉部分。後來因為健康不能食用，每次吃肉時玲玲一定用刀將肥肉部分切除，只有瘦肉和處理得很乾淨的皮請他食用。父親有一具萬步錶計，每天不論晴、雨、公忙一定認真走完。多數時間他是在家中走廊上走，步伐相當快，一邊走兩手都同時在計算，一隻手是算走了幾圈，另一隻手是計算一圈的步數。走完後會有許多計算程式，其中包括開方，我始終不清楚他是如何計算，因為萬步錶事實上已自動在計算。有時候時間不敷，他會分兩次完成，但是每天都要走七千步以上。

蔣總統告訴我，他已事先徵求得父親同意讓我去美國工作，我無法推辭，很快我就去找大哥錢純，他當時住在新生北路武昌新村。我向他報告實情，他就同意等我去華府時，他會搬來福州街陪伴父親。玲玲也請了一位大陳籍的顏太太專門照顧父親的生活。

千里贈字

我到美國不久，父親就寫了一幅字賜給玲玲和我，一方面是我四十八歲生日，另方面是結婚二十週年紀念。這幅用紅紙親筆書寫的七言詩軸，是由華航華府分公司經理周紹先於一九八三年元月二十九日帶來交給我，寫的是：

漫說城南尺五天，試啼英物雜喧闐，
憶從鳴雁歸妻日，對撫新雛覺汝賢。
童子豈因人熱者，強年未必惑存焉，
眼前家國艱難甚，珍重星軺到九邊。

我接到這幅詩軸如獲至寶，立刻懸掛在住所的書房中，過去二十多年也是如此。看到這幅父親的墨寶，就顯示他對我們全家的摯愛，和他對我的深重期許。

那年（一九八三）四月中，代表處收到中央研究院的公函，告知父親和該院美國文化研究所朱炎所長，將於五月十二日由西德法蘭克福飛芝加哥轉往其母校伊利諾大學，接受母校頒贈名譽科學博士學位，之後將於十九日到二十八日在華府停留。這次行程一個半月，五月一日離開台北經東京去西德的科隆，要到六月十六日才由舊金山返回台北。

我因為五月中旬已先答應去維琴尼亞州首府理奇蒙（Richmond）的論壇俱樂部演說，因此請玲玲由紐約與二哥二嫂同往伊利諾大學，參加父親的頒贈學位典禮和其他的活動。

這幾天我的行程很滿。五月十五日上午約旦王儲哈山親王來華府訪問，約我在旅館長談。哈山親王對約美關係非常擔心，希望我能協助約駐美的新任大使展開工作。十六日清早去理奇蒙，拜會羅布州長（Chuck Robb，詹森前總統〔Lyndon B. Johnson〕的女婿）以及葉公超大使任內美國務院亞洲事務助理國務卿勞柏遜的公子（Walter Robertson, Jr.），因為他的先人對中美關係貢獻甚大。當晚在當地非常難加入的國協俱樂部（Commonwealth Club）應論壇俱樂部邀請演講。這是我初次經驗南方傳統貴族的生活方式。國協俱樂部不許女性進入，集會一切都是分秒不差，五時半酒會，六時二十分入席，七時正前任州長介紹我後，就開始演講和問答。主席在七時五十五分結束討論，對我致謝贈禮，準八時正結束。

在這兩個半小時中對我發生最大的文化衝擊是在酒會時，許多維州富紳圍著我談話，批評聯邦政府，不分行政、立法都是一團糟。我說貴州的華納（John Warner，就是伊莉沙白泰勒的前夫）參議員似乎還不算差，立刻有人回答：「他對土地沒有貢獻。」我說他在維州有養馬場，土地不小。他說：「問題就在此地，他拿土地養馬，而不種莊稼，這個人沒有根在維琴尼亞。」這段談話立刻使我想起《亂世佳人》（*Gone with the Wind*）的時代，我以為早已隨風飄逝，不知仍在現實生活中。但是我必須說這些人是我國長久的忠實友人。

次日（一九八三年五月十六日）返回華府款宴白宮官員主管政府間事務的總統助理威廉遜（Richard Williamson）。十八日晨和國防部國際事務次長、談判學權威伊克萊（Fred Ikle）博士晤談。晚間在家款宴荷蘭菲利浦公司負責人菲利浦。我是因為這些節目早已安排好，所以無法參加伊大的盛會。

父親來華府

五月十九日下午父親由芝加哥搭機來華府，我在機場迎接，當天下雨極大，所以班機誤點。陪父親回到家中，談到他離開台北那天晚上大舅父張茲闓先生因病逝世，大家均很傷感。我為了改變氣氛，向父親報告到美國後四個半月的工作情形，他很嘉許，當然最高興的事是見到國維又長高了不少。

第二天中午，我們在家宴請父親當年在伊大最要好的同學韓福德（Butch Hanford）夫婦。韓與父親有共同的指導老師，所學的都是有機化學，同年獲得博士學位，韓氏畢業後就進入理萊製藥公司，長期擔任研究室主任，直到退休後定居華府。我們夫婦履任後曾去拜候，並曾邀宴。這天兩位老同學多年未見，談得十分投機。談話中提到一九三一年秋美國經濟恐慌，學校附近的銀行都倒閉，他們的存款都泡湯了，生活艱苦，但是讀書更努力；也使我想起當年在耶魯讀書時生活貧苦而只能用功讀書的往事。

之後兩天是週末，一個晚上是邀華府以及附近地區的中研院院士在家中與父親餐敘，我也放映了一部新聞局委託外人所拍攝的「亞洲燈塔：中華民國」紀錄片，讓平日沒有空回國的院士們能重溫國情。星期日中午則約了一些華府地區父親較熟識的台大畢業校友來家參加自助餐會。星期日晚上是華府台大校友會的歡迎會。

接下來一週我只有每天早上陪父親進早餐，二十四日晚我邀了美國科技方面的官員和父親餐敘。五月二十七日我飛往休士頓參加美南國建會第五屆科工研討會，並藉機對該埠僑社做到任後的拜訪，因此二十八日父親飛往波士頓我無法送機，由玲玲和國維代表。

父親返國前最後一站是舊金山，我正好是六月十三至十六日到舊金山做到任後的訪問，我們共同下榻於聯合廣場的凱悅旅館。我在十三日下午到達舊金山後就去華埠向各僑團逐一拜會，一直到晚間六時半僑社在金龍酒家款宴我和玲玲，父親和朱炎所長也是貴賓。那晚有七十多桌出席八百多人。加州州議會、舊金山市政府、舊金山議會都有代表出席，因此我是以國語、粵語、英語分別發表講話，講完後父親對我說，好像你講英文聽得最清楚。我知道父親不懂粵語，而我的國語不如父親的純正。那晚散席很晚，我們就送父親回臥室休息。

第二天清早我就開始一連串的演講、拜會和接待來拜會的美國友人，如當時任北加州世界事務協會總幹事，以後在柯林頓政府擔任國務次卿的塔諾夫（Peter Tarnoff）和余江月桂州務卿等。一直到晚上台大校友會在聖法蘭西斯旅館舉行歡迎餐會才和父親見面。他看到許多校友事業有成，相當高興，有敬酒的都是來者不拒，後來玲玲不得不代為擋下。所幸是用西餐，七時三刻就結束，大家就去參加寶島之夜，當晚還有國內來的縣市長訪問團，由台北市許水德市長率領，所以演出的人員都十分賣力，父親對方芳小姐和李立群君的口才讚賞不已。當晚回到旅舍已十一時，玲玲還幫父親整理行李。

六月十五日那天父親要返國，可是我一整天的節目不斷，因此只有和父親共進早餐，沒有想到這是和父親最後一次相聚談話。結束時已有同事來催，要趕往市政府和芬恩斯坦市長（Diane Feinstein）會晤，我和父親話別，玲玲還要為他做最後行李的裝箱並到機場送行。

父親返國不到一週，大哥發現他時常會對著電視打盹，最初以為是長途旅行疲勞，之後認為不應如此，就約了住在旁邊的臺大醫院主治醫師賴金鑫君來檢查，賴醫師認為情況不妥，要立即送往台大醫院並進入加護病房。六月二十二日早晨我接到大哥電話說，初步診斷是腦血管阻塞，但不是中風，血糖高達六百多，而尿酸為八十。

過了兩天大哥又電告父親手腳均能動，而且可以自行上廁所，因此已轉到普通病房。可是七月三日晚，夜班特別護士發現父親呼吸急促，經請醫生診斷是心肌梗塞，所以又轉入加護病房。

那些天正好是中央銀行俞總裁夫婦來華府訪問，我一連四天都陪他們參加各項活動。到七月十三日大哥告訴我父親病中一直惦念國維，因此我和玲玲商量，雖然國維在暑假中學校仍安排他做高中最後一年升學所需的補習，我們還是決定要他們兩兄妹回國去陪伴祖父。

父親去世後，曾多年為他駕駛的紀經聰君告訴玲玲，他自己和父親的祕書那廉君先生在父親住院期間分班在病房內陪伴，每次國維穿了球鞋的腳步聲在病房走廊響起，父親的臉上立刻綻放笑容，告訴在病房內的親友：「我的孫子來看我了。」他們祖孫兩人感情特別好，國維自五歲可以照顧自己以後，都和祖父同住一間臥室，長達十三年。父親縱然有煩心的事，只要看到國維馬上就高興。因此國維兄妹回到台北，對父親的病況似有若干改進。到了九月初，他們兩人因為學校即將開學不得不回華府。國維回來說，剛回國時，父親的情況還好，他們是九月四日離開，大概自九月一日起情形就不太理想。這段時間華府工作也極忙，八月底李登輝省主席來華府公幹，九月初國防部宋長志部長來訪，因此我也很少能打電話回台北。

父親逝世

一九八三年九月十五日晨七時許，婉孫姪女由台北打電話來告知父親剛去世，家人都很悲痛。我告訴國維，祖父生前對他期許甚殷，他也最敬愛祖父，現在祖父已逝，他要努力向上，不能使祖父有憾。我也打電話向朱撫松部長報告並請示可否於公祭時返國奔喪，朱部長立刻同意我的請求。我也請兩位副代表幫忙，九月份所有的應酬請他們代勞，讓我有兩週守制的機會，但是我每天仍照常處理一般公務。我也立刻在家中布置靈堂，隨即有許多中外友人前來弔唁。

九月十五日當天我仍去代表處上班，告知同仁原已確定十月六日舉行國慶酒會（因為七日起國會休會）仍照舊。不久獲悉已定十月三日舉行公祭，我決定九月三十日離華府返台北，十月四日啟程回任。玲玲則早一週返台北，以便協助處理福州街家中的物品。十六日上午本處例行晨報，同仁們均表示慰問之意，我也表示十月六日以前守制，不參加社交宴會；但是我國在美工作因為沒有邦交，所以自十月六日起應恢復宴客。

不久我聽說蔣總統對父親逝世非常哀傷，特請嚴前總統家淦先生主持治喪工作，並由總統府馬紀壯祕書長、行政院徐慶鐘副院長、科學指導委員會吳大猷主委、蔣彥士副主委、原子能委員會閻振興主任委員、中央銀行俞國華總裁、外交部朱撫松部長、光復大陸研究委員會郭驥祕書長和台灣大學虞兆中校長為副主任委員，並指示國防部派三軍儀隊和示範樂隊在公祭日執勤。蔣總統的德意實在令我感動。

這段時間我對於公務仍然絲毫不敢放鬆。如九月十九日上午七時半我和國務院亞太助卿伍夫維茲共進早餐談話甚久。此時美方已宣布雷根將於明年（一九八四）春訪問中國大陸，我特別提醒，三月二十一日和二十二日是我國民大會選舉正、副總統，五月二十日為總統就職，希望雷根去大陸的行程避免這三天。我也提出溫柏格國防部長去大陸訪問時，中共曾表示要美國就對我軍售事與中共商談；但是軍售是《台灣關係法》所規定，美不應與第三方面商談。伍助卿對我所提的兩點都表示同意。他也提出有關軍售事希望能夠分批進行，不要一年集中一次，以免中共感到不安；他也提到軍售的另一模式是技術轉移，事實上也可以達到相同的目標。伍氏也對中共有意加入亞洲開發銀行問題提出若干看法，他認為如果中共不以排斥我國為條件，而建議我方更名，則美國很難拒絕。我也就我國有意在堪薩斯市增設辦事處一點請美方優予考慮。伍氏知道我不日要返國參加父親的葬禮，特別代表國務院和舒茲國務卿致唁，並表示希望我返任後能盡早會晤。

這段日子因為沒有宴會，所以我先和代表處顧問，大家尊為「老夫子」的范道瞻先生研究草擬了一幅輓聯，內容是：

二十年來繞膝承歡，幸鼓盆悲減，含飴樂增，詩禮憶趨庭，愛深嚴父同師保；萬里外摧心泣血，恨異域馳驅，音容遠隔，海天易簀，身惟許國報親恩。

我也利用晚間寫了一篇追思文，題目是「親恩難忘」，略抒我對父親的懷念。

玲玲在九月二十三日晨就回台北，那天我在代表處邀集駐美各地辦事處處長舉行北美地區僑選立法委員的遴選會議，中午結束。下午和第二天主持對美工作檢討與策進會議，我特別要求各單位在對美工作上要建立共識，加強合作。我們發現駐美各辦事處都直接向外交部負責，彼此之間對同類工作有完全不同的做法，這是缺乏協調所致。所以我要求各辦事處報部公文必須分送代表處，由祕書組和服務組設法使各處做法一致，不再各自為政。

我返國奔喪的前兩天，九月二十八日晨溫柏格部長在北京宣布中共總理趙紫陽將於次年（一九八四）元月訪美，而雷根總統將於四月訪問中共。這項消息發布後，白宮國安會主管亞洲事務官員立刻打電話給我，對此宣布未事先告知本處表示歉意，並說雷根訪問大陸時將向中共強調絕不背棄我國。

九月三十日我很早起床，白宮國家安全顧問克拉克於七時十五分給我電話，代表雷根總統和他本人向我致唁，對於我即將啟程做一項悲痛之旅表示慰問。我對雷根和他的善意致謝，他接著在電話上宣讀雷氏致蔣總統的口信，我立即用紙筆記錄，內容如下：「關於趙紫陽明年元月來美訪問，以及雙方原則同意雷根總統可能於四月回訪事，貴方將於初步日期確定後事先獲得通知。有關訪問內容一如溫柏格的訪問，向貴方提出簡報。美國政府於致力改善與中共關係之時，不願對與貴方及台灣人民的關係有任何變更。美國需做此等訪問是基於美國的全球戰略關係。請確信雷根總統對台灣人民的道德承諾及法律承諾將持續而永遠不變。」克拉克祝福我旅途順利，並盼在返回華府後與我會晤。

我對克氏轉達雷根總統致蔣總統的口信表示謝忱，並保證將盡速轉陳。關於美方所計畫的訪問，我曾向其同僚提過有若干敏感日期務請避免，他說已接獲報告，並將避免。我向克氏致謝並稱返回華府任所後，必將立即與席格爾及席氏助理勞克思聯絡。我將此一談話記錄完畢，立即趕往機場搭八時三刻的聯合航空班機飛往洛杉磯。在杜勒斯機場，送行的程建人副代表告訴我，克氏於掛了電話後想起還有兩句話沒有表達，就命勞克思給他打電話，兩點補充是：一、有關訪問的任何宣布內容請我方勿予介意。二、美國對台灣人民的承諾是堅固（iron-clad）的。

我在九月三十日下午回國，國維和我同行，美端則因剛轉學到華府聖母無罪中學（Immaculata School）無法請假，由幫助玲玲處理社交事務的李大維夫人池琳女士陪同留在家中。

返國奔喪

抵達台北後，蔣總統派了孝勇兄來接，我就將克拉克顧問的口信託他轉陳。回到福州街二十六號家中向父親靈堂行禮，家中都非常悲傷。

第二天一早我就到外交部，那天是星期日，可是朱部長已在，我將在美工作情形向他提出報告，並且感謝他和部內同仁對治喪事宜的費心協助。十時行政院孫院長、馬紀壯祕書長、宋長志部長、俞國華總裁都在外交部集合，這是孫院長的德意，他知道我回國只有三天多，如果逐一向各位長官報告，將疲於奔命，因此將大家約到外交部來共同討論四項問題：雷根訪問大陸、溫柏格所宣布美將對中共軍售與科技轉移、美對我軍售和亞銀會籍問題。我在會中先提出報告，各位長官均有所指示。孫院長勉我要移孝作忠，對於九個月來在美的工作給予讚揚。馬祕書長提到蔣總統軫念忠藎，一再指示對父親飾終之禮要特別隆重，並且頒發「碩學勳隆」，據說這種字是很少使用的。

我回到福州街整理家中衣物，玲玲則因為台灣大學和中央研究院都要為父親成立紀念館，所以忙著將家中的家具、父親的衣服及使用的物品分為兩份，分別送往兩處紀念館。當天下午先有蔣彥士祕書長來家告以中全會將於明年二月十五日舉行，為時兩天，主要是提名總統、副總統候選人。稍後蔣孝武兄來家致唁，他說經國先生的健康甚差，非常使我憂慮。當時我們分班在景行廳守靈，曾在部內和我工作的饒清政與李宗義二君都來陪我，並且談到外交部這段時間的一些變化。

十月三日上午八時家祭後大殮，由吳大猷、李國鼎、朱匯森、閻振興四位覆蓋國旗。九時公祭，有四十四個單位，兩千餘人參加祭奠。總統頒褒揚令稱父親：

長台灣大學近二十年，銳意敷教，創舉多方，成材之盛，馳聲海表；迨主持中央研究院，協和群彥，覃思求新，屢拓研究規模，益弘學術發展。

十一時半啟靈前往陽明山墓地，十二時三十分舉行告窆禮，由朱撫松部長主持，並代表政府將覆蓋靈柩的國旗交給大哥接受，然後封穴。當天下午我再去外交部向協助治喪的長官同仁致謝。

四日上午蔣總統召見，他對父親極為推崇，一再表示父親是一代完人，是他最羨慕的人。接著他對我在美國的工作表示嘉許，他說：「你去華府以後，我沒有再為美國的事憂心失眠。」他提到有人向他報告，華府的職務官舍請客不夠氣派，房舍也過於老舊，要我購買新官舍。我向他報告自己是以補過的心情去美服務，房舍老舊，請客侷促，是我不斷勉勵自己「毋忘在莒」最好的警惕；倒是辦公室因不在華府城內，似乎應設法搬回華府，部內也在督促我積極物色適當的房舍。

堅持歸還台大宿舍

接著下來蔣總統說：「我已告訴孝勇轉告你，令尊住的福州街二十六號的房子已指示教育部辦手續由你居住。」我說：「孝勇兄三天前說了，但是這一德意我不能接受，主要原因這所房子是台大的，父親到中研院後台大聘他為名譽教授所以他可以住。現在台大宿舍缺乏，我如果占用這麼好的一幢房子，沒有宿舍的教授們一定會對父親不滿，父親在世和教職員生都處得很好，他走了如果因為我而使人對他不滿，我實在是不孝至極，請總統原諒，我萬萬不能接受您的好意。我已和大哥商量好，他在喪事辦好後馬上搬回原住地點，這幢房子要盡快歸還台大。」

蔣總統看我十分堅持，嘆了一口氣說：「我知道你替政府工作了二十多年，始終和父親住在一起，沒有自己的房子，現在房子很難找，價錢你也付不起，我怕有一天你回來會沒有住的地方。」我知道他真的是為我設想。但是我確信，如果我這樣做一定會使父親蒙羞，那將是我無法彌補的錯誤。

蔣總統真是一個預言家，五年後我奉調回國到經建會服務，該會沒有職務宿舍，我一個人回來住在亞都飯店，嚴長壽總裁給我優渥的折扣，我先後住了五個星期，每週都將一週的房租及其他花費付清；但是我未來的住處卻一籌莫展。玲玲在華府收拾行李，卻不知道要運到哪裡。有一天她心緒不寧，拿了東西由樓上下來，一步走空由樓梯上摔下來，還好沒有受重傷。等到五週後她回台北，我們只能在連襟邱創壽的家借住一間臥室，直到找到職務宿舍。雖然如此，我認為當年自己做的決定是正確的。

那天蔣總統於談話結束立即返官邸，可知他專程到府內和我見面，而他的臉色相當臃腫，腿部也無力量，可見健康狀況是不好。

我在十月一日晚回到台北時就有大批記者要採訪我，但是我以奔喪回國，心情哀痛，請媒體容我在殯葬結束後再行晤談，所以在晉見蔣總統後，於十月四日上午十一時在自由之家舉行記者會，先就美國政壇現況，中美實質關係進展，以及趙紫陽、雷根的互訪做說明，再答覆各項問題。

我很明白指出，美國與中共高階層首長的互相訪問，進行已久，我們已有充分的因應措施，使其不致對我國造成傷害。我也說明以往我們對於這種訪問常有強烈反應，以致中共常向美國指稱我國在美國與中共交往中扮演「破壞者」的角色，這種看法在美國政府內已發生相當作用，對於我國的形象有損。因此我期盼大家不要將中美關係與美國和中共的關係相提並論，並且認為一個關係好了，另一個一定受損，這就是博奕理論中的「零和遊戲」。這種觀點對於我們自己是有損害的。所以我們應該努力的是與美國建立共識，加強合作，發展互惠關係。

至於美國與中共的關係，要關心但是無需多加批評，重要的是制敵機先，也就是協助美國瞭解中共，不要使美國無意間中了中共的圈套，做出對我們不利的事。簡單地說，我期盼媒體能告知國人對於中美關係千萬不要抱持「道長魔消、魔長道消」的二分法觀念。

十月四日下午我和玲玲、國維同機返華府，五日傍晚到達，那天正好是父親去世的「三七」，我們在靈堂設供，以後就撤去。第二天（十月六日）的國慶酒會，我和玲玲由五時四十分到九時，站了三個多小時，拉了四、五千次手，但是並不感到疲勞。那天雷根總統在白宮款宴國會議員，時間是六時半；可是仍有許多議員先來我們的酒會，真是盛情可感。因為賓客太多，排隊進場的人數幾乎都維持在兩百到四百人之間，因此我們的同仁不時到隊伍中看，見到國會議員、外國大使、美國重要人士就請出來，直接帶到隊伍之前向我致意，但是隊伍中的友人沒有任何不滿。我怕的是有些老太太見到玲玲又抱又拉談之不已，這時兩位副代表就會很技巧地將她帶開，讓下位客人可以上前和我們拉手。第二天晨間會報，同仁說根據凱悅飯店統計共有三千五百六十一位賓客參加，加上本處同仁和眷屬共三千八百多人，過去中美有邦交時也從未有過如此多的人來祝賀我國國慶。

父親逝世後有許多親友學生撰文紀念他。吳大猷先生是他在南開中學的同學，之後在一九三一年同船赴美深造，他們相交五十多年，吳先生的紀念文中指出：

> 他在台大、中研院三十餘年期中，信守學術尊嚴的基本原則，處世絲毫不茍，不屈於外力；他從來不倡時髦而膚淺之議取寵於眾；從來不冒充內行；他處人公平不茍，從來不營私植黨；不阿諛；不邀功。

吳先生所寫的就是我所認識的父親。

在美國的中央研究院院士和台大校友們，一九八三年十月二十三日於紐約市哥倫比亞大學聖保羅教堂為父親舉行追悼會，有三百多人參加，由美東學術聯誼會會長虞華年主持。余英時院士致詞時說，父親深受孔孟儒家思想薰陶，保留了舊傳統，但卻開創了新境界。他認為父親生前對國內學術界的影響十分深遠，而在各國學術界也備受重視。他並指出父親是科學家，卻也關心人文科學的研究，他對父親的感覺是誠懇、開放、溫暖、謙虛。

十一月十八日紐約州的眾議員蕭逸（James H. Scheuer）在眾議院發表演說，建議將十一月份英文《自由中國評論》所刊父親的誄詞〈讚揚一位名人〉列入美國國會紀錄。

第十章　經營中美外交

美國政府在此時對於亞洲事務並不重視，而將注意力集中於中東問題、中美洲問題、限武談判和國內經濟問題。我也利用這個空檔多方和美國政要建立關係。

我國與美國關係錯綜複雜，除了特定事項如軍售、經貿、亞銀會籍、江南命案等，因過於繁瑣，稍後將以專章敘述。第十、十一章將僅就在美工作六十七個月期間重要的政務問題，包括中美重要人士的互訪，美國與中共間高層互訪所涉及的交涉，以及我到全美各地所做重要訪問，依時間先後做概略的說明。

華府對我的基本態度

我初抵華府立即面對的，是舒茲國務卿已決定於一九八三年二月初到中國大陸做到任後初次訪問。我到任的第二天，舒氏在國務院自清晨起舉行中國問題研討會，邀請了十位著名學者，包括稍後出使北京的勞德（Winston Lord）、前任國防部長布朗（Harold Brown）、史卡拉賓諾（Robert Scalapino）、包大可（Doak A. Barnett）、奧森伯（Michael Oksenberg）、索羅門、白魯恂（Lucian Pye）等。參加政府官員除舒茲本人外，有國防部長溫柏格，副國務卿達姆（Kenneth Dam），政治次卿伊格伯格（Larry Eagleberger）、伍夫維茲助卿、國安會席格爾等多人，會議長達六小時。

過了幾天就有朋友告訴我，舒茲對中國問題甚為重視，會議進行時專心聆聽甚少發言。與會者對他表示這次去大陸不宜對中共過於讓步，也認為美國不應過度玩「中國牌」，而應該就雙方在全球戰略的平行利益問題上多做討論。至於「台灣問題」以及對華軍售，自《八一七公報》發表後應已告一段落，不宜再做討論，更不宜讓中共在此等問題上大作文章。與會者對我來華府工作亦曾提到，認為是我政府意圖改變對美工作方式的表徵，但是對章文晉替代柴澤民出使華府則沒有討論。

一月十二日我和伍夫維茲助卿首次會晤時也提到舒茲訪問中共，擔心可能有對我國不利的發展，伍氏表示我們無須擔憂，舒氏是因為蘇俄有了新領導班子，布里茲涅夫（Leonid Brezhnev）逝世，換了安德洛波夫（Yuri Andropov），想向中共說明美國將在互利的基礎上和中共發展友好關係，更希望能和中共的領袖進行坦率的談話。舒氏將表達美國願全力支持中共的經濟現代化以及在區域問題上發展合作關係。關於我國所擔心的軍售問題，舒茲認為《八一七公報》已明確表達了美國的立場，美國將依照《台灣關係法》的精神執行該項公報。

舒茲出訪先去日本，由一九八三年一月三十日至二月二日；再去大陸，由二月二日至六日；最後到韓國，二月六日至八日。同行的伍夫維茲助卿於二月十六日晨向我簡報訪問要點。他先指出，就如行前所告訴我的情形，舒茲此行未向中共做出讓步，也未與中共建立戰略關係。舒氏曾強調美國有意與中共建立長久的友好關係，但美國不會打「中國牌」或「蘇俄牌」。這次訪問中，舒氏曾與鄧小平及趙紫陽各談兩小時，與新任外長吳學謙則有八小時的長談，吳的態度從容，英語能力也相當好。舒、吳兩人曾有兩次談話討論國際問題。至於雙邊問題以「台灣問題」使用時間較長，中共有許多不滿的表示，舒氏則說美國與中共已有多項公報，美國一定履行承諾，此外美國將不再讓步。中共對《台灣關係法》表示不滿，舒氏稱美國不會修改該法，也不會與中共討論對我國軍售事。伍氏簡報也談到訪問日、韓情形，甚為詳細。

我聽完簡報後問伍氏，新華社報導中共方面從未向美國保證以和平方式處理台灣問題；但是去年美方對我告稱，美國軍售的逐步減少，是和中共這項保證密切相關，不知對於上面兩種不同的解釋，美國立場到底怎樣？伍氏說美國的立場非常明朗，美國與中共談判《八一七公報》時，雙方都很審慎；如果中共說話不算數，美國自然也不會照公報去做。伍氏強調美國對我軍售不僅以中共和平政策為考量，也要考慮其他因素，如中共的兵力和部署。簡言之，美國重視的是中共的表現而不是言語。

我又問伍氏，他和舒茲都是初次去大陸，觀感如何？他說去以前對大陸情況已有瞭解，但去了以後仍不免對大陸民眾生活水準低、生活的單調和受控制的嚴密感到驚訝；另一方面，中共領導者的智慧和能力也使他們感覺意外。

王昇調職案

一個月後王昇將軍伉儷來華府訪問，這是由國安局派駐代表處的汪希苓顧問安排的，據說是美國中央情報局邀請，因此代表處軍資組溫哈熊組長並未介入。王氏夫婦於三月七日由西岸飛抵華府，次日上午我照部內指示約了艾倫、克萊恩、陳香梅在旅館與他共進早餐，並且在當晚於家中款宴。自中午到傍晚他都在中情局會談。據說後來有人在蔣總統面前進言，說他與中情局有特殊關係作為個人政治資本，因此他結束訪美行程返國後不久，就由總政戰部主任調往聯訓部主任職務，再過一段時間又派往距台灣最遠的邦交國巴拉圭，擔任大使。以我對王氏的瞭解，這項指控是毫無根據的，因為王追隨經國先生已近半世紀，始終忠誠，不應該有任何個人的政治野心。

這項傳言源自於王氏夫婦訪華府期間，他們曾在三月十一日上午前往紐約市向著名的外交關係協會發表演說。他們在紐約有兩位得意門生，事先獲得通知並前往會晤，且各得一件貼有王氏夫婦名片的禮物，這二位門生興奮之餘就到華埠將禮品展示給熟識的朋友，其中也有新聞界的。可能在談話中不經意地露出王氏此行是中情局安排的。因此第二天的華文報紙就大幅刊登，消息傳到國內，經有心人稍加渲染，使蔣總統震怒，乃有調職之舉。

這件事多年來有種種傳說，還有人說王的訪美是我安排的，可真是荒誕至極。

王氏剛離開華府，又發生中共國務院總理趙紫陽對澳大利亞記者說，中共對於與美國的關係不滿，舒茲訪北京時雖攜來雷根邀他訪問美國的建議，他無意此時接受。剛好我在三月十五日晚邀國務院亞太局修斯密副助卿餐敘，就向他請教，舒氏返美甫一月餘，何以有如此大的轉變？是否中共要藉此壓迫美方在某些問題上讓步？修氏答以美國與中共間有一連串問題都無法解決，如果趙此時表示可來訪美，而此等問題的發展使中共不滿，則趙認為個人政治前途可能蒙受損害，因此不如先做這種表示。修氏進一步透露舒茲訪問大陸時，雙方除在「台灣問題」上有不同意見，還有紡織品協定案、胡娜案、技術轉移案等都不易解決，而且也看不出有解決的可能。

基於這項事實，美國政府在此時對於亞洲事務並不重視，而將注意力集中於中東問題、中美洲問題、限武談判和國內經濟問題。我也利用這個空檔多方和美國政要建立關係。利用不同的關係和管道先後和白宮參事米斯、幕僚長貝克、國安助理克拉克、副助理泰森（Charles Tyson）；國務院副國務卿達姆、政治次卿伊格伯格、安全協助次卿史奈德（William Schneider）、參事德文斯基（Ed Derwinski）以及國防部主管國際事務次長伊克萊分別餐敘和晤談。我也和共和黨總主席賴克紹、主席法蘭柯夫以及民主黨主席馬納特（Charles Manatt）建立密切關係，除了經常餐敘外，也時常在高爾夫球場球敘。

與布希見面

雷根總統不容易和我個別會面，只能利用各種社交場合晚宴前的小型酒會做短暫交談；舒茲國務卿也是一樣。倒是布希副總統比較容易接觸，我們是在一九八三年七月十八日晚「被奴役國家週」的晚宴被安排在鄰座。他的態度非常親切，一再詢問我在耶魯求學的情形，並且說他是一九四八年經濟系畢業。這次會晤後就有美方友人對我說，副總統很希望能有較長時間和我們夫婦聚晤，正在研究用什麼方式可以不會有副作用。

這項會晤終於在一九八三年十二月一日晚上在華府F街的一幢很普通的兩層樓房進行。此處名為「不在場俱樂部」（The Alibi Club）。據說早年華府高官鉅賈夜晚有軌外活動，家中妻子問要去哪裡，他們脫口而出：「去俱樂部。」因此以後依法律上「不在場」原則而定名。俱樂部早年只有男士可以進入，現在放寬，會員的家人或女伴可以同往，會員人數限五十人，如其中一人去世，則新會員以其後裔為優先。這是華府最難加入、人數最少、最能保密的俱樂部。雖然如此，俱樂部並不富麗堂皇，房間也很小，食物也很普通。

當晚的賓客還有聯邦調查局長韋布斯特、前國務院次卿史托賽爾、前艾契遜國務卿公子大衛（David Acheson）等。布氏伉儷見到玲玲和我時，就以大使相稱，很親切地向他的賓客們介紹我們，後來其他賓客在大廳參加酒會，他帶了我到另一間很小的房間坐定後，我先代表蔣總統、孫院長向他和雷根總統致意。布氏說他對蔣總統心儀甚久，只是無緣相會，請代達敬意。至於雷根總統對我國友誼深厚，美政府內重要官員都深切瞭解，現在美國和我國交往受到很多拘束，希望我們能體察。我提到明年初美國與中共將有高層互訪，對我國民眾在心理上已造成傷害，切盼美國政府能提高警覺，勿使我國在實質上遭受傷害；更盼美國能採取積極措施向我方保證此等互訪不致使我國權益受損。尤其是明年雷根總統訪問大陸，倘能派遣如共和黨總主席賴克紹參議員與雷氏極親近者，來華向我作公開表述，將甚有助益。布希答以雷氏極瞭解我方的關切，有關賴氏訪華的建議很好，他將代為轉陳。我也乘機將下月即將訪美的趙紫陽可能向美方提出對我們不利的舉措逐一向布氏報告，他建議我可用書面送給他的外交助理葛來格。

布希接著說：「你來華府以後的工作情況我都很清楚。」他同意低姿態的做法雖然艱苦，卻是唯一可行之道；他也提到我多次婉拒美國重要媒體的訪問深為美國政府所感激，因此現在美政府各機關首長都樂於和我交往。

這次談話中所提到明年初美國與中共高層互訪，是由於九月間美國防部長溫柏格訪問大陸以及十月間中共外長吳學謙訪問華府所促成。因為此時雷根將於一九八四年競選連任的局面已甚明朗，中共認為未來五年多必須和他打交道，所以願意放下身段，重彈高層互訪的舊調。

減少雷根訪大陸的衝擊

我於一九八三年十月十三日約國安會席格爾博士談話，提到雷趙互訪，指出高層訪問倘無結果不如不做，而目前美與中共間可能有具體結果的不外核能協定、領事協定和工業合作協定，因此我擔憂未來美方為求不使訪問變成失敗，而在有關我國權益的問題上讓步。席氏很坦白告訴我，美國當局確實還未考慮如何處理互訪問題，也沒有研究將來會有怎樣的結果。唯一可告慰的是今日美國政府內並無主張犧牲我國權益的官員。我在談話中詳細敘述《八一七公報》的始末，他認為前車之鑑一定要認真考慮，並問我有何建議。我說訪問的氣氛很重要，而公報發表與否，無關宏旨，因此倘能確定互訪將不發表公報，就很妥適；其次，美國既然重視和我國的關係、且不願犧牲我國權益，則美高級首長宜在互訪前後再次公開對我堅定友好的表示以安定人心；再者，《八一七公報》發表時，席氏曾和蔡前代表研究，將雷根對我國以及美國若干國會議員歷次所做保證，和何志立助卿二度向國會作證的內容輯為一冊，以行政命令公布作為對該公報的執行準則，但是以後並未辦理，如能在雷根去北京前完成亦有助益。席氏表示三項建議對他都很有參考價值，希望未來數月能密切聯繫，使訪問不致失敗且對我國不造成傷害。

我接著在十月十七日和伍夫維茲助卿談互訪事，我指出自溫柏格部長在北京宣布趙紫陽將訪美和雷根將訪大陸後，我國民間感受甚大衝擊，股市連日劇降，希望美方能適時公開向我保證，中美實質關係不因互訪而遭受不利影響，並在雷根訪問後，派遣與雷氏最接近者如賴克紹參議員來華作其私人代表，向我層峰提出簡報。伍氏稱他以為雷氏對於大陸之行不會有不切實的期望，美國和中共間存在甚多問題，一時也難以消失。

一九八三年十二月十三日我和白宮幕僚長貝克在白宮對面的海亞當斯旅館晤談，對於互訪事表示嚴重關切，因為明年是美國的大選年，中共方面可能藉機要求美方在與我相關問題上讓步。貝氏表示互訪事與大選應無關連，本月初中共似有意使互訪破局，原定七日抵美的中共先遣人員突然表示不來了；當時主管政務國務次卿伊格伯格約見章文晉說，美方並不在乎互訪是否進行，但是中共倘擬有新的措施必須提出合理的說明。此時中共態度立刻急轉直下，先遣人員於七日由北京直飛華府。至於中共倘擬在互訪中提及對貴方有損的事項，雷根總統的立場是不予置理。一九八四年一月四日浦為廉副助卿就先將趙紫陽七日抵火奴魯魯以後九天的詳細日程提供我們，並將可能觸及的問題、美方的立場詳盡說明，最重要的是將發表聯合公報。

一月十二日趙結束華府部分的訪問於上午飛往西岸，當日下午席格爾博士就約我簡報。他先說請轉告貴國政府首長，此次趙氏來訪並無任何對貴國不利的舉措或決定。十日下午雷根在白宮會晤趙，由趙提出「台灣問題」，私下談話的內容和公開講話完全相同，不過談話氣氛頗為和諧，不像兩年三個月前在墨西哥坎昆會面時的惡劣，所談的重點是《台灣關係法》，希望美國取消。雷根的答覆是在這項問題上，美國無法讓步。我也提出趙在十一日接受媒體訪問時曾提到「人民與人民間的友誼不應影響及妨礙國家與國家間的關係」，是一種相當厲害的二分法，這是針對雷根總統視我為老友的說法加以駁斥。我很擔心美國工商界憧憬於大陸的貿易機會，在大選年對雷氏施加壓力。席對這一觀點極為認同，表示應予疏導。

趙紫陽訪華府的節目中，原安排十一日上午八時至九時參觀席德維爾朋友中學，因為中共駐美大使館公使冀朝鑄的兒子冀肖兵在該校讀書，而國維也在該校。當天早上國維決定請假一天以免發生尷尬狀況；不過十一日華府下大雪，趙臨時取消了訪問節目。

首次返國述職

執政黨在一九八四年二月十四日舉行十二屆二中全會，決定第七屆總統副總統候選人的提名，外交部也要在十六、十七日舉行使節會議，我奉命參加。這是我到任一年來初次返國述職，決定在十日啟程，動身前和美政府官員密集晤談。八日晨和伍夫維茲助卿敘談，他藉機向我提出三點具體看法要我轉陳國內長官：一、過去一年來美方認為與我相處融洽，雙方互信大為增加，雙方關係有大幅改善。二、四月間雷根訪問中國大陸，預料對方必將再提「台灣問題」，美方亦難予阻止，惟我方可確信美不會在此問題上有所讓步或妥協。三、對於兩岸關係美仍將維持既定政策絕不介入。伍氏亦告知美已同意我於十至十一月間恢復在堪薩斯設立辦事處。

我啟程的前一天，新任國家安全助理麥克法蘭（Bud McFarlane）和我會晤。他先轉達雷根總統向蔣總統申致最誠摯的問候，並稱雷氏對我國的經濟表現有深刻的印象，也欣見美國與我國間有建設性的交流關係持續擴展；雷氏認為雙方維持了互利的關係。

麥氏繼稱美政府目前正忙於雷氏大陸之行，此行的指導原則極為堅定明確：美將設法與中共增進關係，但絕不會採取任何損害我方利益的措施。雷氏此項立場甚為堅定。此行可能解決若干問題，但美國絕不會為中共所利用。目前中蘇共關係不佳，雷氏的訪問對中共的重要性高於美國。

我隨即向麥氏建議此行仿照趙紫陽來訪先例，不發表聯合公報或共同聲明，雷氏結束訪問後，盼能對我有堅定的聲明，在訪問前後派一雷氏信賴人士赴我國一行。麥氏認為我的建議甚有價值當盡量配合。我也藉機向他提出經貿和軍售的問題。

我於二月十二日到台北，次日上午蔣總統召見，我將在美國的工作詳細報告，特別是幾項重要談話以及雷根總統的口信逐項報告並附書面。此時蔣總統的視力已不太好，所以我特別拜託代表處的胡光宇祕書用大字正楷書寫清晰，便於他閱讀。蔣總統對我慰勉有加並囑咐我要經常定期前往紐約晉謁蔣夫人。此時台北政壇已是為選舉後的新閣人事問題紛擾不已，我在晉見朱撫松部長時，他的態度相當消沉，告訴我已在做交卸的準備。可是蔣總統告訴我，我在美國工作使他甚為安心，所以他不能讓我回來，外交部仍將由朱部長負責。我在下午再度去外交部，將此喜訊報告朱部長。

使節會議於十六、十七兩日舉行，我在會中報告中美關係，說明過去一年確有若干進展，但是吾人不能自我陶醉，因為一方面中美貿易上我國享有巨大順差，美國保護主義逐漸抬頭，可能以我們作為目標；另一方面中共自從完成「斷交、廢約、撤軍」的目標後，下一步的目標是「廢法（《台灣關係法》）、停售（軍售）、迫和。」我提到：「個人預料在今後五至十年內，我與中共在美國將有一番激烈的形象競爭，我們必須全力以赴。」想不到八個月後居然發生「江南命案」（詳見第十二章），使我國在美的形象一落千丈。

政壇一片「應付與應酬」風氣

十八日上午我去立法院外交委員會報告並答詢。結束後到總統府再次晉見蔣總統。他問起我對二中全會的看法，我說有好有壞，但是我要直言台北的政治氣氛不佳，值得警惕，政壇上的人都是著眼於個人的權位，對於國家利益，如何做好自身的工作卻不重視。大家每天忙於應付和應酬。應付是任何大小場合，不論是否與自身業務有關都要去出席，使首長們如花蝴蝶一樣，到處周旋；應酬是每天午、晚宴不斷，而且一頓接一頓。首長如此忙哪還有時間思考國家大事，專注於自身的業務？蔣總統說他十分同意我的看法，不過此時顯然他的健康已不能像十二年前出任行政院長時的劍及履及。後來我聽說他在中常會上講過些話，特別是那年年底由於「江南命案」的刺激，他曾講過重話；但是沒過多久，大家又是依然故我。

談話結束時，蔣總統交給我一件英文文件，要我盡快設法送陳雷根總統，這是答覆雷氏的口訊。文件中表示欣聞雷根總統已正式宣布將尋求連任，此一決定對整個自由世界的和平安全極為重要。文件中也提到二月六日有蘇聯TU-95軍機闖入我國防空辨識區，此一事實顯示台灣海峽變更情勢，吾人必須對蘇聯在此一地區北自海參威南迄金蘭灣逐漸增加的軍事活動提高警覺。

一九八四年二月二十日上午我先參加行政院的中美經貿早餐會，向各首長簡報美國在經貿方面可能對我們採取的措施，以及我們如何因應的對策；之後有記者會，我特別針對國內仿冒品橫行，已嚴重影響我國在國際間的形象，呼籲工商界必須自重，人人以仿冒為恥，《時報雜誌》二二一期（一九八四年二月二十二日出版）特別以兩整頁刊登徐宗懋君所撰，我在記者會問答的全文，題目是「我們不斷地爭取新朋友」。記者會後我在當天下午即飛往火奴魯魯做到任後的訪問，到二月二十四日才返回華府。在火市於二十三日獲悉孫運璿院長腦中風進入榮總加護病房，我在三天前行政院開會見到他完全沒有任何不舒服的樣子，想來人的健康真是不容易維護。

返回華府後我於三月十二日與席格爾晤談，提出有關雷根訪問的三項關切事項：一、布里辛斯基（Zbigniew Brzezinski）於上月率美國戰略及國際研究中心訪問團赴大陸，曾與鄧小平、趙紫陽長談，兩項談話均集中於所謂「台灣問題」，趙的語調極為情緒化，因此該團於訪問後所獲印象是此次雷根總統訪大陸時將以「台灣問題」與技術轉移為討論主題。二、本月初中共副總理萬里在接受日本記者訪問時表示，倘美不在「台灣問題」上讓步，則雙方關係將無法獲得進展。三、雷氏在大陸時，聞將在平、滬各發表一次演說，另可能接受中共電視台訪問，亦可能有一訪問結束的聲明。我方對以上各節均很關切。

席氏答以上述關切自甚合理，不過雷氏對我國有強烈感情，各種講話稿正由各部門草擬中，最後由他本人及國安會綜合整理，他必負責使我國權益不致受損；至於電視訪問，他將為雷氏準備說帖。結束訪問時將無共同聲明，可能有個別聲明，此為禮儀性不致涉及實質問題。在這次晤談中席氏亦密告李潔明在台北將任滿，繼任人選為現任駐星大使宋賀德（Harry Thayer）。

口信洩密事件

在雷根總統啟程前，曾經由在台北的李潔明處長於四月二十日轉致蔣總統一項口信，說明他北京之行將不以犧牲台灣為代價，他也瞭解中共意圖對他施加壓力以達到「停售」與「迫和」的目標，他絕不會如此做。雷氏又再度重申《八一七公報》時對我國所做的保證。

到了四月二十六日凌晨丁大衛打電話給我，說當天的《紐約時報》刊登了華府消息，將雷根總統給予蔣總統的保證幾乎全文照錄刊載出來，他希望我盡快去在台協會和浦為廉副助卿會晤。浦氏告以《紐約時報》的名記者葛溫斯曼（Bernard Gwentzman）曾於二十五日下午在華府各機關探訪他所獲得的文件是否正確，最後終究刊出，實在令人震驚、沮喪。此項報導在雷氏訪問大陸前夕刊出具有極大傷害性，尤其文中指稱：「一位支持台灣者並提供其自稱獲自台灣當局的一項文件複印本。」更使人困惑。美處理此文件極為審慎，係以極密方式，今竟全文刊出，實在嚴重影響中美雙方的互信與信任。根據國務院所獲情報，葛氏手中的文件下端還有若干中文字樣，大意是此一保證是雷根總統經由適當途徑轉達蔣總統的。

我表示此事實在不幸，我也同感震驚沮喪。報導說是一位支持我國者提供，我很懷疑，因為此人如果真支持我國，斷不會做出這種破壞中美關係的事。我們當然要在華府、台北兩地做徹底的調查，希望美方也合作進行徹查。四月二十五日上午十時許葛君曾電本處新聞組姚雙組長，說他有一文件列舉美方對我六項保證，不知確否。姚組長表示他對此事毫無所悉，並即告知我，我曾致電丁大衛告知，但是他未在辦公室，聯絡不到。

台北方面接到我的電報後，蔣總統也感到震驚與沮喪，經仔細調查後，我方不論在台北或華府絕無任何洩露；事實上雙方以往曾多次使用同一管道，從無洩露，我方珍惜此管道，無任何理由破壞，如此是絕不符合我方利益。台北方面指示，如美方有任何進一步發現請速惠告。

我將台北的指示告知浦為廉後，這項風波總算告一段落。浦氏也正式通知我，美方將由原任交通部長，剛擔任華納美國運通有線通訊公司總裁和雷根競選總部策略委員會主席的劉易士（Drew Lewis）於五月十八至二十二日來華，一方面向我高層簡報雷氏大陸之行，另方面代表美方參加蔣總統連任的就職典禮。

雷根大陸行

雷根伉儷一行四百人，其中正式隨員十六人於四月二十三日飛往夏威夷停留兩天，二十五日在關島一天，二十六日飛抵北京正式訪問，由國家主席李先念在人民大會堂主持歡迎儀式，晚宴由李主持。一九八四年四月二十七日上午與趙紫陽進行正式會談，討論全球及區域性問題，下午在人民大會堂發表演說，主題是中共的現代化以及美中經濟關係，之後與趙會談雙邊關係，再與胡耀邦總書記會晤、晚間趙紫陽宴。二十八日上午雷氏接受中共記者電視訪問，之後與鄧小平會晤，並共進午餐，下午赴長城觀光，晚有答宴。二十九日飛往西安參觀兵馬俑，當晚返北京。四月三十日由雙方簽署核能協定、稅務協定、文化交流協定及大連企業管理訓練協定，完畢後有歡送儀式，雷氏隨即飛往上海，在復旦大學向師生發表演說，五月一日參觀虹橋公社後飛往阿拉斯加。

五月一日清晨浦為廉副助卿就向我就雷氏訪問初步簡報，因為舒茲、伍夫維茲、席格爾均奉派赴亞洲各地做簡報，要到稍晚才回華府。浦氏首稱雷根此行絕未做任何傷害我國利益的舉措，一切談話、訪問、演說均依預訂計畫進行，逐字不易。浦氏亦指出雷根兩次演說，中共方面在電視播放時有若干節刪，這也是美方事先預料的；雙方雖未公開指責蘇俄，但中共領導人私下均不諱言蘇俄的威脅。浦氏亦告以中共國防部長張愛萍將於六月訪美，李先念及胡耀邦亦將來訪，時間未定。

我對於美政府向華府各國駐使簡報前，先向我方做初步簡報表示感謝，並認為是友好的表現，我方當善盡保密之責；對雷氏此行堅持原則不做任何讓步表示欽佩。

席格爾隨雷氏一行於五月二日晚返華府，七日又將隨布希訪日，所以約我在四日午餐。他說鄧小平在談話時曾請美國運用其影響力，使我早日接受中共的「統一」方案，並詳述五年來種種建議，談話態度尚為平和。

五月四日下午浦為廉再度向我做詳細簡報，指出美方認為此行有兩項成就：一、雙方對各項問題，無論意見相同或相異，都能坦率交談。二、雙方整體關係續有發展，例如高層人士不斷互訪，各種協定的簽訂使關係更臻成熟。雷氏在飛赴阿拉斯加前，趙紫陽曾有電話送行，認為此行有助於增進雙方的瞭解。雙方討論的主題是蘇俄問題、裁軍問題、柬埔寨問題、阿富汗問題、韓國問題、日本問題、太平洋地區問題、中東問題、中美洲問題、南部非洲問題等十項，並有詳細說明。

至於雙方所談的雙邊問題有亞銀、台灣問題、雙邊貿易、軍事交換、學術交流等，亦有詳細說明。

宋楚瑜談話

在八十分鐘談話結束時，浦氏拿出五月二日報紙所刊新聞局宋楚瑜局長的談話，對於美國與中共簽訂核能協定予以抨擊，指為是一項危險政策。浦氏說宋的發言使他驚訝，他個人也極為不快，美國對簽訂此一協定極為審慎，且事先曾向我方說明，中共已加入國際原子能總署，協定尚需美國會批准，美國政府絕不會如宋所說的天真。

雷根總統所派個人代表劉易士於一九八四年五月十八日抵華，二十日下午晉謁蔣總統面遞雷根總統的一件信息，先向蔣總統連任致賀，深信台灣在蔣總統領導下，經濟、政治、及社會各方面將不斷蓬勃進步。雷氏多次公開表示其對台灣人民長久友情與關切是極為堅定且不會變更的，他也絕不會為了交新朋友而拋棄老朋友。劉氏也將雷根訪問大陸之行向蔣總統提出簡報。

蔣總統在收到劉氏所轉的雷根總統信息以後，也在五月二十四日作覆，內容提到：「閣下以美國總統的身分，在共黨控制的土地上就民主理想、人類尊嚴、自由企業以及宗教自由的真諦為（在大陸）兩次發表極具意義的演說，傳播民主福音，充分表現閣下卓越的政治家風範。閣下以受壓迫的中國人民親作見證，其意義自更不同凡響。」

外交部在六月六日有電報給我表示：「執事此次處理雷根總統訪匪案至為周到，美方事先承諾我方之各項措施均依約實現，尤以劉易士前部長訪華順利成功，他晉謁總統時談話至為愉快，總統對此深表欣慰。」

這件大事順利處理後，接下來的就是一九八四年的美國總統大選。駐外人員對於駐在國的選舉絕對不能介入，但是也不能疏忽，選舉是一件沒有人能斷言結果的事，所以大選前我必須對共和、民主兩黨同樣努力下功夫。我們要廣事交結可能成為民主黨提名的政治人物，也要和他們可能重用的親信先去燒冷灶，更要注意兩黨黨代表大會上通過的政綱中外交政策有關我國部分，希望納入我們樂見的文字，不要有對我們不利的內容。

六月二日美國民主黨大老坎培曼（Max Kampelman）在家中邀我晚餐。他曾代表美國政府擔任裁軍談判代表和派駐歐洲安全會議大使，傳說中是孟岱爾出任總統後擔任國務卿最熱門人選，同席的有卡特的國家安全助理布里辛斯基和許多歐洲國家駐美大使。宴席間不時談到民主黨有意角逐提名者不外孟岱爾與哈特，而孟氏已幾乎確定獲得提名，但是在大選中與雷根競爭恐仍有未逮。

關心民主黨競選政綱

接下來數日民主黨內的政綱小組就積極草擬黨的政綱，我由於和該黨全國委員會主席馬奈特交情甚好，所以六月十四日初稿剛出來我就拿到了，一看其中有兩段與我國有關。一段提到：「一個民主黨的總統會加強與中華人民共和國的關係，同時繼續保障台灣人民的安全與福祉。」另一段是：「我們要求菲律賓重建民主，台灣解除戒嚴制度。」

我看到以後就設法洽請該黨友人在政綱草擬小組討論草稿時，最少加入《台灣關係法》的字樣。但是以後友人對我說草稿起草人郝爾布魯克不同意列入。後來我們積極地透過美國總工會（AFL-CIO），在六月二十二日舉行的政綱委員會大會中，由歐布萊特女士代表外交小組提出修改的文字，第一段有關我國部分改為：「同時我們確認與台灣人民的歷史關係，並將繼續遵守我們對他們法律上的承諾。」第二段改為：「一個民主黨的總統將促使菲律賓重建民主，台灣解除戒嚴以及其所有的影響。」

這個說法使若干參加討論者頗不滿意，認為不如原稿。代表哈特競選總部的洛杉磯陳李琬若女士公開批評這項文字，經過一再討論，兩段文字分別改為「同時我們確認與台灣人民的歷史關係，我們也將繼續遵守對他們的各項與《台灣關係法》相符合的承諾。」「一個民主黨的總統將促使菲律賓重建完全的民主，台灣進一步民主化以及解除戒嚴。」

六月二十七日我邀司法部長史密斯伉儷在官舍晚餐。史氏早已辭職獲准並由雷根派原國安助理米斯接任。但是米氏在參院行使同意權時發生問題，最後指定獨立檢察官調查後再做決定。史氏原擬於三月下旬交卸，結果無法如願，可能在選舉前都無法離職。此時他已遷居旅館，所以很樂於來我們家聊天。談到選情，他說雖然民意調查，雷根相當大幅領先，但是共和黨方面絕不敢絲毫鬆懈，因為今後四個月民主黨必將變本加厲對政府攻擊。所幸雷根的健康很好，四年來每一位為他工作的人都很快地衰老，只有雷氏反而更為健康。

美國的兩黨都是於七、八月間舉行全國代表大會，提名本黨總統候選人，通常在野黨先開，執政黨在後。代表大會是數千人的大會，各黨都是選擇由本黨黨員執政的大都市舉行。一九八四年民主黨是七月十七至十九日在舊金山進行，共有三千九百三十三位黨代表和一千三百一十三位候補代表參加。所有華府的外交使節都被邀請，但真去參加的不多。我因為要先在奧克拉荷馬州訪問，十七日才趕到。

全國代表大會就是忙和亂，人多各式各樣的社交場合多，如果參加者體力好、有興趣，可以從早到晚吃喝不停。我一抵達舊金山，就一連串參加了華府巴瑞市長的小型酒會，以及全美市長會議的大型酒會，遇到不少熟人。

十八日是重頭戲，一早由松永參議員主持民主黨亞太裔黨團早餐會，內定被提名的副總統候選人費拉蘿（Geraldine Ferraro）眾議員主講，她曾來我們官舍晚餐，見面後非常親切，我也預祝她成功。之後趕到林肯公園參加芬恩斯坦女市長為各國使節所辦的酒會；接著又趕往民主黨州主席協會的聚會。

民主黨代表大會

真正參加代表大會是七月十八日下午四時到舊金山會議中心，那裡警衛相當嚴謹，一定要有不同的證件才能順利進入，但是會場太大實在不知道要在哪裡坐下。幸而遇到馬奈特主席的公子提姆（Tim），他是國維同班同學，非常投機，常來我們家中玩，見到了我就拉去樓上的包廂，他的母親和許多友人都在，包廂內吃的喝的，應有盡有。坐定後先聽仍在做困獸鬥的哈特參議員演說，接下來是巴瑞市長、陶德參議員和布萊德雷參議員（Bill Bradley）。

當晚最重要的事就是主席依次詢問各州代表團，該州的代表支持哪位競爭者，結果第一圈詢問結束，孟岱爾就得到兩百一十九票，超過半數，獲得提名。此時哈特參議員要求發言展現民主風度，建議大會以「全體一致」方式提名孟氏為民主黨候選人，獲得全場如雷掌聲。

七月十九日民主黨友人提供我一個黨代表的名牌，我就可以在會場中周旋，又是一連串演講，大約二、三小時，結束後就是提名費拉蘿為副總統候選人，並由她發表接受演說。到了晚間七時小甘迺迪參議員向大會介紹孟岱爾，接著孟氏作接受演說，很奇怪小甘的演說獲得無數的歡呼及掌聲，而孟氏的講話有氣無力，群眾反應毫不熱烈。

二十日我由舊金山飛返華府，機上和德州的班森參議員（Lloyd Bentsen）、亞利桑那州尤代爾眾議員（Morris Udall）和麥高文前參議員（他也是民主黨一九七二年總統提名人）鄰座。一路上我們討論大會以及未來的大選，他們的看法頗為一致，歸納起來：一、大會期間的多次演說均甚動人，有激勵士氣的作用。他們原以為孟岱爾的講話太空泛，結果超過預期，所以會有氣無力，應是疲勞過度，並不影響演說的功效。二、費拉蘿成為大會的象徵和寵兒，甚具意義，大家對她的表現都予讚揚。班森本人原是副總統人選的大熱門，也說如孟氏選他，絕不可能產生如費女士所引起的震撼。三、由目前到大選對民主黨將為苦戰，但如全黨真能團結，而勞工、婦女、黑人及少數裔民都能同心協力，勝利並非不可能。未來勝選的差距會很小，而人身攻擊在所難免。

我回到華府不久，在七月二十六日宴密西根州民主黨參議員賴文（Carl Levin），他是有名的自由派，從未來過台灣，對於我國國情全無認識，由土地、人口、經濟狀況、政治制度問到中美關係的過去和現況，我一一答覆，談了兩個小時以後，他很嚴肅地對我說：「請千萬別認為自由派就是貴國的敵人，只有保守派才是朋友，我們過去從來沒機會瞭解貴國的問題。」談到大選，賴文指出民主黨的困難是在選舉人多的大州落後共和黨太多，所以孟氏勝選公算甚微。不過孟氏在接受提名演說時指出，今後不論何人主政必須增稅，而雷根對此問題不願正面相對。賴氏認為孟岱爾應在此問題上不斷施加壓力，可能會對雷根總統造成信任的困境。

共和黨代表大會

共和黨的全國代表大會是八月二十至二十三日在德州達拉斯市舉行，我在飛往參加前，先在華府與雷根競選總部議題部主任霍甫金斯（Kevin Hopkins）晤談。我先表示孟岱爾不斷指責政府的賦稅以及債務問題，該黨將如何應付？他說孟氏認為增稅就可以使聯邦債務逐漸降低是不切實際的，因為增稅會使經濟蕭條；減低稅賦可刺激投資增加，反能增加政府稅收。我又問到外傳有人建議司法部對費拉蘿的夫婿進行獨立檢察官的調查，是否可能？他說費君的作為確有違法之處，但以獨立檢察官調查，反而不能使各方續對他抨擊。我問此次大選外交課題是否可能成為爭端？他說主題仍是經濟和內政，外交問題受注意的可能不大。

我在十九日飛往達拉斯，是由共和黨的友人安排住在雷根總部所包的安那托爾旅館（Anatole Hotel）。這旅館警衛森嚴，出入或搭乘電梯都要有特別通行證。國內來參加的代表團由執政黨副祕書長馬英九率領，已到了兩天。

次日共和黨總主席賴克紹參議員和達拉斯市泰勒市長（Maxwell Taylor）先後舉辦酒會，晚宴是由Diamond Shamrock公司總裁主持，參加者均為美政府和共和黨最高層官員，外國賓客僅日本自民黨副總裁二階堂進和我兩人，兩年前我在東京拜訪他，他是自民黨幹事長，我們商議由江崎真澄率團訪華，化解了雙方貿易糾紛。當時重逢非常高興，只是他不諳英文，我不諳日文，無法交談，只能筆談。當晚我們再回到會議中心參加全國代表大會，共和黨的代表人數較少，只有兩千二百三十五人，但是卻有同額的候補代表。當晚是由福特前總統發表演說。

雷根總統是二十二日才由華府到達拉斯，我在旅館的窗戶可以看到他的車隊在嚴密戒備下抵達；黨部安排了不少青、少年在大廳向他歡呼。傍晚時達市全僑歡宴，我講完話就趕到會場，也是靠共和黨友人的安排，給我戴上代表名牌，在講台附近坐定，先後聆聽雷根夫人、高華德演講，之後由賴克紹總主席提名，全場歡呼通過，我國有台視和中視派了採訪組，在會場對我進行訪問。

二十三日有「總統副總統午餐會」，參加者限於州主席及全國副主席以上的黨員，我也被帶去參加，雖然遇到不少高官和重要議員，但是雷根和布希只到場停留十五分鐘就離去，我也趕著飛回華府。

這次大會，各國駐美使節是由國務院邀請，每館限一人，只來二十三日一天，所以不少使節聽說我去了四天都很羨慕。共和黨大會因為沒有爭議，所以媒體不如對民主黨大會的重視，但達拉斯市鉅賈豪富甚多，紛紛設宴協助籌款。大會中，由奧利岡州選出的陳達孚代表對我表示，他參加政綱委員會，不知各州代表很多曾來台訪問，對我極有善意，自動自發為我國仗義執言，可見邀訪工作的效力。華府代表處有四位同仁專程參加，最受歡迎的是楊榮藻祕書，因為他負責共和黨工作，每次有團訪華都由他陪同，這些朋友都變成終身好友。

這年的選舉並不激烈，雷根老神在在，一九八四年十一月六日是全國投票日，但是並非假日，各行各業照常做事。當晚八時即獲悉雷根大勝，我們應邀去華府的修翰旅館（Shoreham Hotel）參加國際共和黨合作基金會舉辦的慶功宴，大家相互祝賀。第二天代表處檢討認為這次選舉是雷根個人勝利，並未能發揮「母雞帶小雞」效應，因為共和黨在參院淨輸二席，眾院也較預期的席次少了十二席，倒是州長加了兩席。我們立刻對新當選的議員、州長分別電賀，也請台北盡速電賀雷根、布希。

選後三天我有機會和美國全國總工會會長柯克蘭（Lane Kirkland）夫婦餐敘，談話主題是大選。柯氏對此次敗選頗有怨天尤人之感。他說總工會在去年十月即宣布支持孟岱爾，原期能使民主黨團結於孟氏大纛之下，一致對外。不料傑克遜（Jesse Jackson）牧師和哈特參議員不斷攪局，使選舉之緊張氣氛拖延太久，到最後兩黨力量已接近時，孟氏左右都已精疲力盡。其次孟氏過於信賴左右策士的獻議，如增稅主張以及若干不易為人瞭解的圖表，確是此次失敗的主因。再者費拉蘿的參與，尤其是她過火的表現，未能爭取女性選票，反而失去男性選票。

柯會長的談話有一段非常有趣，他說這次民主黨新當選的參議員中，麻省的凱瑞（John Kerry）和愛荷華州的哈金（Tom Harkin），都是號稱新自由派，在他看來應歸類為左派分子。柯會長認為自由派的定義是在內政上支持社會福利、民權、平權、建設；在外交上反對孤立、強化國防。但是現在號稱自由派者，對內主張保護同性戀者的利益，對外則要核子禁試及孤立，這是絕對不符合美國的國家利益。

民間組團參加美大典

大選後接著是就職大典，這完全是一項形式，任何出席者想和總統副總統拉一次手都是不可能的，就職籌備委員會辦了許多舞會、餐會、音樂會，也只是人擠人。鑑於四年前雷根首任就職典禮的困窘情形，我早就建議民間可自行前來，但不宜有政府代表。台北也接受了我的建議，國內一共來了七個團，較重要的有監察院黃尊秋副院長、執政黨中常委辜振甫、林挺生、前司法行政部長查良鑑、前聯勤副總司令吳嵩慶、立委潘衍興、鄧文儀等。我們動員了各組同仁和軍資組的同仁協助接待。一九八五年一月二十日是星期日，所以就職大典訂於二十一日。我們早透過各方關係，特別是國會兩院與共和黨總部取得許多座位，以及各種社交活動的票。

各項慶祝活動由十八日就開始，但是華府連日大雪酷寒，國內來的貴賓都比我年長，我很擔心他們是否為寒冷的天氣做好準備。每天我要陪伴同仁檢查各位貴賓，一定要服裝厚暖才可以陪他（她）們出門。想到就職大典是在戶外，氣溫在攝氏零下，再加上風寒（wind chill）因素，各位貴賓可能受不了，我又要行政組為大家購置防寒的口罩和耳套。

一月二十日晚上我將次日的服裝以及配件全部穿上，要玲玲陪我在住家附近走了二十分鐘，發現雖然我的裝備很好，全身和腳都不冷，可是臉部被風刮得十分難過。我認為在這種情況下，不宜請貴賓們去受寒，所以連夜分別打電話通知，希望他們以健康為重，明天只參加戶內的活動，不要參加戶外的宣誓就職和遊行。但是國內的貴賓一致認為遠涉重洋來到華府，這最重要的一刻絕不能錯過。這一晚我就考量明日一定要聯絡華府各位華裔醫師，準備隨時待命，一晚暈頭暈腦無法好好安睡。幸好第二天早上廣播和電視都宣布，宣誓大典改在室內，而遊行活動則取消了，這樣我所有的擔心都化解了。這真是一個明智的決定。

多事之秋

雷根新政府的團隊沒有太大的變化，國務卿、國防部長、國安會助理都未換人。司法部長米斯經由獨立檢察官的調查，證明一切指控都是冤枉的，順利由參院通過接任。而白宮幕僚長貝克則與財政部長芮根（Donald Regan）對調工作。可是就我來說這一年真是命運多乖。

上年（一九八四）底的江南命案愈演愈烈。一九八五年三月二十四日是星期六，我在距華府不遠的威廉斯堡訪問，突然接到處內電話說，出了大事了，要我盡快趕回。

回到華府後先看到一份已發回台北的電報，指出太平洋盆地經濟理事會美國委員會將於二十五、二十六日在華府舉行年會，舒茲國務卿為顯示美國重視與太平洋盆地國家的合作關係，特於二十三日上午在國務院邀請各會員國代表會談並午餐，在討論貿易、仿冒、版權等問題時，舒氏特別請我國代表發言，我方代表先就本題略述我方立場，隨即改變話題，指出如果美國肯出售我方所需武器，就可減少雙方貿易的差額，接著又分三點批評中共的經改政策，指為權宜措施，不能成功。

據在場人形容，舒氏臉部漲紅，十分不耐，接著不待發言結束，起身離席。陪他的巡迴大使費班克（Richard Fairbank）和伍夫維茲助卿也隨即離席。午餐時舒茲回來講話，特別氣沖沖地說：「美國與中共有外交關係並簽有若干協定，此種關係對美有利且甚重要；美國與台灣之間僅有非官方關係。」

國務院主管此一會議的官員藍道夫（Sean Randolph）立即告知程建人副代表，認為此事極為嚴重，因為我方代表講話時手中持有紙張，顯然是本處代為撰擬託他代言。程副代表立刻說此事本處一無所知，此位代表來華府亦未曾與本處聯繫。

三月二十四日下午好友艾倫來家看我，他說過去二十四小時詢問了五位在場的美國副首長階層的官員，他們一致指出舒茲對此耿耿於懷、大發雷霆，並認為此事必然是台北當局或我知道有這項機會發言，而替他準備的，我們全然不知此事的惡劣後果，造成舒茲的困窘以及中共對美的不滿。

我說明此事發生時我不在華府，我方代表亦未曾與我會面，而且此事是損人不利己，絕非我行事的原則。艾倫說舒卿已怒氣衝天，任何解釋都無用，而且未來將採取一連串對我十分不利的措施，如停止軍售、戰機自製案終止、有任何涉及我國事務均由不利我方觀點思考等。

我說美方如此反應未免過當，對於我國政府和我都極不公平。艾倫說：「世界上不公平的事豈只此一件？三年前我被迫由國安會助理崗位上去職，難道是公平？」

查明真相

三月二十五日早上到處不久，我國代表就來看我，他是一位我素來尊敬的長者，但是我不能不坦誠地向他報告星期六（三月二十四日）的講話所引起的嚴重後果。我向他請教是否曾有任何人向他建議如此發言？而他發言時手中所持的紙條是誰給他的？他說早一天日本參加會議的代表東急集團總裁五島昇對他說，自己甫自大陸訪問歸來，認為美國人對中國大陸太不瞭解，建議他次日在會中發言，五島將接著發言支持；至於手中的紙條是因為要談仿冒問題，我政府已採取多項措施，他逐一寫了，以資備忘。聽了他的解釋，我才覺得這實在是「茶壺中的風暴」，根本沒有任何不妥之處，他的意見也沒有不對，只是美國政府對中共畏懼過深，反應過度。他拿出三張手稿，的確是親筆書寫，而且有多處更動，都是針對貿易與仿冒的發言要點，因此我建議他也親筆寫一封信給舒茲說明經過，並且檢附三張手稿的影本，以說明美方的揣測完全是「小人之心」。

第二天早上我正好和浦為廉、班立德有早餐談話，我提到此事發生極為可憾，但是最令我寢食難安的是美方竟認為是我或我國政府在背後授意的，我必須坦白說明我方代表自抵華府，直至昨日以前並未與我聯絡；我也曾電話請示朱部長，台北方面是否對該項發言有所建議，獲朱部長告知並無一人曾提及其發言內容。昨日我向他探詢才知道是日本人五島昇所出的主意。此事引起軒然大波，我政府和我無辜受到波及，美政府必須進行徹底調查，明瞭事實真相，不能任意指控我方，尤不能因此影響美國對我國政府與人民的態度以及雙邊關係。

浦氏表示當日他亦在場親自目睹經過，三月二十五日他曾與我方代表會晤，亦曾聽到他講述始末。此事發生之初，美方反應確甚激動，現在瞭解真相後應冷靜下來。

我說美方對這幾句話有如此強烈的反應與猜疑，實應徹底調查以明真相，我一定充分配合。美方懷疑我個人還在其次，但是我絕不允許此事影響我國聲譽，絕不願此事影響中美關係及我國同胞的福祉。

浦氏表示此事似不必再繼續追究，但他一定會把我對此事的極度關切妥為轉陳。我說自己來美工作已兩年多，行事為人大家應該心中有定見，現在由於一項民間發言稍有偏差，竟至懷疑是我或政府授意，明白顯出美政府對我在華府工作的不滿，我當向政府請辭。

浦氏立即表示，他及國務院同僚對能和我維持現有的和諧關係都極為珍惜重視，我在華府的工作情形有目共睹，美政府各級長官對我均極尊重。

我回到辦公室，國防採購團果芸團長就來告知，我國自製戰機案已遭擱置，正是因為發生了星期六事件。不過稍後浦為廉來電話告知並沒有擱置，而他曾向伍夫維茲報告清早的談話，伍命他轉告：一、伍對我一向敬重、毫無改變。二、此事為我帶來困擾，使伍深為難過。三、伍氏絕不相信該項講話是我授意的傳言，並曾當時當場向舒茲說明。

誤會冰釋

當天中午我早約定席格爾博士午餐，感謝他對戰機自製案所給予的支助，但是我也利用此機會向他說明此案經緯。席氏說美國政府內所有和我熟識的官員都曾向舒茲表示，此事絕不可能是我所授意的。席氏也向我說這件事不應歸咎我國，但事已發生，不啻是一項挫折，今後我國人士再進入國務院與國務卿會晤的機會可能渺茫了。他又說這些話如由日本人或韓國人說並無任何問題，只是由我國人士表達乃使舒卿大發雷霆，但以後也會逐漸冷靜，請勿過於介意。我說個人事小，國家事大；個人受侮辱數年來已成習慣，但國家利益絕不能受到傷害，這是我所以耿耿於懷者。

此時伍夫維茲助卿由聖路易機場打電話到我們用餐的柏維亮餐廳告訴我，他在離開華府前已聽到浦為廉向他報告早餐的談話，他當時就有三點請浦轉告，現在他要說明。當日舒茲懷疑是我授意時，他就解釋說，錢君兩年多來的作風顯示他絕不可能做這種事。現在事實證明他的看法完全正確，他也將整個事件經過報告舒茲，有關疑慮均已澄清，我方的擔憂也可消除。我對伍氏由外埠來電的善意申謝。

這件疑案雖然落幕，我也深深感受作為沒有外交關係國家的代表，真的很難為。另外一方面我也初次發覺中美文化背景確有不同，好像中文中的「冤枉」、「委屈」這些名詞很難妥適的翻譯成英文，英文中雖有 grievance 一詞，但是和「冤枉」之間仍有差距。但是英文中所說「每項災禍都有一條銀色的鑲邊」（For every disaster there is a silver lining）是一點不錯，因為就在我坐車由餐館回代表處的途中，車上的電話響了，那一頭是國防部主管國際安全事務的助理部長阿米泰基，他說早上我和浦為廉的談話，他已知道，他自己去看了舒茲，澄清了一切誤會，戰機自製案進行一切順利，不日就會有好消息。

這忙碌的一天過去，第二天我一早就去紐約，在著名的河畔俱樂部（River Club）向國際事務協會發表演講，該會主席穆斯（David Morse）曾經擔任國際勞工組織的執行長。這是一個小而美的民間機構，午餐十分考究。我以中美關係為題講了二十五分鐘，聽眾紛紛提問，其中一位居然問到台北「十信」發生經營危機的緣由，可見水準甚高。

返回母校訪問

我在下午由紐約坐火車去紐海文赴母校耶魯大學訪問，先到法學院以《台灣關係法》為題發表演說。第二天我去拜會校長，因為公出由代理校長接待，我表示國內相關方面將支援我以《四庫全書薈要》一全套致贈母校圖書館。之後又拜會市長，再到康州州會哈特福拜會歐尼爾州長（William O'Neill）。下午到橋港市（Bridgeport）應橋堡大學邀請演講。晚間和玲玲去看學生時代的住處，發現均已改變，連街道號碼都變了，不過二十多年的時間，變更真大。

二十九日上午我重回母校圖書館，由東亞部主任金子丈夫和副主任馬敬鵬陪同參觀。先在一樓看特別展覽，據說是因為我來而特別安排的我國古代文物展，其中包括簡又文教授捐贈的太平天國文物。接著到五樓的五〇一研究室，現在已改為教授研究室。之後去藏書庫看政治、歷史和文學部的收藏。我看到文學部分我國的武俠小說有數百冊，就對同行的友人表示，當年如果有這些書，不知道我是否還能讀完學位。中午由校友會招待午餐，在校長餐廳，由幾位教過我的教授作陪。下午應邀到我所求學的國際關係研究所參觀，知道該所現在只有碩士學位，不再有博士學位了，這是一項損失，我也應邀以「現代中國」為題向同學講了一小時。

當晚在旅館和康州僑學界聚餐，居然到了三百七十多人，據說是空前盛況。這天正好是青年節，我勉勵青年學子利用機會努力進修，我說報國的日子長，讀書的日子不多，有好機會讀書，一定要打好基礎。當晚有一位參加的同學在一九八五年四月的《波士頓通訊》寫了一篇很長的文章，題目是「錢復博士紐海文演講記」。這位唐漢先生在結論時指出：「耶魯大學校長代表福柏森博士在會中稱道錢代表為該校最傑出校友應非過譽。這兩年來，錢代表僕僕風塵奔波於各校區演講是大家有目共睹的。不論是論學理或講實例，我們一樣見到他侃侃而談。由於錢氏深諳美國政治運作的底蘊，一些兩國之間不必要的誤解與摩擦亦能在他奔走之下化解於無形。」

華府在每年七、八月間炎熱不堪，國會休會，政治上是淡季。但是一九八五年的夏天我們絲毫不敢鬆懈，因為中共國家主席李先念要在七月下旬到美國做十日訪問。雖然事前美國官員一再向我們說明李的訪問，形式上的意義遠超過實質意義。但是我絲毫不敢掉以輕心，因為前一年中共和英國就香港的歸還達成協議，鄧小平曾託英國總理柴契爾夫人向雷根總統進言，盼雷氏遊說我國以「一國兩制」方式完成兩岸的統一。雷氏當然婉拒作「說客」，也向我方透露了實情，但因為李仍是中共政治局六名常委之一，我擔心他對政策仍有發言權；而李的隨員中有副總理李鵬和中共中央辦公廳主任王兆國，都是所謂的「第三梯隊接班人」，同行者還有國務委員姬鵬飛，他又兼國務院港澳辦公室主任，是「一國兩制」的重要設計人。

所以我在李氏行前一個月，一九八五年六月二十日就約新任亞太事務副助卿李潔明談到訪問問題，我引用六月九日《洛杉磯時報》孟捷慕（Jim Mann）所撰專文，說明李在訪美時一定會對「台灣問題」有所表示，希望美國政府能繼續堅定立場。李潔明說美方預料李本人或姬鵬飛都可能提出這類問題，但是美方絕不會主動提；如果中共方面提出，美方將以標準答案作覆。他也提到李來訪時，雙方將就全球局勢、經濟問題交換意見，也可能簽一、兩個協定如漁業協定者，但是不會有意外發展。

七月二日我和伍夫維茲助卿晤面，也提到李來訪可能向美方提出所謂「一國兩制」或「香港模式」的建議，我也深信美政府對此事不願介入，但是切盼美方領袖都能充分明瞭此立場，發言時口徑一致，而用詞遣字方面更要注意，寧可同一詞句多次重複，切不可意圖推陳出新。伍氏表示當設法使與李晤面的各位首長都能切實瞭解。

李抵美前二日，美方向我們詳細簡報來訪的細節，包括雷李會面因雷氏患病初癒將以二十分鐘為度，包括翻譯時間。美方擬談的內容：國宴時雷氏可能不終席先退；雙方將宣布布希副總統於十月訪問大陸；中共駐芝加哥總領事館正式開館；確定簽署教育交換協定、文化議定書、漁業協定三項，倘能源合作協定能備妥亦可能簽署；美方對李鵬隨行極為重視，將特別為他安排一系列的經建節目。

訪問結束，伍夫維茲助卿於七月三十日提出簡報，他說李氏此次訪問，美方認為其對「台灣問題」甚少提到，事實上李在啟程前曾告知美國駐北京恆安石大使，此行是作客，因此對問題點到即可，不能爭執。不過李氏在談話中多次強調中蘇共間存在的三項障礙，就是阿富汗、柬埔寨及中蘇邊界蘇聯重兵駐屯。有趣的是李氏雖一再提到與蘇俄間的困難，但是也要求美方勿對外透露。

我也詢問伍氏中共迄未簽署防制核子武器條約，何以此次美同意與其簽署核能協定？伍氏表示此一協定中即包含防制核子武器繁衍條約的精義及承諾，此項協定談判甚久，因為中共是核能的大供應國，此案需經美國政府內部五個機關：國務院、能源部、核能管制委員會、國防部和國安會逐一核准，所以延緩很久。

布希訪大陸

我也藉機提醒伍氏，布希將於十月初去大陸，此期間一日是中共國慶，十日是我國國慶，時間甚為敏感，盼美方予以避免。伍氏稱已訂十四日啟程。

鑑於三年多前布希訪問大陸發生「三函件」事，我特別在他啟程前約了他的首席外交顧問葛來格餐敘。他先表示美國目前對兩岸的基本政策是維持和雙方均有互信、影響力和接觸的機會，因此美國與中共交往將不損及我方權益。他知道我對布希的訪問很關切，所以將坦告此行的目的。葛氏說上次訪問大陸時，雙方關係很緊張，布希與鄧小平會面時雙方均很不愉快；但是這次訪問雙方沒有重大爭議，所以此行沒有談判任務，只是官式訪問，交換意見以及增加對中共新一代領袖的瞭解，布希特別對李鵬感覺興趣，此行擬多與他接觸。

我表示布希於結束大陸之行後要去香港發表演說，有鑑於中共正大力推銷「一國兩制」、「香港模式」，希望布氏在演說時不提到相關問題。他說講稿還未撰寫，一定會注意此一意見，不過由於美在香港投資甚多，在演說時必須提起最近香港經濟指標改善以及投資逐漸增加的事實。

美堅持不介入兩岸問題

稍後國務院也告訴我，布希去大陸帶有一封雷根致李先念的函件，提到李氏訪美及布希訪大陸並邀中共總書記胡耀邦訪美以及雙邊關係發展等，並無任何涉及我方的文字。

在布希訪問中，他和趙紫陽談話時，趙曾抱怨美國對華的軍售，布希答覆此事應設法解決，我曾向伍夫維茲（留在華府，由李潔明陪同布希）表示此語不妥，伍說他看到電報時也感到意外，因為此一問題無法解決，美如同意與中共解決此類問題，必將愈陷愈深。所幸布希在離開北京的記者會中已將他的說法更正。

十月十八日外交部來電：「貴處多方探悉有關布希訪問資料及所做各類研判，僉甚詳盡正確，頗具參考價值。布希此行已近尾聲，有關發展與貴處研析相符，特電嘉勉。」

李潔明隨布希訪問後回華府，於十月二十二日和我見面，詳細敘述訪問情形。他說布希和趙紫陽有一個上午的談話，趙對台灣問題著墨甚多，先指出《八一七公報》後美對我軍售，數量未減，質量反增，他希望美國能進一步裁減。趙也希望美能支持「一國兩制」並採取具體行動。布希則表示美政府一直遵守三項公報的規定，至於海峽兩岸問題，美國立場是不介入。李氏特別提到胡耀邦，他說胡其貌不揚，談話時從未正視布希，左顧右盼，似在對其部下發言，很像當年的張春橋，中共方面接待人員也私下告訴李，他們對胡的表現感到難堪。

李亦告知，鄧小平在會晤布希時表示，台灣問題在美國與中共關係上是沒有解開的「結」，將來不知在什麼情況下會導致衝突；鄧也問前此託柴契爾夫人所帶的信息，美方有無反應？布希立即答稱：「無反應。」

那天晚上在華府修翰旅館舉行「向高華德致敬餐會」，在飯前有小型酒會，要進餐時在首席座位的賓客最後進場，布希夫婦就來向我和玲玲致意，對我們邀請其公子邁克夫婦到官舍用餐表示感謝。我就問他長途飛行回來是否已恢復疲勞，並說早上李潔明曾將訪問情形詳細簡報，知道他在訪問中秉承原則，未對我有任何不利的情形發生，非常感謝。布氏說此行中共方面對「台灣問題」並沒有太多的談論，但是美國媒體則基於新聞考量，刻意發掘美國與中共不和諧的課題，因此大肆炒作「台灣問題」，他對此甚感不快，但亦無可奈何。

在布希訪問大陸時，新加坡李光耀總理來華府訪問，他在一九八五年九月中旬曾會晤蔣經國總統，蔣總統託他帶了一頁書面信息給雷根總統，內容是感謝雷氏多年來堅定的支持，目前中共對我以各種手法使我國在國際上孤立，對於美國則是設法造成「廢法、逼和、停售」，中共一再對美稱我國是美國與中共改善關係的障礙或絆腳石，而自去年九月與英國達成香港歸還協定後，就一再以「香港模式」、「一國兩制」作為新的統戰手法。蔣總統向雷氏保證他將堅持不與中共談判並且永遠堅守民主陣營。

李總理於十月十二日下午由北卡羅林那州的拉利市打電話給我，他已在十月八日白宮晚宴時將蔣總統託的信息轉給雷氏，對方反應極好。李總理形容雷氏視蔣總統為好友，雙方有親切、鞏固與堅定的感情。雷氏也託李總理代向蔣總統轉達一項信息，李總理將於十月底或十一月初來台北面達，要我先行報告。我也向李總理報告他日前在美國國會的演說闡釋自由貿易的重要，並忠告美國會不宜通過保護主義的法案，讜論令人欽佩，我曾在十月十日上函表示敬意，託星駐美大使許通美（Tommy Koh）大使轉陳。

返國述職談江南案

一九八五年底我得到外交部指示要我返國述職。我和玲玲於十二月二十七日早上離華府，次日晚抵台北。台北《自立晚報》於二十三日以「迎慰錢復代表」為題撰寫專文，其中指出：

可以想像，以如此熱情愛國之錢君復，年餘以來，歷經國內多種變故，其內心之感觸及其在職務上所遭逢的困窘，絕非未經身歷者所能道其萬一。或謂，錢氏今日回到國內為受敬愛的人物，而其在美，則處境之惡劣，之事倍而功不能半，之委屈亦難求全，絕非前此歷任駐美使節所曾經，抑亦非國內諸公所能知，我們所以迎錢氏者以此，所以慰錢氏者以此。

十二月三十日我晉見蔣總統，他因感冒在床上休息，見面即說：「大成功，恭禧你。」又說歷年駐美大使代表從無如此成功的，我一再表示不敢當。他接著要談江南案，我看他的健康狀況不好，怕他煩惱，所以說改日再談，我只報告了美國一般工作的狀況，以及與蔣夫人處有定期報告。

接下來兩週我曾分赴立法院、國大和監察院報告業務並接受質詢，中央民意代表對我非常禮遇，包括當時的「黨外」民代亦然。一九八六年一月六日我再去晉見總統，比上次見的氣色好很多，心情也好，特別要攝影官進來為我們兩人攝影，又對軍售問題談了頗久。稍後高華德參議員來，他親自為高頒勳。

這次返國，國防部特別在一月八、九兩日安排前往龍潭中山科學院、台中的航空發展研究中心以及金門，並由葉昌桐副總長全程陪同。這時戰機自製案已得美方同意，航發中心正積極推動。華錫鈞主任在簡報中說明新機的原型將可在兩年半後出廠，一九九一年就可量產，我聽了十分興奮，覺得在華府的努力是有成效的。

一九八六年一月十一日上午蔣總統又召我前往，他仍然對中共的統戰非常關切，他告訴我胡耀邦在元旦去溪口，他所走的路線就是當年蔣公離開大陸的路線。他又提到先父，說先父是他一向尊敬佩服的教育家，為人正直而且家教十分好。之後他主動談江南命案，表示他對和解有疑慮，因為擔心可能影響到國家的存在。我告訴他：「和解不是私下了結，而是政府對所用官員犯的錯誤，對受害人表示撫慰的意思。」我很清楚有人向他進言絕不可和解，因而我報告將撰寫一份詳細分析報告請他裁奪。

這次返國述職發現遇到的國人都十分親切、支持。有一天我由淡水坐車回台北，在承德路三段等紅燈時，旁邊一輛計程車的司機，透過車窗看到我，就伸出右手大拇指，他也告訴後座乘客，他們搖下車窗大喊加油。這種場景很多，給我極大的鼓勵。

大老的忌諱

但是就在返任前不斷發生使我十分困擾的事。先是一月十五日上午我去拜見一位大老辭行，剛進門他脫口而出：「今天《聯合報》有施克敏的一篇文章十分不妥，對你也極有傷害，你知道嗎？」我聽得一頭霧水，因為那天清早陸潤康兄約我早餐，他剛因十信案辭去財政部長職務，我們談了很久，所以還未看晨報。大老就將桌上的報紙交給我，文章的題目是「華府關切錢復返台述職」，主要是引述施君和一些美方官員談話的情形，我實在看不出有何不妥，因此只能說：「媒體工作者有報導的權力，我人在台北兩週以上，對於為什麼會有此文，對我會有什麼傷害，委實不知道。」大老此時好像意有所指地說了一句話：「伯謀（馬紀壯先生當時剛發表駐日代表）前幾天來看我，我對他說要『少作事』，要防日本人利用家族。」我左思右想實在不懂，就只有報告，明天要返回任所，特來請訓。他說：「沒有什麼，以後少講話。」我說：「恐怕困難，國人來看我，我不能不開口；外人請我演說，我不能拒絕。」我心中在想少作事、少講話，國家派我去美國為了什麼？但是我沒敢開口。

回到旅館再將克敏兄的文章看了幾次，終於找出大老不悅的原因。文中第一句話：「一切關切中美關係人士的眼光裡，……錢復這次返國述職，其……重要性……可能只有一九六二（應為一九六一）年中華民國駐美大使葉公超返國述職那次，可資媲美。」這句話可能犯了某些人的忌諱。

文章中間提到江南命案和李亞頻案（美國《國際日報》發行人，有美國國籍，在國內高速公路上以現行犯方式被攔截拘捕）：「先後在錢代表任內發生，美方人士不解的是，以錢代表受教於美國，折衝於美國，對美國的瞭解，難道他給台北層峰的報告被過濾了，而未達到預期效果？難道以他與當局的關係，膺命來美主持大局，卻失去了對美外交一切措施的控制。」有些人士看了是會不愉快。

該文最後一段說：「華府美方人士注意到，錢代表返回台北後，除了必要的國會質詢列席外，在新聞報導中幾乎看不到他的行蹤，這是實質與高層諮商的表徵。他們瞭解錢代表述職返美後，將是他外交生涯另一個起點。」這段話當然也會冒犯到若干人。

一月十六日是我返任的日子，北美事務協調委員會在上午十時為我安排記者會，長約八十分鐘，媒體問得很多，從軍售到經貿，從亞銀的會籍到小留學生，從江南命案到李亞頻案。當時還在《中國時報》工作的孫揚明君問到，最近蘇聯的軍事力量由海參崴伸展到金蘭灣，蘇俄艦艇和戰機出沒於台灣海峽，對於我國爭取美國軍售有無助益？我的答覆是此地區所有的自由國家對於這些活動都極注意，美國自然也不例外。在如此的情況下，美國瞭解要維持西太平洋的和平安全，特別是海道交通的安全，西太平洋地區每一個自由國家都有其重要性，所以中美要談軍事或軍售問題，要在這一個基礎之上共同努力，這樣才有效果。

大老意興文字獄

次日各報都有相當篇幅的刊登，想不到引起某大老的不滿，他先要外交部將記者會的錄音帶送去聽，之後更命令外交部將我說的話逐字記錄，認為我有嚴重失言。部內同仁也電告程建人副代表，他很為我擔心，特別找了錄音帶親自聆聽多遍，並逐字記錄。我一到華府，他就告訴我事態嚴重，大老顯然有意「興文字獄」，但是他仔細看了幾遍，認為我說的沒有任何差錯。

之後我聽說外交部奉命所作的研究，仍迎合大老的喜好，有如此的結論：「目前中美、美匪、美蘇、匪蘇及匪我關係，至為複雜微妙，為爭取美國軍售，自無不可運用之處，惟我不宜公開強調我在反蘇方面與美方之共同利益，今後應避免在公開場合作類似之說法。」

有趣的是，外交部的研究只是送給大老，並沒有給我，自然我在公開場合不必避免類似說法。大老拿了這項研究，在一九八六年一月二十五日蔣總統親自主持的討論江南案與亞銀案的高層會議中，正式提出要對我展開批判檢討。不過由蔣總統開始，與會人士沒有一人發言響應，這件事就此不了了之。

實際上，半年多前原任雷根總統的國安助理克拉克曾帶領一個五人訪問團到台北，並在一九八四年五月二十三日晉謁蔣總統，在談話中蔣總統曾說明中華民國在西太平洋地區所具有之雙重重要性：一、制衡中共勢力之對外擴張。二、鑑於蘇俄刻正積極發展在太平洋之海軍軍力，我處於海參崴至金蘭灣中間點之樞紐地位，對防阻俄軍力擴張之戰略價值至為重要。「盼能轉達雷根總統。」接著蔣總統強調我國維持空軍優勢的重要性，希望美方全力支持我戰機自製案。蔣總統稍後並命我將談話要點譯成英文親送給克拉克。

其次，該年六月八日空軍總司令郭汝霖將軍來華府訪問，特別對我強調蘇俄機艦頻頻在台海出沒，對我形成威脅。我在記者會上所講的和他們兩位所說的完全一致，為什麼我說了就變成了錯誤？

如果今天的政治人物遇到這種不白之冤，一定會立刻招待記者大作「嗆聲」。但是我一直記住蔣總統迭次對我的訓示：凡事忍耐。因此我默默承受，未發一言，也沒有向台北當局有所申訴。

相反地，我述職返任後曾詳細向同仁報告國內長官對代表處的高度期許，勉勵同仁要加倍努力推展中美實質關係，以報國人對本處工作的厚望。

這一年（一九八六）開始美國政府對我在華府的活動限制逐漸減少。三月八日喬治城大學外交學院的國家戰略研究計畫，原是為國防部官員提供兩年完成碩士學位的計畫，之後國務院、國安會、中情局、商務部的官員也加入，邀請我去講課，指定的題目是「中美關係」。那天先是午餐，剛要開始，火警警鈴大作，大家都奪門而出到庭院中疏散，經過檢查沒有火災，又回到教室，就有學員開玩笑說，一定是某方面不喜歡錢博士，所以有這樣的惡作劇。我演講結束後聽講的一百五十多位學員很有興趣，不斷提問，幾乎欲罷不能；後來還是由教授結束課程。第二天在座聽講的唯一我國國籍、正在該校攻讀博士學位的林中斌君寫了一封鼓勵我的信，表示他周邊的聽眾一致認為我的講話和答詢是全天中最精采的節目，他個人更覺得昨天的課是在喬大多年中數一數二難得的經驗。林君後來治學、任教、從政都有非常卓越的表現，他的鼓勵對我是極具意義的。

六月十二日華府的國家記者俱樂部（National Press Club）請我演講，我選的題目是：「中美貿易關係：繁忙的雙線交流」。事實上演說不是重點，之後的問答最為重要，由軍售到一國兩制，由華航與中國民航談判到政府與黨外的溝通，我來者不拒有問必答。

七月十六日《紐約時報》華府記者赫希（Robert D. Hershey, Jr.）在「華府漫談」版刊登了全版的「工作剪影」（Working Profile）介紹我。我在六月二十三日約該報華府分社主任班德（David Binder）和他的同僚餐敘，這是我經常作的，他在七月十日派赫希來代表處和我談了一小時並由攝影記者拍照，之後寫成這篇報導，主要是討論中美經貿問題。因為這是避免美國政府有異議的好法子。

美質疑我對亞銀會籍的堅持

時間再倒回到三月，國內執政黨定於一九八六年三月底舉行十二屆三中全會，外交部接著舉行一九八六年使節會議，我再奉召回國。在返國前，美國新任國家安全事務助理彭岱斯特（John M. Poindexter）約我於三月十四日下午會晤。他見面就表示深悉中美關係近況良好，雙方交往雖不能顧全到形式，但能不斷努力促進此項關係。他對我在華府的貢獻，特別表示欽佩。我說今天的關係是雙方朝野共同努力的結果，而雷根總統對我國政府及人民的友誼和關懷，更是我們深為感激的。

此時彭氏提到一項重要問題，就是我國在國際間的地位和形象，他特別提到「美國正全力設法維護我國在亞洲開發銀行的地位（詳見第十六章），而近日貴國外交部所發表的聲明顯然無意維持本身的地位，實在無助於貴國的國際形象，美國甚感關切，盼代轉達層峰。」我說美方的善意，雷根總統、彭氏本人及國務院、財政部許多友人的努力，我國都很感謝；「但是此案我們在國內因素必須顧及，我也曾多次向貴國說明，今日閣下所述各節將詳細呈報國內。」接著我和他就軍售問題洽談甚久（詳見第十四章）。我接著就問他當天《紐約時報》刊有蓋爾布（Leslie Gelb）所撰一篇專文，提到雷根總統將向國會提出一項咨文，對於美國的友邦其有違反人權不民主的做法也將予以制裁，該文指出此類友邦最突出的是海地、菲律賓；以後可能受影響的有韓國、智利和我國，不知文章所述是否事實。彭氏很爽快地說文章的內容完全正確，但是標題則有誤導之嫌。我又問雷氏這項構思起源為何。他說大概去年（一九八五）十二月間開始起草，其內容並無新意，只是詳細說明對民主與人權的重視，將援助與這些基本價值相連結，更容易得到國會的支持。最後我又提起卡特政府在中美斷交時所訂的一些毫無意義的自我限制，如美國官員訪華，或雙方代表人員到對方官署拜會等，希望美方慎予考慮，或取消或放寬，對中美關係的增進必有助益。他表示對於我的關切非常瞭解，相信假以時日當可能有解決的機會。

兩次「動搖國本」的建言

我在一九八六年三月二十七日啟程返國，次日晚抵台北。二十九日清晨多位訪問華府的增額立委來旅館和我共進早餐，談了不久，接到電話要我立即至中山樓。一到蔣總統就約見我，談了一小時，我利用機會將和彭岱斯特談話時所提到的美國政府將對友邦的人權狀況認真檢視，如不理想則不能獲得軍售。

我國在最近幾年發生了許多不幸的案件，在美國和國際上對我們的形象傷害極大，如陳文成案、江南案、李亞頻案，還有許多國人想回國而無法回來，這些案件基本上都有情治機關濫權的事實，而情治機關之所以能如此，全是所謂「戒嚴時期」在作祟。我向蔣總統報告，我們所謂的「戒嚴時期」實在和西方國家所稱的戒嚴（Martial Law）有很大的出入。西方國家的戒嚴有四大特色：一、《憲法》停止適用。二、國會被解散。三、軍人政府取代文人政府。四、人民若干的權利被停止行使。以我國的「戒嚴時期」來說，前三項都不存在，只有第四項有少數存在，也就是若干案件本應由普通法院審理改由軍事法院審理，另外就是民眾出入境受到一些限制。我們實在不該因為這些問題而背負「戒嚴」的惡名。我具體請求蔣總統結束「戒嚴時期」以改善我國在國際上的形象。這一段話我說了約半小時，蔣總統很慈祥地聽沒有打斷我，等我結束以後他回答說：「君復，我曉得你在這個問題上受了許多委屈，我要告訴你，這個問題我也想了很久，不能做，做了會動搖國本的。」他這麼說，我就無法接口了，只有再報告一些軍購、亞銀等案件，直到隨侍人員進來報告十時半要進行全會開幕式了，原來我已報告了一小時。

那天蔣總統看來臉龐臃腫，行動不便，開幕式的主席講話由馬樹禮祕書長代為宣讀，我們都感到很難過。三天會議結束，接下來四月一日、二日兩天是使節會議，我在第二天下午二時半報告中美關係，特別強調美國保護主義的抬頭以及對智慧財產權保護的重視，希望國內主管機關能充分配合預作因應。剛報告完又接到電話要我立即去七海晉見蔣總統，他因足部不適，坐或站時都會痛，只能躺著。他指示要我將四天前向他報告的事再談一次。我覺得很奇怪，因為他自從七十一年二月眼部動手術後不能看文件，但是聽人讀報告則記得非常清楚。我只有遵辦，當然我也將三年多來美國國會雖然絕大多數議員都支持我們，但是仍有若干議員認為我們不是完全的民主，人民沒有完全的自由和人權，三不五時在委員會的小組會中辦聽證會批評我們。我認為止謗莫如自修，我們應該走大路走正路，相信自己的同胞。現在民智大開、教育普及、開放觀光，民眾沒有什麼事不知道的，所以許多管制措施都是自己騙自己。我特別舉了新加坡的大華銀行總裁黃祖耀來華時發現自己名列黑名單（詳見第一章），經我向國安局查明，才知道黑名單根本是東抄西抄拼湊起來的。他聽了也笑起來了。不過他聽完了以後還是那句話：「會動搖國本的。」我知道他內心正為這個問題在爭辯，那句話我聽了很熟悉，我也知道是誰常對他說這句話。第二天我就返回任所。

蔣經國總統決定解除戒嚴令

四個多月以後，代表處國會組王豫元祕書陪國會助理團返國訪問，回到華府在七月十八日上午來看我，並說在台北時李登輝副總統的祕書蘇志誠託他轉告，國內正在積極處理一些敏感的政治問題，最先解決的可能是戒嚴問題。但是我因為在台北時蔣總統兩度以「動搖國本」來說明不可能結束「戒嚴時期」，所以我聽了豫元兄所說的話仍是半信半疑。又過了兩個月，九月十六日我接到孝勇兄自台北來的長途電話，他只說了一句話：「父親要我告訴你，他想了很久，認為還是君復的意見對。」因為這通電話只有一句話，我聽了並不能全然明瞭其中的涵意，不過我的習慣是不太在電話中多講話，所以只是託孝勇兄代向老太爺問安。

三週後我終於瞭解電話的真意，因為蔣總統在一九八六年十月七日會晤美國《華盛頓郵報》發行人葛蘭姆夫人、總主筆葛林斐德女士（Meg Greenfield），在答覆她們所提的「何時有可能解除通常被稱作戒嚴法的緊急令？」時，脫離新聞局所備妥的制式答案，直接了當地表示政府將很快終結此項緊急令，他也依照我的建議說明過去所謂的「戒嚴」，只是若干應在普通法院審理的案件，交由軍事法庭審理，以及人民出入境受到若干限制。蔣總統也指出在結束戒嚴前，立法院必須先通過《國家安全法》，因此他無法預估何時可以結束。

這項訪問成為該報十月八日頭版頭條的大新聞。當天美國政府、國會、媒體、智庫的友人紛紛打電話來道賀。最高興的人是代表處新聞組姚雙組長。很少人知道他為了這次訪問作了多少努力。姚君是一個真正的「工作狂」，全年無休。他和《華盛頓郵報》上下都有極友好的關係。他常和我說：「代表，我和他（她）交往就一如當年大學時代『泡女生』的精神，鍥而不捨。」事實上郵報同仁自律極嚴，絕不接受招待。葛蘭姆夫人一行完全自費，因此要讓她們主動去某一個國家實在不是容易的事。姚組長以無比的決心和毅力完成了這項「不可能的任務」，的確是值得大書特書的。

一週後阿拉巴馬州的丹頓參議員（Jeremiah Denton）在參院就此次的訪問發表演說，他指出蔣總統不僅將結束戒嚴，更願使能認同三民主義、反共及反台獨的新政黨取得合法地位。丹頓認為蔣總統的觀點非常正確，因此他建議將《華盛頓郵報》的報導以及《新聞週刊》的〈台灣：風向的轉變〉一文均列入國會紀錄。

在眾議院，來自佛羅里達州的外交委員會法塞爾（Dante Fascell）主席於十月八日也發表演說表示，多年來外委會的同仁對台灣長達數十年的戒嚴法表示關切，今天《華盛頓郵報》刊載蔣經國總統準備取消戒嚴，同時與反對者進行對話，這些都是積極而正面的民主化發展。索拉茲眾議員也在十月十日於眾院發言，讚揚蔣總統採取明確的措施，由於他以往在經濟、社會和政治方面的努力，使台灣人民已充分準備積極參予新的政治程序。

蔣總統繼十月七日的宣布後，接著又對十餘位服刑中的叛亂犯予以假釋，之後又將美麗島案中服刑的姚嘉文先予假釋，更積極推動與九月二十八日自行成立的「民主進步黨」進行對話。國內許多政治革新措施在美國引起許多迴響。

學者建言

一九八七年二月七日是週末，許多位在美著名大學任教的華裔學者，包括許倬雲、丘宏達、高英茂、陳博中、李文朗、蔡文輝等主動來華府和我晤談，討論國內政治問題。學者們很多的發言的確令人深省。

蔡文輝教授表示國內是有不少進步，蔣總統也受民眾愛戴，但是民間省籍問題仍然存在，在南部尤為顯著，究其原因仍與「二二八事件」有關，甚多台籍人士認為政府對此一事件應有更明白的交代。李文朗教授也同意此項看法，他更指出國內今日的社會結構也有問題，他特別指出司法界的風氣不佳，使民眾對政府喪失信心；他也指出外省籍中低級軍公教人員的子女因家庭環境較差，易走上偏激之途。陳博中教授指出，去年年底選舉，執政黨及在野黨均有嚴重違反選罷法的情形，必須矯正；他表示政府對「二二八事件」蒙難者應有一交代，對目前仍在押者則應釋放。高英茂教授對中央民意代表之久不改選，認為必須找出解決辦法，似可參考日本國會的結構，選舉一百名代表組成上院；政府在諸如「二二八事件」等問題上必須使人民感到有在行動。許倬雲教授的發言亦代表余英時教授的意見，認為政府必乘「二二八事件」相關人士尚未完全去世前將真相澄清，以防止日趨「神祕化」；政府應發表聲明表示哀悼，另成立調查委員會以查明真相；對海外異議人士除主張暴力者外，應允許其回國。我聆聽各位的意見後表示大家都是誠摯建言，我一定詳細地報告政府。可惜以後沒有得到任何回音。

又過了幾天，新成立的民進黨組團訪美，共有二十一位團員，他們透過「台灣人事務公共委員會」表示要來看我，我說很歡迎，結果他們推了四位代表是立委康寧祥、許榮淑，國大代表洪奇昌、台灣省議員周滄淵在一九八七年二月十日下午來看我。我先向四位就中美關係的現況和問題作簡報，接下來康委員詢問新台幣匯率問題（詳見第十七章），我予以說明。許委員提到旅外國人返國被拒問題，我說這問題我們極重視，本處及駐美各辦事處經常向國內建議應予放寬，但是國內主管機關顧慮甚多。許委員特別提出華府陳唐山君回國問題，我說陳君任職美商務部，在國務院內友人甚多，本處也常和他聯繫，據聞國內對他有所要求，他似乎不願照辦，本處也感覺左右為難。康委員表示必須在政策上有全盤改進，希望我在政策層次上多作影響，他對本處和台鄉會間的聯繫認為尚稱良好，比過去改善很多。我特別指出本處服務組黃允哲組長在這方面相當努力，我說溝通化解歧見是很重要的，彼此要和衷共濟。康委員說自從民進黨組黨並參加競選以來，同時蔣總統採取一系列開放措施後，我國在國際上的形象大為改進，這是不爭的事實。

這年初在台協會主席丁大衛接替宋賀德到台北擔任處長，而國安會主管東亞官員勞克思接任主席；此外李潔明副助卿派赴韓國擔任大使，由駐新加坡大使芮效儉（J. Stapleton Roy）接任副助卿，而伍夫維茲助卿派往印尼任大使，由席格爾博士接任助卿，至於席氏在國安會的遺缺由國防部主管國際安全政策副助理部長凱利（James Kelly）接任。

堅持「不接觸」立場

一九八七年初我就獲悉舒茲國務卿又將去大陸訪問，時間是三月初。二月二十日芮效儉助卿初次與我會晤就是簡報舒氏行程，他將於三月一日由港經桂林赴北京。在桂林停留純為觀光遊覽，當晚與中共外長吳學謙初次會談，並由吳邀宴。二日上午與吳二度會談，並將拜會趙紫陽（新任中共總書記）及李先念國家主席，當晚由舒卿答宴。三日上午與美僑商會會晤並拜會鄧小平，下午舉行記者會。四日赴大連向美國支持設立的企管研究中心發表演說。五日赴濟南登泰山、訪曲阜孔子故鄉。六日赴上海有一演講以紀念《上海公報》簽署十五週年，結束後即前往韓、日兩國訪問。我問雷根有無信函託舒氏帶往？芮氏表示有三封問候函分致趙、李、鄧，但是沒有實質內容。此行無任何協定簽訂，不致有任何意外。

芮氏亦對就雙方可能商談的課題予以敘述。最後表示由於吳學謙宴時正好是《上海公報》十五週年，舒氏在答詞中將重申美國對中共政策，強調三點：一、美國承諾只有一個中國，不贊成兩個中國或一中一台。二、美國認為海峽兩岸的問題應由中國人自行和平解決，此點中共方面亦認為係其大政方針。三、美方亦將指出，世事並非靜止不變，而係逐漸演變，至於演變的速度應由兩岸的中國人自行決定，美方注意若干發展似有助於雙方關係的弛緩或接觸。我立刻指出一個中國絕非指中共，希望美方在談話時特別注意到細微末節（nuances），確守立場不可退讓；我特別指出第三點中「接觸」一詞甚為不妥，務請避免。我也問芮氏美方為何要作如此詳細的申述。

芮氏說最近台灣的各種發展，美國極有興趣，中共方面亦然，特別是自去年（一九八六）民進黨成立後，各種主張非常引人關注，美方之所以重申一個中國立場就是針對這種主張，避免發生誤會。對於我反對使用「接觸」一詞，芮氏表示亦將忠實反映我方的嚴重關切。

過了兩天我又款宴政治次卿阿瑪寇斯全家，我重提舒茲在吳學謙的答詞中使用「接觸」一詞，我政府也致電要我切洽美方勿予使用。因為我國處理兩岸關係仍是依循不談判、不妥協、不接觸的基本立場，所以要請美方體認我政府對此問題的認真態度，勿用該一名詞，以免我們受窘。阿氏表示他對我所說的完全明瞭，事實上中共方面一再盼望美方能促成海峽兩岸的接觸，而美方則均予拒絕，美方仍將繼續如此作。「貴國對接觸二字高度敏感，我將親自向舒卿報告。但是我也知道台灣與中共間的貿易數字很大，台灣的民眾到大陸訪問的也甚多，這種間接的接觸，確實是存在的。」我解釋所謂貿易乃是轉口貿易，我們無法控制，至於民眾的前往，政府無法干涉，但是我所強調的是兩岸的政府間和執政黨間絕無任何接觸。

經過我的一再交涉，國務院台灣事務協調官卜道維（David Brown）終於在一九八七年二月二十六日晨告知舒氏於離開華府前已決定，此行在任何公開場合決定不使用「接觸」字眼。

舒茲訪問結束後，白宮國安會亞太主任凱利在收到隨同舒氏前往的包道格（Douglas Paal）口頭報告後，立即在三月九日約我晤談。他先說知道我們對於舒茲五日在上海餐會中的講話表示關切。誠如芮效儉二月二十日告訴我的，美國政府是因為有新的對我軍售，以及民進黨公開主張「自決」，而決定利用此一場合對中共有所表示，原先是要用接觸，因為我方強烈反對故改用

「人際交流」（human interchange），凱利認為此一說法應不致造成我國困擾，而且美政府重要人士不會再就此問題再作類似發言。而美國新聞界對舒氏發言亦未予重視。

我對凱利表示舒氏的講話這兩天在國內和美國的中文媒體受到重視，個人甚感憂慮，不知美方為何必須作此項講話？凱利說，芮效儉君十餘日前所說的兩項原因是實在的原因。

凱利進一步說明舒氏此行，大陸方面準備極為周詳，每一個接觸到美方訪問團的人都收到詳盡的簡報，並且有一致的發言重點。而中共的領導階層在發言時都很嚴肅認真，可能是因為胡耀邦對外人談話隨便以致下台所產生的影響。大陸方面亦藉著舒卿訪問向美國日本西歐傳達訊息，即大陸經濟改革開放將持續，歡迎外國資本技術進入。

外交部在一九八七年三月十四日來電表示：「此次美方於舒茲國務卿訪匪前，就他演說有關我之部分先予執事諮商，足徵美對我方之尊重。執事因應得宜，足堪嘉勉。」

席格爾助卿隨舒卿訪問大陸後又去了日本、韓國、印尼，到三月中旬才回華府，我們在十七日會面。席氏說此行順利，雙方晤談也相當愉快，中共領導階層多表示開放政策將予持續，胡耀邦的下台是因為他無法使改革開放與馬列主義相配合，中共將繼續是一個社會主義國家，不會走向資本主義。

席氏提到舒氏在上海的講話，特別申述美國政策無任何改變，亦沒有改變的意圖。此次演說中所提的「人際交流」是指雙方留學生的接觸，雙方人士共同參加國際非官方組織，都是既成事實。此一演說除我國方面深為關切外，其他各國和隨行的記者都沒有任何反應，演說沒有任何創新只是陳述事實，不希望海峽雙方重回軍事對抗的局面。

促成夫人團訪華

在舒茲訪問大陸的同時，另有兩件頗有意義的事，一是美國政府限制高官來華訪問，但是他們內心對我國仍然頗為嚮往。我們經常在宴客時談到國內的種種建設、觀光勝點、故宮文物、中華美食，他們都很神往。所以玲玲就和她的好友，華府社交名人，曾參加美國出席聯合國大會代表團的古柏史密斯夫人（Mrs. Esther Coopersmith）商量，由她出面組團，約了司法部長米斯夫人（Mrs. Edwin Meese）、能源部長海林頓夫人（Mrs. John Herrington）、美國貿易談判特使尤特夫人（Mrs. Clayton Yeutter）和參議院軍事委員會主席龍恩夫人（Mrs. Sam Nunn）、參院能源及天然資源委員會主席強斯頓夫人（Mrs. Bennett Johnston）等，應中國文化大學邀請，於三月一日起訪問一週。她們曾赴省府、龍潭小人國等地，並在三日下午蒙蔣總統親予接見，大家都非常滿意。日後這些夫人都使她們的另一半成為我國的摯友。

再就是由嚴長壽伉儷率領的亞太旅行協會我國分會組成的北美觀光推廣團，於三月十九、二十日來華府推展我國美食和民間藝術。這個團共三十人，個個身懷絕技，有來自福華、富都、美麗華、亞都、國賓、力霸、老爺七大旅館的名廚，有表演國劇、民族舞蹈的藝人，也有表演書法、繪畫、古箏的藝術家。我們在十九日晚安排在華府國會山莊凱悅大旅館宴請國會議員、政府官員、旅遊界人士、媒體人士兩百餘人舉行大型餐會。其間有廚師表演冰塑、刀切胡蘿蔔成漁網以及拉麵等特殊功夫，並有國劇演唱、民族舞蹈穿插其間。晚間的高潮是國畫大師張杰表演繪畫並當場抽獎贈送幸運得主，中華航空也捐贈兩張機票，抽中者可以訪問台北一週。那天晚上賓主盡歡，次日華府社交專欄作者比爾女士（Ms. Bette Beale）並有專文介紹，華府的第九號電視台也有半小時的專訪。二十日晚上在雙橡園舉行較小規模的宴會，主要邀請華府社交界的名流六十位參加。布希副總統的幼子馬文（Marvin Bush）夫婦也來共襄盛舉。

第十一章 駐美的最後一年

這次回國另一個令我極為不安的事就是匯率，我在返任前舉行的記者會中就表示，我不是為匯率問題回國，大家也千萬不要把我看成「瘟神」，此話一出，記者們哈哈大笑。

一九八七年四月，國內行政院有局部改組，外交部朱部長退職，由政務次長丁懋時接任。四月二十一日清早我收到行政院俞國華院長的電報：

此次本院局部改組，朱部長以健康為由堅辭現職，經奉准由丁次長繼任。吾兄折衝對美事務，為當前外交第一重點，堅苦奮鬥，遠佩賢勞，政府自當盡力支持，協助吾兄增進中美關係，無任企盼。

我接到電報，對於俞院長的德意非常感激。因為台北時間還是晚飯光景，所以我就打電話給新任丁部長，除了道賀，並請他多予指導。他說我是國外第一個向他道賀的，也向我說明外交部易長的始末。我也擬了一個電報呈給俞院長：

頃奉電諭，厚承獎勉，感戴莫名。近年來中美關係錯綜複雜，逆水行舟，渥蒙政府指導支持，倖免隕越，今後自當加倍戮力為爭取國家利益繼續奮鬥。至祈鈞座不棄駑駘，隨時經由外交部賜予指示，俾有遵循，無任企禱。

我也分別寫了電報給朱部長和丁部長，感謝朱的多年領導，並對丁祈請賜予指導。

在華府的我國記者多認為外長易人，我仍留任美京，對我未盡公平，因此紛紛撰文認為我是「斯人獨憔悴」，並且暗示台北有人阻擋，不讓我回國任職。事實上他們的看法都不正確。每月我和華府本國媒體工作者聚晤時，他們最喜歡問的問題就是：「你何時接外長？是否有人在擋你？」我總是答覆：「華府的工作對我很適合，同仁很優秀，美方很配合，對國家可以有貢獻，回到台北，如果政策上不改變「漢賊不兩立」的立場，仍是堅持自己是唯一合法政府，則我回去又能做什麼。」事實上在一九八六、七年時，南美洲的蘇利南（Surinam）、加勒比海的格瑞那達（Grenada）都有決策階層的人士到華府來和我談判建交，每次報回台北，總是叫我要求對方先和中共斷交，再進一步談建交。我告訴對方，他們總是表示作為第三世界小國，怎麼敢和安理會常任理事國斷交！但是只要和我們建交，中共必然斷交，所以只是時間的問題。我每次報回去，國內指示總是不行，處內的同仁為此都是氣得牙癢癢的。在這種情形下，回國工作沒有任何實質意義。

但是媒體朋友總是不能接受我的說法，他們總認為怎麼會有人不要高位的。我表示能做事，對國家有貢獻遠重於名位；我也指出就個人來說，我們兩個小孩正在大學讀書，現在駐外工作，學費有相當程度的補貼，如果調回台北，恐怕無力負擔相當鉅額的學費。

不過我無論如何解釋不想回台北，總是不能得到媒體的認同，他們不斷地撰文說我期盼返國任職，思鄉情切，甚至說我眼看許多後進者都登上高位，甚感不耐。這些報導真正不是我的心意，反而使台北若干人士對我不齒。媒體自以為是的報導常常會在無意中對當事人造成傷害。

功不唐捐

在這種狀況下，華府代表處陪團返國同仁回任時對我說，台北有人在說你在美國只做保守派、共和黨的工作，對民主黨、自由派、勞工都沒有交往。這項指控實在是匪夷所思。中華民國的外交工作，無論對民主黨、自由派和工會的工作，可能沒有人比我花的時間和氣力更多。我在一九八七年五月二十日以一份十三頁長的報告給外交部，並附了約四十頁的附件。在報告中特別指出明年美國大選可能代表民主黨逐鹿的諸多可能人士，如哈特、蓋帕哈德（Richard Gephardt）、高爾（Albert Gore）、賽門（Paul Simon）和杜凱吉斯（Michael S. Dukakis）等人，每一位我都曾和他們建立直接交往的管道。

事實上我在華府的工作不是要由自己來說，而應該看人家的評論。這年（一九八七）的四月初，埃及新任駐美大使雷第（El Sayed Abdel Raouf el Redy）到華府履任後就打電話給我要來拜會。我考量埃及和我們沒有邦交，這位大使的座車萬一被中共發現停在我們新辦公室外，可能引起不必要的困擾，所以邀他午餐。因為這位先生與我素昧生平，所以我在餐廳注意盯著每一位進來的人看，果然他準時由侍者帶著進來。他坐定後我很委婉地問他是否確實要找我，或者是要拜訪中共駐美大使韓敘。他說確實是我，沒有找錯。我說「貴我兩國斷交已三十年，毫無接觸，我們彼此過去也未曾晤面，不知有何見教？」他說上任前曾向本國外交部部長辭行，部長告訴他，根據美國政界友人告知，台灣在華府的代表，在華府工作最有績效，希望他和我認識，由我這兒瞭解在美工作的祕訣。我聽了非常感動，深感古人所說「功不唐捐」，實在是一點不錯，我也更堅定地確認我對媒體朋友所說的：「在華府工作比在國內更有意義是絲毫不假的。」因此那天中午我就盡量地把在華府工作應該注意的事，逐一告訴他，他很認真聽，也問了不少問題，如是否該聘公關？哪些公關比較有效？如何運用公關？如何宴客？對美國所設的紡織品配額該如何因應等。我也仔細答覆。

說老實話，我國與埃及久無往來，他們的領袖沙達特（Anwar Sadat）和穆巴拉克（Husni Mubarak）的名字我知道，至於外長是誰，根本不清楚，回到辦公室查參考資料才知道是蓋理（Butros Butros Ghali），但是我們素不相識，也不知道是誰向他提起我。倒是後來我重回外交部工作，推動參與聯合國時，他正好擔任聯合國祕書長，我們曾有兩次數小時長的談話，變成相當熟的朋友。

楊尚昆訪美

這年五月中旬有楊尚昆來美國訪問，當時楊的職務是全國人代會副委員長，但是美方知道他和鄧小平關係密切，不久將接李先念所擔任的國家主席職務，所以接待甚為隆重。國務院也在他來訪前十日向我們簡報他的行程。五月十七日到華府當晚就由舒茲款宴，離華府前由布希款宴，雷根將予接見。楊為軍人出身，所以也會與溫柏格會晤並將去奧瑪哈參觀戰略空軍總司令部，去聖地牙哥參觀海軍基地。楊由主管科技的副總理方毅和外交部副部長朱啟楨陪同，所以也要與科技界和國務院會談。這次訪問被視為年度最重要的中共方面來美訪問者，所以要在紐約與洛杉磯兩地安排演說場合。

一九八七年五月十四日芮效儉副助卿和我晤面，他指出楊預定在洛杉磯發表一項有關中國統一問題重要性的演說，因為楊氏在黨內負責台灣事務，所以可能談到「一國兩制」或「三通」問題。芮氏也強調美方對此類問題的立場沒有絲毫改變，美方也絕不會支持中共的論調，因為美方認定我方的制度較中共為佳。

我針對芮氏的發言表示，我一向認為兩岸的抗爭不能在美國進行，我很高興芮氏有關美國立場不變的保證，我相信楊氏做此等演說的對象是美國新聞界和在美華人，所以我建議國務院事先妥備記者問答，依照芮氏所說的內容予以解答。

楊氏離美赴加拿大後，芮效儉又向我簡報他的訪問。很有趣的是楊為四川人，很會「擺龍門陣」，每次訪問安排一小時，總會延長到兩小時，他的講話非常引人入勝。比如說，他在很正式的場合中就提到他和蔣總統曾在蘇聯同學。所以遇到他的美方首長都對他很有好感。

芮氏繼稱楊此行是以台灣問題作為主要目的，除了和國會眾議員晤談時沒有提到，其他談話及各地演說無不提及，它主要的論點是中共用「一國兩制」已解決香港和澳門問題，現在只剩台灣一地，中共願予台灣較港、澳更優厚的待遇。美方官員則以過去一貫使用的標準答案答覆。

自一九八六年十月蔣總統對《華盛頓郵報》表示我國將結束戒嚴，政府即積極草擬《國家安全法》。一九八七年七月初在立法院審議時，在野黨杯葛甚力，到七月七日下午蔣總統指示對於戒嚴時期曾受軍事審判的平民應予減刑和復權，這項消息公佈後，一切杯葛都化解，戒嚴相關的立法事項就迅速完成，總統公布於一九八七年七月十五日零時起宣告解嚴。政府亦透過紅十字會安排民眾赴大陸探病奔喪，但是這並不代表「三不政策」有任何改變。我國這項改革開放措施獲得美國衷心的讚揚，國務院發表聲明表示歡迎，雷根總統也有一件書面信息送致蔣總統，表示對於台灣的和平政治演進深感欽佩，認為蔣總統在推動政治改革時果敢的決定以及有遠見的領導實在令人讚賞。蔣總統最近對若干繫獄中的人犯予以減刑及復權，更是另一項仁慈智慧的決定。

外交才子

《華盛頓郵報》在一九八七年七月二十六日以「台灣的進步」為題撰寫社論指出，台灣政府邁向政治開放值得尊敬。民主大業在全球各地進展，這是蔣經國總統的貢獻。《紐約時報》在七月十八日以「台灣鬆弛了控制」為題撰寫社論說明：華盛頓始終堅定地支持蔣總統的努力是明智的。此外台北的行動對北京致送了一項強而有力的宣傳訊息，北京現在也正對「資本主義的自由化」進行激烈的論爭。

美國的《讀者文摘》於一九八七年夏天請了華府公教大學政治學系教授李艾華（Lee Edwards）對我訪問撰寫專文，之後該刊的中文版也以「外交才子錢復」為題刊登在該年十月號。文中說：「從官方立場來說，中華民國在美國首都並不存在；可是，從非官方意義上說，錢復卻已證明了他是美國歷來少見的一位最出色的外交官。」文中也說：「在華盛頓，台灣得到的最大恭維——來自中共的模仿。外交觀察家一致認為，近年來鑑於錢復的成功，中共駐美人員也在力使外交作風較能適應環境和較前開放。」「錢復的人生觀可以用他自己的話來總結：『工作的人多能到達終點，實幹的人多能達到目標。』中華民國很幸運，他們的駐美非正式大使是個實幹的人。」（雙引號內的文字，其實是我引用胡適先生經常說的：「行者常至，為者常成。」中文譯者沒有和我連絡，所以把李艾華的英文譯文用較長的詞句譯為中文。）

這篇文章的標題「外交才子錢復」好像此後被媒體不斷使用，成了我的代名詞。老實說，我每次聽到有人用這六個字時，我都會臉紅。因為在我的瞭解，才子是琴棋詩畫、藝術、音樂……無所不能，而我是一個什麼都不會的人，根本不配稱作「才子」。在我心目中適合「外交才子」稱號的只有葉公超先生、陳之邁先生等極少數人。我自己最多只能稱作「外交匠」，因為一個工匠是要竭力做好一件工作，如木匠、泥水匠。我處理外交事務只有專心致志，但是我確實對音樂、藝術、詩詞這類的研究十分欠缺，絕不敢接受「才子」的名稱。

一九八七年十一月底接連發生兩件事，一是外交部指示駐美代表處尋覓新的官舍，一是要我盡速返國述職。關於購置新官舍，早有擬議，但是我以為辦公室建新廈遠較官舍重要，而且政府預算有限，不能給華府又建新辦公室，又買新官舍。一九八六年十一月我們搬入新辦公大樓，過了一年再購置官舍。我覺得是合理的，最重要的原因是在教堂大道的官舍附近搬來《人民日報》的華府辦事處。

我們在華府合適地區看了二十多座華宅，有的太老、有的太大、有的過於豪華、有的在大的街道上出入很不方便，最後有一位女性的地產經紀人對我們說，她的兒子剛開始進行營造業務，在華府北郊巴塞斯達鎮興建了兩幢大房子，一幢已賣出去，一幢還未銷售，希望我們去看，地點在朗伍路（Longwood Drive）七〇二二號。

我們到了當地一看環境非常好，鄰居中有幾位美國政界要員。房子本身連半地下室（前面在地下，後面在地上）一共是四層。半地下室有室內溫水游泳池和可供百人聚餐的地點。一樓是大客廳、大餐廳、書房和多功能室（可放四個餐桌供五十人坐下用餐）。二樓三樓有六間臥室，半地下室還有兩間臥室。因為這個青年是初次創業，全新的房子加上約半英畝的庭園只要一百三十五萬美元。我們立刻向外交部報告，不久就獲准購置。

至於返國述職是我在十一月二十二日正在南部紐奧良市參加美中經濟協會的年會，程建人副代表在晚上打電話給我說部內來電報要我即行返國述職。我過了兩天回到華府立即安排回國的班機，決定十二月一日啟程，二日晚到台北；十二月十一日離台北返華府。這期間我原已安排若干活動，只能請玲玲留在華府主持一些無法取消的較大規模的宴會。

我在十二月二日晚到台北，記者等在機場都問我是否為了匯率問題回國？我說距上次返國述職已二十個月，因此是例行述職，沒有什麼特殊使命。我只是強調政府近來所做的改革開放措施，對於我處理對美事務非常有助益。

病痛中的蔣總統

第二天早上我先到外交部晉見部次長請示返國有什麼原因，他們都說奉指示叫我回來，其他都不知道，正談話時得到電話，蔣總統召見，我即趕往，見到他臉色不好，有浮腫現象，眼睛亦無法集中顯示睡眠有問題。他見到我第一句話是：「委屈你了。」我一時會不過意，態度上大概有點發楞。他就笑著說，你在美國做得太好了，國家需要你，所以不能請你回來。我才懂他的用意，連忙說：「報告總統，我在美國能替國家做事，非常高興，不單是我，全家也都感激總統的德意，總統要操心的事太多，請千萬不要為我費心。」我接著說，這次看到總統彷彿比上次疲勞些，是否多休息一點？他接下去一連串地說這處痛、那裡不舒服、幾乎全身各部位都很難過。

我聽了非常痛心，因為我認識的蔣總統三十多年始終是關懷別人的痛苦或憂傷，從來沒聽他談過自己的病痛。他在我的心目中是一個英雄型的人物，現在竟被病魔折磨到如此地步，實在使人傷感。我就鼓足勇氣向他報告：「總統我知道您只相信西醫，但是您的情形也許中醫更能幫忙。」我向他建議看中醫、服中藥不記得有多少次了，他從未接受，但是這次不同了，他微笑說：「你要介紹哪位？」我一時還真沒法答覆，因為我小的時候是外祖父張昭芹老先生常替我把脈處方，但是他老人家已走了數十年；所以我只能答稱：「孫運璿院長、李國鼎資政都是看一位從前在中信局工作的張醫師，現在好像是在洛杉磯，這位醫師應該是靠得住的。」他說：「很好，你去告訴孝勇，請他聯絡。」

我接下來請示他，剛才在外交部，次長說是奉他的命令叫我立刻返國，不知有什麼指示。他說：「沒有什麼，只是好久沒看到你，想和你談談。」我就將七月中旬我國正式解嚴，並且解除黨禁以後，美國朝野各界對我一致好評的事實詳細向他報告。他聽了很高興，我看他實在很累，所以就站起來告辭，他問我哪天回任，要我再去看他。走出門外看錶才知道談了一個半小時。

接著我去晉見李登輝副總統、俞國華院長、孫運璿前院長，報告美國的工作，特別是中美間的經貿談判和滙率問題。我也到榮民總醫院探視因病住院的嚴前總統，他已漸漸康復。

我也分別到立法院外交委員會、監察院外交委員會和國民大會聯誼會做工作報告，各中央民意代表都給予很多鼓勵。這次返國需要溝通的多是財金經貿方面的問題，所以俞院長在十二月八日上午召集財經首長和我會商。經建會趙耀東主任委員在九日上午召集中美貿易專案小組成員和我洽談。

見蔣總統的最後一面

為了蔣總統的健康，孝勇兄也曾在十二月五日、十日兩次來看我並長談，他表示我這次看到他父親的健康情形不佳，是因為他長時期都依賴極重的安眠藥劑才能入睡，這是很危險的，現在是在戒安眠藥劑，所以看起來很委頓。他父親的眼睛仍有視力，但白內障情形嚴重，又不能開刀，也不敢用太多藥物。我就將試中醫中藥的事告訴他，他也很驚喜，因為他也試著多次進言，都未獲准。我對孝勇說：「哥哥不在台北，只有靠你多辛苦些。」他聽了流淚不已。

蔣總統於七日下午又召我去晉見，我向他報告了匯率問題、亞銀問題和參加一般關稅及貿易總協定（GATT）問題，他聽得很仔細，但是只說你放心去做，我支持你，卻沒有任何指示。他又問我對國內的情形有何意見，我很率直地指出政府選擇機關首長要以能負責認真做事的人為宜；由於他有相當長的時間睡眠困難，任何人事問題如果不能當日立刻解決，就會影響當晚的睡眠；這些時間來的人事決定比較草率，而他也不如早些年能隨時和各方面的人士接觸。以前能廣泛地聽取各界的意見，自己也隨時考核機關首長是否適任，所以沒有首長敢不負責任或矇混。而自從蔣總統的健康欠佳以後，這種情形發生了大變化，我在美國有許多案子報回台北都是久久不能得到答覆，因此我是有感而發的。其次，我向他報告，相當時間以來，政府的公權力不張；現在他正在積極地推動民主化、自由化、改革開放的同時，如果公權力不張，其結果必然是壞人為所欲為，好人吃虧。

他聽了我的話，表示完全同意，不過他的健康情形實在是差，所以也無法像早些年的劍及履及。我回到華府不過一個月，他就逝世，我聽到噩耗也很自責，為什麼要對他提這兩件事，因為我相信我的直言必然會帶給他困擾。我必須說，我真的不瞭解他的身體已到油盡燈枯的地步。我一直以為他是一位強健的長輩，認為任何病痛都不會打敗他，顯然我是錯了。

這次返國九天我有一個很奇怪的感覺，在我到台北的第二天傍晚，俞國華院長召見我，他對我很多獎飾鼓勵，但是很明顯地他自己的情緒很不平靜。我向他報告了匯率案、亞銀案、GATT案以及若干第三世界國家有意和我國建交但無法主動與中共斷交案。每當我提到自己對這些問題的看法，他都表示同意，但是政府對這些案件所採的立場卻截然不同。俞院長是一位修養好的謙謙君子，不過我提到最後一個案子時，他也忍不住說了一句：「真可惜經國先生身體不好，我也不便去吵他，這些案子都是府裡面堅持立場，實在沒有道理。」我沒敢再談下去，但是我知道這位和蔣總統相交極深的閣揆，不知道受了多少委屈才有這樣一句話的發洩。

返國述職影響匯率預期

這次回國另一個令我極為不安的事就是匯率，因為媒體一口咬定我回國是為了匯率問題，雖然總統、院長、部長三位長官都說不是如此。而自從我回國述職，國內市場就加重了預期升值的心理，原先新台幣每天只是一分、兩分的升值，而在七日一天就升了四角七分，之後中央銀行進場干預，而八日又升值四分。台幣的升值對於出口廠商、中小企業是不利的，因此我在返任前於十二月十一日上午舉行的記者會中就表示，我不是為匯率問題回國，大家也千萬不要把我看成「瘟神」，此話一出，記者們哈哈大笑。

我回到華府後過了兩天就和席格爾助卿和國安會凱利特別助理午餐，他們給我就雷根與戈巴契夫（Mikhai Gorbachev）月初在華府會談情形作簡報，接著席氏說他和許多同僚都很注意我述職的情形，台北在台協會的丁大衛處長有很多報告，他都看到了，認為此行甚為成功。我說在台北很多人，包括若干官員，對美國的處境和中美經貿關係的處理所瞭解的情形和事實有差距。雖然代表處不斷將現實情況都已詳細報告，但是仍無法化解他們的觀點，認為就是美國在施展強大壓力迫使我國就範。我曾對三個國會和媒體多次說明美國在經貿上所遭遇的困難，以及如果困難持續惡化將造成美國的經濟蕭條，這將形成對我國極為不利的影響，但是一般人好像不很願意聽到這種話。我也將在台北和有關首長商妥並奉蔣總統核定的匯率案處理意見告知席、凱二君，並表示如果美國有意商討此事，中央銀行張繼正總裁可隨時祕密來華府諮商。

接著就是一九八八年，這年是美國的大選年，二月初就開始有些州要進行黨代表的選舉。第一個舉行的向來是愛荷華州，該州的民主黨州主席坎貝爾（Bonnie Campbell）夫人年初就邀請我去參加該州非常特別的黨團幹部會議。我在七日到了該州首府德幕安（Des Moines）。

一九八八年二月八日上午我先拜會愛州的聯邦參議員哈金，他是有名的自由派，但是相當友好，對貿易事務提了許多問題，我一一答覆，並約了返回華府後再聯絡。接著去拜會伯蘭斯達州長（Terry Branstad），他是共和黨，對於農業問題甚為關注，特別是何以在該州和許多地方農業不斷豐收，全球許多地方仍有嚴重的飢餓問題存在？為了探討這項問題，他將於一九八八年六月五日至九日舉辦世界糧食會議。我答應國內一定有重要人員前來參加，共襄盛舉，並建議政府由農委會李崇道主委率團參加。

當晚我先到當地「廣場公寓」參加一個區的黨團幹部會議，所有出席的幹部聚在大廳中不同的角落，每一角落代表一位民主黨有意參選總統的競逐者。主席逐一清點每一角落的人數，也就是該競逐者初選得票。當晚該市媒體知道我是參加該州初選活動唯一的外國使節，紛紛要求我發表談話。稍後我們由坎貝爾夫婦陪同到德市的會議中心觀看來自全州各區開票結果的統計。在民主黨方面是密蘇里州的眾議員蓋帕哈德領先，伊利諾州參議員賽門居次。共和黨方面杜爾參議員領先，電視傳教牧師羅柏森（Pat Robertson）居次。兩黨的領先者都很開心。第二天早上我趕往機場搭機赴芝加哥參加中午在外交關係協會的演說，在飛機上和布希副總統的三位男女公子喬治、馬文和陶樂賽同座。他們因為前一晚的結果都很沮喪，我為他們打氣，用我國的諺語「大器晚成」鼓勵他們，要他們在新罕布夏州以及三月八日「超級星期二」特別努力，不可氣餒。一番話使兄妹三人的士氣重振。

獲邀請參加民主黨全國代表大會

到了四、五月間兩黨提名的角逐已很明顯，民主黨是由麻薩諸塞斯州州長杜凱吉斯穩操勝算；共和黨則是布希副總統獨占鰲頭。我覺得布希對我們已有充分瞭解，但是杜氏由地方來對我國比較生疏，所以要積極加強聯繫。

我自五月初起就先後和杜氏的競選總部政策主管簡森（Paul Jensen）、高級顧問奧唐納（Kirk O'Donnell）、墨迪克（Richard Moe）、民主黨政綱委員會主席密西根州布蘭查州長（James Blanchard）等密集餐敘，向他們說明中美關係的過去和現況，我國的政治、經濟、社會發展的情形。他們則說明杜氏的主要外交策士仍是我們經常交往的歐布萊特教授，但是他們也指出前曾主持眾議院對伊朗售武器的特別調查小組，印第安那州民主黨眾議員韓彌頓（Lee Hamilton）極受杜州長的重視。至於政綱方面，布蘭查州長認為目前對我國的做法是正確的，因此最好在政綱中愈少提起愈好。

我稍後就在五月十九日拜會韓彌頓眾議員，因為他在外交委員會是中東小組主席，對亞太事務較少涉入，所以我特別為他做中美關係詳盡簡報，特別提到我們與民主黨近年來在全國民主研究所（National Democratic Institute）的架構下密切合作，我個人及我國執政黨均應該被邀請參加七月間的民主黨全國代表大會。韓氏對我的簡報甚感興趣，認真聆聽，並不時提出問題，認為我國在經濟建設和政治民主化方面的發展值得重視。

同一天我和白宮國安會亞洲事務特別助理凱利午餐，他表示以目前情形觀察，布希副總統在大選中獲勝似不太樂觀，[illegible]知道我和兩黨當局和候選人的親信接觸甚多，不分軒輊，此種做法極為正確。我對他說，由於中美[illegible]邦交，這種地毯式的做法是唯一可使雙方實質關係不會因選舉結果而受損的做法。我感到安慰的是[illegible]目前美國對華政策及做法，在兩黨人士中似已形成共識。

凱利對布希當選不持樂觀的看法是因[illegible]當時的民調，杜凱吉斯始終領先布希十至十二個百分點。而且二次大戰結束後的四十多年中，沒有[illegible]個黨擔任總統職位能超過兩任以上，而雷根已任八年。

拜訪小甘迺迪

由於杜氏來自麻州，而麻州政壇大老是小甘迺迪對他影響[illegible]大，所以我決定去拜會小甘，結果他要邀我午餐。他在參院有正式的辦公室，由於他資深而且[illegible]司法委員會主席，所以非常寬大華麗，我曾在那裡拜會過他。但是這次他要我到參院議場外等他，[illegible]我一到，他就帶我走到議場背後，由一個旋轉形的樓梯拾階而上，在二樓有一些簡單的房間，是少數最重要參議員所使用的密室。我們享用很簡單的午餐，我向他說明我國政治民主化的發展，他說[illegible]也聽助理向他報告，不過不太有系統。

我曾多次拜會他，這是第一次他沒有向我提到有關我國人權的問題。[illegible]們接著討論貿易問題，他表示貿易法案前此為雷根否決，現在國會有所更改，大致數月後會通過，[illegible]問我有無問題。

我說我國一向信守公平貿易和自由貿易原則，只要法案對各國一體公平適用，我國不會有意見，現在的問題是行政部門選擇性的執法，甘氏表示認同。我向他表示杜州長的民調甚佳，我國過去和他較少接觸，近來雖和很多他的幕僚會晤，但是仍希望甘氏能使他對我國以及中美關係的特殊性多所瞭解。他欣然同意，並且很風趣地說，杜氏對貴國的瞭解可能超出你的想像。

這一年（一九八八）的三月，中共外長吳學謙曾經訪問美國。他主要的任務是主持洛杉磯總領事館的開幕酒會，但是也去北卡州參觀研究機構，去紐奧良參觀農場和石油公司的海上油台。國務院事先於二月二十四日由芮效儉副助卿向我做詳細的簡報。芮氏表示此行不簽任何協定，也不會有出人意外的發展，雖然雙方正式發言稿還未寫好，也不應有任何特殊的聲明。旅行中如有突發情況也將立即通知我們。芮氏表示美與中共間雖因中共向伊朗出售飛彈，以及西藏人權問題而有摩擦，大體而言，雙方關係仍稱平穩順利。蘇聯似有意自阿富汗及柬埔寨撤軍，因此吳氏來華府，阿、柬問題將是重點，亦將討論美蘇核武談判問題。至於「台灣問題」對方尚未表示要談，以芮氏觀察，中共對軍售問題的關切已轉為對台灣未來發展的關切。

但是人算不如天算，吳學謙一九八八年三月八日上午晉見雷根後，白宮發言人費子水（Marlin Fitzwater）在事後簡報中說：「雷根總統重申美國只有一個中國政策，他表示對大陸與台灣所進行的交換懷有希望，也將盡一切可行方法協助促進。」這句話和美國政府一向所持不干預立場不符。我看到後立即要同事向美方查詢。美方也發覺這句話有問題，一方面白宮發言人再發言聲明美國對中共以及對我方的政策並無改變；一方面國務院亦表示雷根的發言與美國政府一貫政策並無不同，另外又作背景說明表示費子水在用詞方面有所不妥。

三月十一日早上芮效儉副助卿向我簡報，我先對費子水發言人的失言所引起的困擾表示不快，也請他參閱三月九日《聯合報》施克敏特派員所撰〈白宮發言人失言引起疑慮揣測，雷根莫非要作兩岸調人？〉一文，我指出費氏發言在我國國內已引起軒然大波，所以我早已囑同仁向國安會及國務院表示我方強烈關切和不滿，並要求盡速補救。芮氏說美方已充分瞭解並已依我方意見辦理。

雷吳會談，費子水在場居然發言會有如此嚴重的失誤，我研究其原因在於美官員不喜用陳腔舊調，總喜歡推陳出新，用新的說法，而媒體則字斟句酌，常作語意方面的推衍。我說：「可是美方對中共發言總是遵守三個公報，只承認一個中國，絕沒有任何變動。」所以在處理兩岸事務上，美國政府明顯有雙重標準。

芮氏表示實在並不如此，美國仍是有原則的國家。

我說如此很好，就拿出五年多前《八一七公報》時雷根總統所作的六項保證，其中第三點：美國在台北與北平間不扮演調停的角色。第六點：美國不對我們施加壓力促使我們與中共談判。這兩點文字十分明確，簡潔易記，請美方今後談及相關問題時作為標準答案，不任意更動，不會引起誤會。芮氏表示充分瞭解我的用意。

我接著指出當年中美仍有邦交時，每有重要談話，雙方都有書面紀錄，並且互相比對，使重要部分不致雙方有不同的紀錄。有鑑於費子水的失言，希望美方將吳氏來訪的談話亦如此辦理，以免雙方會有不一致的紀錄。

芮氏向我簡報訪問情形，詳細說明各項談話內容，大體而言此行順利成功，談話融洽，氣氛甚佳。有關「台灣問題」並無任何新發展。美方向吳氏說明美國現行的中國政策乃兩黨共同支持的，年底選舉不論何人入主白宮，將持續不變。雷根曾對吳說：美國曾向在台灣的朋友表明美國對他們的政策所奠基的原則，是堅定一貫的。

吳氏在與舒茲談話時主動提起「台灣問題」，說明故總統在逝世前允許民眾赴大陸探親乃是一項突破，盼美方予以鼓勵，舒茲並無反應。吳亦向舒茲表示美國對我軍售日增，是不符合[illegible]八一七公報》，亦不利於中國統一。舒氏表示美國始終遵守三公報。

張憲義神祕失蹤

這年（一九八八）初中山科學院核能研究所副所長張憲義突然神祕失蹤。三月七日我[illegible]到國內傳來的《中時晚報》刊登，認為他的全家已經來美。國內派駐華府的記者就去向國務[illegible]探詢，該院表示並無所悉，媒體詢問張氏是否美方所部署的諜員，答案也是無所悉。不過媒[illegible]問美方是否認為我國正在發展核子武器時，該院的答覆非常詳細，歷數我國領導者的保證[illegible]們恪遵防制核子武器繁衍條約的義務，以及美國多次向我方表達對於此項義務的重視，結論[illegible]美方相信我們沒有從事任何與我方所作承諾不符合的活動。

不過國內媒體對這一事件十分關切，不時撰文影射張氏早年[illegible]學時即[illegible]方吸收，其返國後不時將情資提供美方，此次突然失蹤內情絕不單純。我在四月四日和芮孝儉副助卿餐敘時向他表達我方對此一事件的關切，因為事涉敏感，我只提某君，未提張氏姓名。我也提到《紐約時報》對於此一事件的報導極為誇張，經國內媒體轉刊，立法院亦對此事予以質詢，對美方處理本案的做法甚有意見，也有認為是對我甚不友好的做法。現在本案有三種傳說，一是張君向美方多次提供情報，本年初張君以為可能要被控，所以經由在台協會協助安排來美；一是張某向美方提供我發展飛彈的機密情報；一是張曾將在中科院工作的華裔美人的名單提供美方。但是二、三兩項可能性不大，一方面美國飛彈發展遠超過我國，另方面華裔科學家來中科院工作前均獲得美方同意。因此第一項傳說可能性最大，現在我奉政府之命提出二項問題：(一)、外傳張已來美且在華府，不知究在何處？(二)、《紐約時報》報導美國某機關曾協助張由台來美，不知實情如何？

芮氏答覆稱美方不擬對張某作任何表示，但是可以說的是美國所說所做都不是針對我國或對我國不利的，美方也無意製造任何疑慮或引起任何反感。坦白說，美方認為對此事的處理相當成功。

這年（一九八八年）的七月舒茲國務卿又去大陸訪問，國務院在六月中就告訴我們他要去許多國家，十四日由港抵北平，十六日赴日本。因為他已決定於年底雷根任滿後辭去公職，所以是一次畢業旅行，將與中共就雙邊和多邊關係交換意見，並且要將雷根與戈巴契夫的第四度高峰會議向中共簡報，舒氏也會促請中共約束北韓勿採取任何舉措以破壞九月間在漢城舉行的奧運會。

我因為七月一日要返台北參加國民黨十三全大會，所以在六月二十七日早上與席格爾助卿會晤，我特別請他在隨同舒茲赴大陸時，注意舒卿在各種場合講話時務必審慎，席氏表示一定如此處理，他也表示我方執政黨全會是七月七日至十三日，而舒氏要等全會結束後才去北京。

舒茲訪問後，席格爾助卿於七月二十九日向我簡報此行要點，他表示中共接待使人感到溫馨友善。中共方面一再表示其經濟發展要以美國作為主要合作對象，而不是蘇俄或日本。舒氏則對中共出售飛彈予中東國家表達美國甚為嚴正的立場。趙紫陽在談話中提到「台灣問題」，但是所談的是執政黨十三全大會，對於我方堅持「三不」政策，不以為然；然而對我方開放民間接觸則表示好感。中共也表示將繼續與蘇俄改善關係，甚至考慮舉行高峰會議。

洛杉磯有一份《稻米》（*Rice*）雜誌專為亞裔美國人閱讀的，由一位記者孟琳娜女士（Antia Merina）在這年的十月份寫了一篇關於我的報導。她訪問了美國商務部主管亞太事務的助理部長勞森（Eugene Lawson），他說：「當你考量錢復工作上所受到的各種限制，以及他所完成的一切，我不相信任何人能和他一樣，為爭取他國家的利益，獲得如此大的成就。」

第十二章
江南命案

美方所派調查人員於二十二日抵台北，當天中午伍夫維茲助卿來我家中午餐，他表示此案對我國在美國的聲譽傷害極大，我應採取一切可行步驟以減輕對我的不利。

我在美國五年多的工作，除了因為沒有邦交受到種種限制外，還不時發生一些完全不該有的意外。江南命案可說是最嚴重的一項意外。

一九八四年十月十五日上午，美籍華裔作家劉宜良（筆名江南）在他位於舊金山西南台利市（Daly City）住所的車庫遭人槍殺。第二天報紙略有刊載，我因為要趕往紐約州的席拉庫市去演講，也沒有特別注意。到十八日《華盛頓郵報》刊出馬修士（Jay Mathews）的報導，指出劉氏曾撰寫《蔣經國傳》內容對我方不利，因此可能是我方下手。這篇報導出來後，國務院發言人容安瀾（Alan Romberg）在當天中午記者會中就表示我方應未涉入。國務院台灣事務協調官班立德特別來電話，對此篇報導表示不安。

接下來幾天有華府本國記者施克敏和續伯雄先後來處，和我談他們對劉宜良的認識以及此次遭禍可能的原因。二十一日劉氏在舊金山的喪禮，中共駐舊金山總領事唐樹備帶了不少館員前往弔祭。此後親中共的僑報就把這個案子認定為政治謀殺。

一清專案抓到主嫌

十月二十九日《波士頓環球報》刊登一篇頗長的報導，指出劉氏所著的《蔣經國傳》經他修訂後，原定在十月十九日正式出版，而他本人在新書發表的前四天遇害，所以他的友人都認定這是謀殺。加州柏克萊大學王靈智教授聯繫了不少人組成真相調查委員會，他指稱舊金山華埠人士一致認為此案有政治因素。

這時本處經請示國內以後，統一對外發言指出這是一件發生在美國的刑事案件，美國的治安當局正積極調查中，大家應靜待調查結果，在此之前如果有人蓄意破壞我國聲譽者，我政府當思考於必要時採取法律行動。

之後數日由於美國的總統大選，所以各報對此案沒有報導。一九八四年十一月十二日我去西雅圖和聖地牙哥做演講訪問，不料在十二日獲悉《美洲中國時報》宣布停刊，這是一件非常嚴重的事件，因為余紀忠先生創辦《美洲中時》投下無數的精力、財力，也網羅了不少新聞界的菁英，一旦停刊，人才失散，可能造成相當的影響。此外有傳說是因為《美洲中時》在九月十五日刊登了一篇對雷根總統嚴厲批評的社論，蔣經國主席曾在執政黨中常會有所指責；因此外界認為我國政府妨礙在美國發行的報紙言論自由，對於我國甚為不利。我就託在華府和余先生關係甚好的高資敏醫師把我的這兩項顧慮向余先生轉陳，並且請再加考慮。

一九八四年十一月十三日早上余先生由舊金山打電話到我下榻的韋斯汀旅館告訴我，高醫師將我的話帶到了，這次停刊的決定是他在紐約經過十日長時間冷靜思考所達成，不可能改變。我問他是否曾和當局諮商，他說未與任何人相商，因為長痛不如短痛。我用了不少時間說明聚集這樣一批人才十分不易，如果解散了，這些人才將如何謀生，萬一投入左派報社可能對國家有所不利。余先生一生忠黨愛國，聽了這段話似乎有所深思，所以後來將不少原來在《美洲中時》的同仁納入《時報週刊》之內，有的請回台北總社，有的在美深造。

十一月十七日清早，我在聖地牙哥收到胡旭光副代表的電話，帶給我一個更為使人震撼的訊息：剛收到台北外交部的電報指稱，根據內政部警政署密告，該署自五月起進行「一清專案」，掃蕩國內幫派份子。十一月十三日起拘捕約一百六十人，其中包括「竹聯幫」主要負責人陳啟禮，據供稱與劉宜良槍殺案有關，現正嚴密調查中，要本處先密告美方。我因要當日晚才能回到華府，所以請胡副代表立即和丁大衛聯絡。

另一方面台利市的警方和聯邦調查局幹員經過四十天的調查，在十一月二十七日宣布江南案已逮捕居住在聖蓋博爾（San Gabriel），年二十八歲的俞大鈞，他負責於十月十日駕車送三名嫌犯——陳啟禮、吳敦、董桂森由南加州去台利市現場。

第二天下午國務院亞太副助卿浦為廉和台灣事務協調官班立德約程建人副代表，將以上發展告知，並表示將透過適當途徑將三嫌犯的拘票交給我方。

引渡嫌犯的種種考量

十二月五日《紐約時報》刊登包德甫由舊金山所撰的報導，引述劉宜良家屬所聘律師葛恰克（Jerome M. Garchik）的話，指稱竹聯幫與台灣當局有良好政治關係，該幫顯然受重要人士的指示進行此一凶殺案；同一報導亦指出陳啟禮與我國國家安全會議副祕書長蔣孝武甚為友好。當天代表處的晨報中我指出，蔣孝武的工作是中廣公司總經理，過去和現在從未擔任包氏所稱的職務，稍後我並和孝武甚為熟稔的紐約新聞組王曉祥組長聯絡，他說孝武和陳啟禮從未見過，我建議他洽告孝武自行否認。

此時華府代表處除原有美籍法律顧問考克蘭（Tim Corcoran）外，又奉准增聘擁有耶魯和哈佛雙重法學博士的李俊律師擔任法律顧問，他在十二月六日提出專業意見表示，依我國引渡法的相關規定，本國籍的嫌犯，絕對不得引渡，因此建議本處對美方要求代為送達拘票，應該審慎處理。同時在台北陪同國會議員訪問的程建人副代表和蔣孝勇見了面，孝勇也很明白地表示和陳啟禮素昧生平。

十二月下旬華府已瀰漫著假期的氣氛，但是二十一日下午我接到丁大衛的電話，要我立即去在台協會，我四時到達，浦為廉副助卿已在等我，見面後他很嚴肅地告訴我，美國執法當局認為本案可能涉及美國國會的《武器出口管制法》（Arms Export Control Act）內的一項《索拉茲修正案》（Solarz Amendment），依照這項修正案，任何外國政府倘若一再在美國境內脅迫或騷擾美國國民，則不得對該國輸出武器。有鑑於美國政府甚為重視對我國的軍售，不欲對華軍售受到《索拉茲修正案》的影響，因此慎重地建議我方將嫌犯交由美方偵訊，並送來美國受審。國務院對本案極為重視，認為有高度急迫性，目前雖為耶誕假日，他和班立德日夜在院待命，等候我方的答覆。

丁大衛則表示，美政府已知我政府機關和非高階官員涉入此案，但是浦為廉並沒有提出，他只表示美方瞭解董桂森人在菲律賓，盼我方能協調使他去台北，至於陳啟禮和吳敦兩人，美方擬派員去台北偵訊，並在兩人同意下進行測謊。

我將談話情形報告外交部，到十二月二十三日收到覆電，也是引用引渡法第四條的規定說明無法遞交美方追訴，但是我政府對美方擬訊問陳、吳兩人願予協助。同日程副代表由台北回華府來和我談了兩個半小時，他有機會晉見蔣總統，總統對於中美關係甚為關心亦很支持；至於其他首長則口頭表示支持，實際上對問題瞭解不多，也無意去瞭解，使他感到非常失望。至於江南命案，程副代表也知道國防部情報局與陳、吳兩人關係非常密切，此事只有總統府祕書長、國安會祕書長、國防部長和國安局長知道，外交部朱部長則是在狀況外，他表示十分可悲。

建請公開審判

我將外交部的指示告知浦為廉，他的反應還平靜，他說美政府最盼望能引渡，現在無法辦到，其次盼望能偵訊人犯，我政府能協助，美方接受。我又約了兩位副代表和國安局李筱堯顧問，從不同的角度來探討這個案子對我國的嚴重傷害，決定利用聖誕假日定下心來寫封長信給朱部長。

這封信約二千字，要點是陳啟禮是與政府某單位有關，美方亦已瞭解。外交部要我查明美方為何在十二月二十一日以最緊急方式，且施加壓力，其內情如何？我曾問丁大衛，他直率地說：「外交部該去問你們的國防部」。彷彿美方對本案的情形已瞭若指掌。丁氏並稱美方二十一日所以用如此緊急方式及特別做法處理此事，乃在凸顯本案的緊急嚴重性，萬一索拉茲知道而興風作浪，對我國傷害極大。丁氏稱國務院迄未表示已知內情，是希望雙方密切合作，使此案圓滿解決，勿使中美關係蒙上陰影。

我接著指出，本案發生已兩個月，至今尚未起訴，可能是涉案甚多要逐一清查，但是此案對國家利益影響太嚴重了，我方祕而不宣，外界已有各種不利的揣測，因此「我政府處理本案必須秉承大公無私、迅速確實之原則，盡早將全案做毫無隱瞞的全盤公布，並將有關嫌犯送交法院公開審判（不宜採用軍法審判）。本案的審理在法律許可範圍內應盡量迅速，並允許有關人員（包括美方辦案機關及被害人家屬律師等）列席旁聽，以示我公正無私之精神」。至於某單位的涉案部分宜否公布，「就長期觀點而言，坦承事實遠較暫時保密，稍後受人揭發，對我傷害為少。至於此一涉案是否不致為人揭發？以此間之瞭解殆為絕不可能之事，蓋建人兄歸來所告之各節，職在以往兩個月中，均曾自不同來源聽到類似之傳說。」這封信由專差送回台北。

過了年（一九八五）一月八日外交部電告依照《外國法院委託事件協助法》，我們只能代轉文件、協助蒐證，但不准美國辦案人員直接訊問嫌犯。現在我們為充分配合，擬依《羈押法》第三十八條及《監獄行刑法》第六十二至六十四條規定，為美方辦案人員安排特別接見，與嫌犯「談話」，而非「訊問」，且需得其本人同意。我隨即將內容告知浦為廉，他表示失望，再向我強調此案極為嚴重。第二天下午他又約我會晤，當面交給我一件未署名的備忘錄，指出我國防部情報局明顯介入江南命案，美國政府認為是極端嚴重的事件，並認為美國有權要求我方充分配合調查：台灣當局應立即調查情報局或其他單位是否介入本案，對應負責的人即刻處理；對陳、吳兩嫌犯重申要求能多次訪談，問各種問題包括測謊。我方如不配合，美方將對此案達成台灣當局無意完全合作的結論，後果將極為不利。在外交談判時使用如此重的言詞，顯示問題已經使兩國關係瀕臨全面受損的邊緣。我將以上的判斷立即向外交部報告。第二天外交部覆電就表示可同意增加會晤次數，延長談話時間，如當事人同意亦可測謊。我轉告浦為廉後危機似乎稍微化解。

十一日浦又約我談話表示將立即派員赴台北。我藉機問他，情報局究竟有哪些人涉案，浦說聯邦調查局尚未告知。我問他八日提到「其他單位」究竟是哪個單位？浦說我方應自行調查。我說索拉茲修正案中有規定外國政府「經常」脅迫或騷擾，縱使情報局涉嫌，也不能符合「經常」？浦說這個問題索拉茲本人的看法最為重要。浦氏是一位非常和善的君子，但是這兩次的談話，非常生硬，和他平時的態度迥然不同，可見問題的嚴重。

十三日清早丁懋時次長電話告知，有極密電要來，要我注意，不久電務室高德根顧問就親自送到，電文是根據偵訊陳啟禮的結果，發現情報局汪希苓局長等三人涉有罪嫌，已交軍法偵訊。這真是晴天霹靂！希苓兄在我開始為蔣公服務時在官邸擔任侍從武官，後來在華府先後擔任海軍武官及國安局顧問，極為愛國也很努力。記得在中美斷交之前不久，他是第一個取得卡特總統對中共政策的總統政策備忘錄，我們使館方面卻毫無資訊。對於這樣優秀的一位將領竟涉入如此嚴重的案件，實在使我難以接受。當天是星期日，我找不到丁大衛，就將此一訊息告訴浦為廉。

過了二天，外交部將一項名為「一清專案與陳啟禮以及劉宜良命案綜合說明」用電傳到本處，我詳細閱讀才知道整個案子的原委。簡單說，在一清專案開始後，陳啟禮透過帥嶽峰、白景瑞的安排和汪希苓會晤，表示自己在海外和大陸都有很多關係，汪就鼓勵他為國效力，在大陸工作上協助該局，並安排陳接受數日的工作講習。之後陳啟禮因一清專案被捕，在現場提出受訓筆記及赴美刺殺劉宜良的書面報告，自稱是受情報局之命赴美執行狙擊任務。但是情報局不承認幕後指使，並稱劉宜良久為該局運用，多次赴大陸蒐集情資，也有許多劉親筆書寫的報告。從這些報告看劉所提供資料對該局有相當的重要性，為何要刺殺他？國防部為徹查起見，已下令將涉嫌的汪希苓局長、胡儀敏副局長、陳虎門副處長三人先行停職，交軍事檢察官依法偵查。

一九八五年一月十六日蔣總統主持執政黨中常會時，對情報局涉及此案深感痛心疾首，嚴厲告誡黨政官員必須以身作則，停止無謂應酬，糾正奢靡風氣，改善政治形象。

案情逐步加溫

美方所派調查人員於二十二日抵台北，當天中午伍夫維茲助卿來我家中午餐，他先問美方人員是否可與汪希苓談話，我說這次去是為了陳、吳二人。他表示此案對我國在美國的聲譽傷害極大，我應採取一切可行步驟以減輕對我的不利。我答以政府處理此案當一本大公，勿枉勿縱，並以開放坦誠的態度與美方合作。伍氏說國會和輿論對江南命案所採取的態度，將造成對我國極不利的情況，「你們可能會有罪受。」他剛由新加坡返美，曾見到李光耀總理，也託李向蔣總統表示，在中美關係正逐步進展之際發生江南命案，極為不幸，希望我國能以誠實態度迅速處理此案。

事實上美國不少著名大報以社論批評我國，國會在復會以後也有不少舉動。華府的友人告訴我此案和水門事件相似，逐日升高。我們必須快速處理，全案公布，更要注意做好亡羊補牢的工作。一月底《聯合報》施克敏特派員告訴我，雷根總統於月初由西岸返回華府，途中國家安全助理麥克法蘭向他報告江南案的要點，雷氏聽了相當不悅，表示失望，口中喃喃自語：「我一直對他們（指我國）很好，今後將難以替他們講話。」

此時劉氏家屬所聘的葛恰克律師曾致函本處法律顧問考克蘭表示，劉氏逝世所遺孤兒寡婦甚堪憐憫，希望我政府能給予補償，我們立即呈報外交部。我也分別向參眾兩院的議員及助理，就此案的內容以及我們如何認真處理提出報告，也答覆問題，似乎對國會方面的批評，稍有減輕。

但是索拉茲仍決定在二月七日舉行聽證會，我在先一天去拜見他，他和卜睿哲助理（Richard Bush）共同接待。我將政府一月多以來的做法向他說明，他表示瞭解，但是五年來先有陳文成案，現在又有本案，因此明天會中他將要求美調查人員與汪希苓等面談，更將要求將陳、吳兩人引渡來美。我說明前者我已向國內請示，後者是我國引渡法所不許。卜睿哲說似可依該法二十一條，我說該條不是本案所能援引的，我們是法治國家，必須依法行政。我也說公聽會應維持公平原則，如果一面倒地批鬥，則將傷害美國國會的尊嚴，因為我政府為此案已與美國充分配合，這是不可抹煞的事實。卜睿哲表示明天的開場白中一定忠實反應。

那天的公聽會舉行了三個半小時，有八個眾議員參加，其中來自加州的峰田眾議員（Norman Y. Mineta）最為激烈，堅持要引用《索拉茲條款》停止對我國的軍售。浦為廉副助卿在答詢時一再強調我政府與美充分合作的事實。索拉茲問是否可以減少我國在美辦事處的數目和人員？浦氏表示無此計畫。這次聽證會參加者有百餘人，包括丁大衛、康寧祥、陳唐山、蔡同榮、郭雨新。中共大使館也派了主管國會事務的林植英參事到場。

同一天朱部長奉蔣總統的指示，親自擬電給我，說明我國一定充分與美合作，但因為法律嚴格限制，我們無法將嫌犯遣送美國，陳、吳兩犯已移送地檢處偵辦，美方擬訊問汪希苓等可予同意，但盼望派遣位階較高者，且不宜公開。

一九八五年三月九日我約席格爾特別助理午餐，將本案經過詳細說明，我指出政府對導致此一不幸事件的原因正痛切檢討、切實改進之時，而日前眾院聽證會中，索拉茲、李奇（Jim

Leach）、峰田等仍對我國大張撻伐，直視我為怙惡不悛，使我深感痛心。昨日丁大衛於出席聽證會後表示，此案使我過去兩年多來在美辛苦經營的成果毀於一旦。我知道此案的嚴重性，但是美國是否反應過度？席氏說此案確實嚴重，美國政府亦將持續對我國施加壓力，但我國如能以大公無私態度迅速處理，傷害將不致無法挽回。我也提到施克敏所告雷根總統對本案的反應，不知確否？席氏說確是事實，但雷氏對貴國的態度並不因江南命案有所變化，因雷根重視的不是個人好惡，而是兩國友好符合雙方的國家利益。

美組團來台測謊

台北地檢處於一九八五年二月二十七日正式對陳、吳及董桂森提起公訴，董雖然不在國內未到案，仍依《刑事訴訟法》二五一條第二項規定予以起訴。同日浦為廉告知，美方將由司法部副助理部長率團去台北，對汪希苓等三人及帥嶽峰進行談話及測謊，此外他重申希望我方能將陳、吳交予美方追訴。我告以當時均已由台北地檢處起訴。他笑稱，雖然如此，美國政府仍盼能對該犯審處，以示鍥而不捨的精神。

三月三日晚美國CBS電視網播出戴安沙耶主持的「六十分鐘」節目，其中涉及江南命案的幾達二十分鐘，對我國詆毀甚多，我注意地看，感覺這個節目對我們的傷害可能是長期而深遠的。

三月十五日國務院班立德訂婚，當晚丁大衛設宴祝賀。班氏告訴我美方所派的第二次訪談小組送回來的報告指出，效果遠遜於第一次與陳、吳所訪談的結果。此次小組曾對汪希苓進行測謊，其結果顯示他的答覆很多都是不確實的。他也向我預警說國務院下週要約我談話，而且所談的可能使我方感到難堪。六天後浦為廉副助卿邀我早餐，先對第二次專案小組赴華晤談的實質感到不滿，接著拿出一份書面資料逐字宣讀，略以美國司法部根據小組的報告認為汪、胡對江南被害負有責任，而彼等的行為乃發生於執行官方職務之時；汪、胡兩人在訪談時的答覆多為歪曲事實以圖隱匿彼等在此一謀殺案中的角色，彼等的答覆有明顯的虛構而且相似，表示彼等的答覆曾經於事前充分溝通協調。美方可能組成聯邦大陪審團調查此一命案，包括調查我國防部情報局的角色，並判斷是否構成「一再脅迫或騷擾」的情形。此種司法行動的結果勢將導致國會、輿論及美國國民的關注。美方認為本身調查的結果可能與台北法院審理江南命案所產生說法公開牴觸，因此美方籲請我國重行評估處理此案的方式，同意將嫌犯遣往美國受審。倘我堅持自行審理，則必須使所有犯罪者均予認定並依法懲處，而犯罪事實真相及動機必須完全公開使真相大白。

稍後我和浦氏做不列入紀錄的交談。我先問他美方認為尚有其他人涉案究係何人？浦說，美方也不確定，不過測謊時顯示汪有許多隱瞞。我又問美方只是指責汪、胡，並未提到陳虎門，是否對他所述滿意？浦說，確是如此，陳只是汪指定與陳啟禮聯絡的人，未涉入謀殺案。我再問據悉調查小組返美前曾與國安局汪敬煦局長有長時間談話，不知內容如何？浦答，確有長談，但國務院未收到紀錄。

這次談話充分表明美國對我政府處理本案極為不滿，事態日益惡化，因此我立即又寫了一封長信給朱撫松部長，特別指出「美方此次所提聯邦大陪審團調查如付諸實施，其對我之傷害無法估計。因此種調查為無底洞，一旦發動無人能令其停止。目前我國之敵人甚多，眾犬吠日，將來發展如何實在想來令人不寒而慄。」我也提到去年底信函的建議，仍應是我方處理本案的準則。

速審速決

我之所以如此直率，因為一方面美方似已把握很多對我不利的資料，其中有安全局二處包炳光處長晚宴款待美方調查小組時，國防部聯絡局長馬忠堯「奉命」拿一項文件給小組人員，文件中指出警備總司令部的調查單位對汪希苓局長找不出犯罪事實，故將不予起訴。另一方面外交部北美司陳國璜科長因攜帶相關資料來華府對我和兩位副代表說，外交部在本案處理上完全不能有所建議，全案是由某大老主導一切，其中有若干不妥之處。我之所以上函部長不直接上函總統，是因為我多年外交生涯的訓練所造成，我雖有總統府頒的密碼，但是我只有拜壽、賀年時用，其他一切報告都以外交部為對象，我認為這是「守分」的做法。

三月二十三日收到外交部的覆電，表明政府決心對犯罪者予以懲處，將犯罪事實及動機完全公開。為確保此等案件不再發生，政府正全盤檢討情報工作。電報中也指出情報局僅汪、胡、陳三人介入，另無他人。我即告知浦為廉。接著國防部軍事檢察官在三月二十六日對汪、胡、陳三人提起公訴。台北地院和軍事法庭也積極進行審理，而且允許美方和被害人律師到庭旁聽。

四月八日浦為廉又約我會晤，這次態度頗為溫和，他說美方瞭解我司法機構將對劉案嫌犯迅作判決，美司法部對該案的調查仍在進行，美方可能希望再增加對若干在台的人士予以訪談，對過去已訪談者可能亦將再做訪談，司法部正在整理資料，未來仍循過去相同的管道提請我方協助。我將所知可能判決的日期告知，並說明我方普通法院是三審定讞，而軍事法庭則二審定讞。以後外交部電覆美方意見可予同意，但盼勿在開庭時期前來。

四月九日台北地方法院審理終結，對於陳啟禮、吳敦均判處無期徒刑，至於民事部分則移由民事庭處理。軍事法庭則於四月十九日宣判，汪希苓判處無期徒刑，胡儀敏、陳虎門各處二年六月有期徒刑。美國媒體對於判決有不同的反應，《紐約時報》引江春男的評論認為審判純為表演，我政府急速處理，汪希苓成為替罪羔羊。《華盛頓郵報》則認為我方做法符合美方所要求的公平審判。《基督教科學箴言報》則認為審判雖然結束，甚多疑點仍然存在，我政府被懷疑涉入本案的陰影並未因判決而清除。

四月二十五日我在雙橡園邀請中央情報局局長凱西全家晚宴，我將政府處理江南命案的經過詳細向他簡報。他說自從兩週前和我在菲列浦藝廊（Phillips Art Gallery）年度晚宴談到江南案的問題，這兩週沒有人再向他提此案。他認為我政府以公正、公開的態度處理此案，使犯罪者受到嚴厲懲罰，美政府不應對我再做苛責。但是類似案件，今後絕對不容再度發生，希望我們記取本案的教訓。

軍事高等覆判庭於五月三十日核定三名軍方被告的處刑，判決確定，發監執行。台灣高等法院對陳、吳二犯的上訴於六月三日判決維持原判。二犯又向最高法院上訴，於九月三日判決上訴駁回，判決確定，發監執行。至此有關刑事部分告一段落。

在六月底我收到蔣總統由總統府發來的一件電報，內容是：

錢代表君復勳鑒：

年來國際局勢詭譎多變，中美關係波折迭起，共匪復傾全力進行統戰，情勢之艱倍於往昔，執事領導同仁，忍辱負重，沉著因應，妥善折衝，克服困難，至堪嘉慰，特電致意，並請對健康多加保重。

蔣經國

我將總統的德意轉告同仁，並於次日發電王家驊主任請代轉陳，電文如下：

總統鈞鑒：

近閱報載，欣悉鈞座曾親臨金馬前線視察，仰見法天行健，福體康強，無任慶慰。頃奉二十七日鈞電，渥蒙垂注，勗勉有加，尤深感奮。目前中美關係問題甚多，自當秉承訓示，遵循國家政策，全力以赴，庶免再增睿慮。

職　錢復謹叩

善後處理芻議

代表處鑑於撫慰被害人的家屬是很重要的事，因為如果家屬得到慰問和妥善的安置，可以避免向外界不斷談論此案，所以在八月中旬撰寫了一件報告，題為「關於劉宜良案善後處理之芻議」。我們處內若干同仁原就和劉氏夫婦熟識，因為他們曾在華府居住數年，而華府的國內媒體特派員中更有很多與劉氏夫婦極有交情的，劉氏的岳父在華府附近的巴爾的摩開餐館。這許多因素使我們對劉家的情形稍有瞭解。當案情尚在膠著狀態時，有一天代表處祕書組徐啟明組長對我說，劉的遺孀崔蓉芝表示她是我的學生，在政大中文系時上過我教的「憲法」課。我的確忘了當年（一九六二年）所教的學生。稍後也有媒體朋友告訴我，崔女士也有許多方面與她聯絡，要她中傷我們政府，她都推辭了。雖然台北地院審理陳、吳時，崔女士的律師曾提出附帶民事訴訟，之後也撤銷了。

基於這些原因，我們認為在刑事部分處理完畢，政府應該避免在美國和崔女士打民事官司，而宜以負責任的態度對劉氏的不幸遇害向崔女士及其他家屬表示慰問。另外依照《國家賠償法》的規定，主動向劉氏遺屬給予補償，使其今後生活能有著落。「芻議」中也指出政府倘不主動給予補償，崔女士及其律師必然在美國法院提起民事訴訟，如纏訟於美國法庭，不僅使我國形象再度受損，也可能節外生枝造成對國家更不利的情勢。

這項報告沒有得到外交部的答覆。但是崔女士的律師孔傑榮（Jerome Cohen）曾和外交部的法律顧問在台北、香港兩地舉行四次有關「和解」的談話，但是雙方由於對和解給付金額的數字無法獲致協議，四次談話並無結果。

一九八五年十月十一日崔女士在北加州聯邦地方法院具狀控訴我政府及若干涉案人士，要求民事賠償及懲罰性賠償共計三億五百萬美元，案經分由林區（Eugene F. Lynch）法官審理。這項訴訟由於國內不願與崔女士和解，本處早已預期。本處的李俊法律顧問曾多次提供極為詳盡的法律意見，認為應付原告的訴訟，我方應主張主權者豁免權。中美間雖無正式外交關係，惟根據《台灣關係法》第四條第b項第一款的規定，美仍默認我政府為主權國家的政府，與其他外國政府無殊，因此我方宜在程序上將原告所提之訴一舉擊敗。此節必須絕對堅持，不可退讓。因為本案倘進入實體訴訟，則原告一定堅持兇案乃汪希苓所指使，汪為我政府高官，倘欲辯護我政府毫無責任，則相當困難。

和解談判

所有法律意見，代表處均立即呈報外交部，事後案情發展完全在李法律顧問掌控之內。在崔女士向北加州聯邦地院提起控訴後，我即在十月十六日邀請程建人副代表、李俊法律顧問、徐啟明組長、胡為真組長會商，對於起訴狀傳票的送達以及在何種情況下我方始予接受，在確實送達並接受後，我方必須在六十日內提出答辯狀，因此我方必須早日聘定代理律師；此外起訴狀中請求本案由陪審團審理，惟此案如採用陪審團必然對我不利，因此似宜由代理律師表示依《外國主權者豁免法》規定勿使用陪審團，必要時申請轉移由哥倫比亞特區聯邦地院審理。我們會商時也將李法律顧問有關訴訟的程序與實體部分的因應策略詳為研究，一併在呈部報告中列入，最後本處也指出本案雖已進入訴訟階段，仍可進行訴外和解，請具體指示可行的和解條件。

外交部於十月二十二日電覆認為本處分析詳盡，意見確切妥適，層峰重視本案，指示訴訟的辦理應由我主持並指導，也要我研提適當律師人選。

外交部稍後又在十一月十八日電示同意由本處選擇最適當的時機，設法委託可靠人士與對方律師接觸，並經由適當人士與崔女士接洽；惟在處理過程中必須避免使對方有我方畏懼訴訟的印象；和解金額以二百萬美元為限。外交部也在十一月二十七日核定聘請前卡特總統時代擔任白宮法律顧問的克特勒律師（Lloyd Cutler）為我方代理律師。

我們接到這些指示後，一方面向克特勒律師接洽請他同意擔任我方代理律師；另由本處李俊法律顧問與崔女士的代理律師孔傑榮聯繫後，於十二月一日在紐約市初次接談。李顧問聲明未來倘有協議，和解的效力及於劉氏的全部遺屬，同時彼等亦不得就此案再出版任何書籍，攝製任何電影、電視影片，其已出版或攝製者應全數收回並將版權讓渡我方。

稍後雙方各提出適當的和解數字。孔傑榮表示最少五百萬美元，另加百分之二十五為原告律師費用。李顧問透露我方最高不能超過二百萬美元。雙方未能獲致協議，李顧問乃提議以仲裁方式達成公平合理的金額，孔氏表示要先徵詢當事人意見，並詢可能擔任仲裁人的人選。李顧問表示我方擬提美國前任國際法學會會長麥鐸格教授（Myers S. McDougal）為主任仲裁人，哈佛大學法學院副院長史密斯（David N. Smith）為我方仲裁人。孔氏表示可能提其律師事務所資深律師理夫金（Judge Rifkind）代表原告方面。雙方同意仲裁人最後公斷決定金額對兩造均有絕對拘束力，任何一方不得再訴請法院重新審判。

兩天後孔傑榮律師由香港致電李法律顧問表示同意仲裁方式，以及前日所談之一切問題，仲裁之金額最高為六百二十五萬美元，最低為二百五十萬美元，因為他在七、八月間和外交部法律顧問商談和解時，我方已接受原告律師應獲得和解費用總額百分之二十五的律師公費。代表處經會商研究認為此一做法對我方較為有利，可避免曠日持久的訴訟，也可節省鉅額律師費用。仲裁對外不公開，可以避免媒體炒作，而更重要的我方支付和解費用表現對遺屬的人道關懷，可有助政府的良好形象。

外交部於一九八五年十二月四日回電指示依本處所提方式處理。一週後外交部於十二月十一日電示我方最高額，包括律師費以三百萬元為度，令本處再洽對方律師。

代表處經向對方律師接觸，對方表示願以四百萬美元解決此案，並為表現誠意，先申請法院撤回起訴狀所列六項訴因中之五項，僅保留第五項，即「未能防止謀殺」一項，俟和解達成時再全部撤回。由於雙方數額仍有差距，乃約定於十二月十九日在紐約再度磋商。

外交部政策急轉彎

但是突然外交部於十二月十三日再來電報指示：

請覆告對方律師，本案貴處奉政府指示停止和解，仲裁亦無須進行，十二月十九日之約無須前往。

電報和前兩天的指示做了一百八十度的轉變，也沒有告訴我們為什麼轉變。當然我們只有遵辦，當李法律顧問轉告對方律師時，對方表示十分詫異不能理解，和解事應以誠信原則進行，雙方已有良好開始，何以有此突變，認為我方的通知等於宣戰（declaration of war）。

我和同仁詳細推敲國內出爾反爾的做法，百思不得其解，只能洽請克特勒律師積極準備答辯狀，同時也感到國內莫測的政策變化，本處有無所適從之感，所以在十二月十六日上電外交部表示：

鑑於本處人力原已不足，辦理此案負荷甚重，占去甚多人力與時間，已嚴重影響對美其他重要工作之進行，擬懇鈞部轉洽有關機關遴派專人來美，主持本案之訴訟事宜，以策萬全。

外交部立刻在十二月十八日回電，仍然要我勉力繼續主持全局，詳情俟我月底回國後面商。

我回到國內先向朱部長請示，他表示決策變更與他無關，為何變更他也不很清楚，他是根據某大老的指示擬電報的。我晉見俞國華院長時詳細報告了這個案子，他表示雖然看到本處許多電報，但是沒有看到外交部的去電，所以並不很清楚。他似乎記得高層討論時有人表示政府絕對不能給錢，如果政府支付和解金就是等於認錯。他問我是否可以由其他方面支付，政府再補償？他甚至建議由華府的自由中國之友協會先付。我說政府是有責任，因為兇殺案的發動者是政府高官，雖然發動者的處理是「個人意見」或「執行公務」是可以爭論的，但是無論哪一項，政府是不能逃避責任的。他又問代表處建議用《國家賠償法》，付錢好像是賠償，顯示政府責任很重。我說建議用該法是希望支付款項於法有據，至於付款時不必用「賠償金」（indemnity），可用「撫慰金」（ex gratia payment）。

大老阻撓和解

我返國期間曾三次晉謁蔣總統，前兩次我看到他的精神不太好，不敢和他談此案。一九八六年一月十一日他召我去官邸，我向他詳細報告此案經過，表示和解是唯一對我們最有利的做法，而且可以將此案順利結束，不再為害中美關係。他很用心聽，然後說：「君復，這個案子和解就是『私了』，會動搖國本的！」我一聽「動搖國本」四個字就知道是某大老在他面前進言了。我向他報告和解絕非「私了」，就是進行訴訟，法官也可能要求兩造和解。而且案子能和解對我們國家形象絕對有正面效果。他聽了後說：「你可否回華府後寫個詳細報告給我，讓我思考。」

我在返國期間也會見了不少前輩，其中有一位是國家安全會議國家建設研究委員會主任委員周至柔將軍，他一向對我很愛護，這時他已坐在輪椅上，見了我很高興地說：「君復你真了不起，有人說你到美國一定做不好，但是你做得好極了，我十分歡喜。」我問是哪位認定我做不好？他說：「就是那個某大老，他總是怕你在美國做得順利，所以他常常要設法使你在美國頭痛不斷，無法施展。」周將軍一番話使我對上個月外交部來電的出爾反爾找到了答案。

我回到華府和同仁會商後寫了一份長達六十頁的說帖，題目是「崔蓉芝訴請我政府賠償一案檢討進行訴訟與和解兩種不同處理方式之說帖」呈給外交部，其中除分析兩種方式的利弊得失，對國內外反政府者藉機攻訐如何處理，以及達成和解支付金額財源籌措都有詳細分析。不過外交部收到說帖後很快做了摘要，簽報府院，其擬辦部分簽的是：「案經本部審慎研議，認為仍應遵照政府對本案之決定，不宜與對方和解而應採積極應訴之方式。」俞院長於一九八六年三月三日批了：「如擬。」

和解不成只能應訴。北加州聯邦地院林契法官於一九八六年元月十日上午以電話方式與雙方律師舉行訴前會商，就訴狀的送達有所討論，法官裁定七十五日後舉行第二次訴前會議，這是在三月二十五日，果然林契法官建議雙方和解。但是我方律師遵照政府嚴格指示，向法官陳訴我方無意和解。

一九八六年四月十日我方克特勒律師正式代表我方提出動議，要求林契法官基於國家行為說將原告之訴駁回。四月二十九日原告律師對我方動議提出反對動議。五月九日我方律師再針對原告律師意見予以反駁。六月二日林契法官對兩造律師表示暫時不擬進行言詞辯論，盼我方律師儘早提出一項不超過二十頁的分析，說明我國是否適用《主權者豁免法》，以及我國法院的判決是否可容許原告在法院依照「不經審理逕予裁決」（summary judgment）原則提起訴訟。我方律師在六月二十四日提出此項分析報告。而原告律師亦於七月十七日提反駁意見。

也是七月十七日，克特勒律師率領許多律師來處，和我及相關同仁商討下週可能進行的言詞辯論庭我們所採的因應策略，我們就法庭上可能發生的各種狀況逐一演練。七月二十三日林契法官開庭僅一分鐘就結束，他宣布在三週內書面裁定。

八月五日林契法官書面裁定，基於「國家行為說」能否適用於本案尚欠明確，故我方依據該一學理所提駁回原告之申請，目前尚不能照准。法官認為我政府是否負有連帶責任一節，應給予原告機會，根據我國法院所認定之事實，提出其主張及理由，並向該院提出「不經審理逕行判決」之申請，以供法官審酌。

我方律師對此一裁定書認為並非不利，因為訴訟在未來進行時需根據我國法院審理時所認定的事實，不必再重新進行「再現事實」，這是對我國司法程序和裁判的尊重。

原告律師經依法官裁示提出主張及理由，我方亦提出答辯，並於一九八六年十二月十九日上午舉行言詞辯論庭，當日進行約一小時，原告律師及我方律師就「國家行為說」、「不經審理逕行判決」以及我政府對犯案是否可能預見三項問題進行辯論，林契法官並未發言或表示意見。

官司勝訴

林契法官在一九八七年八月二十七日裁決駁回原告之訴，原告倘有異議可在三十日內上訴，否則就我國而言此案已終結。本處李俊法律顧問、克特勒律師及其助理律師邁耶爾（Daniel Mayers）都盡心盡力、提供最佳的法律意見。代表處的程建人副代表、徐啟明組長、楊榮藻副組長、陳政雄祕書和楊勝宗祕書為了此案幾乎到了廢寢忘食、全力投入的情形。可惜官司勝訴了，國內對他們沒有給予任何獎勵，我對他們始終感到愧疚。

我們的律師在勝訴以後，於八月二十八日和九月二日兩度致函代表處指出，該一判決就中華民國政府而言實已獲得主要勝利，其完整程度超過吾人所預期，但是「原告之訴被駁回，即應考慮本案和解之可能性，俾排除上訴法院翻案的可能性。」我也分別將律師的建議呈報外交部請示。

外交部根據代表處的報告簽了兩點意見給府院：一、鑑於本案的高度政治性與敏感性，我方不宜主動表示和解之意，而應注意對方之任何可能舉措。二、如對方率先主動表示有和解之意，並經查明確有誠意，我可以致贈慰問金方式達成和解，其款項以五十萬美元為上限。此二點意見均奉核可，在十月五日通知我。

崔女士的上訴進行緩慢，但是她的律師和林契法官密切聯繫，一再延期，到一九八八年三月十七日向加州聯邦第九巡迴法院提出上訴，我方在四月十九日提答辯狀。而在崔女士提出上訴前，外交部於一九八八年二月十二日來電指示：「本案究竟宜否和解，請貴處從各方面研議密電部供參。」這和以往國內堅持應訴不和解的態度有相當變化，可能是和李登輝先生繼任總統有關。

基於國內的指示，代表處電覆說明原告遲遲未提上訴，而三個月來其律師曾數次與我方律師接觸，試探和解的可能性。崔女士本人於元月底來巴爾的摩省親，曾於三十日訪晤馬利蘭大學丘宏達教授表示願意和解。根據崔女士和她的律師向丘教授及我方律師所談，和解的金額約在五十萬至一百萬美元之間。我方律師一直認為倘對方上訴，我方勝訴公算不大，而且翻案後我在賠償方面數字可能甚大，且形象受損，故盼我政府以仁義之心處理本案，律師也不願在纏訟中繼續收取鉅額費用，而勸促我進行和解。

此外我旅美學人亦認為以適當款項接濟遺孀孤兒是基於人道及惻隱之心；在美新聞界人士亦多做同樣主張；至於國務院內處理我國事務相關官員亦多私下表示，早日和解將獲得美國朝野良好反應。這個電報呈給外交部以後，外交部過了三週在三月十日電覆略以：

貴處廣諮博諏，各方意見均具參考價值。國內有關方面至為重視，並正就國內方面之可能反應妥為研議中，仍請貴處自美國方面之看法研議綜合意見報部供參。

我們收到此電感到啼笑皆非，因為電文中要本處研議綜合意見報部，我們早在二月十六日已經做了，所以只能在三月十一日簡單答覆指出部方指示我們均曾遵照辦理，現在此案的發展將涉及國家整體形象和利益，似需由國內有關機關及法律專家縝密討論會商，權衡利弊得失，盡早做一決定。

巡迴法院判我方敗訴

這個電報送回台北始終沒有下文，而崔女士也在一九八八年三月十七日正式提出上訴。訴訟進行中，我在八月間返國工作和這個案子就未再接觸。第二年（一九八九）十二月二十九日美國北加州聯邦第九巡迴法院判決我方敗訴。判決書指出：

中華民國應受讚揚，其非但未曾企圖隱瞞劉案所涉令人不悅的事實而予調查，並將涉案的個人公開審訊，甚至包括如汪氏的高級官員。本院的判決僅在適用加州法律於中華民國法院所已認定的事實，其結果將僅可能使中華民國承擔財物性的責任，而不損及其主權，亦不造成較中華民國法院所已審理並認定事實的傷害更多的困窘。由於雇主責任（Respondent Superior）的判決，本院勿需裁定是否需要或於何種程度上，進一步詢問中華民國官員。在此情形下，國家行為原則並非崔氏興訴的阻礙。本院主張，當一外國被控下令於美國境內暗殺美國公民，國家行為原則並不自動阻礙此類控訴。本院推翻地方法院解除中華民國作為一被告的判決；本院以為在加州有關雇主責任的法律下，中華民國可為劉氏之死負法律責任，因之本案發回，待進行進一步必要的程序。

這項判決使國內相當緊張，外交部呈奉行政院核定，於一九八九年一月二十五日和三月十日兩度邀集主計處、法務部、國家安全局和行政院第二組會商，由程建人次長主持。討論時有代表指出宜盡速和解，但是也有代表表示，國內經判刑確定的人犯仍企圖翻案，如政府給予崔女士賠償，彼等當更形鼓噪；因此主席裁決本案宜續應訴，使對方主動要求和解，而我亦應把握和解機會與對方達成和解。和解所需款項則由政府以專案列支，所據理由為基於人道立場，我政府對劉氏遺孀、子女未來生活費給予若干濟助，無涉賠償並明確聲明我政府在劉案中無任何責任問題。和解條件的認定，應使本案可予確實完全了斷，即今後劉氏遺屬在美國或我國均無法再就本案提出任何追訴或求償。

兩次專案會議之所以會考慮和解是基於以下五項考慮：第一、我方律師指出，我如欲推翻第九巡迴法院的判決，可以要求重新聽審，亦可上訴聯邦最高法院，但本案適用加州法律而非聯邦法律，因此最高法院將不予受理。所以唯一可行之途是聽任該案發回一審更審，但我方被判應負賠償責任已成定局，只差決定賠償金額而已。第二、和解費用較繼續應訴及賠償費用為低。第三、敗訴如不支付賠償即須強制執行，我國在美有資產，不可能不作賠償。第四、敗訴比和解對我國形象影響更大。第五、我國法院所認定事實及判決，使汪希苓涉案已不容否認，汪為我政府官員，我政府在道義上給予劉氏遺屬撫慰金是符合自然法的人道正義精神。

最終和解收場

行政院於一九九〇年三月二十日終於核定依和解方式處理本案，因此外交部電令駐美代表處請我方律師進行上訴，同時也請該處相機進行和解。

我方律師於五月十四日以第九巡迴法院引用法律錯誤為由，正式向聯邦最高法院提出上訴。此時崔女士私下主動向我方表示和解之意，經雙方律師多次洽談，對方對我方所提「確實了斷」、「無法律責任」、「撫慰而非賠償」等原則都同意接受。撫慰金的數字也由開始要求的三百萬美元降至一百四十五萬，於八月底獲致協議，而在九月二十七日完成手續，我方亦向聯邦最高法院撤回上訴。這時我已回到外交部工作，所以本案在我駐美時開始，回到外交部時結束。

劉案和解協議書有保密規定，但是在美國的華籍媒體人士很快就知道詳情，有不少報導將和解曝光。其中《自由時報》於一九九〇年十月二十八日刊登駐美撰述史臣一所撰〈江南案和解後應有的取捨〉一文，開宗明義就用較大型的字體寫了以下的話：「事實上，這場不名譽的官司，早在三年前就可以了結的，不料當時經國先生身邊貼身的外交及國政策士，……把這雙方已達成的協議否決了。使台灣兩千萬國民和政府多蒙受了三年的名譽與形象損傷，加上三年龐大的律師費，以及政府有關外交人員為這官司所浪費的時間。」這句話中肯反映了許多駐美同仁的心聲。

由於媒體的騰載，立法院也注意到這一案件，外交委員會決議要我於一九九〇年十一月五日下午去做專案報告並備質詢。外交部基於和解協議書有保密規定，雖然媒體已有披露，但是並非我政府所發布，所以請求該次會議改開祕密會議，外交部所送書面報告均編號分發，請求委員勿攜出場外，會後收回。但是這時我國民主化程度已高，民意代表權威至上，有幾位媒體寵兒的委員進入會場簽了名拿了報告就攜出場外交給記者翻印，所以媒體仍然獲得全文，我的報告和答詢也是一樣，祕密會議事實上仍是公開會議。

我在外交委員會的口頭報告中強調：第一、和解是維護國家形象和國家利益最妥善的方式，是政府有關機關審慎考慮後決定，其涉及金額亦是共同決定的。和解中的給付稱為撫慰金（ex gratia payment）是基於人道與情理，對劉氏遺屬給予生活上的照顧。第二、律師費用是政府決定應訴後，外交部及駐美代表處所支付的，因我政府被列為被告，聘請律師應由政府負擔費用。第三、本部對和解事無意隱瞞，本案所以未公開是受雙方協議的約束，我政府可向民意機關報告。

委員們的問題有的相當邊際化，對問題的本質並不瞭解，只是發洩情緒；不過也有若干問題很有深度，如為何不繼續上訴而要和解？和解時為何要付「撫慰金」？和解內容外洩我方有何法律責任？和解協議書為何要有保密條款？等等，我都逐一答覆。會議在下午結束，這個案子終於完全落幕。

第十三章
援尼游案

我和白宮國家安全助理克拉克法官會晤，中美洲的現況急需我國給予協助，談到中美兩國合作以協助各國經濟發展，我方提供人力和技術，美方提供經費。美方對於此一提議甚為滿意。

這一章的題目要稍作解釋，「援」是援助，「尼」是尼加拉瓜，「游」是反抗軍游擊隊（Contras）。這是我在駐美任內另一件尷尬的案件。

上世紀初年尼國有一位有名的將軍，對美國入侵尼國並干涉十分不滿，號召附從者在尼國北部山區不斷與美軍作戰，這是桑地諾將軍（Cesar Augusto C. Sandino），後來他接受尼國政府招安任官，但是在首都遇害，其部屬組成「桑定國家解放陣線」（Frente Sandinista de Liberacion Nacional）從事反政府活動。

與尼維持邦交

一九七九年五月尼國發生內戰，七月十九日桑定陣線進入尼京，當時各國駐尼大使館人員都逃往鄰國，只有我國使館一等祕書丁珂，單身留在尼京，堅守使館，並與桑定陣線領導人歐德嘉（Daniel Ortega）建立個人友誼，使我國與尼國邦交維繫不輟。我當時在外交部工作，立即報告部長將丁君由一祕直升參事以資激勵。

桑定政權本質上親蘇聯、古巴，實施社會主義，與美國為敵，美國亦對尼採取種種制裁手段。自一九八一年起斷絕對尼國經濟援助，杯葛國際金融機構對尼國的貸款，對尼國實施貿易禁運。美國也在尼國港口布雷並支持訓練尼國反抗軍從事游擊活動。而桑定陣線在尼國掌權後，一方面鬥爭尼國中產階級，另一方面向薩爾瓦多等鄰近國家輸出革命，造成中美洲地區的普遍動盪。

一九八三年初我到華府工作時，正值美國政府為中美洲的問題在煩惱。雷根總統指派我國的好友、剛結束擔任聯邦參議員民主黨的史東，擔任中美洲事務總統特使。我到華府後不到四天，他就在家中邀我談他的新任命。我告訴他我國和中美洲各國的關係相當密切，特別是我國的技術合作計畫能夠直達民間，獲得各國民眾的好感。例如薩爾瓦多雖然到處都有左派游擊隊，但是我國的農耕隊人員從未受到影響，因為當地民眾會先提供預警，要我們隊員什麼時間不要出外走動。我也告訴史東我國和尼加拉瓜仍有外交關係，所以我在一九八三年一月二十日要去尼國駐美大使館做到任拜會。史東聽了頗感驚訝，後來他曾在政府高層討論中美洲問題時將我的談話加以引述。

一九八三年五月十八日我和美國國防部主管政策次長伊克萊博士談軍售問題，結束後他突然提到了美國政府內部目前對中美洲現況非常注意並感困惑，現在薩爾瓦多軍方的飛機多待整修，美方無法協助，在內部討論時曾有多人建議由我國派員協助最為有效，很想瞭解我方立場。我表示我國在中美洲的技術合作多在農業和輕工業方面，對於修護軍機的擬議要呈報政府請示。後來國內告知薩國軍機數量少、種類多，有若干機種我國並不熟悉，所以我們就同型機種，我方可以協助的，由薩國派了六名軍官來台學習修護訓練長達十八週。

中美洲國家的難題

第二天五月十九日下午我和白宮國家安全助理克拉克法官會晤，他也提起中美洲的現況急需我國給予協助，我們談到中美兩國合作以協助各國經濟發展，俾改善民眾的生活水準與生活品質；我方提供人力和技術，美方提供經費。合作項目除了原有的農業與輕工業外，包括土地改革、職業訓練以及心戰訓練（我國政戰學校的「遠朋班」）。美方對於此一提議甚為滿意，日後在邁阿密每年舉行的「對拉丁美洲援助」高峰會議，都邀請我國組團參加。

稍後在六月二十日美國共和黨總主席、雷根總統的至友賴克紹參議員來官舍晚餐，曾和我談論中美洲問題頗久。他說美國政府高層對如何處理中美洲的問題意見有甚大的分歧，他很擔心這些問題美國如果處理不當，將會有嚴重的後果，他想聽聽我的意見。

我說美國必須能掌握全局，不使局勢更形惡化，因為一旦惡化則蘇俄、古巴一定會利用中美洲地理上與美國毗鄰的位置，先向美國做滲透活動，再利用美國少數民族，如非裔、西裔移民在國內製造事端，分化顛覆，使其能兵不血刃而赤化美國。

賴氏說他對我的看法非常同意，但他從未想到少數民族可能被利用。他進而問我，美國是否可以派兵到中美洲一舉消滅游擊隊及左傾勢力？我說十七年前詹森總統擬大舉進兵越南，曾派韓福瑞副總統（Hubert H. Humphrey）來華晉謁先總統蔣公請益，蔣公表示不宜派兵，應由亞洲人自行負責戰爭，美國僅需提供武器裝備。今日中美洲情形與當年越南情形雖未盡相同，但上述原則仍可適用；美如確有能力一舉消滅共黨在中美洲的力量，且能獲得國內一致支持，自然不妨一試。但是此二條件目前恐不存在。賴氏稱，他也不主張出兵，但應多提供武器、訓練；現在美政府正積極朝此方向努力中。

賴氏又問我目前中美洲的問題應如何解決？我說中美洲問題千頭萬緒，難有一個簡捷的解決辦法。從長期看，仍以貧窮問題和教育問題應先設法解決，我政府正設法量力協助，我並將在中美洲各國的技術合作計畫向他說明。那天晚上談了三個多小時，他表示獲益良多。

一九八四年感恩節後，前駐韓美軍參謀長辛格勞（John Singlaub）於十一月二十八日來看我，說明美政府對尼加拉瓜的反抗軍極為同情，但是基於國會的限制，不能給予直接支持，但鼓勵民間予以援助。他受白宮國安會和國防部的委託，經常與反抗軍在美負責人卡萊拉（Adolfo Calero）聯繫並提供支助。最近蘇俄將在阿富汗使用甚為有效的攻擊直升機 MI-24 運抵尼國，對反抗軍造成極大威脅，目前必須有紅眼飛彈或類似的SA-7型飛彈以為對抗，但經費無著，未能取得。此類飛彈需價數百萬美元，盼我方能支持，他將設法使我方的援助不致曝光，他可以請美方重要官員出面向我證實。辛將軍也表示他在韓國服務時與我國朱撫松大使甚多交往，希望我立即向朱部長報告。

我告訴辛將軍我國目前仍與尼國維持正式外交關係，因此我國絕不可能有任何涉入類似的計畫。他仍堅持要我報告朱部長。我向外交部呈報後，立即奉到指示我國絕不能介入此事，我也立即告知辛將軍。

美向我「募」款捐助尼游

到了一九八五年初，雷根請求國會通過以一億美元款項援助尼國反抗軍，但是眾院在三月二十日以極少票差予以否決。四月底我在雙橡園宴中情局凱西局長，他對國會的做法甚為失望，認為今後共黨將在美國後院更為囂張，他特別指出墨西哥的情況甚為嚴重，蘇俄與阿根廷勾結甚密，祕魯共黨勢力快速增長，都是十分值得顧慮的。我曾將我國在中美洲和加勒比海國家的各項技術合作計畫向他敘述。凱西局長說他很希望中美兩國能在中美洲加強合作。

到了一九八五年八月二日白宮國安會特別助理席格爾上午打電話來，希望盡速和我晤面，我們約定下午二時在白宮對面的海亞當斯旅館飲茶。他帶來一個年輕人，是國安會負責支援尼國反抗軍的官員，名叫諾斯（Oliver North），我一看到他就問：「你是否陸戰隊員？」他說：「我是陸戰隊現役中校，你怎麼知道？」我說：「你的儀容，你的舉手投足，雖然穿了西裝，仍看得出來是經過嚴格訓練的陸戰隊員。」我也告訴他：「十多年前我和太平洋地區陸戰隊司令克魯拉克中將（Victor Krulak）是好友，現在去聖地牙哥還會去看他，你的舉止和他十分相像。」他聽了極為高興，說克魯拉克將軍是他的英雄和偶像。諾斯那時還是無名小卒，我這幾句話使他十分高興，我相信兩年後國會傳喚他作證，他並未提到我，可能是和此次的談話有關。

坐定後席格爾就說辛格勞將軍前此和我會晤，以及最近去台北和章孝嚴司長會晤所談的一切，的確是反映雷根總統的意見，我方無需懷疑。倘若我方對支援尼國反抗軍有肯定答覆，美方保證此一極端機密事件絕對不會外洩，美方設有祕密帳戶號碼，可供我方匯款之用，外人無法追查。席氏也說如果我方對此事要更進一步證實，或需要更明瞭雷根總統的意向，他會安排我和白宮國安會助理麥克法蘭會晤。接著諾斯中校說，雷根總統限於美國國會所通過法案的限制，自去年（一九八四）五月開始已中斷對尼國反抗軍的援助；當時反抗軍兵力約八千人，到今年五月已增加到兩萬人，年底可能達到三萬五千人，顯示民心向背。美國認為反抗軍已有推翻桑定政權的實力。美政府高層包括雷根總統對此一發展都感到鼓舞，也寄予殷切期望。如果尼國反抗軍能推翻桑定政權，這將是民間力量摧毀共產政權的創舉，對我國應具有極大的意義。自去年五月至今年（一九八五）五月一年間，美國民眾、外國人士及仍與尼國維持外交關係的若干外國政府，向美國政府為支援反抗軍所設祕密帳戶共捐助了兩千萬以上美元，都用在購買反抗軍所需的武器裝備上。目前迫切需要的是用以運補武器彈藥的交通工具。現有的飛機，機種不一，保養維護困難，急需購置劃一的小型飛機為運輸工具，盼我國捐助一百萬至兩百萬美元。我說因為我國與尼國仍有外交關係，顧慮甚多，當將二位所告轉陳政府。

我方支助一百萬美元

台北方面對於我的報告考慮了兩週，然後由陪團返國的王豫元祕書在一九八五年八月十八日帶來朱部長的手諭，其中有四點：一、我國原先絕對不能涉及尼國內政，但是基於雷根總統極力要求，我國將勉強支助一百萬美元。二、此款可由我面交席格爾博士，亦可循其他安全管道，但不能透過辛格勞將軍。三、美方如認為不宜面交，請提供在第三國的銀行帳號及電匯號碼。四、要我立即轉告美方。

那天是週日，我立即坐車到席格爾家，他們夫婦正在午餐，我將部長指示逐字英譯唸完，他也仔細筆錄，完畢後他說這是大喜訊，他將立即向雷根總統陳報，明日上班後將派專人以銀行帳號及匯款號碼送給我。

次日（八月十九日）下午五時許有一位歐文君（Robert Owen）說他是諾斯身邊親信義工來處看我，拿來一張諾斯親筆寫的便條，銀行是日內瓦的瑞士信用銀行，帳戶是一家「湖泊資源公司」（Lake Resources Inc.），此外是帳號、主辦職員姓名、電傳號碼和密碼。我立即密電報告外交部。

到了一九八五年九月十三日外交部有一簡短電報答覆我八月二日的電報，說「有關事項正安排中。」到九月二十三日又來電報說「有關事項業已安排妥當。」

我在華府默察台北會有如此大的轉變，原因大概有兩點。第一、蔣總統對雷根總統的確是道義之交，凡是雷根所請求的，他一定盡力而為。第二、中尼邦交在一九八五年夏、秋之交已有警訊，雙方在那年（一九八五）十二月九日斷交，因此國內對於中尼關係的考量和稍早時間也有不同。

過了一年，一九八六年十一月中旬，美國各報披露雷根總統為了期望伊朗政府釋放美國在伊人質（這是卡特政府時代所發生的，伊朗政府將美駐伊使館人員均拘禁作為人質），所以曾經賣武器給伊朗，掀起美國政壇軒然大波，傳聞國務卿舒茲和國安會助理彭岱斯特都可能被迫去職。一時之間華府有若一九七五年「水門事件」的重演。到二十五日芮效儉副助卿告訴我，雷根已批准彭岱斯特的辭呈，舒茲將留任，同時透露本案的嚴重性在於美國政府將向伊朗出售武器的款項用於支援尼國的反抗軍，這是直接牴觸國會的決定，是違法的事，情形極為嚴重。

一九八六年十二月九日席格爾助卿（他甫由國安會調至國務院接替出任駐印尼大使伍夫維茲的工作）和我會晤，他主動提到伊朗軍售案，表示他深知我的關切，這個案子在華府極受矚目，但是在美國其他地區則不盡然，如今天新墨西哥州阿巴寇基市一份向來支持民主黨的報紙在社論中就指出：「美國人在指責任何人犯錯前，應先瞭解案情，雷根總統是一個愛國者，彭岱斯特也是一個愛國者，諾斯中校也是一樣。他們所做的是增進美國利益，而非傷害美國利益的事。問題是一般人多是盲從，而不瞭解問題的真相。」

芮根成眾矢之的

席氏接著說，美國請汶萊、沙烏地阿拉伯、以色列和我國支助尼國反抗軍，並沒有任何不妥。問題是美國有沒有以自己的政府預算經費資助反抗軍。現在以色列將軍品售予伊朗所獲利潤資助反抗軍，不能視為違法。席氏說：「你一定很擔心國安會繼我擔任特別助理的凱利君，他的兄長約翰（John Kelly）擔任駐黎巴嫩大使，也涉及本案。可告知的是凱利深受層峰重視，沒有受到任何影響。他也已經選擇在國務院政策設計局任職的包道格接任轉往在台協會擔任主席的勞克思所留下的職務。此外與貴國極為友好的國防部主管國際安全事務助理部長阿米泰基似亦被牽入本案，但是溫柏格部長對他倚畀甚殷，預料也不致受到影響。」總之他希望我瞭解：和我國事務有關、對我國友好的美國官員，仍將在政府內繼續與我合作。

我對席氏推誠相告表示謝意，也特別指出自一九八六年十一月中旬本案開始曝光後，我就多次對本處同仁表示，代表處人員對於此一極度敏感的案件，絕對不可對外有任何發言或評論。

十天後，白宮國安會特別助理凱利約我餐敘時對我說明，自從伊朗軍售案曝光後，國安會內部士氣一度極為低落，直到最近才逐漸恢復。新任助理卡路齊（Frank Carlucci）將於一九八七年一月二日正式就職，預期情況將逐漸恢復正常。他接著問我對此案的看法。我說身為外國人不便做任何評論，但以友人身分擬說明政治學最基本原則，就是外交與國防是國家領導者的特權，在貴國國安會負責執行總統的意旨，有其一定的職責；倘在執行時有違法之處，自宜予以處分，但是無論如何不能因噎廢食。現在媒體紛紛評論譴責政府的做法，似乎是未經審判先行定罪，有欠妥當。

我也指出美國在歐洲的盟邦對本案似乎反應過當，相形之下，亞洲盟邦多保持鎮定，且認為本案必能有圓滿的解決。凱利對我的分析表示非常有同感。他並對彭岱斯特助理及諾斯中校引用《憲法增補條款》第五條的規定，拒絕出席國會作證，認為不妥。對於諾斯在一九八六年十二月十八日公開對記者指稱昔日白宮同僚都背棄他的說法，凱氏說事實上諾斯指的是白宮幕僚長芮根。我聽凱氏言外之意，似乎芮根在白宮已成為眾矢之的。

事實上，美國政府對售予伊朗武器的解釋是為了向伊朗溫和人士示好，以改善美伊關係。但是國會和媒體都指責雷根的言行不一，採取雙重標準；既違背外交原則，又牴觸國會的決定。事發後，美政府一籌莫展，在輿論壓力下，行政部門不得不指派獨立檢察官進行調查，國會參、眾兩院也分別組成特別委員會予以調查追究責任。

此案在當時被視為繼「水門事件」以後美政壇上最大的醜聞。問題的肇因是前後任國安會助理麥克法蘭、彭岱斯特及彼等的僚屬諾斯中校都沒有外交經驗，也不願和有關機關善予協調；濫用職權、發號施令涉入祕密情報行動的運作。案發之後，輕則可看作他們蒙蔽元首，使雷根總統受失察責難；重則使雷根本人被牽入掩飾案情，欺騙國會與國人。

根據熟悉美國政府行政和情報運作人士的分析，凡涉外的聯邦機關，如國務院、國防部、中情局等都瞭解本案的不當；但是國安會官員以獨斷獨行的做法，以致肇成大禍。本案的教訓使吾人體認到對情報作業嚴加監督的重要性。

獨立檢察官申請調查代表處

一九八七年三月二十五日《華盛頓郵報》刊載著名的深度調查記者伍德吾（Robert Woodward）的報導，指出伊朗軍售案的獨立檢察官威爾許（Lawrence Walsh）對於援助尼國反抗軍問題，要對代表處進行調查，這自然是非常嚴重的問題。我立即告知在台協會主席勞克思，此事應由美國政府處理，不能將代表處牽涉進去。

這個新聞在國內也大幅刊載，立法院正在進行總質詢，四月二日王金平委員提出以下的質詢：「《華盛頓郵報》報導，負責調查伊朗及尼加拉瓜反抗軍事件的威爾許檢察官，很快會請求台灣與南韓合作。依照協定，錢復代表及其他協調會官員可以不接受威爾許檢察官的調查。問題是威爾許檢察官希望台灣給予合作。在這種情形下，協調會可能捨棄豁免權，與威爾許合作答覆所提出的問題。本席以為如果是這樣，惡例一開，將來類似要求，將層出不窮。請問朱部長，該不該放棄豁免權？另外請你將整個援尼事件風波就你所知作詳細說明，不要只是簡單地否認沒有援助尼加拉瓜（反抗軍），我們要瞭解目前國外有關此一傳聞的情況！」

朱部長並未照王金平委員的質詢提出詳細說明，他做了簡單答覆：「對於尼加拉瓜（反抗軍），我國政府和所有涉外單位均無任何協助。至於是否要引用豁免權，要視情形而定。」

一九八七年四月十七日晚間，我在家中以蒙古烤肉香檳酒招待國安會、國務院、國防部和在台協會的官員，祝賀美國終於同意以飛彈巡邏艦（PFG-II）售予我國。在其他賓客抵達前，在台協會主席勞克思先到，他告訴我伊朗售武和支援尼加拉瓜反抗軍案的特別檢察官威爾許即將寫信給我，要求我對所謂我方支助反抗軍一事接受詢問。勞氏表示函件將於下週由他送給我。對於此一請求我表示十分詫異，因為本處在美國有功能性的豁免權。勞氏說十天前他們已約談席格爾助卿，因此我對他說我會向台北請示如何答覆。

勞氏於四月二十二日轉來威爾許特別檢察官四月十六日給我的信。威氏信件指出為了調查諾斯中校以及其他人員是否觸犯美國刑法，需要採證，他目前蒐集的證據顯示，美政府當局或為美政府工作者曾向我方要求援助尼國反抗軍，因此擬由副特別檢察官許瓦茲（Robert Shwartz）與我或我指定人員會晤，討論如何向我當局獲取資料。我立即將兩函報外交部。

外交部於兩日後電覆指示本處婉覆美方，依中美有關協定，代表處及其人員享有「法律程序之豁免」，就本案我亦有意行使此項特權，無意放棄豁免。

四月二十七日我獲悉以財物支援反抗軍最大的金主是沙烏地阿拉伯，該國曾一次援助兩千四百萬美元，每月固定援助一百萬美元已將近兩年。該國駐美大使班達親王（Prince Bandar al Sultan bin Abdul Aziz）已先接到威爾許獨立檢察官的信函，該館函覆威氏表示可接受書面問題，並以書面答覆。我覺得這個做法比較有彈性，也不致開罪獨立檢察官或者美國國會。我立即將此一訊息報告外交部。

匯款資料曝光

外交部於四月二十八日答覆，指示本處避免與獨立檢察官或其屬員「討論如何向我當局獲取資料問題」；對於勞克思主席四月二十三日來函我可答覆他，請他轉告威爾許指出，我方所有的資料是：「辛格勞曾於來華時先後晤及本部朱部長及（國安會）蔣祕書長緯國，提出請我援助尼抗共軍之事，二氏當場逕予拒絕。」電報也指示我向勞克思表明，「代表處人員有司法程序豁免權，且無意就本案放棄其行使。」

到了一九八七年五月初我們由國會友人處獲悉，國會兩院調查委員會已取得諾斯中校的全部檔案，其中有他和我晤面的記載，此外委員會也取得「湖泊資源公司」所有的款項匯兌存單，包括源自我方的兩張捐款支票影本，第一張是一九八五年九月二十日，第二張是次年二月十九日，每張面額一百萬美元，是紐約漢諾華信託公司（Manufacturers Hanover Trust）的匯款支票。而該「湖泊資源公司」經查明是中情局退職人員席柯德（Richard V. Secord）少將及伊朗裔軍火商哈金（Albert Hakim）專門代反抗軍購買武器裝備所設立。同時席格爾助卿已在四月八日與調查委員會的法律顧問談話，他曾指出多次與我會晤的事，而五月中旬將前往兩院調查委員會舉辦的公開聽證會作證，因此他極可能將四月八日的談話再度說明。國會友人亦指出調查委員會於約詢涉案美方官員時，彼等均十分合作，目的是保護自身利益，完全不顧國家或美國政府的利益。

這些資訊是本處國會組李大維諮議在五月四日告知我，我認為事態極為嚴重，因為我看了席格爾助卿四月八日的答詢，已將全案和盤托出，並且為了自保，在涉及我的部分有不少是與事實有出入的。我認為等席格爾向國會調查委員會作證後，該會可能會約我去求證，此時似乎不宜以豁免權搪塞，而宜請求准許使用書面答覆，答覆內容則以美方確曾提出支助的請求，基於兩國友誼及合作關係，曾將該項請求呈報政府。如果國會問到請求的具體內容，由於當時席格爾一再說明是雷根總統指示，這點不便由我方說出，只能答覆請逕詢貴國國安會。

但是我最擔心的是此案可能不斷擴大，所以我當天親筆上函新任外交部丁懋時部長，建議萬一在美國輿論界或國會引起對我國的不滿，「則請政府務必以中美關係為重，勿考慮職之出處，將職調部或他調。在最初不利情況發生時或可考慮令職返國述職。」我在信函最後說，本案未來發展，對我而言，可大可小，是以上述芻議做最惡劣的打算，希望天佑我國，使此項茶壺中的風暴能順利度過。這封信請國會組沈呂巡諮議帶回台北面呈丁部長。

我也根據外交部的指示致函勞克思主席，表示無法與獨立檢察官或其指定人員會晤。

一九八七年五月十一日《華爾街日報》以「台灣提供兩百萬美元，麥克法蘭本日作證」為標題，報導指出在上週國會兩院調查委員會詢問席柯德少將時，沙班斯（Paul Sarbanes）參議員曾問席，是否有某國兩度匯款至瑞士銀行帳戶支助尼國反抗軍。席氏承認確有其事。兩人在問答時均未提到哪個國家，但是《華爾街日報》在週末由情報來源獲悉該國是台灣。

堅守人道援助立場

外交部在五月十二日以電報答覆我的箋函，指出本案自始就是依照席格爾前特別助理代表美國政府提出的要求，經報回外交部密陳行政院，院方以當時中尼間仍有外交關係，此舉不符我政策，指示政府不可介入本案。以後鑑於本案是美方正式提出，且屬有關醫療、食品、衣物的人道救濟，可由外交部酌洽若干工商界人士捐助。外交部基於我國與美國良好合作情誼，以及該項援助僅用於食物、衣物及醫藥等人道救濟範圍，經慎重考慮後洽請我民間若干工商界人士辦理，純係私人性質的援助，代表處和外交部只是居間協調，當初雙方也明確約定，對外絕對保密。現在美方倘透露內情，自然有悖當初的約定。要我立即約晤席格爾助卿，告以務必依照當初約定避免提及我方，萬一必須提到時，也應強調當初美方所請是食物、衣物及醫藥等人道救濟，而且都是私人捐助。又有關《華爾街日報》十一日報導，外電已予傳播，國內民意代表及新聞界必予追詢，外交部將於近期內做一說明。內容大致依以上所述，要我也先洽告席格爾。

我立刻在五月十二日當天上午十時半約了席氏到在台協會會晤，我把外交部的電文逐字譯成英文，向他說明。他對於各節都表示同意，並且指出此案原應絕對保密，現在竟發展到如此地步，他實感痛心。但是基於政治現實，他也不得不向國會兩院調查委員會忠實作證。他原則上將於五月十三日受邀作證，但是屆時是否會輪到他，也不能確定。他將單身赴會，不請律師，因為律師費用甚高，不是他能負擔的，預料作證時間不會太長。他已決定在作證時絕不指出任何國家或任何個人的姓名，也盼望我方在新聞稿或對外發言中避免提出任何人名。談話後我立即擬電報部。

國會在舉行為國安會前助理麥克法蘭等的聽證會時，CNN和公共電視台都立即同步全程轉播，因此引起民眾極大的關注。麥氏在作證時全力維護雷根總統，在結束作證時說：「我不認為他在本案上犯錯，如果有人犯錯那應該是我。」接著下來就是席格爾作證，根據調查委員會所蒐集到的文件中，有一件顯示席氏曾向某一亞洲國家要求提供兩百萬美元的捐款。席氏表示他在國安會工作時曾協助諾斯向三個亞洲國家為反抗軍籌募經費與軍品，他以一、二、三、四代表四個不同的國家，但是美國媒體都指出「三」代表我國。席氏作證中也提到他曾質疑諾斯，他的做法是否和國會的決議有所牴觸？是否違法？諾斯向席氏表示，絕對沒有，他不會做任何不法事件。席氏指出從本案開始，在他心目中從未懷疑諾斯的發言是代表麥克法蘭的意志。

在議員詢問時間，龍恩（Sam Nunn）參議員問到和四個國家接洽時，曾否談及捐款用途的限制？席氏僅稱第三國言明係供人道援助。海契（Orrin Hatch）參議員接著說第三國捐款時，美國國會也已通過人道援助尼國反抗軍案。他沒有明白說出，但是有意顯示第三國的捐款未與國會立場有所牴觸。魯德曼（Warren Rudman）參議員也做相同的表示，並且進而指出這項捐款落入民間人士（指湖泊資源公司的席柯德與哈金）手中任意處置，相信捐助國必感不安。

此時民主黨南部出身，一向關切紡織品問題的任金斯（Ed Jenkins）詢問，席氏與四國官員討論援助尼國反抗軍時，彼等是否提出其他事項要求美國讓步以做交換條件，以及在討論時是否涉及貿易問題？席氏均予否認。說明雖然自一九八四年起與此等國家代表談話重點是貿易和安全防衛，但是在有關反抗軍的談話時，則從未涉及與美國的雙邊關係。

任金斯仍說美國於一九八五年十月安排諾斯與第三國代表接觸，而該月十二日國會通過他本人提出的紡織品進口限制法案，該案於十二月為雷根總統所否決。任氏的法案原可能嚴重傷害該國的紡織品輸美，在此情形下，該國應美官員之請捐款，不免予人以圖謀打消該案之感。任氏也接著說明這純粹是他個人的觀感，不是指控該國實際上以捐款設法破壞他的法案。

「艾斯契普拉斯二號」宣言

一九八七年五月十五日雷根總統與若干報紙編輯會面，有人提到任金斯十四日在調查委員會的發言，問雷氏是否關切到捐款可能影響他否決該一法案？雷氏答稱：任何將這兩件事連在一起的說法實在有欠厚道。兩者間毫無關連，事實上根據波倫修正案（Boland Amendment），國務卿是可以鼓勵對尼國自由鬥士的支助。要知道蘇聯對桑定政權的援助以數十億元計，其他共產國家、利比亞及巴勒斯坦解放組織也在援助桑定政權。因此如果有其他國家對於維護民主和我們有相同感受，決定援助尼國自由鬥士，我看不出有什麼不妥。

這個案子到八月初總算無疾而終。因為早一年（一九八六）五月下旬中美洲五國元首在瓜地馬拉的艾斯契普拉斯（Esquipulas）舉行高峰會，發表宣言表示：每一個國家有權不受外來的干預，依本國民眾的自由意願，選擇本身的經濟政治和社會體制。所謂「民眾的自由意願」，就尼加拉瓜而言，即是舉行自由的選舉。

在一九八七年八月七日五國元首舉行艾斯契普拉斯第二次會議，在哥斯大黎加總統阿利艾斯（Oscar Arias）主導下，五國元首簽署了一項文件，要求在美洲國家組織監督下，尼國立即全面停火。美國應停止對反抗軍的軍事援助，桑定集團不再接受來自古巴、蘇聯及其他共產國家的軍事援助，使桑定部隊及反抗軍逐漸解甲歸田。尼國成立一個獨立的多黨派選舉委員會以推動公開自由的選舉。尼國當局要接受一項「全國和解計畫」，對反抗軍給予赦免並獲平等參政權。由尼國的停戰，逐漸推廣到中美洲各國的裁軍以及游擊隊放下武器。

這項文件稱作「艾斯契普拉斯二號」（Esquipulas II）宣言，使阿利艾斯總統於同年（一九八七）十月獲得諾貝爾和平獎。

一九八八年三月二十三日桑定和反抗軍的領袖在尼國的沙波亞（Sapoa）會晤獲致協議，達成雙方停火，全面赦免，反抗軍亦獲保證可以重返尼國的政治。「援尼游案」曾經使我焦頭爛額，也不再受人注意。

諾斯弄權

這個案子之所以會發生，一方面是雷根總統堅決反共的立場，使他將反抗軍看成自由鬥士，希望能盡力支援他們。他的部下如麥克法蘭、諾斯體承上意，不考慮國會的態度，一意孤行。另一方面是雷根總統自第二任開始（一九八五年一月），由於無法在國會掌握多數，民主黨對他的政策多方阻撓，而國會的立場也不確定，有時支持反抗軍，有時翻案反對，使行政部門誤以為恢復援助仍屬可能，未對國會決議加以否決，反而求助於民間和友邦，所以國會調查委員會批評雷根在外交政策的推行上倚賴外國政府，亦使友邦無意間涉入美國行政、立法部門的鬥爭而受窘。

在整個事件中，諾斯無疑是要負主要責任的人，他的作風很類似古人所說「一朝權在手，便把令來行」，更類似「挾天子以令諸侯」。一個陸戰隊的中校幕僚儼然以「方面大員」自居，實在只有「荒唐」二字可以形容。在國會和獨立檢察官開始調查時，他引美國《憲法增補條款》第五條拒絕作證，但是稍後又接受在國會作證，每天在電視立即轉播的鏡頭下，侃侃而談，完全視國會為無物，但是反而受到民眾普遍的支持，真使人感到「民意如流水」，變化無常。

美國政府內部對於「援尼游案」並非沒有雜音，例如舒茲國務卿在他的回憶錄 *Turmoil and Triumph* 一書中，用了將近一百頁的篇幅敘述他對此案的保留，以及案發後如何費盡千辛萬苦促成「艾斯契普拉斯二號」宣言的實現。但是他的不同意見，以及在其他問題上不大與他意見一致的國防部長溫柏格的異議，在美國高層會商時都不發生任何作用，本案真正的決策者是總統、國安會助理、中情局局長，他們三位立場一致，決定一切。

一九八七年十月六日，二代艦軍售底定後，美方各民意代表也積極為其轄區企業做爭取。右起為時任駐美代表錢復與緬因州共和黨參議員柯恩（William Cohen，1997-2001年曾出任柯林頓任內的國防部長）、民主黨參議員密契爾（George Mitchell，後曾出任北愛爾蘭特使與中東和平特使），以及我方軍事採購團團長果芸將軍，眾人在參議院餐廳餐敘。

第三篇

歷史新頁的展開

・北美事務協調委員會駐美代表

1982年11月20日～1988年7月20日

第十四章 軍品採購

由於我們不斷努力和審慎推動，膺揚計畫已獲美方同意，但是為了避免不必要的困擾，仍盼我方繼續謹慎處理。他接著宣讀了一份包括五點的書面說詞，這份三頁長的資料有詳細說明。

我奉派赴美工作主要源自《八一七公報》，蔣總統擔心國軍無法取得先進武器，因此命我赴美，設法對該一公報內有關軍品採購的「質」與「量」的限制和遞減，能夠設法化解。我深凜此項任務關乎國家安全以及經濟發展，必須全力以赴，所以行前到國防部接受深度的簡報，對於國軍的需求能有全盤的認識。

國防部的簡報中提到，當時中共已在自行研發類似米格二十三的「西安一號」或「殲八」戰機，其速度高達二點四馬赫，每小時可飛行二千五百五十公里，其最大航程為三千二百公里，配有二三厘米機關砲二門，空對空雷達導彈二枚，並可掛戰術性核子彈，其性能遠超過我國空軍當時所擁有的F-5E型戰機。因此過去三十多年我國始終能在台灣海峽維持的空中優勢，受到了嚴重的挑戰，我們必須盡快取得高性能戰機。但是由於雷根總統一年前的公開聲明把話說死，使得我們獲得的可能性是零。

十年軍售計畫

我抵達華府不久，美國舒茲國務卿就去中國大陸做官式訪問。我從美方各機關所獲得的資訊顯示，中共當局在這次訪問中集中火力向舒茲以及他的同行官員表達一項強烈的願望，就是美國要在五年內結束對我國的軍售，在今後數年間，每年的軍售額度最少要降低百分之二十。雖然舒茲沒有同意接受，但是來自中共的壓力不斷增加。

而我方自一九八二年起申請的軍售，就沒有獲得批准，我在一九八三年二月二十一日拜訪席格爾特別助理，因為那天是華盛頓誕辰假日，所以在他家中談話，聊的時間很久，我表示我政府對軍售問題極為重視，不知美方何時可有定案。他說此案的延緩主要是牽涉太廣，同時美方也不能不顧及《八一七公報》的規定。我說我政府很瞭解此點，所以在去年軍售會議時提出一項十年計畫，縱使某項軍品今年不能售我，亦可在稍後數年售我。席氏表示雖然如此，但是無法不讓中共知道。我說如此就只有在合作生產與技術轉移上設法轉圜。他很同意，但是又提出另一個困難問題，因為根據美國法律的規定，軍品的銷售只要超過一千四百萬美元，必須通知國會，這是無法保密的。我說如此美國只有對若干較敏感的軍品將標價降低（mark down the price），他認為極可行。

三月十四日我和伍夫維茲助卿會晤，我提起去年（一九八二）八月下旬中美軍售會議中，我方所提十年軍售計畫現在已超過半年多了，不知有無任何決定。伍氏表示其中高性能戰機最為困難，我國是否可以向以色列洽購該國生產的幼獅型（KFIR）戰機？我說基於二個原因我國無法購買：一是我與沙烏地阿拉伯有邦交，該國對我與以國任何交往均極為反對；一是我國所有後勤維護補給制度均與美製武器相同，使用他國武器系統甚為困難。伍氏又說他認為我國不需要購買M60戰車，我說一則在防衛作戰上確有需要，同時我現有戰車均已老舊，連零配件取得都很困難，如果能買到M60戰車，對我軍士氣甚有激勵作用。伍氏聽了我的說明後，很明確指出：今後的二年到六年（指雷根的第一任或第二任任期）的確要為軍售問題打下基礎。我聽到他的看法，內心極為感激。

過了三天，雷根總統將八三及八四兩年的軍售額六億三千萬美元通知國會，但是美方也在事前告知中共，引起強硬的反應。這個數字顯然太低，主要反映了國務院、特別是中共事務處處長羅樸的多方掣肘。他是堅決反對十年軍售計畫，理由是：一、時間太長，未來情勢難以逆料。二、現政府不宜替未來的政府做承諾。三、數額太大不易保密。

第二天三月十八日中午，我宴請國防部國際安全事務副助理部長阿米泰基，向他表示我政府切盼能獲得高性能戰機、魚叉飛彈、M60戰車、反潛直升機等。他表示魚叉飛彈全無可能，其他各項也許有的可能，有的將有替代品，他也暗示十年軍售案是受到國務院政治次卿伊格伯格的擱置。

進行軍售會談

一週後我去在台協會和伍助卿、席特助與阿副助理部長舉行軍事會談，阿氏表示我方的十年軍售計畫優先順序似有調整，M60戰車似已提高。我說明我國國防需求不僅在應付可能來自中共的攻擊，也在因應可能來自蘇俄的行動。「我方所以擬定十年軍售計畫，在能預先瞭解今後十年國防上財務需求，庶能做較妥善的規劃。貴國重要官員曾表示盼在對我軍售上為未來奠定一良好基礎，十年計畫就是希望達到此一目的。」我方明知美方前此已拒絕提供高性能戰機及魚叉飛彈，而仍提出，乃因美方認為目前無此需要，然而就長程著眼，自不能預言若干年後仍無需要，所以仍予列入。至於M60戰車提高順序，實因有立即而迫切的需要。有關美方擔心中共抗議，我亦有同感，所以為避免軍購總額太大，若干物品似可改由商購。此外如美方能在技術轉移上助我，亦可相對減少軍售數額。

伍夫維茲說，「本案稽延甚久，至表歉疚，但此絕非因與第三者磋商所延擱，實因本案內部作業牽涉單位太多。吾人曾建議貴國是否可另覓其他供應國，因為美國不願成為貴國軍品的唯一來源，但是美國絕非有規避軍售責任的企圖。」至於若干軍品美方認為目前尚無需要，惟將來情況改變，亦可能重新評估。

我說美方的說明使吾人對軍售遠景益感振奮，但是《八一七公報》中有關對我軍售質量上限制的措詞是需要詮釋的：國務院發言人對於「量」的限制已做良好說明，我們認為「質」方面的解釋也要反映現實，如某一武器現已不再生產，自然應由新產品替代。

接著我又和國家安全會議助理克拉克於五月十九日討論軍售問題。我先說這是中美間最敏感的問題，我知道美國政府內部有人認為我國軍售的申請沒有實際需要，因為中共無力攻打台灣；也有人認為我們提出軍售申請只是增加美國的困擾。但是實在說，我方軍售的需求，不僅是預防中共可能的攻擊，同時也有防制蘇俄侵襲的作用。蘇俄軍機戰艦經常出沒台灣周圍空域與海域，我方如待其採取行動再向美國求援，可能為時過遲。至於困擾美方更是悖離事實，我方處理軍售均悄悄進行避免媒體報導。

我進一步強調軍售對我國民心士氣影響甚大，去年《八一七公報》發表後造成我國投資銳減及資金外流。今年（一九八三）三月十七日雷根總統先期發布一九八三、八四年對華軍售預定額度，就產生安定作用。

克氏表示美國對蘇俄威脅極為關切，對於我所提到的一切，在他的工作崗位上一定盡力給予協助。

過了三週，我又去在台協會和伍夫維茲、席格爾和阿米泰基等晤面，這次是針對我們在一九八二年八月所提的十年軍售案做正式的答覆，共分三類，第一類是美方同意供應的包括3D固定防空雷達、標準型飛彈、海欉樹飛彈。第二類是本會計年度核定出售的包括J79-19戰機引擎、麻雀飛彈、海欉樹防空飛彈及發射系統、反潛直升機。第三類是未核定出售的包括F-20戰機和魚叉飛彈。至於我們希望取得M60戰車，美方建議我將現有M48A1型戰車改善為M48A5型戰車；我們希望取得C-130運輸機，美建議循商購處理；此外我方盼購買電子戰裝備，也可循商購方式取得。

我先對美相關官員的努力表示感激，我也不掩飾對不能獲得F-20高性能戰機以及魚叉飛彈的失望。我特別指出最近一架戰機在金門失事，主要原因是戰機老舊。我進一步要求對於這些不能提供的項目，希望美方能給予我方代替品，或鼓勵廠商與我合作生產並做技術轉移。

ROC技術轉移計畫

席格爾特別代雷根總統發言，指出雷根本人始終對本案關切，隨時掌握其發展，並決心使我國能獲得需要的武器裝備。

我說雷根的善意，國人及各級長官均銘感在心。記得四年半前（一九七九）中美斷交時，安克志大使半夜晉見蔣總統面陳數項文件，其中之一就是卡特總統向蔣總統承諾，縱使中美無邦交，美國仍將續予我國軍售。卡特本人並於一九八〇年一月三日宣布售我大批武器。當時中共並未大肆攻擊，是以目前有人批評雷根總統，說他宣布對我軍售傷害了歷任總統所建立與中共的關係，實在不符事實，其實是中共以雙重標準對待卡特和雷根。談話結束後伍夫維茲私下告訴我，有關我說的卡特對軍售的承諾，他並不知道，這可以證明每個國家的政府都有一項困難，就是人事的變遷，很多重要的政策決定都不一定有紀錄可以查對。

雷根總統於一九八三年七月二十一日正式將對我軍售計畫送交國會，中共駐美大使章文晉於七月二十二日向國務院提出抗議，表示此次軍售不僅數量上超過以往數年的軍售額度，特別是提供標準飛彈與麻雀飛彈都是以往未曾出售的，較台灣目前擁有飛彈的性能優越，因此是公然違反《八一七公報》中有關質與量的「莊嚴承諾」。章並表示美方無意與他逐項討論出售的軍品，「這種態度是完全不能接受的。」

十月十四日我約了國務院主管安全與技術援助的次卿史奈德早餐，他以前是巴克萊（James Buckley）參議員的助理，和我是舊識，所以可以暢所欲言，我對他說自從一九八三年二月初他來家中晚餐，建議我們用技術轉移方式獲得我們所需要的先進武器，國內依照他的意見進行研議，現在已經有了具體構想，這就是自製戰機的ROC計畫（Required Operational Capabilities），這是和美國通用動力公司（生產F-16的公司）共同合作進行的作戰任務能力需求分析，以研製防空戰鬥攔截機。不過我也說明，由技術轉移而自製是長期的，不能應付急迫需求，我們仍然需要軍售。

軍售與《台灣關係法》

一九八三年的軍售會議是在十二月初舉行，國內很希望能將這項會議和其他軍事合作事項簽訂一項協定，但是軍方初步試探美方的反應相當冷淡。

至於軍售方面，國內指示有七項，就是高性能戰機、魚叉飛彈、M60A3戰車、愛國者飛彈、AIM-9L空對空飛彈，改良型AIM-9P4飛彈導引組和巡防艦（或驅逐艦）。但是美方認為除了巡防艦（或驅逐艦）外，其他六項都太敏感，不可能提供。另外我們也提了九項技術協助計畫，包括ROC、電子戰等。

在正式會議時，我向美方表示軍售會議定期舉行對雙方均有裨益，一方面雙方均可將時間預為保留，更重要的是在會議時不僅談軍售，更可在情報方面相互研究。伍夫維茲助卿認為這是可行的，表示將積極推動。軍售方面，會中的情形一如我們事先所預期的，美方只同意提供改善的M48A5戰車（不是M60戰車）和巡防艦。對於這樣的答覆美方也表示歉疚。但是關於技術協助和人員訓練方面卻有很大的共識。我針對美方對許多我方擬購軍品，都以過於敏感，無法提供等，說明《八一七公報》確實不合理，因為認真履行此一公報，任何外型上與我國現有的武器裝備不同的項目，都無法提供。這是一項「作繭自縛」的公報，美國要認真執行《台灣關係法》必須要先解套。因此質的方面，舊的軍品不能生產了，必須提供新的，只要僅具防衛性能即可；量的方面，必須要顧慮到物價不斷上漲，不能食古不化，每年減二千萬元，有時要增多，因為美國很多方面都重視生活指數的調整（Cost of Living Adjustment, C.O.L.A.）。唯有如此才能確實履行《台灣關係法》。美方官員都表示這是正確的，因為《台灣關係法》是國家法律，《八一七公報》只是政策聲明。

到了一九八四年一月十八日我和阿米泰基助理部長和凱利副助理部長餐敘，奉國內指示說明我同意購買M48A5戰車改裝包件一百組，並購買C-130H運輸機六架，另外也請他們協調國防部同仁以促成中美軍售作業制度化，因為伍夫維茲已在國務院進行此事。三個月後我和在台協會主席丁大衛換函，將軍售會議制度化定在每年八月二十五日前後。

這年（一九八四）五月三日，參謀總長郝柏村到華府做一週的訪問，和許多美方首長會晤，主要談的就是戰機自製案，郝總長和溫柏格及參謀首長聯席會議主席維西（John W. Vessey, Jr.）將軍以英語直接講述我國對戰鬥攔截機的迫切需求，以及我國確實有人才從事戰機自製工作，使這些首長留有深刻的印象，對於以後戰機自製案獲得美方同意有很大的助力。

與美分享我蒐集軍情

八月二日早上我和國務院自伍夫維茲助卿以下處理我國事務的官員共進早餐，席間我提出有關AIM-9P4飛彈，美國防部已同意，正等國務院處理；此外ROC計畫亦相同，我指出就後者言，我航發中心已聘僱高級技術專家一百五十人，由於美方遲未批准，以致人力閒置，所浪費預算數字也頗大，盼望國務院盡速處理。伍氏表示已派一個三人小組去台灣做實地考察，AIM-9P4飛彈是國防部認定可輸出，但未決定售予任何國家，他瞭解我們對這兩個案子的重視，所以經常注意，今天聽到了一百五十位專家完全無所事事一節，他表示一定會特別加速處理。

稍後伍助卿把話題轉到八月下旬的中美軍售會議，他對自己促成此事制度化以及我全程參與表示甚為欣慰，但是他要表達如果中美雙方只利用此一會議討論軍售項目，實在可惜，應該藉此機會交換雙方對於戰略觀念長程觀點；他特別舉美日會談的經驗，指出雙方討論不必有具體結論，但對雙方意見的溝通效果甚佳，而雙方參與者對下次會議極其期待。

我在報告這次談話的電報中特別提出具體建議如下：「關於伍氏對中美軍售會議的舉行，應不使其成為雙方對某項軍品是否售予而做討價還價的會議，使美國與會者每逢會議即望之生畏一點，確具見地。職愚見在此項會議中倘能就：一、我所蒐集之俄軍機軍艦經過台海的機型、艦種、所從事活動以及我方研判，提供具體情報資料。二、我在中美洲各國所派軍事武官與各國合作密切情形，以及在各該國我可提供美方之情報資料。三、倘亞洲地區情勢有變，我所能給予美方之支援事項等妥做準備，在會中向美方簡報，並充分交換意見，似符合伍氏之建議。」郝柏村總長在《八年參謀總長日記》（郝柏村著，天下文化出版，二〇〇〇年一月二日）上冊第五八七—八頁也記載：「伍氏建議爾後軍售會議可以不限於討論軍售，雙方可交換各方面意見，但不一定樣樣要有共同結論，可謂廣範圍的高階層軍事合作會談，當然更具價值。」

在八月二十七—八日舉行的年度軍售會議中，美方同意提供AIM-9P4飛彈導引組，對於ROC案同意通用動力公司提供設計評估及技術協助。我曾對丁大衛和美方首席代表說，美方仍不考慮我國的「戰機空隙」，未同意以F-20售我深感失望。兩人都說這純粹是政治考慮，並非軍事考量，他們也表示我方對中共殲八戰機的能力過於高估，至於F-20戰機有兩種情況我們可能獲得，一是在雷根第二屆政府內他左右主要策士有大幅度的變更，一是若干其他國家已先訂購F-20使之成為一項固定軍品。

浦為廉副助卿在私下對我說，關於ROC案，美方立場是不願公開介入，希望我們在必須公布時說明是我國自行設計，自行生產，避免提到中美合作設計生產。我說在事實上美方必須協助設計與生產。他說自然如此，但是對外則不必提到。

凱利副助理部長也告訴我，他認為這次會談是以往數年中最好的一次，美方很重視此一會談，目前只和中、日、韓三國有此定期會談；對於軍事合作也相當密切的澳、紐、泰、菲都沒有類似安排。

果芸接手國防採購

在會談期間，我曾安排我方代表團主要官員葉昌桐副總長、夏甸次長等，與伍夫維茲助卿和席格爾博士共進早餐，葉副總長曾就我方對高性能戰機的迫切需求詳加說明。伍助卿則說我方無此需要。到了當晚晚宴時伍氏坐在我旁邊，小聲問我：早上很直率的談話是否會使我方代表團不快？我說：不會，雙方坦誠對話，彼此可深刻瞭解對方立場，對雙方關係有益。他接著說：依照他和美國最高層首長接觸所得印象，我們要得到高性能戰機只有兩種可能性：一是中共對我有明顯的不良企圖或者中共軍力有顯著增加；一是美國和中共軍事合作大幅改進，中共對美國某項軍事技術有迫切需要，不惜代價要獲取，此時美可售我高性能戰機。這兩個可能性與早一天丁大衛和凱利說的稍有出入，我就提了三種狀況：如中共封鎖我港口、如中共戰機超越我方戰機的作戰能力、如F-20已大量生產供應美空軍及盟國使用，是否我們就可以取得高性能戰機？他對三種狀況的答案都是肯定的。伍氏也進一步透露，前任國務卿海格現在擔任普惠引擎公司（Pratt and

Whitney）的公關，不久前來看他，希望美政府能批准該公司的引擎售予中共，他已予以婉拒，因為如此做是不符合《八一七公報》的原則。我聽了伍氏的話才瞭解，這項公報實際上對海峽兩岸都有約束。

我也對伍氏指出，葉副總長晨間所提我國需要高性能戰機的各項理由都是非常確切，我只想補充一點，由於我國長久以來無法獲得高性能戰機，一般民眾對於國家安全都沒有堅強的信心，因此近年來投資意願下降，長此以往對我國經濟發展也十分不利。伍氏表示此點確實值得美方注意，但是美方無意出售高性能戰機也是事實，因此中美雙方都需要對我國民眾的疑慮予以澄清，那就是即使沒有高性能戰機，「貴國的安全仍然是無虞的」。

在一九八四年初夏，代表處的國防採購組溫哈熊組長返國升任聯勤總司令，由國防管理學院院長果芸中將接任。果將軍原是空軍，郝總長擔任陸軍總司令時，爭取他轉到陸軍，他是軍中傑出的資訊專家。當時電腦還不普及，他到華府履任後立即將這一新觀念帶到代表處，包括送禮、宴客無一不用電腦管控。他的參謀作業十分完美周到，待人接物和藹可親；他和溫將軍都是律己極嚴，處理金額龐大的軍售涓滴歸公，使美國軍方都十分欽佩。我在一九八四年十月二十三日和他與國務院主管安全技援的次卿史奈德餐敘，因為十月中郝總長有公文指示果團長，希望提升中美軍事會議的階層，請史次卿協助，他認為此議甚佳，當向國務院內相關人員進言。

我將兩個月前的軍事會談向他做一簡報，表示整體而言甚為成功，但是我方仍無法獲得高性能戰機，我的印象是《八一七公報》除了已公布的文字外，還有其他祕密諒解，請他指教。史次卿說當時他尚在預算管理局擔任副局長，後來到了國務院，大致瞭解是，海格對中共承諾絕對不以高性能戰機售予我國。此所以他在我到任之初就建議，應該以技術轉移、商購及軍售合併運用，以取得高性能戰機的主要原因。

史次卿也說，根據他的觀察，美國軍方與中共軍方關係十分熱絡，中共方面亟願由西方國家大量採購軍品，但是中共外交部的態度則不同意，因為他們瞭解中共倘向美採購精密軍品，美方必將以類似軍品出售與我國。雖然如此，他認為未來數年美可能以F-16軍機售予中共，屆時我國即可取得F-20。我說F-20性能似不如F-16。史次卿說，不然，美售中共的將是F-16A，性能遜於F-20，也不能裝置最新的「中程空對空飛彈」（AIRAAM），而F-20則可裝置。

史次卿也問及我國是否擬購買「空中發射的拖式飛彈」（A-Tow Missile）？果將軍說我國確有需要，並曾提出申請，但受到國務院的否決。史次卿解釋「確是如此」，因國務院官員誤以為我方無此需要，所以他特別提出這一問題，現在知道我們的立場，一定要設法促成。

填補「戰機空檔」做法

兩週後，一九八四年十一月四日晚我約白宮顧問米斯一家來官舍晚餐，我表示中美軍事會談今年甚為成功，但是要使此一會議繼續有效，必須使之成為雙向管道，不能僅為我方提出向美方請求購買軍品的請求，我方亦應對美國有所回饋，要達到此目的似需提高會議層次。米斯說他瞭解國軍在研發方面的成就，以及我國在中美洲、加勒比海以及東亞地區情報掌握的準確，他認為我的建議應是可行的。我問他《八一七公報》時美方是否曾向中共祕密保證不向我提供高性能戰機？米斯說沒有祕密保證或承諾，但雷根總統認為如中共不在台海製造緊張情勢，美對我軍售當逐漸減少；反之如中共軍事力量加強，台海蒙受威脅，美對我軍售亦將加強。

我說不久前鄧小平一九八四年十月十一日對日本公明黨委員長竹入義勝談話，強調中共有能力對我港口施行封鎖，使我國同胞備受威脅，對國防需求更感迫切。米斯說他也注意到該一談話，但是就中共的行為判斷，將不致出此下策。我又提到目前軍機多已老舊，現在雖發展自製戰機但亦緩不濟急，若干目前服役的戰機如F-100、F-104A、F-5A，在兩、三年內均須淘汰，因此今後三數年將有「戰機空檔」，為填補此一空隙，最好美能售我高性能戰機，否則亦盼能協助我自友邦獲得轉售美製高性能戰機，或助我提升現有F-5E戰機的性能。米斯表示他認為我國確有此一空隙，他要設法從旁協助。

我們軍方同仁常向我反映，美三軍中以海軍最為傾向中共，在美對我軍售時有掣肘的情形，所以我在一九八四年十二月十日晚約海軍部長李曼夫婦（John Lehman）、他的兩位弟弟約瑟夫（Joseph Lehman，裁軍總署公共事務處長）、克里斯（Chris Lehman，國安會特別助理負責國會聯絡）以及席格爾夫婦餐敘。我在席間很率直地問李曼部長，最近我向美國申請軍購以及技術協助，聽說多遭到美海軍的阻撓，我瞭解李氏三兄弟對我國均甚友好，因此頗感困惑，不知實情如何。

李曼答稱他很清楚若干方面（指國務院）常以他作替罪羔羊，事實上他對任何海軍軍品向任何外國作技術轉移，都持反對立場，因為經驗顯示這種技術一經轉移，常會落入蘇俄手中。我說如果你是為此反對，則對我國可無須擔憂，因為我國保密紀錄甚佳，國防工業純由國防部主導，不會落入民間。席格爾表示確係如此，李曼部長立刻說今後對我國的申請當另做考慮。由此可知，溝通在解決問題上是十分重要的。

鷹揚計畫

一九八五年初，國內將ROC計畫更名為「鷹揚計畫」（Light Weight Defense Fighter, LWDF），在二月中旬我曾致函丁大衛，請求轉洽美主管當局，對若干戰機所需的電子零件，及早給予出口許可，因為我們為了等候這些零件，多等一天，人力浪費大約二十五萬美元。整個上半年我們在軍售方面沒有太多進展，主要是江南命案所衍生的後遺症。

我在五、六月間當江南案稍告平靜後，不斷向國務院的各單位主管洽談鷹揚計畫，因為果芸將軍告訴我：「本案如箭在弦，每日耗費不貲，實無法停頓，眼前最急者莫過於各分系統之定案，如雷達等。若國務院不批准其技術資料輸出，則無法商談規格與合約，因之系統設計工作亦不能繼續進行，故在全案爭取批准之同時，能否先請美方批准各分系統之資料輸出，以爭取合約磋商所需之漫長時間。至於採購合約正式生效，可俟美國務院正式批准。」我在一九八五年五月八日先和伍夫維茲與李潔明長談。五月二十九日約國務院政治軍事局長錢中將（John T. Chain）餐敘，請他協助鷹揚計畫，他具體要求我們提出各分系統需求的流程，以便分期核可。他也提出請我方亦設法由其他國家提供若干次系統以降低敏感度。我也向他表示深切明瞭舒茲國務卿對他的信賴，請他向舒氏進言早日核定全案。

六月九日我約了傳說中在國務院內對鷹揚計畫持反對立場的情報研究局長阿勃莫維茲和中共事務處長羅樸在家晚餐。我請他們支持此一計畫，說明我國的「戰機空檔」以及無法獲得美售高性能戰機，為維護台海安定，降低緊張情勢，必須發展自製戰機。艾氏詢問可否延長F-5E的合作生產，我說如此三數年後我將只有一型戰鬥機，不同型的戰機有不同的防禦任務。我特別強調目前國務院不但就鷹揚計畫遲遲不予批准，就是連原本是商售的次系統也延擱下來。中共對美有意見的只是軍售，對於商售沒有置喙的餘地。艾氏推拖說他只是寫講稿的人，對政策發言力不大。我說我們兩人相識已超過二十年，你深獲舒茲和伊格伯格次卿重視，一言九鼎，是我深切瞭解的，希望你能一本過去在台北服務時的友誼，全力為我們進言。他聽了哈哈大笑，我知道雖然他不一定會支持，大概阻力可以大為降低。事實上，他在接這份工作前，曾出使泰國多年，我曾託當時在泰工作的羅致遠顧問經常和他聯絡，提供他需要的資料，因此我可以對他做坦率的談話。

一九八五年六月十日空軍郭汝霖總司令來華府訪問，我約了美國空軍部部長奧爾（Verne Orr）晚餐，談到鷹揚計畫他說極力支持，並表示將與政軍局長錢中將（也是空軍）聯絡是否需要他自己去看舒茲，他表示自己來自加州，和雷根與舒茲都有私誼，他相信可以說服二人支持本案。

六月二十日李潔明告訴我，日前有《國防週刊》記者致電國務院和國防部探詢鷹揚計畫，他很擔心媒體會跟進誇大美國的參與。我說此事早該決定，是美方拖延太久，使原本非常簡單的事，變為複雜。我也指出美方一再拖延，由去年而今年，由二月到四月到六月，聽說在舒茲桌上放了五十多天，所以會有今天的困窘，現在李先念又要來訪，而且美國與中共間高層互訪已是常態，如果為了訪問，一切對我的工作都要停頓，那中美關係真是可悲了。李潔明無詞以對。

還好第二天，我們的好友原國安會助理克拉克見到了雷根總統，根據國防部所提的六項要點，逐一向雷氏報告，並獲得他的肯定，表示會親自督促所屬早日定案。克氏立刻向我報佳音，我心中想的是「官僚」的推、拖、拉，古今中外完全一樣。

美方同意鷹揚計畫

七月二日終於有了好消息，伍夫維茲約我去在台協會，美方相關的官員都在場，我方有程建人副代表、正在華府準備軍事會議的夏甸次長和果芸團長。伍氏先說由於我們不斷努力和審慎推動，鷹揚計畫已獲美方同意，但是為了避免不必要的困擾，仍盼我方繼續謹慎處理。他接著宣讀了一份包括五點的書面說詞，並且交給我。這份三頁長的資料分別就美方同意的範圍、如何應付外界的詢問、如何處理契約商、向第三國購買零件的可行性，以及我國涉及本案人員來美宜注意的事項，都有詳細說明。

我表示對美方同意鷹揚計畫甚感欣慰，對於伍氏以及在座各位和其他相關官員為本案所做的努力由衷感激；對於伍氏所提應該注意的各節，我方一定和美方通力合作認真處理。我也說明很瞭解美方獲致此項決定的不易，而我方為本案更將做極大的投資，因此必將全力以赴，使本案能達到預期目的，絕不使此案引起美方的困擾。

事實上，美方在七月初也派了一個防空評估小組來華做兩週的研究訪問，這小組共十二人，由美國防部國家安全事務助理羅斯（Ed Ross）上校率領。他們的評估報告指出：我國現有戰機老舊，改良F-5E不能解決我國空防問題，只有供應我攔截機以及空中預警機才能解決我國的「戰機空檔」，美國也應供應我國多目標地對空飛彈系統和肩射防空飛彈，以及FFG-7巡防艦。

這些意見十分正確，也是我們不斷向美國政府表達的。但是由於中美間沒有正式外交關係，美國政府又自我設限，不許美國軍職人員來華，因此無從瞭解真相。我們向美方所表達的，他們又將信將疑，再加上官僚體系內有若干人始終存著「聯中共以牽制蘇俄」的戰略構想，處處曲意附從中共的意向，對我方的需求處處挑剔。所以我時常聽到有些國人會說：外交關係有什麼重要，沒有邦交我還不是想去哪裡就去哪裡，想做什麼就做什麼。我心中總是陣陣發痛，這些朋友真是身在福中不知福，政府有多少駐外人員每天忍著羞辱，全心全力為國家奮鬥，才能換來他們的幸福。

國務院台灣事務協調小組主管班立德君在八月十四日就對本處同仁說，過去的七個多月雖然有江南命案，但是戰機自製案的通過，美方對於《八一七公報》「質」與「量」的從寬解釋，都是代表處同仁通力合作的具體成果，他認為我們是值得驕傲和安慰的。

江南案影響軍購

一九八五年中美軍事會議是八月十九、二十日舉行，雖然在軍售方面沒有重大突破，但是相當具有意義。第一、美方顯然很重視此一會議，參加人數超過三十人。第二、雙方準備充分，我方代表團準備的說帖是歷年最精采、且有說服力的；美方準備的資料超過二百五十頁。第三、雙方代表除正式會議外，也有很多非正式的意見交換，我方代表團人員均與對方人員坦誠懇談，使他們體認我方的困難以及需要。

至於美方空防評估小組的正式報告雖尚未提出，但是已在此次會議中提出口頭報告，我在會外也就該項報告和伍夫維茲懇談，說明為填補「戰機空檔」，我國確實需要F-20戰機以及加強反潛能力的FFG-7巡防艦。目前的問題是怎樣可使美方不會因向我提供此等裝備而受到不必要的傷害。伍氏表示以我國目前的需求，優先順序應以反潛為第一，填補空檔的戰機為第二。此外他也建議鷹揚計畫可以逐漸使外界瞭解，並說明此一計畫是一九八二年開始的。他建議可在立法院質詢時稍做透露。

為了這二項重要軍品，我在九月二十日又邀請阿勃莫維茲局長午餐，向他詳述我國的戰機空檔，三年後將只剩二百多架F-5E機可供使用，而中共的戰機則不斷改進，我將在台灣海峽失去空中優勢，造成人心不安，所以戰機的汰舊換新是必要的，請他務必支持。我也提到鄧小平所說的封鎖港口，所以我們必須有反封鎖的能力。艾局長說我們已獲得S-70C反潛直升機，我說港口防禦要有立體觀念，直升機需要有船艦基地，目前我們所有的驅逐艦或護航驅逐艦艦齡都已超過四十年，不堪再用，我們亟需FFG-7巡防艦，也需要在深水中能探測潛艇的拖陣聲納（Tow Array Sonar），希望他能從旁協助。

參謀總長郝柏村於十一月二日來華府訪問一週，會晤的美方官員與上次大致相同，總長在談話中強調國軍有保國衛民的任務，三軍素質不斷提高，訓練精良，只是裝備多已老舊，亟需更新。近年來我空軍戰機多已逾齡，美於一九八五年七月同意我鷹揚計畫；我陸軍已獲M48改良型戰車，唯獨我海軍現有驅逐艦多為四十年以上，甚盼獲得FFG-7型巡防艦六艘，以遂行港口防禦的反潛任務。美方官員，包括溫柏格部長，均頗支持，認為假以時日，可以達成。

郝總長也向美方提到，美國與菲律賓的基地協定續約談判困難重重。我盼美能繼續使用菲國基地，萬一有困難時，我在東海岸新建的「佳山計畫」海空基地均可提供美方於必要時使用。此一提議獲得良好反應。

不過在郝總長和國務院的伍夫維茲助卿與李潔明副助卿談話時，他們都坦率提出，美國政府願意繼續予我國支助，但我國需在美維持良好形象，最近發生的劉宜良案及李亞頻案，因為兩人均為美國公民，所以使很多對我國沒有深刻認識的美國人士對我產生敵視態度，今後盼勿再發生類似事件。

郝總長說明兩案發生之初他都不知道。劉案純粹是個人案件，已經依法處理。李案在層峰衡量全局後已做寬大的處理。他承諾在返國後當向有關方面反映美方的意見。他返國後來了一封謝函表示：「不論斷交前後，我使美代表首推吾兄最重視軍售與支持軍售最力者。」這點我以為是職責所在，也是蔣總統派我來美工作最主要的任務。我也很樂意與先後主持國防採勤團的溫哈熊將軍、果芸將軍密切合作，盡力爭取軍售；他們也對我盡力教導，使一個軍事門外漢的我在向美方人士談軍售時得免隕越。

中共阻撓我軍購

關於我們爭取FFG-7巡防艦，原是最機密的作業，不知怎樣為中共大使館知道了。郝總長訪華府時，國務院班立德君就告訴我說，中共使館政治參贊王立找過他，指出他已知道郝總長在華府，並且是為FFG-7來的，班說他曾反過來問王什麼是FFG-7。到十一月底李潔明邀我全家去參加他家庭感恩節餐會，我也提起巡防艦案請他設法早日定案，他說中共使館已對此案兩度到國務院表示異議。

一九八五年底我奉命返國述職，行前在聖誕夜的早上和國務院主管政治次卿阿瑪寇斯共進早餐，我先就巡防艦事向他說明，並且說明我方可以購買美國生產的，或與美國合作生產，或比照鷹揚計畫，由美國公司提供技術協助及購買零組件，由我方自行造艦的三種不同選案。阿氏說這個案子還未到他的桌上，不過對我的詳細簡報他很感激，認為對將來處理此案有助益。我又向他提到我國雖有鷹揚計畫，但是新機成軍可能需要數年，而我在三年後就將發生「戰機空檔」，所以很需要能購買F-20戰機。他說太可惜國會通過了《格蘭姆－羅德曼法案》（Gramm-Rudman

Act）限制政府的預算，使美國國防部無法購買該型戰機。這是第一位沒有直接否定我國可以取得高性能戰機的美國高官。

一九八六年初美國國防部完成對我取得FFG-7的參謀研究報告，確認我國有此需求，建議政府以技術協助方式支援我國自製。一九八六年一月二十七日我和李潔明及凱利有很長的談話，主要是美國支援中共提升殲八機後可能對我國的不利影響，他們表示三月間將派團去台北向我政府簡報。我也談到巡防艦，說明返國述職時蔣總統指示，希望美方能先售我FFG-7兩艘，而後再由我自製。李潔明說他瞭解我國艦艇汰換計畫的優先順序，但是FFG-7案是否能順利，現在尚不易確定，目前美國仍在做很多的研究與檢討。凱利則說國防部內無人反對以FFG-7售我，現在可能發生的問題是在政治方面。李潔明說他以為我方似可考慮其他種類的艦艇。我說我方是經過審慎考慮以後所做的決定，正式提出也有相當時日，我向李潔明問到，「你的態度很不願意支持FFG-7，是否擔心中共的反對？」李說的確如此，倘我方不指定一種艦艇，則可避免中共的注意，過去FX戰機案就是如此，所以他認為FFG-7是一個政治問題。他建議我們採用德國製的MEKO-360巡防艦。我知道有不少人在替德製艦公司推銷，但是國內早已決定不採用，而今天李竟公然提出，顯然不是受了商人的影響，就是想推卸美國國會制定的《台灣關係法》所規定的軍售責任。我想到國內自蔣總統以下各位長官都以為他是我國的真正友人，今天竟有這種表現，使我只有忍耐不做答覆。

表明我軍購案已詳加研析

一九八六年二月二十七日國防部主管國際安全事務助理部長阿米泰基約我午餐，主要是答覆郝總長來訪時所提的四個有關訓練問題。我利用機會再提巡防艦案，指出這是我國目前最迫切的需求，美國防部也表示支持，但是迄無下文，不知癥結何在？阿氏表示政府各部門中都有若干人擔心觸怒中共，又有若干我國友人認為FFG-7不一定最適合需要；美方準備派一個小組去台北，研究我方在造艦方面的能力以及其他相關因素。我說美方派員我們甚表歡迎，但是希望本案勿再拖延，阿氏建議我可以找若干擔心觸怒中共者懇談化解阻力。

我聽了阿米泰基的建議，在三月十日約國務院政治軍事助卿何慕思（H. Allen Holmes）午餐，他和我在耶魯同班同學佛洛維克（Robert W. Frowick）大使長期在歐洲共事，所以初次相會就可以深談。我向他表示巡防艦案已由國防部送到國務院，似乎被擱置，聽說有人指稱本案與《八一七公報》精神不符，事實上我方所請求的和我國現有的驅逐艦唯一的差別是增加了反潛直升機，現美已售我S-70C反潛直升機，因此並不牴觸該公報。同時美國務院早在一九八一年八月三十一日已核可美與我合作生產艦艇（「忠義計畫」），有關武器裝備的出口早經國務院武器管制處批准，目前我方的請求完全與原案符合。何氏表示他深切瞭解我戰艦汰換的需求，去年十一月郝總長來晤時，他也曾參與談話，美方對我方唯一建議是在下決定前，能做一充分詳盡的研究，使我方能取得最合適的艦艇。何氏特別提到他在葡萄牙擔任大使時，該國為防衛本土、亞速群島（Azores）與麥戴拉（Madeira）群島間的海域，尋求適當的艦艇，最初準備購買荷蘭製的艦艇，最後改為購買西德的MEKO巡防艦。他提出這段歷史，目的在使我們瞭解，美國希望我們做一次透徹的研究。

我謝了他的好意，說明我國確實已做了詳細的研究，四年前的「忠義計畫」就是因為耗資過鉅而停止，以後考慮過的有MEKO-360、MEKO-140、F122、LUPO等型，最後決定是FFG-7型，並由郝總長訪美時正式提出，主要原因是其他艦艇或不完全符合我國需求，或於後勤支援時有困難。

何氏聽了我的解釋後露出驚訝的表情，他說從來沒有人向他提出我國已做了詳盡的研究。我說確是如此，個人來美工作三年多的經驗顯示，各供應廠商為了能推銷產品，往往無所不用其極，總要向中、美兩國政府指稱其他公司產品不符需要，只有其公司的產品才是最佳選擇，彼此競爭，而使我方採購時程無限期拖延，極為不幸，此次巡防艦案盼能避免。何氏說他也深有同感。

一九八六年三月十一日中午我又約情報研究助卿阿勃莫維茲餐敘，還是談巡防艦案。他告訴我案子還沒到他的手中，一般的軍售案他的部門注意的有兩項問題，一是有無需要，一是有無引起對美國外交政策不利的可能。他說第二點就是中共可能的反應。他問我，中共對美國給予我國的軍售最近似乎反應較為溫和？我說以鷹揚計畫為例，據瞭解只有中共駐美大使韓敘兩度會晤阿瑪寇斯次卿提出形式上的異議。我方最近獲得新聞界充分的配合，對軍售事不再大肆刊載，中共的反應也就減少降低。

艾氏對我的分析表示同意，他坦白說過去在鷹揚計畫時他將中共的反應過於高估。我說目前是美國以巡防艦提供我國最佳時機，希望能得到艾氏和情報研究局的全力支持。艾氏說，如果上級問他的意見，他將覆告目前中共全力推動經濟發展，對外政策在配合經濟需要，美政府如審慎處理本案，中共方面當不致有過度的反應。他也將最近去大陸和韓國訪問的情形向我詳細說明。

軍事技術協助與轉移

一九八六年三月十六日是星期日，我在中午邀請阿瑪寇斯次卿全家午餐，飯後他對我說前天我和國安會助理彭岱斯特的談話，他已看到，有關巡防艦案，彭氏對我所說的他都同意，相信美政府將於適當時期做積極反應。我說艦艇汰換實在是很迫切了，盼望美政府及早做有利的決定。他說美方計畫四月間派評估小組赴華訪問，俟報告提出後當盡快辦理。

這個評估小組於一九八六年四月十四日啟程來華，仍是由羅斯上校領隊，在台北逗留兩週，返回華府後就表示我國海軍水面作戰兵力以二十四艘驅逐艦為主，都是美海軍除役艦，平均艦齡已逾四十二年，艦體與主、輔機都甚老舊，且無法替換，所以面臨成批報廢的嚴重問題。美方必須助我獲得替代艦艇，而以 FFG-7 為最合適。小組的正式報告於六月四日提出。

我在六月十二日約國務院安全援助次卿史奈德餐敘談巡防艦案，他說羅斯的報告迄未看到，聽說政治軍事局的副助卿郝斯（John H. Hawes）尚有意見，正在協調中。他建議我國今後的軍購以技術協助為主，較易獲准，也有實質價值。我說直接採購軍品成本小，而類似鷹揚計畫的自製案價格太高，一方面要負擔研發經費，另方面我本身需求不大，生產量小，單價自然偏高。更重要的是軍購可以附帶獲得技術訓練。

史次卿也透露美國在政策上已決定今後不再發展新的武器系統，只不斷提升作戰能力。如F-16戰機將繼續使用至少二十年，但是在航控系統上持續改進。F-4戰機是六〇年代開始生產的，亦將繼續使用。至於技術訓練他認為不必擔心，應由提供技術合作的公司負責。

六月中旬中共外長吳學謙致函舒茲，對美以技術轉移助我發展自製戰機（此時代號已由「鷹揚計畫」改為「安翔計畫」，英文是IDF代表Indigenous Defense Fighter）有所抱怨，而六月下旬中共副外長朱啟楨來華府訪問，又向美當局提出同一問題，我很擔心會影響巡防艦。而七月二十四日出版的《遠東經濟評論》刊出哈里遜（Selig Harrison，卡內基和平基金會高級研究員）訪問中共總書記胡耀邦的談話。胡指出美國對我IDF計畫所做的技術協助，可能引起中共與美國間另一次的危機。我認為這些發展都將使美國政府內若干人士對於我國的巡防艦案有所顧慮。我在八月四日去看前任國安會助理克拉克，請他一本過去協助我國的精神，向雷根總統進言，促其早日核准此案。我也依照果芸團長所告國防部的提示，就是本案如獲批准，今後三年內將不再向美方提出其他重大的軍售案。我也指出有人認為FFG-7的名稱似乎敏感，我方亦在研究是否對艦型稍做變更以供直升機起降，同時也可改其名稱。

克拉克聽了後說，我方不應提出三年內不向美國提其他重大軍售案的保證，因為我國一直堅持要買F-20戰機，現在是考量美國的不便，改提FFG-7艦，這是我國為美國設想所做的變更，美應感激，但是不需要作保證。其次他認為中共領導人對ＩＤＦ計畫技術轉移的發言，美國當局不應予以理會，因為《八一七公報》只涉及軍售，不涉及技術轉移。他說他會先去和「老部下」席格爾助卿談，再去看阿瑪寇斯次卿，必要時將晉見「老長官」，因為他很清楚我國艦艇的老舊，所以本案勢在必行。這位朋友誠信的態度以及全力以赴的精神，是我多年在美服務所最尊重的。

美方拖延軍購

中美年度軍事會議於一九八六年八月十九、二十日在華府舉行，這次會議主要是就巡防艦案積極爭取，但是美方仍未能決定。席格爾助卿向我暗示，國安會助理彭岱斯特將俟下月初舒茲休假歸來後，約舒茲和溫柏格來白宮舉行早餐會商討，希望屆時可順利解決此事。

八月二十九日晚我在雙橡園宴請阿瑪寇斯次卿全家，飯後我問他巡防艦案是否不久將定案？他說還未見到案卷。但是我由其他途徑獲悉全案在一個月前已送到他的辦公室，不過七月底他父親逝世，返加州治喪，後來去歐洲休假兩週，八月中返華府又主持與蘇俄外交部副部長的冗長會談，可能積案太多，祕書尚未呈核。他說此案你已多次向我提出，我已牢記在心。我說雖然如此，由於此事關係我國的安全至深且鉅，所以願意再提一次，我也提到國內目前儲蓄率超過再投資率一倍，顯示因為民眾對國家安全擔心，不願投資。阿氏表示瞭解，並說將盡力協助。

九月底我又就 FFG-7 艦事約國安會凱利特別助理商談，我說據悉他的長官彭岱斯特助理在九月二十五日晨約舒茲和溫柏格討論本案，不知有無定案？他說那天舒溫都去了紐約，由副手代理，所以無法做肯定的處理。我說溫要去大陸，舒茲也要遠行，短期內很難都在華府，為了不再拖延，是否可以在未來四天溫啟程前，先處理此案？凱利說當週內決定固有可能，但稍後決定的可能較大。我說本案原是順理成章的事，宜早日決定，以免夜長夢多。凱利說本案的結果應是正面的，因為支持者多，而反對者都已被你化解了，所以拖延的久，主要是舒茲出城太多。

但是這次談話後，由於美政府完全受到尼國反抗軍案的影響，高階層完全沒有時間關切到我們的事。我在十二月九日和席格爾助卿談此案，他說本案原應在十一月底定案，不幸由於彭岱斯特助理為反抗軍案負政治責任，辭職下臺，由卡路齊繼任，卡氏必須再度熟悉本案，而他要到一九八七年一月二日才到差，所以在年內是不可能了，但是舒茲已對全案充分瞭解並且支持。

軍購案見曙光

一九八七年一月二十六日華府降雪約二十餘吋，全市交通斷絕，所有機關公司行號都停止上班，這天我原是和席格爾助卿有早餐約會，也無法赴約。我在家中突然接到席的電話，他問我有無四輪帶動的車子，如果能來接他，在台協會主席勞克思可乘地下鐵到代表處，我們一起去接勞氏來我家午餐。我立刻同意，並且請家中駐衛憲兵溫永彬駕了四輪帶動的旅行車，帶了鏟子，到席氏在西方大道的家中，他的家由馬路要向下走五階才是正門，我和溫兩人就各拿一把雪鏟把階梯的雪剷清，並且灑了鹽，再去撳鈴，他早已整裝完畢，我們接了他又轉去代表處新大樓接勞克思。三人一起回到家，午餐已過，近下午一時，這段平時只需半小時左右的路程，今天走了二小時。

我們先解決民生問題，然後轉到客廳，席氏鄭重其事由身上取出一件備妥的內部文件向我宣讀，略以關於FFG-7案，美國政府現已決定做「非正式批准」（informal approval），由於此案極為敏感，稍有外洩，對中美雙方均有不利，因此希望我方對此決定予以絕對保密，凡接觸本案各有關人員均不宜對任何人透露此事，包括將來可能負責執行本案的包商。美政府為使本案進行順利起見，盼我方經由本處及在台協會途徑，提供一項有關我國在今後五年內擬向美國採購軍品需求的詳細清單，在草擬此清單時亦請注意美對我軍售逐年遞減的趨勢。又我同時進行IDF計畫的一應需求也要在清單中予以列入。美方盼我方能在二月下旬前將該項詳細清單提出，美方於研究後並釐訂通知國會的方式後將做「正式批准」。

席氏於讀完文件後表示，他深切明瞭一年多來我為此案所付出的精神和心力，所以雖然今天氣候如此惡劣，仍盼盡早將此一喜訊告訴我，也希望我瞭解這是美國政府內部一致的決定，顯示美國仍然是我國的好友。我對於席助卿的誠意深為感動，認為長時間的努力總算有了初步結果，我承諾一定善盡保密之職責，也要請果芸團長盡速準備軍售需求清單。不過我也提出我記得當初鷹揚計畫時並未通知國會，不知何以此次要通知國會。席氏說他也不甚明瞭為何戰機案未通知國會，而此次需要通知。

當天我將席、勞兩位送回去以後，就告訴果團長立即準備需求清單，又將談話經過寫成電報，請仍冒大雪來辦公室譯電的高德根顧問譯發外交部，也請外交部密送郝總長，因為果團長被雪封在家中無法出來，我不敢在電話中將席助卿的好消息告訴他，因此他無法發電報；我也請外交部密告丁大衛處長，因為美方各機關也無人上班，沒有辦法通知他。

兩天後阿米泰基助理部長邀果團長和我去五角大廈午餐。他說為了巡防艦案久懸未決，我多次請他，他都未應邀，是因為怕見到我時無言以對，現在席助卿前天已將初步佳音告訴我，所以本日邀我餐敘，兼以本日是春節初一，也特別向我賀年。我說很瞭解本案的成功，他的貢獻極大，我政府及同胞都衷心感激。

阿氏說我方不需感激，此案拖了如此久，他甚感內疚，對我方的耐心、諒解及充分配合更是刻骨銘心。他也指出此案尚未最後定案，近日中共大使館正四處打聽，而國會方面我國友人赫姆斯參議員等正醞釀舉行公聽會，切盼我方能切實注意保密的重要性。本案美方正待我方提出五年需求清單，俟有協議後將於三月初做正式批准。在未來一個多月是關鍵時刻，希望千萬不要洩密。

我說過去兩天果團長與阿氏的副手傑可遜（Karl Jackson）副助理部長，晝夜不停進行研討，似已大致就緒，為防外洩，正式決定愈早愈好。阿氏仍稱將在三月上旬，這是因為舒茲二月去大陸訪問，要等他回來才能送往國會。阿氏特別表示在決定過程中，國務院雖有若干阻力，都已一一克服，所以本案是政府一致的決定，尤其難能可貴的是新任國安會助理卡路齊在接任的第一天，就和溫柏格部長討論本案以後全力支持。此外前任參謀首長聯席會議主席維西將軍在去年十一月訪華回來，曾親函舒茲，力促他批准本案，也很有幫助。

達成任務

美國的正式批准拖了一個月，一九八七年四月十日芮效儉助卿邀我早餐，他說關於我巡防艦計畫，美方已做最後決定，正式同意我方的要求，這是美國政府一致支持的正確決定，相信有助於我自衛能力。但是今後的進行並不簡單，例如技術移轉的細節以及保密問題，都需要審慎處理。美政府準備本週以祕密方式通知國會，並於下週以祕密方式向兩院相關委員會簡報。希望我方勿主動與國會議員談論本案，若有議員提到也請勸他們勿公開談論。至於與技術轉移的合約商的交往也以祕密方式進行，並盼能協助美商瞭解本案保密的重要性。

芮氏也指出美方盼主要造艦工程都能在我國進行，美方預期若干美商會要求本案在美建造，惟美方盼我能向美商表明我擬在台建造，並可說明倘在美建造可能危及整個計畫。

我接著對芮氏轉達好消息表示謝意，對於美政府內部一致同意支持本案，充分顯示中美的良好關係以及美方對我誠摯友誼。關於保密我們一定盡力配合，不過本案一旦開始，必將有更多人參與，到時甚難保密。兩年前鷹揚計畫中美雙方協調有計畫予以透露，以審慎方式處理，使其敏感度大為降低，本案是否比照辦理，抑或美方有其他計畫。

芮氏說美方當予研究，但是採購勢難保密，細節仍應保密。本案過去一年半中方充分合作，且表現高度的耐心，亦因中方的忍耐，才有今日良好的結果。我說俗語說「好事多磨」，這個案子的確可以如此形容。芮氏說細雕才能出良玉，他也說由於造艦需費甚大，希望我方注意勿使本案超過年度軍售的額度。我說可以明瞭他的真意，但是近來台幣大幅升值，同時近年來生活消費指數也不斷增加，未來數年的軍售額度應予考慮。芮氏表示完全瞭解。他也說，我方今後所造軍艦將不稱為FFG-7，而稱為PFG-II（Patrol Frigate Guided Missile II）。

一九八七年四月十七日晚，我在家中舉行烤肉香檳餐會，邀請美國國安會、國務院、國防部對本案所有參與的官員夫婦二十餘人，對他們為PFG-II案出力表示感激。我在致詞時不提該案，只是說明在座美方友人對促進雙方的合作，竭盡心力，鍥而不舍，終於獲致圓滿結果，我們十分感激；同時丁大衛處長返美診治耳疾，亦已痊癒，數日後將返任所，要申致衷心祝賀。

席格爾助卿在答詞中說，今晚所慶賀的事顯示錢代表傑出的成就，貴國有如此人才，美方與他合作深感愉快，個人相信雙方密切的關係將更加鞏固。

軍機外洩

美政府在一九八七年四月二十四日向國會提出祕密簡報，說明PFG-II是基於美國海軍派瑞（Perry）級快速巡防艦的一項類似艦艇。美方認為其反潛和反港口封鎖的性能是台灣所需要的，此項軍售是與《台灣關係法》的規定相符合。台灣目前計畫在未來十年興建六艘PFG-II，並且是在台灣造船廠製造，至於武器與其他系統，循軍售方式向美國購買，並由美國製造商提供設計系統整合及建造的技術協助。行政部門稍後亦將依照《武器出口管制條例》的規定以祕密方式通知國會。實際上，美國行政部門是在六月十七日非正式通知國會，到了七月初《海軍新聞》

（*Navy News*）就刊載此案，我國內媒體讀到又大幅轉載並做評論。席格爾助卿和阿米泰基助理部長在七月八日找我表達嚴重關切的意思。我也告訴他們，政府自改革開放後對於媒體已經不可以約束了，而媒體間的競爭日趨激烈，一有熱門新聞，大家都無法自我約束，相互競爭。因此美方的關切我一定轉報國內，但是只怕國內能做的也很有限。所幸美行政部門仍在第二天七月九日正式通知國會，依法律規定國會如在六十個立法日之內沒有反對意見，將自動生效；國會將於八月六日起休會，九月八日復會，因此大約九月中旬可以生效確定。

想不到七月中旬香港出版的《遠東經濟評論》將美國對我國的軍售，包括自製戰機、M48-5H戰車以及PFG-II等案做詳盡的報導。國務院看了以後十分震驚，立刻擬了對媒體詢問的答案，強調各案都是依《台灣關係法》辦理，是例行事項，和對中共的各項公報沒有牴觸。所有的答覆都是盡量淡化此事可能發生的影響。國務院要勞克思主席於一九八七年七月二十四日傍晚將問答稿送給我。國務院和國防部官員都認為此事嚴重，告知本處同仁說此文所透露的細節，幾乎將我國防計畫、更新武器與裝備以及接受美方為高性能戰機、戰艦的技術協助的藍圖都和盤托出，描述細膩。美方官員認為撰寫該文的記者必然獲得極為熟悉所有計畫者所提供的資料，因為美方的合約商或美國軍方人員不可能對細節掌握如此清楚，盼望我政府對軍機外洩事做一徹底調查，美方亦盼瞭解事實真相，如責任不在我方，也應鄭重否認。這個案子我向部內詳細報告，也託了當時來華府訪問的內政部長吳伯雄和副參謀總長葉昌桐，於返國後向層峰和軍方說明問題的嚴重性，不過代表處始終沒有獲得任何答覆。

一九八七年度的軍售會議於八月十一、十二日舉行。我方所提的需求包括F-16戰機三十架（過去要求的是F-20戰機）、E-2C空中預警機二架、愛國者飛彈三十二枚、拖式列陣聲納二套、電戰系統及噪音器。其中除戰機、預警機外，其他各項都是為了PFG-II巡防艦所需要的。美方答覆時對前三項表示不同意供售，後三項則將再作考量，稍後答覆，不過對於我方所提技術協助的申請則大致都予核定。

由於PFG-II案確定，美國緬因州的兩位參議員密契爾（George Mitchell，民主黨）和柯恩（William Cohen，共和黨）都極感興趣。他們的外交助理在九月二十一日找代表處國會組王豫元祕書，探詢我方是否可和該州的柏斯造船廠（Bath Iron Works Corporation）訂約。因為我軍方和中國造船公司人員正在該廠參觀，而另一競爭者為加州的某造船廠，但該廠經驗技術都不如柏斯，且無議員為該廠關說。接著二位參議員先後在九月二十四日和十月六日在參院餐廳邀請軍方同仁與中船顧問以及我午餐，積極爭取為柏斯造船廠獲得PFG-II的訂單，這一插曲終於使我瞭解美國民意代表不分黨派，同心協力為轄區企業發展所做的努力。

郝柏村總長關心軍購

一九八七年十月底郝總長第三度來華府訪問，曾與國安會、國務院、國防部、中情局首長會晤餐敘懇談。他在談話中強調近年來由於美方的配合，我國軍三大重要武器系統發展業已開始。此一發展對中美兩國均極重要，必須成功。在發展過程中盼美方能全力助我，未來我方發展成就亦將回饋美國。中美雙方軍事合作關係已有良好進展，惟要使這項關係能歷久彌堅，雙方人員的互訪和提升訓練階層至為重要，尤其與美軍太平洋總部的加強聯繫應列為優先。我方在西太平洋的戰略地位重要，我最近所興建的軍事設施都著眼於未來對美國有所助益，萬一美國在菲律賓的軍事基地無法維持，我國基地可助美國觀察蘇俄機、艦通過台灣及巴士海峽。

此次郝總長來訪，美國軍方首長都甚為禮遇，一再詢問尚有何可效力之處。郝總長表示目前我方最關切的是空中預警時間的掌握，所以亟需獲得E-2C型機，我方曾嘗試以各種方式用現有機種擔負此項任務，均無法如願，因此甚盼美方同意售我此一純屬防衛性的飛機。美方在訪問期間並未立即同意出售E-2C預警機，但是美方也同意這是一項純防衛性的飛機，願意對我方的需求認真的思考。

綜合而言，美國對我軍售是雙方都非常關切的問題。我國期盼能獲得武器更新，保持在台灣海峽制空、制海的能力，使國家安全無虞，民眾有信心，投資增加，經濟繁榮，人民生活不斷提升，所以希望取得最新、最高性能的軍品。美國則格於《八一七公報》所限，無法提供我國所希望的軍品，因為軍品銷售必須通知國會，無法保密，一旦外界知道必然引起中共的抗議，使美國與中共間發生齟齬。為了解決雙方的困難，我國不得已只能和美國軍品公司合作，請他們提供生產資料，各種零組件及武器系統，在我國研發後自行生產。陸軍的M48-5H戰車、空軍的ＩＤＦ戰機、海軍的PFG-II巡防艦都是如此。但是縱然如此審慎，軍售問題始終不是一件容易的事。我很幸運在美國服務期間，得到溫哈熊將軍、果芸將軍的充分配合，不吝指教，使我能在極艱困的環境下，完成許多的軍售案。當然國防部宋長志部長、郝柏村總長、葉昌桐副總長、夏甸次長各位也都是盡心盡力，充分配合，使我們的國防力量日益充實。

第十五章
經貿問題

整體而言，美國行政部門對我國進行貿易談判時姿態甚高，他們的基本立場仍是反對保護主義的做法。行政部門對於我國困難也瞭解，但若干貨品關稅率百分之百，的確不甚合理。

我在美國工作期間，用在經貿工作的時間可能超過其他工作。自一九八〇年代開始，我國的外銷能力不斷增強，最主要的市場是美國，我國產品在當時美國較廉價的賣場可說是非常受歡迎，在中美雙邊貿易上享受大幅的順差。然而美國自尼克森總統卸任後經濟始終不振，預算的赤字加上貿易的赤字，政府債台高築，影響了經濟成長，更嚴重的是失業率不斷上升，形成了舉國關注的嚴重問題。

美國面對這種不利的現實，竭力設法改善其經濟狀況，一方面希望削減政府支出平衡預算，一方面期盼貿易對手國能多接受美國產品，使入超降低。美最重視的貿易對手是對美享有鉅幅順差，而本身的市場又不開放，我國正是其中之一。所以經貿問題在我駐美期間，始終是一個十分令我頭痛的問題。本章只敘述一般經貿事務，至於亞洲開發銀行問題和匯率問題，將在以下兩章中予以敘述。

美方貿易特使公署施壓

我到任後不久就發現，美國政府正在檢討「一般關稅優惠制度」（Generalized System of Preferences，簡稱ＧＳＰ）。這項制度使我國許多輸美的產品都可以享受極有利的關稅，制度源自一九七五年國會的授權，主要目的是要促進開發中國家的經濟發展，並且使她們能進入全球貿易體系，為期十年，將於一九八五年一月五日結束。根據ＧＳＰ，有來自全球一百四十個國家或地區的三千項產品可以免關稅進入美國。就我國而言，約有百分之二十五輸美產品是可以享受ＧＳＰ待遇，對於我國的經濟成長有很大的助益。

有鑑於美國國會正在思考是否延長ＧＳＰ的立法，所以我在一九八三年四月十三日通函國會兩院議員，希望他們能支持延長，並讓我們繼續獲得其待遇。

接著是稻米出口問題。基本上我國不是稻米輸出國家，因為我國稻米的生產或收購價格都遠超過國際米價。不過我國因為經常豐收，庫存陳米不少，早年是用作飼料，後來我們由美國進口飼料，這些陳米就很難處理。有時鄰近國家有饑荒可以用作救災，有時某些低所得國家需要補充不足的糧食，我們就半賣半送地處理掉若干陳米。

美國產米的州主要是加州、阿肯薩斯、路易西安那和德克薩斯。這些州的產量遠超過國內的需求，必須設法找尋國外的買主。稻米生產者與出口者組成了碾米協會（Rice Millers Association），專門注意哪些國家有稻米出口，可能影響其權益。一九八三年七月十三日該會向美國貿易特使公署陳情，指責我國「補貼」稻米出口，妨害國際米價的安定，並損害美國稻米出口的機會。

八月二十二日台灣省李登輝主席率團訪問華府，第二天貿易副特使史密斯（Mike Smith）和副助理代表阿蓋爾（Peter Algeier）就向他表示我國必須對稻米出口自動設限。李主席表示我國並非出口稻米，而是做人道濟助。我們所供應外國的是劣質的碎米或陳米，和美國出口的米完全不同類。但美方態度很堅定，全力為碾米協會的主張對我方施加壓力，並表示八月二十九日以前我國必須自動設限。

「醜陋美國人」

八月二十五日李主席接獲豐原高中禮堂崩塌的消息，決定立即返台北，但是早上仍和農業部負責官員討論稻米問題，仍然無法獲得共識。

我方於一九八三年九月十九日由國貿局蕭萬長局長率團來華府談判，美方堅持我們要限制出口而無法獲致協議。十二月八日美方派員來台北談判，此次我們提出我方五年內得出口稻米兩百一十萬噸，美方堅持只能有六十二萬五千噸，差距太大，談判無法達成協議。這二次談判中，我方見到美方所有談判的資料都是由碾米協會提供，政府代表談判後要向協會人員報告，並接受協會的指導。而協會則強詞奪理，例如一九八三年我國稻米出口是五十五萬噸，協會硬說是八十五萬噸。我國稻米收購價格高是擔心穀賤傷農，並非津貼；我方出口劣質陳米，所以價格低，協會則說我政府削價競爭，搶奪其市場。我方稻米出口限於極少數地區，都不是美國稻米出口的區域；協會硬說我們奪取他們的「潛在」市場。我國已在實施稻米轉作，逐年降低生產量；協會認為應該停止生產稻米。碾米協會的作風，的確使人有「醜陋美國人」的感覺。

我看到特使署完全受協會的支配，所以找了商業部副部長歐慕爾（Lionel Olmer），告訴他稻米案美方實在是強人所難，要用貿易報復對付我國是不合理的。所以歐氏在一九八三年十二月二十日致函史密斯副特使，指出貿易特使署擬為「三〇一案調查」來處理稻米案，是不符合美國的貿易政策，也指出協會要求的做法是與美國反獨占（anti-trust）政策有悖。這封信去後，總算有些效果，一九八四年二月二十二日中美雙方簽訂了稻米出口的協議備忘錄，規定五年內我可出口稻米一百三十八萬噸，輸往的國家其國民年平均所得需低於七百九十五美元。協議備忘錄亦規定我方將繼續進口美國農產品，在國內持續推動稻米轉作計畫，並逐漸停止商業性食米出口。

一九八三年底美國眾議員組團赴東亞地區考察各國仿冒情形，發現我國甚為嚴重，尤其是電子產品（如電腦）方面，認為我國應盡速修改《著作權法》，將電腦軟體列入予以保護。該團返美後向眾院能源商業委員會提出考察報告，指出我國政府對反仿冒的決策研訂非常認真，但是在執行階層，特別是檢察官及警察的態度鬆懈、不認真、缺乏興趣也不主動，因此建議促使我方對仿冒工作需認真處理，否則將停止我國產品享受ＧＳＰ優惠。

我看到稻米和仿冒問題已很嚴重，一九八四年初曾邀國務院經濟事務次卿瓦萊斯（Allen Wallis）夫婦來家餐敘，我將兩案可能對我國的傷害向他詳細說明，並指出美貿易特使署的立場非常不公平。他說該署許多公文都不讓國務院知悉，有關我國的案件，他都沒有經手，他聽了我的說明以後表示對該署的做法不認同；但是他也告訴我ＧＳＰ案到明年元月就滿期了，國會延長的可能不大。

那年（一九八三）二月一日我約了貿易特使布羅克（William Brock）餐敘，我向他說中美之間，由於市場大小懸殊，貿易上想完全平衡是不可能的。我國鑑於中美間貿易差額持續增加，所以做了各種努力，設法減少順差。我國不僅曾多次派遣大宗物資採購團來美國購買各種農產品，對於若干重大建設案也安排僅開美國標或歐美標。現在我們知道阿拉斯加的原油已經量產，如美國同意我國採購，則雙方貿易可望平衡。

布羅克對我國的努力表示感激，至於阿拉斯加原油由於國會堅持「資源保護」原則，不同意出口，雖然他個人和其他政府部門多表贊成，還是無法如願。他也指出一九八四年是美國大選年，保護主義的呼聲會甚囂塵上，最近美國工商界已向該署提出鞋類、鋼品和影片進口設限，今後可能會有更多類似案件。雖然各國對該署都很不滿，但是該署一向主張自由貿易，對於保護主義盛行實感遺憾。

我也表示，該署稻米案談判者受碾米協會左右，對我國採取高壓手法未盡公允，他希望雙方相互讓步，則可能及早獲致協議。果然三週後雙方簽署了協議備忘錄。

流刺網捕魚惹禍

到了七月間又發生我國遠洋漁船在北太平洋使用流刺網捕魷魚，意外捕獲許多鮭魚事件。一九八三年八月十日上午阿拉斯加州的參議員史蒂文斯（Ted Stevens）找我到他辦公室去，該州唯一的眾議員楊格（Don Young）也在座。我進去時，史將兩腿放在書桌上，也不請我坐，我自己找了椅子坐下。兩人就開始一連串對我國漁民的指責。他們說鮭魚三、四月間產卵，阿州漁民都不去捕，要到六至九月才捕，但是我國漁民不顧時季，完全是殺雞取卵的做法；而且使用流刺網是一網打盡，長此以往北太平洋的鮭魚將因我們的濫捕而絕種。阿州政府派員去高雄查我方盜捕鮭魚情形，卻遭拒絕。他們說：「你知道嗎？阿州漁民一年只有這三、四個月可以工作，其他時間或因天寒、或因產卵，都不出海，漁閒時就在咖啡館聚合，談話的主題就是大罵你們的漁民。你們去年保證今年會改善，但是今年證明完全無效；今天你又會保證，明年不致濫捕，我相信到明年還是同樣的無效，所以我們只有用最強烈的報復手段對付你們。」

我想到蔣總統的「忍耐」訓示，完全不動肝火，委婉向兩人說明政府絕對不贊成濫捕，但是漁民在海上作業，政府也是鞭長莫及。和我同去的國會組長胡為真聽了他們兩人的講話，認為幾近無理取鬧，頗感義憤填膺，對於我不慍不火的態度表示訝異。我將蔣總統的訓示告訴他，說明今天國家的處境，對於這種人只能「打落牙齒和血吞」。

這次談話經過詳細向外交部報告後，九月六日收到覆電告訴我，議員所說阿州政府派員去高雄受到拒絕，不是事實。倘若州政府有意想瞭解實情，我們會同意讓他們到高雄實地探訪。覆電也說我捕鮭魚是意外的漁獲，因為作業地點在東經一百五十度的公海，也就是魷魚棲息的地區。

一九八三年十月上旬美國會要處理蓋帕哈德眾議員所提的將亞洲四小龍及巴西自GSP畢業，也就是不得再享受優惠。十月一日國務院官員非正式洽請我要設法遊說四位重量級眾議員不要支持，四位是議長奧尼爾、多數黨領袖賴特（Jim Wright）、少數黨領袖麥可（Robert Michel）和副領袖勞特（Trent Lott）。這一事實足以證明美國政府基本上仍是贊成自由貿易。我在此後數日逐一分訪四位，由於都是老友，很容易獲得他們的同意。其中只有奧尼爾議長較麻煩，因為他實在太忙，本來約在星期五上午十時半，認為該日不致有院會，結果院會到十一時四十分才結束，我等了一個多小時，匆匆談了十五分鐘，他就去趕飛機回選區。果然，最後表決結果蓋帕哈德提案未能通過，使我國仍能繼續享受GSP待遇。

波音貨機坐地起價

一九八三年十二月七日貿易署史密斯副特使邀我午餐，原來華航擬購買波音公司的七四七型貨機，結果發生變化，美方極為失望，也明白表示其強烈的反應，特別是在美國對我發生龐大逆差的時候，我方決定不購美國製的飛機，實在不幸。我對史氏說明，政府原同意華航買波音貨機，並已談妥一切，當華航將雙方協議內容呈報行政院時，波音認為華航別無選擇，對已作承諾一概不承認，堅持華航依波音最初所提條件才能成交，雙方無法溝通。此時盧森堡航空公司洽華航購買盧航舊機，價格合理，波音獲悉後又透過不同管道要求華航重做考慮。但是盧航的飛機價格僅為波音價格的一半，且可兩個月後交機。所以本案實在是波音不尊重契約神聖的原則所造成。史氏無法再談。

他又提到該署當前在貿易方面最重視的問題是智慧財產權的保護。布羅克特使在署內一再要求同仁以最積極的態度取得各國政府的配合。就我國而言，該署以往的經驗是無法找到一個權責機關進行交涉。史氏也提到中美貿易逆差日益嚴重，已引起各方重視，盼望我國及早研擬改善的對策。我說中美的市場範圍相差甚大，貿易完全平衡是不可能的，我方正努力使市場開放，俾美國商品可做公平的競爭。我也指出我國在對日本的貿易上有鉅大的逆差，目前全面的消除關稅及非關稅的障礙，可能反使日本獲利，最妥善的做法是中美雙方進行自由貿易的談判。

一九八四年底雷根總統當選連任，但是美國的經濟情勢仍處於預算和貿易雙赤字居高不下的狀況。一九八五年的聯邦財政赤字高達一千億美元，同年的貿易逆差較上一年增長一倍達一千零七十九億美元。因此美國的國會和輿論都興起一股強烈的保護主義浪潮。在對美國貿易有順差的國家包括西德、日本，都和美國有很密切的外交關係，其他還有我國、韓國和香港。其中香港是自由港，美國無法對她加以指責；韓國與美國有密切的軍事盟國關係，美國也有顧忌；只有我國既無邦交，又在貿易上有相當多的關稅及非關稅的障礙，因此成為美國不滿的主要目標，特別是美方常指出，美國對我國的貿易逆差額雖非全球第一，但是以人口平均逆差額為標準，我國則為世界首位。因為如此，所以美國在對我國的貿易談判上，時時有咄咄逼人的表現。

而這段時間正好我們國內逐漸開放，新聞自由漸受重視，媒體競爭激烈，在報導貿易談判時，經常使用戰爭術語，如「兵臨城下」、「我方全盤皆墨」……這種煽情性的字樣，使民眾產生一種感覺，認為美國是在欺侮我國。事實上，若干美國的要求，如開放市場、降低關稅等，原非完全對我不利的，只是當時政府慣於使用管制政策，不願開放，所以形成爭議。我在美國看到這種情形，心急如焚，一方面積極向國內建議早日走上「自由化」的道路，一方面向美國朝野不斷說明我國是美國貿易夥伴中最能配合解決其逆差問題的。

整體而言，美國行政部門在對我國進行貿易談判時姿態甚高，而且要求嚴苛，但是他們的基本立場仍是反對保護主義的做法。行政部門對於我國的困難也有相當程度的瞭解，例如他們知道當時關稅所得占我國總稅收的三分之一，所以並不要求我們立即全面降低關稅，但是若干貨品關稅稅率為百分之百，的確不甚合理。

至於國會的情形就不同了，一些在其他事務上向來非常支持我國的參眾議員，在貿易問題上則不易溝通，特別是南部和東北部的議員們，由於選區的產品和我國的出口產品無法抗衡，都積極主張採取保護主義的措施。

保守法案紛出籠

一九八五年十二月喬治亞州的眾議員任金斯提出紡織品、鞋類進口設限法案，同樣的法案在參院由一向對我極為友好的塞蒙德和霍林斯兩位南卡州的參議員提出，並經兩院分別通過，所幸雷根總統依《憲法》授權將該法案「退回覆議」（veto，有譯作「否決」，但兩院倘均能以三分之二多數通過，則法案仍可成立，故譯為「退回覆議」較適切）。我國輸美紡織品與鞋類數量甚鉅，該法案倘獲通過，對我國的損害極大。

另一針對我國的法案是一九八五年九月在兩院提出的《貿易緊急及出口推廣法案》（Trade Emergency and Export Promotion Act），規定凡對美輸出較自美輸入比率超過百分之一百六十五的國家，而該國又有被認定有貿易壁壘與不公平貿易行為，且對美順差未能逐年百分之五至十的下降，則應對該國輸美產品加徵百分之二十五的附加稅。此一法案的提案者全屬民主黨議員，顯示該黨認定雷根總統的貿易政策不夠強硬；而該法案真正適用的對象只有日本、南韓、巴西和我國四個國家，香港雖有大量順差，但是沒有關稅障礙，所以不予列入。

我在一九八六年二月下旬應邀參加民主黨加州選出的柯艾洛眾議員（Tony Coelho）家中宴會時，曾經和民主黨眾院黨團會議主席蓋帕哈德眾議員長談貿易問題。我先向他講述中美貿易關係的現況，特別說明在對美有大幅順差的貿易夥伴中，我國是在積極努力尋求各種減少順差做法的主要國家。目前美國國會內有關貿易問題具有保護主義色彩的法案，其內容都是採取不分青紅皂白一律制裁的做法，實在有欠妥當；特別是美國為了要懲罰日本，常常用我國來陪榜，是不公平的。蓋氏表示我給他的分析極有說服力，他也同意國會在採取制裁手段時要慎選對象。他說國會在暑期休會前仍將就貿易問題舉行聽證會，稍後再提出綜合性的貿易法案，他是籌款委員會重要成員之一，當在立法時妥為採納我的意見。

我方要求公平對待

同年八月初我去參院拜會外交委員會主席魯格（Richard Lugar），向他說明中美貿易問題，指出我政府近年來不斷致力於縮減中美貿易逆差，諸如「採購美貨」政策、降低進口貨品關稅、開放菸酒市場、保護美國智慧財產權等。日前眾議院處理雷根總統退回覆議《任金斯法案》，該案未獲三分之二多數，遭到否決，我國不僅未額手稱慶，反而更為警惕，依照《中美紡織品協定》的規定，處理雙邊紡織品問題。不過我國對外貿易多為中小型企業，無法和日本等國的大型跨國關係企業相提並論，一旦遭受美方過度的打擊或壓力，必將使大批工廠面臨關廠的命運，使為數龐大的勞工失業，引起嚴重的社會問題。我特別指出日、韓的大型企業都在華府設有單位，聘僱美國公關公司向國會和行政部門進行遊說，而我國只有本處獨力處理類似工作。我並舉例說，兩週前韓駐美大使邀我利用暑假赴巴哈馬渡假，我告以目前貿易問題十分嚴重，不敢離開任所，必須全力與美方交涉協商。韓使聽了我的話後，很驚訝地對我說：這些事都是商社自己該做的事，大使館特別是大使，根本不該介入。魯氏聽了哈哈大笑。

我繼續指出目前正進行的中美貿易談判，美行政部門對我所施加的重大壓力以及種種苛刻要求，實在是不公平，如紡織品談判對我國輸美的紡品年成長率僅為百分之零點五，而對南非則給予百分之四。此外美視蘇俄為潛在敵人，但美農產品輸俄不僅不加以限制，美政府反而予以補貼；而我政府多年來不斷以市場價格向美採購大量農產品，類似情形使我國政府難以向國人解釋。

魯氏對我的詳細說明一再稱謝，並表示他一向深信我國是美國堅強的友人，對我方的困難也深表同情。他對我所提的美國農產品銷俄事也表示確非良策，但是美國的經濟問題嚴重，國內政治壓力很大，不得已才出此下策。

當然在此期間我所會晤的國會議員討論貿易問題為數甚多，所以提到這兩位是因為蓋氏是眾院民主黨的領導議員，魯氏是參院共和黨的領導議員，同樣的話題，對不同政黨的議員也有未盡雷同的說詞。

我在這段時間也不斷去全美各地就經貿問題發表演說，平均每週要離華府赴外地做演講一至二次。舉一九八六年八月十日赴北卡州查洛市參加美國南部州長會議演說為例，這次會議有南部十九位州長參加，也有不少州政府的官員和州議會議員列席。我在八月十二日上午以「世界經濟與競爭力」為題發表演說，強調要改善貿易失衡必須由產品的品質與價格入手；產品的更新和生產體系的重建是企業界必須思考的課題。這次演說獲得不錯的迴響，當地的廣播電視不斷播放我的講話和答詢。但是會後各州長私下和我談話時多表示我國對美的順差太大，匯率又釘住美元，外匯存底不斷上升，此等事實使美國難以接受，對我國國內經濟也有不良影響。他們表示我政府對於若干經貿政策問題的反應似乎不若日、韓等國的迅速，往往予外界有「被迫」而改變的印象；實際上如果我國能主動採取措施，當能使美國有不同的感覺。

州長們也說，以我國外匯存底的龐大，而在美國南部各地的投資卻遠不如日本、韓國、香港的積極，使他們無法理解。我解釋，這些國家的經濟以大企業為主，和政府的配合度高；我國的經濟以中小企業為主，赴海外投資，人力和財力都要詳細考量。

就在一九八六年八月十二日那天，《倫敦金融時報》有一篇專文談到中美貿易問題，立論和這些州長所說的頗為相似，而該文的結論竟是我政府是「不見棺材不下淚」，真是值得深思。此外南部州長們在會議期間，曾對前面所提《任金斯法案》，以及國會擬議中的其他貿易措施做了一次投票，結果是十比一支持國會的做法，對政府措施則反對。其中唯一投反對票的是十五年後小布希（George W. Bush, Jr.）政府上台後擔任司法部長、當時是密蘇里州州長的艾希克勞夫（John Ashcroft）。

美菸強敲門

這時候的中美經貿談判已和過去有相當的不同。以往的談判集中於紡織品、鞋類、關稅降低，以及我是否能繼續享有「一般關稅優惠制度」的待遇等問題；而此刻則擴大至服務業的市場開放（如保險、銀行、租賃、內陸運輸等）、工具機、鋼鐵、汽車、菸酒、匯率等新的課題。在此僅就這段時間美國要求我國開放以往由政府壟斷的菸酒市場的談判經過，做簡要的說明。

菸酒公賣原是日本殖民台灣時所奠定的制度。政府遷台之初，財政十分困難，菸酒公賣的收益構成了政府預算歲入部分重要的一環，對於台灣早期預算穩定、經濟起飛有很大的貢獻。不過由於二次大戰後，自由世界國家都紛紛採取市場經濟，公營事業紛紛民營化，到了一九八〇年代初期，全球國家中仍由政府壟斷菸酒公賣的國家已寥寥無幾。

我國對美貿易逆差持續擴大後，美國內部的個別專業團體紛紛向行政部門施加壓力，要求對我政府施壓開放我國的市場；前面所提的美國碾米協會就是一例。吸菸對人類健康不利，全球早有共識，但是美國香菸業者神通廣大，每年耗費龐大金錢在華府行政和立法機構進行遊說，以增進業者的利益。

一九八五年十月上旬，經濟部王建煊次長率團來華府與美方進行貿易談判，此時正值國會將表決《任金斯法案》之時，所幸新加坡李光耀總理於九日上午在國會發表演說，指出美國所面對的貿易問題，實在是由於日本的門戶不開放做法，美國應對日本施加壓力，而非對貿易夥伴一體實施保護主義的制裁。美國目前的做法將使其他亞洲國家遭受雙重傷害，因為一方面是美國的制裁，另一方面是日本對各國仍採門戶關閉的做法。李總理的結語是：「整個世界的未來是在貴國手中。」國會受到這篇演說的影響，將對《任金斯法案》的表決延後。

次日是雙十國慶日，眾院對《任金斯法案》的表決結果是二六二票對一五九票通過，贊成票不到三分之二，所以對雷根總統採取「退回覆議」的做法很有利。下午我在修翰大旅館舉行國慶酒會，進行時獲悉我方代表團與美國貿易特使署的談判頗為順利。美方原為迫使我方將菸酒市場開放，曾祭出《三〇一條款》，準備對我國進行貿易制裁。談判結果我方同意美國生產的啤酒、葡萄酒、淡酒和香菸可以在我國零售商處銷售，至於對此類菸酒所課公賣利益，應不超過我國同類產品。

談判結果經貿易特使署簽報白宮，一九八五年十月十六日雷根總統聲明將韓國及歐洲共同市場列入《三〇一條款》報復名單，而將原在名單上的我國除去，並且對於我方與美進行貿易談判以解決糾紛，認為是正確的做法。

菸酒市場開放談判

可是過了十個月，美國業者對於公賣局處理美國菸酒進口的做法不滿，向行政部門反映，另外由國會入手，向行政部門施壓。一九八六年八月下旬貿易特使署派副助理特使克麗絲道芙（Sandra Kristoff）率團來台北，與我方就菸酒問題進行談判。克女士指出此案由於國會壓力，因而極具爆炸性。美方提出十一點對本案不滿的問題，其中最重要的是計價問題和香菸在媒體刊登廣告。由於雙方立場差距頗大，無法獲致協議。這次談判我國媒體大幅刊載，指美方對我施加不當壓力，又對克女士的談判態度多所批評，引起美方相當不快。媒體並未參加談判，所報導的大致上是由一兩句話或一兩個消息，自行推演而成；可是這類報導對一般民眾顯然造成很直接的影響。

我在一九八六年八月二十九日上午特別去拜會貿易特使尤特（Clayton Yeutter），首先說明由於中美最近舉行的貿易談判，顯示美方對我國似有不滿和不信任感，而我朝野各界對美方談判態度亦有怨言，個人見到此種發展心以為危，所以特來就我國基本立場做一說明。首先我國對改善雙方貿易關係確具誠意，對降低貿易逆差亦願盡力而為，這是國家的重大政策，也是政府的具體實踐。不過美方有時說希望減少雙方逆差，有時又說逆差問題不重要，只須我方完全開放市場；只是倘若我方完全開放市場，則受益者將是日本，而中美間的逆差可能更為擴大。

接著我談到開放美國菸酒進口問題，表示我方已對美國做出相當大的讓步，我方同意美菸售價為國產菸的一倍，據估計一年內美菸在我國市場占有率可達百分之二十或二十五，而美方仍不滿意。以美國與韓國的談判為例，韓僅同意本年所有外國菸占其市場百分之零點一六，五年內增為百分之一。美國菸售價為韓菸的二倍，遠遜於我方所給予美國的條件，因此切盼美方談判人員今後不要再說我國沒有誠意。此案在國內已廣受注意，一般民眾和輿論都認為我國受到不公平的待遇，指責政府無能，因此在政治上產生影響甚大，對中美長遠友誼有損，希望美方與我共同努力以謀改善。

尤特答稱，美國對和中、日、韓三國的談判都不滿意。美對韓國所提條件極為不快，仍將繼續談判。美國也正與日本談判，並無任何進展，日方所以推拖不前，可能是最近的大選現政府獲勝，以致得意忘形。美正準備對日本依《三〇一條款》採報復措施。

一九八六年九月三日我又約國務院李潔明副助卿談此案。我指出本案雖是貿易談判，但在國內已形成政治問題。立法院在前日會期才開始，已經有兩位委員就此案提出緊急質詢，許多報紙也在九月一日、二日撰寫社論，抨擊美國代表的高壓態度，民間也紛紛發起禁菸運動，如此發展勢將嚴重損及中美關係。

我也就現實觀點分析，如美方依去年談判結果取得美菸進口我國市場機會，一年內可占有市場的五分之一；現在美方提了不少新條件，縱使我方接受了，屆時各方一致抵制，美方恐將「得不償失」，誠所謂「贏得戰役而失去戰爭」。

李氏聽完後表示對案情並不明瞭，他說國務院對此項談判向少介入。他的話是事實，雖然不盡合理。我在八月二十九日晚在雙橡園宴阿瑪寇斯國務次卿全家時，曾向他提出菸酒談判問題的嚴重性，他的答覆是：有關貿易談判事，國務院對主管機關的影響力，實較貴國外交部在同樣問題上的影響力多得有限。我想也許因為如此，所以現在澳洲、加拿大、韓國等國家都將外交部改為外交通商部了。

美祭出《三〇一條款》

九月底蕭萬長局長和公賣局鄭世津局長來華府，續就菸酒案與美方談判，雙方的爭議仍是價格、銷售和廣告。價格方面，我方主張依美菸進口價格加百分之一百八十五的公賣利益；美方主張單一費率。銷售方面，我方主張在公賣局的七萬多家分銷商銷售；美方要求能直接在旅館與夜總會銷售。廣告方面，我方主張不得在媒體做廣告，美方接受；但美方要求做促銷活動得贈送禮品及贈送樣品菸，我方擔心贈送樣品菸可能以青少年為主要對象，將助長青少年養成吸菸惡習，故不予同意。這次談判由於上述意見無法獲得共識，沒有結果。到了十月九日代表處在修翰大旅館舉行國慶酒會，我們得到貿易特使署助理特使阿蓋爾的通知，美國將於菸酒案對我國提出《三〇一條款》貿易制裁。我們立即向政府報告。

十月十五日我接到財政部錢純部長和經濟部李達海部長聯名的電報，表示在酒類方面我方已盡量接納美方的要求，至於香菸部分美方要求「不大合理」，無法接受；因此無法達成協議，其責任應在美方，而不在我方缺乏開放市場的誠意。電文要求我設法先就酒類與美方達成協議，使將來的三〇一報復僅對香菸案，則對我方衝擊較小。

代表處遵照國內的指示與貿易特使署就酒類部分磋商，幾乎將達成協議，但是該署對每一細節都要和業者磋商。而業者不希望達成協議，有意等待政府採取三〇一報復措施，則可能取得更佳條件，因為過去美國與他國談判，只要祭出三〇一後，一定可以使對方屈服而讓美方得到更優厚的待遇。貿易特使署對於此一部分協議的功敗垂成也感到非常沮喪，但是他們一向受制於業者，也感到無可奈何。

一九八六年十月二十三日尤特貿易特使將菸酒案簽報雷根總統，建議對我國予以《三〇一條款》貿易報復。什麼是《三〇一條款》？為什麼大家如此恐懼它？這是一九七四年美國《貿易法》第三〇一條的規定，任何國家對美國在貿易上有「不公平」的行為，經認定屬實，使美國的廠商無法進入該國市場，則將估算原來可由該一市場獲得的銷售金額數字，對該國輸往美國的商品減去同樣的數額。在實務上，是找出該國輸美產品中接近美國原擬輸往該國產品金額者，選出數項予以禁止進口。我國諺語有云「黃狗吃屎，黑狗遭殃」，此之謂也。我在美國服務時，常向美方人士表示《三〇一條款》實在是美國在貿易戰上的洲際飛彈，殺傷力十分龐大而且殃及無辜。

美國貿易特使署於十月二十八日晚間宣布，由於去年中美間的菸酒協議經過一年我方迄未履行，美方「無法容忍承諾的破壞」，也不容許貿易夥伴對美國貨品與勞務建立不公平的障礙，因此決定立即展開適當的報復措施。對於此一宣布，我方也有強烈的反應。

可是過了一週，十一月四日我收到李達海部長給我的電報指出，自美方宣布三〇一報復後，國內反應不同，大多數支持政府立場，但是也有人擔心將來報復措施可能以我國大宗輸美產品為對象，相關業者惴惴不安。「鑑於我國不接受美方不合理條件之立場已充分表達，因此在目前情況之下，如能盡早解決菸酒問題，及早撤銷三〇一條報復案，對中美雙方均屬有利。」李部長希望我和貿易特使署研究，能否在公布前先將報復清單告知我方，予我有一週時間研究，是否在菸酒案方面接受美方要求。

「亞洲人的心態」

十一月十日上午我和尤特貿易特使早餐，將國內的想法告訴他，他表示細節問題並不清楚，但美方於八月下旬在台北所提有關菸酒問題立場，是美方期盼早日促成我國市場開放，避免使用《三〇一條款》報復措施所提的最低要求，其目的在使我方易於接受。由於我方未接受，而美方已啟動《三〇一條款》程序，美方現在所提要求可能較八月下旬所提的更為嚴苛。

尤氏也指出美方業者和政府都認為對付亞洲國家，不論中、日、韓，只有採取嚴苛的制裁手段，才能使這些國家就範，美方將此視為「亞洲人的心態」。關於我方要求先將美方準備報復的清單告知，美可以考慮；我方要瞭解美方對菸酒案的最後立場，將由他的同仁分洽各方後向本處提出。

我答覆時指出：「菸酒案與其他貿易談判案完全不同。在我方而言，有民眾情緒化問題存在；而美方業者在談判時橫加干擾，更使問題複雜化。此次我政府在最高階層決定向美方再作讓步，具見我方對美開放市場的誠意。閣下所說『亞洲人的心態』對日本而言，可能如此，就我國而言，實不恰當。請看我國對鋼鐵輸美的自動設限，對紡織品案自我設限委曲求全，都可以證明我方與美充分配合。惟香菸問題則高度敏感，處理稍一不慎，可能對雙方均造成傷害。至於閣下所稱美方立場於《三〇一條款》程序啟動後將更為嚴苛，實屬初聞。自人類有談判以來，所謂交涉或談判，就是雙方互相在各自最高與最低立場間，找尋一能為雙方均可接受的安排，因此談判過程中，雙方不斷讓步才能獲致結果。倘一方在談判期間不斷提高其立場，則如何能有結果？此次談判除問題本身的敏感外，美方業者不斷橫加干預亦使協議增加困難。業者如此做法是否真正對其本身利益有助，亦值推敲。總之，對於菸酒案希望美方從大處著眼，做出對中美雙方均屬有利的決定。」

尤特聽了我的說明後，態度上明顯改變，表示該署做決定時一定參考我的意見。不過他也對我國迄今仍堅持採用公賣制度，表示的確與國際潮流不合。

美方對於解決菸酒案的最後立場到一九八六年十一月二十五日提出，果然較過去立場更苛，對於公賣利益的計算，過去美方要求普通菸每包二十元，長型菸每包二十二元，現在改為每包十六元；葡萄酒過去每瓶九十五元，現在為八十五元；啤酒過去每罐十四元，現在為十元。美方亦要求除公賣利益外，不再繳交營業加值稅。

我在同日中午宴請席格爾助卿時向他表示，美方新案中將公賣收益大量削減，實非雙方誠意解決菸酒案的好做法。我說此案已引起我國民眾普遍不滿的情緒，對中美關係有不良影響；縱使美已發動三〇一程序也不應做如此過分的苛求，希望美方能再做考慮。席氏表示瞭解本案的困難，他表示貿易特使署也在努力處理本案，他將設法把我的意見向上級反映。

當時在場的賓客中，有人問起美國祭出《三〇一條款》時，是否對方國家都讓步接受美方的要求？在實際報復的案例中似乎只有對巴西一國。

簽署中美菸酒協議

國內對於美方的新要求大體上都接受，只希望做一些文字修正，因為此時正值美國感恩節假期，所以代表處到十二月一日才和貿易特使署就國內所做修正進行討論。美方對我方的修正大都接受，只是對於我方要求提高公賣收益部分，未予同意。

十二月十二日下午一時，我奉命前往美國在台協會總部，與丁大衛主席簽署中美菸酒協議。我在簽字前做了簡短的談話：「我以沉重的心情簽署此一協議。身為公務員我必須遵照國內指示，但是數日前我曾向丁大衛主席及其同僚分享我內心的感想，我切盼雙方都能自本案的談判歷史中汲取教訓。我也期盼美國貿易特使署勿以本案作為與我方未來談判的藍本。」

華府有一份廣受菁英人士喜愛閱讀的雜誌《芮嘉迪》（*Regardies*）對於本案相當重視，請了一位作家倫敦君（Mark London）自十月三十日起向我做多次訪問後，在一九八七年八月份出版的月刊登出一篇七頁長的文章，題目是「錢復與一九八六年的香菸戰爭」，文中引述了我對丁大衛的談話：「貴國指責所有的國家對美國做不公平貿易，事實上全世界最大的不公平貿易國就是美國。」該文對菸酒談判也提出一連串的問題：「用凶狠的語言帶了大棒子的外交，是否能使美國在十分複雜的國際貿易世界中找出一條出路？對於一個長期關閉的市場，一夜間不顧任何政治後果要求立即開放，是否公平？為了贏取一個小戰役要花費如此多的精力，美國究將如何計畫贏得戰爭？」

該文對這些問題的答案是：「我們可能由錢復精練的運作中得到一些教訓，在這場爭端中許多觀察家認為他最後仍是最大的勝利者。」接著引述日本與美國半導體的談判由於拖延不決，使日本失去很多友誼並且助長了美國保護主義者的氣焰。「錢氏靈巧地避免了對抗，其結果台灣免於遭受報復以及美國朝野的不滿。不過對錢氏而言採取這種策略較為容易，因為他不會不計代價要求小的勝利。他的任務和他在華府所面對的貿易官員稍有不同，他對問題有較長遠的觀點。他的任務是要確保台灣的生存，而一九八六年香菸戰爭結束，台灣仍然存在。」

美國「撒賴」

一九八六年十一月美國舉行中期選舉，民主黨獲得國會兩院的主控權，保護主義的呼聲高漲。國會中不斷要求增加美國的競爭力。《華盛頓郵報》在十二月二十八日刊登了一篇重要的社論，題目就是「競爭力」。社論中坦率指出國會普遍認為競爭力增加就可以提高就業率，降低失業率；但是加拿大、荷蘭等國對外貿易都是順差，然而失業狀況遠較美國嚴重。也有人認為提高競爭力可促進經濟成長及提高生活水準，然而實證的事實卻證明並不正確。社論認為真正的解決辦法不是使美元貶值或迫使外國貨幣升值，而是提高生產力。這需要由教育和研究入手，鼓勵儲蓄與投資，而非不斷消費。社論認為國會和行政部門應在這些方面努力，而不該訂定保護性的貿易法案。

這篇社論在當時的華府真是少見的暮鼓晨鐘。我看完後立刻寫了三頁長的親筆函給郵報的總主筆葛林斐德女士表示，此篇社論實在是經典之作。我指出美國政府一再要求各貿易夥伴開放市場，但是美國產品倘不能推陳出新，仍然無法進入已開放的市場。

然而美國政府的做法仍是一如過去。一九八七年開始不久，尤特貿易特使就給我寫信表示中美貿易逆差日益增大，而國會、業者及若干政府人士認為我國進口美國物品與勞務方面努力不夠。改變這種觀點最好的辦法是向美國採購大件貨品（big-ticket items，實在是指高價產品）；最佳向國會遊說的方法，是由美國廠商告知其議員：「該公司剛完成一項價格若干百萬美元的銷售給我國。」他聽說中華航空公司準備購買廣體客機，希望能讓美國公司提供。

一九八七年二月二十日國務院芮效儉副助卿約我會面，給了我一件四頁長的說帖涉及中美貿易關係。說帖中指出我國雖然採取了不少自由化的措施，設法增加自美國進口貨物，然而未來一年中美間貿易逆差仍將持續增加，此舉將使美國對我貿易關係的困難倍增。說帖認為未來雙方貿易問題存在於：智慧財產權的保護、市場開放、重大採購以及我國貨幣的升值。關於市場開放主要是針對美國農產品、銀行、保險業、關稅的降低，中美雙方將就各該問題進行談判。關於重大採購，美國對台中火力發電廠的鍋爐、中油公司第五座輕油裂解廠的設計、台北市捷運系統、高雄市中運量捷運系統、國防醫藥中心、高雄榮總、成功大學附設醫院、垃圾處理計畫、同步輻射研究中心計畫，以及全島汙染偵測系統的興建都有興趣，希望美國公司在上述計畫中都能具有競爭力，如果美國公司未被選中，美國將至感失望。

這項說帖的結論讓我看了感到啼笑皆非，最後一句話使人有「撒賴」的聯想。當時我表示個人對中美貿易問題素來極為重視，數週前尤特貿易特使來函希望我國向美國採購廣體客機，我立即向國內報告並請求優予考慮。個人做類似的努力很多，總希望能和美方共同努力改善現況。

我利用這個機會向芮氏提出，中美雙方似應積極研究是否有簽訂自由貿易區協定的可能性。芮氏表示他擔任駐新加坡大使時就認為美星間應簽訂此項協定，然而經研究後發現美政府內部官僚階層阻力極大。如果吾人要改變此項阻力可能要：一、聯合贊成的力量進行遊說。二、提出具體的建議與進行的步驟。基本上美方擔心如果簽訂此項協定，我國產品必將以更大的幅度加速對美傾銷。因此我國一定要明白告知美方，簽了此一協定，美方可能獲得哪些具體利益。

政策購買波音機

一九八七年三月初國貿局蕭萬長局長來華府談判紡織品案，我和他討論美國對貿易問題的各項要求，他以為我方配合以重大採購最能發揮立竿見影的效果。我在九日親筆草擬電報給朱部長，指出韓國近日派採購團來美，所購物品逾二十億美元，發揮了很大的宣傳效果。就我國言，最能發生類似效果的只有核能第四電廠，和波音747-400型廣體客機。但是國內對核能電廠問題意見紛紜，一時恐難進行。因此，所能用力者只有廣體客機，如購十架價款可達十三億五千萬美元。新機可供越洋使用，可增加載客量；而舊機則可轉售，實際的經費負擔可大幅減少。

這個電報去了不滿十天，就接到芮效儉副助卿的電話，感謝我國政府在蔣總統指示下，決定向美採購民航機，同時對美國多項產品降低關稅，放寬外匯管制。芮氏表示我方的決定在此一時刻對美國政府有重大意義，特奉命對我國在中美貿易關係上所顯示的誠意表示由衷感激。但是外交部有關購機的電報是過了一個多月後才發給代表處。我方正式的決定是購買六架波音747-400，另外四架將評估究竟購買波音747-300或MD11型飛機。

數日後尤特貿易特使寫信給我，表示近來我國增加對美重大採購，足以顯示我方認真謀求解決兩國貿易失衡問題，希望我國繼續維持此項紀錄。信中也提到他欣悉我政府最近宣布大幅降低關稅後，已通知由於此項降稅受惠的美國廠商，鼓勵彼等對此種積極做法廣為周知。

我方對改善中美貿易關係所採取的各種措施，我也盡量利用美國媒體廣為宣揚。一九八七年四月二十七日《國際先鋒論壇報》刊出記者曼寧（Robert A. Manning）所撰〈台灣駐美官員瞭解美國誌（*Americana*）〉文中指出台灣的經濟成就導致一項趨勢，對台北而言可能較政治孤立更具威脅：美國不斷上升的保護主義。「自錢復於一九八三年擔任現職以來，他在各地演說使聽眾有深刻印象，因為他的發言不時滲有一些『美國誌』，使面對的任何團體感到愜意。美國一九八六年對台灣的逆差達一百三十五億美元，是僅次於日本、加拿大和西德的第四位。錢氏指出美國行政當局採取強硬立場，要求我國開放市場並購買美國產品。」

五月二十七日《華爾街日報》在頭版頭條以「貿易糾纏：台灣出口繁榮相當部分歸諸於美國廠商尋求較廉價的承包商」為題，刊載記者席斯（Donald A. Sease）對我的訪問。我向他指出中美貿易有鉅大逆差，不過有三項因素大家常常忽略了，首先我國前十名外銷績優廠商中，有四至五家實係美商公司，但現在中美出現巨額貿易逆差，此等公司卻緘默不言。其次我國向美國所採購甚多物品，如IBM電腦或香菸，均由美國總公司令其在日本或香港的亞洲分公司運往我國，因此該項交易在帳面上是列為美國對日本或香港的輸出，以及日本或香港對我國的輸出。第三是中美兩國經濟規模先天的不同，差距過大。

我也指出美國所要求我國採取的措施，例如開放我市場、向美做重大採購以及新台幣升值等等，我國均已主動全力進行，且並非受美國壓力後辦理。我國早已預期貿易逆差問題的嚴重性，自一九七七年起即派遣赴美特別採購團，十年來已辦理十二次，顯示我國是美國商品的忠實可靠並且固定的買主。新台幣自去年迄今（一九八七）對美元已升值百分之十三點六。現今美國有意以我國作為貿易報復對象，實非公允。此外我國銷售美產品，價廉物美使美國消費者受益，因此雙方貿易的受益者並非我國一方。

六月份的美國商業總會出版的《國家商業》（*Nation's Business*）月刊，以「台灣招徠美國商業」為題，登載該刊記者衣申（Henry Eason）對我的訪問。該一專文指出我認為中美出現貿易逆差之主因，是由於雙方市場先天相差懸殊，美國企業家對亞洲市場興趣不大，也不願修正其產品以配合亞洲市場的需要。美國倘擬改善其全球貿易逆差，治本之道在降低成本，提高產品品質，而不宜一味指責貿易夥伴。

該文表示在保護主義氣氛高漲之時，我的工作艱鉅程度在華府是名列前茅，但是由於我不屈不撓的精神以及高度技巧，即使最主張採取保護主義的眾院撥款委員會資深委員任金斯議員也表示敬意。

提出加入GATT主張

一九八七年二月十九日雷根總統向國會提出《綜合貿易改革法案》。眾院於四月開始處理討論由蓋帕哈德眾議員提出一項修正案，要求政府對於有過度貿易順差，且一貫運用不公平貿易做法的國家，進行「強制性的談判」，如果談判無進展，就要引用《三〇一條款》對該國予以報復。所謂過度貿易順差是指該國的全球貿易享有順差，而對美順差逾三十億美元，該國對美國的出口多於進口的比率超過百分之七十五。至於是否有不公平貿易做法，則由貿易談判特使署決定。

這項修正案認為在「強制性的談判」時，該貿易對手國必須立即取消一切不公平的做法，而行政部門認為對方只要相當程度減少不公平的做法，就可以不必祭出《三〇一條款》。因此雷根政府的十二位重要首長由貝克領銜致函眾院賴特（James C. Wright, Jr.）議長，對蓋帕哈德修正案表示強烈反對。我也在這段時間不斷訪問參、眾議員，一方面說明我國所做的努力，一方面也指出蓋氏修正案的不合理。我由那年（一九八七）元月至八月間曾經寫了七封與貿易相關的函件給每一位參、眾議員。有的函件強調我國向美國大量採購農產品，並提供具體數字；有的函件提供我國在開放市場所做的各項努力；有的是關於新台幣匯率不斷調升；有的是告知我國向美國做的重大採購；有的呼籲國會要鼓勵公平與自由貿易，避免採取保護主義措施。這些函件發生了一定程度的效果。

由於國會保護主義氣氛甚熾，在華府已感受到行政部門對我國貿易限制的壓力與日俱增，所以我們認為宜順時乘勢提出加入「一般關稅與貿易總協定」（GATT）的主張。因為該總協定訂有會員國間解決爭端機制，而我國於一九七一年退出聯合國時，亦遭該總協定議決將我排除。很多國會人士都以為我國為重要貿易國家，但是未參加總協定，無法運用其解決爭端機制，認為甚不合理。參加總協定並非必然是主權國家，亦有以關稅領域名義加入。不過加入總協定需要會員三分之二多數通過，但是對觀察員資格則無具體規定，只要各會員國不予反對即可。此時中共僅為觀察員並非會員，所以無法反對。觀察員在總協定內並未加諸我國任何新的國際義務，因此我倘欲進行，實有利無弊。

因此代表處建議政府同意我們發動美國國會通過聯合決議案，支持我國以關稅領域身分作為總協定的觀察員，因為中美斷交後於一九七九年十月所訂《貿易問題協定》亦規定：「總協定的權益對雙方均適用，而我亦需遵守總協定的規定，並贊成以新回合談判重建自由和公平的世界貿易秩序。」可惜直到我離任，國內並無任何指示。

我在六月十六日去拜會參院財政委員會國際貿易小組主席松永正幸參議員，請他提案在新貿易法案下，使我國得以享受類似關貿總協定會員國所享有的爭端解決機制。我向松永參議員指出新貿易法案通過後，有關《三〇一條款》的案件必將增多，在《三〇一條款》強制報復的規定中，唯一例外規定就是依總協定爭端解決機制的裁定，由於我非該總協定會員國，將缺少此一申訴救濟的途徑，是極不公平的事。我也將代表處試擬的提案草稿請他參考。

我進一步指出數月前國內曾有一項民意調查顯示，中美關係為民眾對政府施政不滿意的項目之一，這是由於民眾對我政府處理中美經貿關係的不滿，認為菸酒、匯率等案的談判，我方對美方的壓力一再讓步。所以如果民眾瞭解我國已恪遵總協定的規範，卻無法享受其所提供的權益，恐將更增怨懟。

松永參議員聽了我的說明，表示他深感同情，但是他希望瞭解貿易談判特使署的立場如何？我說此案主要涉及立法，應以國會態度為主導；我也曾和若干議員洽商，亦多表同情，但盼能有一位相關委員會主席出面提案。

促成國內商務考察團訪美

為了化解美方對貿易問題的不滿，我也曾建議國內鼓勵公民營企業來美國投資。一九八七年三月十二日我電外交部指出，現階段促進工商界來美投資可能尚不易推動，因此建議邀請國內的國營事業組團來美考察並洽商在美投資計畫，並具體建議以人口眾多、經濟萎縮的德克薩斯州和紡織業受我輸出影響最大的南、北卡羅林那州為優先考慮對象。特別是德州為眾院賴特議長及參院財政委員會班森主席的家鄉，更適宜特予考量。

國內終於在一九八七年六月下旬組成了公營事業赴美投資考察團來美，由中鋼公司金懋暉董事長擔任團長。我在六月二十一日和該團做長時間的談話，先就中美經貿關係現況做一簡報。我特別提到韓國在四月間宣布將採取一系列的財政、經濟和金融的措施，以降低其對美貿易順差，並以不超過去年順差金額為目標，已贏得美國朝野的讚賞。

但是我國對美的順差將由前一年的一三六億美元，增加約三分之一，達一八〇億美元。我國外匯存底增加亦達六百億美元，其中雖有一部分購買美國公債券，但這種做法不能創造就業，美國政府尚需支付利息，因此並不領情，對我方壓力有增無減。但是我方倘運用外匯存底在美投資，一方面可增加就業，另方面產生循環作用，也就是所謂「乘數效應」；這和重大採購同樣可以有效獲得美國朝野對我國的認同。

我也說明日本雖然在美做了大量投資，但是很多都是房地產，所製造的就業機會有限，美方認為不足以解決其逆差問題，在若干地區反而造成負面效應。此次投資考察團成員以生產事業為主，能受到美方肯定。然而投資行動一定要審慎研究，確具可行性後再進行。

考察團依照成員事業分為數組，於六月二十三日前往參院分別拜會西維吉尼亞、奧勒岡、路易西安那、明尼蘇達、賓夕凡尼亞五州的參議員。各參議員對考察團均熱烈招待，長時間交換意見，很多參議員都承諾將親自陪同考察團成員前往本州考察。

當天中午賴特議長在眾院舉行餐會歡迎該考察團，參加者達四十位議員，都是該團將前往考察的各州所選出的，其中民主黨籍遠超過共和黨籍，包括素來不參加宴會的眾院商業暨能源委員會主席丁格爾（John Dingell）。

賴特議長致詞時表示貿易是全球性問題，中美貿易逆差需賴雙方共同努力以求改善，中華民國是美國傳統上的忠實盟友，相信考察團赴各地時必將受到相同的熱烈歡迎。賴特議長並讚揚我在華府維護國家利益和促進中美關係的努力，在華府外交圈中殊不多見，他肯定我是一位真正的大使。

會後有一位德州民主黨的眾議員史坦罕（Charles Stenholm）表示議長每日日程極為繁忙，能撥冗主持餐會，實是確認考察團的重要性以及我國為平衡中美貿易所做的努力。他說議長在此一場合公開讚揚我國以及明白表示對我國的友誼，將對若干眾院同僚產生深遠的影響。

這次的考察團由於金懋暉團長的外語能力、談吐、機智，使美方留有深刻印象。該團也完成了若干國營事業所需原料向美方採購案。不過有關來美投資，由於依法必須經立法院通過，主管部門依當時立院生態評估，認為通過的可能性不大，所以並未具體推動。

美促火雞肉輸入解禁

到了我在華府工作的最後一年——一九八八年，貿易談判問題轉到很小的課題——火雞肉。

一九八八年一月二十七日美國貿易談判特使署告知代表處說，經濟部國貿局宣布我國限制火雞肉與水果進口，尤特貿易特使甚為不滿，認為違反《中美貿易協定》以及「關貿總協定」東京回合的協議，表示將盡快採取報復行動。

美方並表示此次我方所做限制進口決定，事先不與美方磋商，因此美方如何處理亦將不與我方磋商。

此事代表處事先亦未獲悉，估計當是由於農民方面對於若干美國生產水果及火雞肉進口嚴重影響生計，同時又值李登輝先生甫行繼任總統，對於民意反應不得不予考量之故。我們立即將美方的反應向外交部報告。後來瞭解所謂四項水果限制進口，實際上是立法院通過關稅稅率修正，對若干水果進口稅率有所修改；而火雞肉則是因為國內養雞業不景氣，不得已對火雞肉進口採取簽證審查的規定，並非禁止進口，只是對於進口激增而做的緩衝措施。

但是美方認為此項行政措施對於進口形成干擾，屬於非關稅障礙，有損其權益。至於水果的問題因為直接影響生產的地區，如佛羅里達、德克薩斯、華盛頓及加州等州，引起各州國會議員的關切，對我國有不利影響，要求我方再做慎重考慮。美方表示有關我方所面對的困難與壓力都能瞭解，但是美國國內亦有相同的壓力，加以美對我國有近兩百億美元的逆差，所以對我方所片面採取的措施無法給予同情。美方表示願與我國盡速就農產品問題舉行諮商，不過希望我們不要誤會以為美有可能讓步。

一月二十九日下午美農業部國際農業署凱伊（Tom Kay）署長緊急約我和經濟組許柯生組長

會晤，他指出我國最近對火雞肉與水果所採限制性措施，估計將使美方損失貿易利益約八千一百萬美元，各界紛表關切，盼我方慎重考慮以避免美方極可能採取的報復行動。

我將國內對改善中美貿易所做的努力加以說明，並解釋國內養雞業者及果農的困境。特別是我國養雞業者所用的飼料完全由美國進口，我國一向是美國極為重要的農產品國外市場，目前雞農確有困難，政府衡量情勢才考慮採取暫時救助措施，以期穩定售價及行銷秩序。對於目前的問題，我方願盡速與美國會商以研究可行的解決辦法。盼望美國農業部能從整體著眼，肯定我國多年來大量購買美國農產品的事實，切勿輕易訴諸報復行動。

不料此時凱伊署長勃然大怒，以咆哮的語調說：「我言止於此，將來你倒楣不要怪我今天沒有警告你！」說完拂袖而去，全場的人都愕然。陪席的助理署長奧瑪拉（Charles J. O'Mara）立刻站起來向我握手致意，就尾隨著長官離去。在台協會有一位史壯（Bruce Strong）君在座，立刻就凱伊署長的失禮舉措向我致歉。

接下來數日國務院和國家安全會議的相關官員也紛紛向我表示歉意。凱伊署長不久也去職並離開政府。

外交部到一九八八年二月三日才將國內處理情形告知代表處。原來國貿局在一月二十六日直接將決定告知在台協會，並沒有告知外交部、駐美代表處或該局在華府的經濟組，所以貿易談判特使署於二十七日告知本處時，我們全然無知。由於美方的強硬反應，該局同意在與美方諮商前暫緩實施，而諮商則將於二月十九日在檀香山舉行。

此次諮商美方態度甚為嚴厲，要求我方立即撤銷對火雞肉進口的驗證，並認為美國進口水果數量有限，不至於影響我國內水果的產銷，要求恢復原有稅率，否則四天後，也就是二月二十三日，將經由三〇一條款委員會會商決定對我國報復，並提出報復清單包括洋菇罐頭、冷凍豌豆、蘆筍及其他十五項農產加工品，總輸美價格約九千餘萬美元。

國內看到這一發展，由行政院中美貿易專案小組於二月二十二日集會決定：一、同意取消農委會對進口火雞肉的驗證函，但是因為立法院即將復會，盼望美方同意自五月一日起實行。二、接受美方派員來華就檢疫衛生標準與我方協商。三、仍盼美國業者自行對火雞肉輸往我國予以自我設限。四、水果部分同意取消產地證明驗證規定，並且另行擇期與美方諮商。

這項爭議雙方都有值得檢討之處。就我方而言，美國火雞肉全年銷往我國一千四百六十噸，約占我國家禽類總消費量的百分之一不到，應不可能造成雞農的嚴重威脅；而水果的輸入量和金額約是我國全年消費量的百分之四。主管部門以立即禁止進口方式處理，並且不先做任何諮商，似乎反應過度。

至於美方則是獲悉我方的決定後，以強硬的作風，立刻祭出《三〇一條款》。所以此次事件雙方都有責任。在國內，政府有鑑於本案的殺傷性非常嚴重，因此立即研議訂定《進口救濟法》，並依「關貿總協定」的解決爭端機制設立調查委員會，這是很好的做法。

五二〇農民抗議

中美雙方於四月下旬在台北舉行年度貿易諮商會議，由於農民權益促進會在台北市舉行大規模示威，不得已改在陽明山的聯勤外事處俱樂部舉行。這次諮商結束後，美國在台協會主席勞克思於五月四日下午到代表處來看我，提到台北的丁大衛處長連日的電報對於諮商非常失望，認為我方談判代表完全是在作秀，對實質問題規避不談。

我說丁大衛所看到的是「果」，其「因」在於美國近兩年來所作所為已引起我全國民眾高度反感。而美國的作為並沒有替自己獲得好處，反而使日本及西歐國家獲利，因此我指出美國與其在個別問題上不斷對我國施加壓力，不如與我商談簽訂自由貿易地區協定，一舉解決美方所要求的一切條件。

國內的農民團體於一九八八年五月二十日在台北舉行大規模示威，結果引發嚴重暴力衝突，對社會安定造成重大衝擊。

數日後中美貿易專案小組決定對於火雞肉進口，自六月一日起開放「全雞」進口，但不同意以雞腿、翅膀方式進口。至於水果進口，則將分盛產季節與淡季，在盛產季節採取限量進口；淡季則不加限制，細節由農委會訂定。

這項決定使美貿易談判特使署不滿，該署三〇一條款委員會於六月十四日會商，決定對我方限制火雞肉塊（即雞腿與翅膀）進口案，提請高層的貿易政策審議小組討論，美方預估本案貿易損失約一千萬美元，擬以我出口至美國的農產品為報復產品。該小組於十五日會商，建議提請內閣級的經濟政策委員會審議，以後由於此案的政治敏感性予以擱置。

第十六章 亞洲開發銀行案

> 美方和亞銀都曾表示中共的入會不應附有條件，但是亞銀接受了中共的要求，將我國名稱改成我們所不能接受的。我切盼現在能對名稱做一合理安排，美行政當局要發表聲明，務必在用字上顧及我方立場，千萬不要雪上加霜。

一九六六年底聯合國的亞洲及遠東經濟委員會推動籌組亞洲開發銀行，以開發地區經濟為宗旨。創始會員國共三十一國，不限於亞洲地區，也有亞洲以外的工業先進國家參加。我國是創始會員國之一。

亞銀是以開發區域經濟為宗旨，其業務包括開發貸款、協助會員國草擬開發計畫、培養技術人才等。其最高機構為董事會，由各會員國指派董事一人，每年四、五月間舉行會議。其下由各會員國互推十二名執行理事，負責執行銀行的業務。

山雨欲來

我國自一九七一年退出聯合國以後，由於亞銀並不屬於聯合國所屬的專門機構，而是各國政府間的金融機構，因此聯合國的二七五八號決議案並不適用於亞銀，中共無法自動取代我國的地位。但是自一九七四年起，中共便透過其友邦，在每屆董事會年會中要求亞銀排除我國會籍，由中共取代。所幸我國在會前洽商部署，多方溝通，避免在年會的程序委員會中處理此一問題。

一九八三年初我抵達華府後不久，美方就表示由於美國承認中共為中國唯一合法政府，不支持「兩個中國」或「一中一台」，現在中共要求進入亞銀，美國無法反對，因此將予支持；同時美方甚盼瞭解我國是否願意以某種非政府形式參與亞銀。這項立場極為嚴苛，我在一九八三年一月十九日的晨報中指出此案極為嚴重，本處宜成立一專案小組，由胡旭光副代表主持，由祕書組張慶衍組長負責幕僚業務。

過了二天我約了白宮國家安全會議特別助理席格爾談此案，當天的《華盛頓時報》報導舒茲將支持中共加入亞銀，因此我先由這項報導向他表示我的困惑。席氏說他尚未看到，而舒茲不久以後去北京也不一定會談此事。美方參加談話的其他人士則一致指出報導的不正確，因為中共還沒有正式提出加入亞銀的申請，他們認為除非我國先被排除，否則中共不可能提出申請。後來國務院的伍夫維茲助卿和修斯密副助卿也告訴我，中共進入亞銀是很複雜的事，美方是想找一個解決辦法；日前美方所以會有一個措詞嚴苛的要求，是因為日本在若干時間以前曾循中共要求，設法瞭解美方的立場，美方遲遲未作答，日前由於中曾根總理將來華府訪問，所以才匆忙中提出那項問題，現在已告知日方，此事複雜，非立即能解決的。

我將美方真正的立場探明，立刻呈報外交部，政府立刻決定由我國董事、中央銀行俞國華總裁於二月初致函亞銀總裁藤岡真佐夫，表達我國的三項立場：一、我國是亞銀創始會員國，依會章忠實履行各項義務。二、亞銀不是聯合國的專門機構，而是政府間的國際金融組織，我國當年參加認股也是依照政府有效治理的台澎金馬地區為基礎。三、亞銀會章規定會員國如不履行義務可予停止會籍，此外別無其他排除會員的規定，我國有充分理由繼續擔任亞銀的會員國。

俞總裁此一函件具有穩定性的作用，因此五月初亞銀董事年會（此時會員國已增至四十五國），有關我國會籍問題並未列入議程。根據我方觀察，主要原因在於美國堅定助我，特別是財政部長芮根和俞總裁密切配合並發表有利我國的演說，造成良好的氣氛甚有助益。藤岡總裁在總結時表示，對中共入會等重要問題將於適當時機提請執行理事會加以研究審核。外交部指示我盡快聘請美國有聲望的律師或法學家，從法律觀點研究我已非聯合國亞經會的會員國或仲會員國，是否仍有亞銀會員資格？因為這項研究對未來執行理事會處理我會籍案時將有價值。此外，外交部也指示我尋找國會議員分別在兩院提案，以協助我國維護亞銀會籍，因為這種決議案對美國政府堅定助我是有影響的。

美方法律保證會籍無虞

我遵照指示找了參議院外交委員會前任主席邱池，此時在一家律師事務所執業，他很快地在八月一日撰寫了一篇以「中華民國有權維持其在亞洲開發銀行的會籍」為題的法律意見，全文二十八頁。他在文中的結論是：「不論中共是否成為會員國之一，在法律及衡平法的基礎上，中華民國都有權維持其在亞洲開發銀行的完整會員權。」邱池早年在參院對我國並非很友好，但是自中美斷交後，他積極支持《台灣關係法》。我到美工作後他們夫婦時常和玲玲與我交往，只是他在第二年（一九八四）四月七日不幸因胰臟癌英年早逝。

至於國會方面，我分別邀請參院預算及撥款委員會委員凱斯頓（Bob Kasten）和眾院撥款委員會坎普（Jack Kemp）兩位議員，分別在兩院提出決議案並徵求連署。參、眾議員反應良好，很快就取得過半數的連署，使美國行政部門相當擔憂。國務院的高層官員奉命向兩位議員遊說，希望不要提出院會表決，否則中共必將採取大動作，而國務院將被迫出面遊說議員反對該決議案。但是凱氏立場堅定不為所動。之後參院於十一月十七日通過，作為國際貨幣基金撥款法案的一部分，具有法律效力，其主要部分是：「美國行政部門應恪遵《台灣關係法》的規定，維護我國在亞銀的合法會籍，如果無法達成此目的，美國將停止對亞銀的撥款。」此一決議案具有法律效力。次日眾院亦順利通過坎普所提內容相同的決議案。政府對代表處的指示，我們逐一完成。

在這段期間亞銀藤岡總裁曾於十月二十日經台北，在機場和俞總裁會晤，表示我國在亞銀會籍將繼續維持，我國國旗仍將在亞銀總部懸掛，中共將以新會員方式申請加入亞銀，因此希望我國在亞銀使用名稱改為「中國台灣」（Taiwan—China）。他也說明此一名稱是中共所建議。俞總裁表示亞銀為政府間國際組織，因此我國必須使用正式國名，但是為了充分合作，我或可考慮使用Republic of China—Taiwan或R. O. C.—Taiwan。

稍後我在十二月五日和伍夫維茲助卿聚晤，討論亞銀案。伍氏與國務院官員立場相同，認為兩週前國會兩院通過的決議案，中共方面提出嚴重抗議，可能有迫使美政府攤牌的可能。他又指出明年四月亞銀董事年會正值雷根總統訪問中共，對方可能藉機施壓。他也表示處理本案不外兩途，一是依照中共的想法，由中共取代我國，此點美國已公開表示反對；另一方式是我國續留亞銀，但如何安排，實在是煞費周章。

然而一九八四年的董事年會順利過關，沒有任何意外。不過七月中旬中共人民銀行兩位高級職員到馬尼拉亞銀總部，初次代表中共方面與亞銀正式洽商入會問題，他們堅持兩點：一、將我方會籍改為「中國台灣」（Taiwan China）。二、我方國旗不能在亞銀總部出現。

會籍名稱爭議

國務院副助卿浦為廉在九月二十一日對我說，美國亟盼維護我在亞銀的會籍，但是對中共加入也無法反對。美方一直是推給藤岡總裁處理此事，但是現在已無法不嚴肅面對這一問題。他認為我國應明白表示若干彈性，將有助於我國地位的維持。我說目前我國已準備用「中華民國——

台灣」就是彈性的表示。浦氏認為這是無法解決問題的，他說我國縱使用了「台灣，中國」的名稱，各國也斷然不會因而就認定我國為中共的一部分；他並表示最近洛杉磯舉行的奧運會，中共與我國同時參加，我國用「中華台北」即為一例。他並斷言如我國不在亞銀做一些類似的彈性處理，則一、兩年後我在亞銀地位恐難以維持。

一九八五年初，由於藤岡總裁派員去大陸訪問，中共仍堅持我方需更名為「中國台灣」，外交部電報指示我方無法接受，因此只能採取拖延策略，希望此案在亞銀董事年會中避免討論，要我洽請美方以此方法助我。

藤岡總裁在一九八五年一月二十九日來台北，與中央銀行張繼正總裁與交通銀行謝森中董事長等晤談，藤岡表示除非未來兩週中共方面有新的立場提出，否則本案暫時只有拖延一途。張總裁則表示新會員加入亞銀不應提附帶條件，因此亞銀對中共入會與我國在亞銀的名稱應分開處理。我方隨時準備與亞銀就名稱問題繼續商談，但是希望亞銀不要唯中共的要求作為考量。謝董事長和藤岡是多年的老友，所以私下向藤岡表示，如果有第三方面建議我方使用如「中國（台北）」或「中國（台灣）」一類非地方性的名稱，我方可以加以考慮。

這年的董事會年會訂於四月底在曼谷舉行，大家都認為中共不至於在會前做任何動作；可是中共外長吳學謙於三月二十二日致函藤岡，表達希望在曼谷年會時能通過中共入會案。藤岡則認為通常入會申請至少需要五週處理，所以在本屆年會即將舉行，而中共股權如何攤派、執行理事如何重新安排，都不是容易處理的事。

在華府我們代表處國會組的沈呂巡諮議，和原任坎普眾議員的特別助理，此時為美國派駐亞銀的執行董事羅傑斯（Joe Rogers）大使有深厚的友誼，因此央行不時徵召他為亞銀案前往馬尼拉從旁協助。三月底羅氏返美述職，沈諮議多次和他以及財政部亞銀處處長湯姆遜（Bill Thomson）聯繫。羅、湯兩位都以嚴重語氣正告我方此案已進入關鍵性階段，因中共已多方遊說各主要會員國；現在英、日等國也均向美方施壓，所以國務院已備有應變方案，臚列我國可能改用的名稱多種，包括「中國（台灣）」、「中國（台北）」、「台灣，中國」乃至用拼音的「中國——台灣」（Chung Kuo—Taiwan）等。

我在四月八日約見浦為廉副助卿，希望在未來的理事年會中，美方能支持將本案予以拖延處理。我也指出亞銀是政府間國際組織，中共是以改名方式在國際間造成我國是一個地方性實體的假象，我絕不能接受。政府已指示我洽詢美方對名稱問題有何適當建議。浦氏表示隔日伍夫維茲助卿將和我談論此事，他個人的看法是我國應避免無法保留在亞銀會籍的窘境。他也問我對羅傑斯大使所提的名稱有無意見，我表示美方的建議，我均將認真考慮。

第二天我和伍助卿餐敘，就重申希望美方能提出有關名稱的意見，俾雙方合作共謀本案的解決。伍氏則說美因與我無外交關係，不能支持我使用正式國名，除此之外，如有任何我與中共雙方都能接受的名稱，美方都可接受。

一九八五年四月十三日我接到外交部的電報指示：我方使用國號的基本立場不變，但是為與美方充分合作，我可認真考慮以「中國（台北）」或「中國（台灣）」為亞銀工作或文件注解名稱，但我仍將以國名自稱。

我即將此一指示轉告浦為廉副助卿。浦氏亦告以中共方面堅持使用「台灣，中國」，不過對我仍有完整會員地位、旗幟的安排、投票的組合等似乎還有彈性。浦氏在四月二十日奉派飛往馬尼拉與藤岡總裁商談，他表示美方主張我與中共應為兩個會員。

拒絕香港模式

四月二十四日浦氏返華府後，向我做了詳盡的簡報，包括他和藤岡、菲外部以及中共駐菲大使陳嵩祿談話情形。總體而言，他認為中共入會事已獲進展，我方也爭取到若干時間，但是此行討論到我方名稱問題，多數都表示無法瞭解，不過認為我方應留在亞銀。而浦氏專程前往亞銀，也使各方留有美國有誠意解決這項問題的印象。

一九八五年亞銀董事年會於五月二日在曼谷閉幕，這次會議，中共入會案並未列入議程討論，但各國董事中，不少在會議中為中共應加入亞銀發言支持。外交部電令我向美方的支持致謝，並說明我不能同意中共所主張的將我降為地方實體的名稱，如「台灣，中國」，但是我們願與美方充分合作，共同研究一個兼顧我國基本立場及實際情況，公平合理的名稱。

五月八日早上我應伍夫維茲助卿邀與他共進早餐，伍氏告以自上月下旬浦為廉向我說明訪菲情形後，亞銀案有了相當進展。藤岡續與中共方面洽商，現在除名稱外，其他安排多已談妥。我詢問是否已就談妥部分擬有書面協議？伍氏說已有草案，曾送張總裁參考，也將送一份給我，但盼切實保密。

我也表示，我方所瞭解中共向亞銀所提出的協議稿，其內容似與美方立場相距頗大，如中共仍堅持為中國唯一合法政府，視我國為附從地位。伍氏表示此當為中共方面討價還價做法，美為維護我國完整會員地位，必須堅持有明確的安排，例如旗幟問題，美方就反對作任何暫時性的安排。至於名稱方面，美方持中立立場，任何名稱對美方均無問題。美方認為實質安排較名稱更為重要，實質安排務必明晰，至於名稱則宜保持彈性。

我向伍氏強調中共所提名稱，是將我國與香港比同處理，我政府絕對無法接受。伍氏則說，香港在九七年「回歸」後必將無法使用其所願使用的旗幟，此點顯然與我國不同；他也指出六月間亞銀執行理事會將集會，屆時澳大利亞將致力為中共護航，我方在名稱上必須能予人有進展的印象，否則情勢將對我甚為不利。

外交部於三天後給我指示，認為美方的主張不合理，在任何情況下我絕無可能接受香港模式的「台灣，中國」名稱，以及類似降我為地方實體的名稱，希望我力洽美方「請其瞭解名稱對我之重要性，基於助我立場兼顧國際情勢及美國自身利益，認真考慮『中國（台北）』及『中國（台灣）』兩名稱」。

六月初美國國務院阿瑪寇斯次卿訪菲，曾與藤岡商談此案，表示希望能找尋一個能為我與中共雙方都能接受的名稱，盡快解決中共入會問題；倘若雙方無法對名稱獲致協議，美將別無選擇，只能使用「台灣，中國」的方案。阿次卿亦曾洽請藤岡早日去北京與中共洽談，藤岡表示去也無用。

稍後中共駐美大使韓敘於六月二十六日訪晤阿次卿，韓對美方早先支持使用「台灣，中國」一案，何以現在又改變立場，期盼找尋一個能為雙方都接受的名稱，表示不滿。阿次卿說美方從未同意使用「台灣，中國」一案，這是藤岡給中共方面的錯誤印象。美方一直希望能找到為中共與我方均能接受的名稱。阿氏也指出，中共駐美大使館的人員曾不只一次向國安會與國務院官員表示，我方只要不用「中華民國」，其他都可考慮；現在則堅持要用「台灣，中國」。中共在此問題上也應顯示彈性。阿氏也指出，兩年前鄧小平即曾表示，台灣可以用「中國台北」名義留在亞銀。

換湯不換藥

數日後，伍夫維茲助卿於七月二日約我敘談，提到韓敘在談話中雖表示我方應使用「台灣，中國」名稱，但是似乎沒有排除使用其他名稱的可能；因此美方希望我方保持彈性，因為美方認為我國續留在亞銀，對中美雙方都很重要。

我對伍氏所告表示謝意，相信政府一定會盡力設法續留在亞銀內。

到了一九八五年八月二十二日李潔明副助卿邀我早餐，說明因為伍助卿休假，案情重大，所以臨時邀約。關於亞銀案，美政府為維持我國在亞銀的完整會籍，經長期思考，並與亞銀當局密切磋商，現已擬定一並非最為理想，但可行性甚高的方案，即同意亞銀當局使用「台北，中國」

為我會籍的名稱。

我先對美方的努力用心表示感激，但是所使用的名稱與中共所要求的「台灣，中國」所差無幾，同樣會有香港模式的意義，此一名稱恐非我方所能接受。李氏表示台北為中華民國的臨時首都，其意義與香港顯然不同，我方對亞銀行文仍可沿用中華民國國號。更有甚者，美國將堅持亞銀當局與中共簽署備忘錄，必須使我國的完全會籍予以充分維護。倘若日後對我地位有任何傷害，美國將撤銷其對亞銀資金的支持。

我向李氏探詢美方此一決策的制定過程，李氏說此案是國務院與國安會密切合作下，不斷商討，擬成草案，先由舒茲國務卿及麥克法蘭助理審查，最後呈報雷根總統親自核定，並表達其充分支持。

我再問如果此一方案經過確定，美方是否將支持我國重新加入其他國際組織？李氏說，在確保我國亞銀會籍後，美方將致力於助我在若干國際組織中確保會籍，或重新入會，至於是否能順利成功，則非美國所能控制，但是一定盡最大的努力。

當天晚上（一九八五年八月二十二日）我在家中款宴葉昌桐副總長一行，李潔明也參加，我再問他，美方新案和香港模式究竟有何不同？他說香港不能對亞銀自稱「香港國」，我則可使用「中華民國」；香港必須與中共合併投票，我國可自行參加投票集團。李氏強調，美國絕無意使我國走入一項「香港模式」的陷阱。

中共入會成定局

過了兩週，外交部來了一個長電報，對美方的建議予以峻拒，認為會造成對海內外同胞心理感受上一次重大的衝擊。電報中亦指出，過去美方始終不願介入名稱的探討，只希望能找到一個為雙方都可以接受的名稱，何以此時突然迫不及待提出這項方案？此時我正在邁阿密接待因公過境的李登輝副總統，所以請程建人副代表立即約李潔明副助卿將電報指示各節轉告。李氏聆聽後即以朋友立場坦率表示，對我方反應感到失望而且不能同意。我方所持的立場將不可避免使我國在國際社會中更為孤立。美方做此建議是因為在曼谷年會看到我方有被排除於亞銀的可能，因此就所有可能的方案逐一思考，認為此次建議案，成功的可能性最大。倘若我方堅決不予接受，美方也無可奈何，只能抽身不再過問此事。

到了一九八五年九月十一日李潔明副助卿再邀我共進早餐談亞銀案，他表示藤岡總裁此時在華府，昨日曾和阿瑪寇斯次卿會晤，美方曾將我國對美提案的反應告知藤岡，至於中共方面對美提案迄無反應。李氏提到他對我國的反應極為失望，他提出兩點觀察供我方參考：一、美國對我國日趨孤立的國際地位極為關切，倘亞銀案處理不當，則可能更形孤立。二、華府極為複雜，美政府官員中有對我友好者，亦有對中共友好者，此次促成提案者都是前者，願與我方併肩努力贏取勝利，現在我方反對此提案，將使後者振振有詞，指責我方只是意圖破壞美與中共的關係，一旦這批官員得勢，則目前中美雙方通誠合作的情勢必將受到破壞。換言之，倘若我方堅持立場，則在亞銀案上最後的輸家將是我國及我在美政府中的友人，唯一的贏家將是中共。

我對李君誠摯坦率的分析，表示極為感激，對於兩年多來美政府友人為我國所做種種努力都銘記在心，我個人深盼能與美方通力合作，在亞銀案上贏得真正的勝利。

李氏再度強調藤岡不久將訪華，希望我方深思熟慮，不要做任何倉促決定，也不要使此案成為公開爭辯的問題。

藤岡於一九八五年九月十六日晚過境中正機場，張繼正總裁和他談話並且準備了一件說帖，對於他所提的「台北，中國」案堅決表示反對。藤岡則表示願續與我方協商，但是全案拖延已久，各方壓力甚大，恐難再做羈延。

一個月後藤岡又於十月十六日來台北會晤張總裁，告以中共外長吳學謙利用出席聯大之便，在紐約與舒茲國務卿會晤，雙方對於我在亞銀名稱定為「台北，中國」已獲致協議。日本安倍晉太郎外相上週訪問大陸，也對此事達成諒解，其他會員國絕大多數都同意亞銀所擬的法律意見，認為中共是聯合國及其附屬機構的會員，並為聯合國所承認的唯一合法代表，而我國已非聯合國及其附屬機構的會員國，不符合作為亞銀會員國的必要條件，但由於我是亞銀創始會員國，不能將我國排除，因此只有要求我國改名，以免在亞銀內出現「兩個中國」。

張總裁則重申我方立場，並強調新會員入會不應附帶條件。藤岡表示亞銀將於半個月後舉行執行理事祕密會議討論本案，屆時將邀我方派員與會，陳述立場，會中不做決定，將於一九八六年初召開正式執行理事會就中共入會予以審議，希望在同年董事年會前完成入會手續。

執行理事祕密會議於十月二十九日舉行，政府派交通銀行謝森中董事長代表列席，陳述我方立場，但是出席的執行理事幾乎一面倒支持中共入會及藤岡總裁所提我方將更名為「台北，中國」的名稱。謝氏在會中發言多次，但是對於各執行理事並不發生任何影響。

拒用「中國台北」名稱

一九八五年十一月一日中共派遣人民銀行外事局長車培欽去馬尼拉，和亞銀法律顧問鄭天杓草簽一項中共與亞銀間的諒解備忘錄，其中包含中共將以中國唯一合法代表成為亞銀正式會員，同時我方將以「中國台北」名稱留在亞銀。中共加入後亞銀總部將不再懸掛各會員國旗幟，而僅有亞銀及東主國的旗幟，中共在加入亞銀後亦將成為執行理事之一。

十一月二十二日我收到外交部的指示，對「中國台北」名稱絕不接受，屆時將做嚴重抗議，但不退出，要我將此項決定透過管道密陳雷根總統。我立即託一個月前奉雷氏之命去台北晉見蔣總統的前國家安全助理克拉克代為轉陳。美方對我們不退出的決定認為很合理。

亞銀執行理事會於一九八五年十一月二十六日集會，正式討論中共入會案，我方仍由謝森中董事長列席，表達強烈不滿及反對之意。不過執理會仍同意授權藤岡與中共做行政安排以使中共早日入會。兩天後亞銀執行理事會再舉行，會後發表新聞稿表示中共將於董事年會前成為正式會員。

美國國會兩院分別於十二月五日及十日通過援外撥款案，其中包括坎普眾議員及凱斯頓參議員所提的維護我國在亞銀的權益案，其中規定如我國的完全會籍權益遭受排斥，美國提供亞銀的基金即不得動用。但是對此案的解釋報告中，眾院列有要保持我在亞銀名稱，在參院則由於共和黨資深參議員史蒂文斯的堅持被刪除，他的理由是國務院認為此等文字不妥。

這年年底我奉召返國述職，在三個國會做報告時，都有民意代表詢問亞銀問題，並且表示國家處境已如此，何以還要抱殘守缺？很多話都是和在華府美方官員所述的相同。但是我仍需為政府的決策來辯護。我要返回華府的前夕，在一九八六年一月十五日下午晉見俞國華院長，談話快結束時，他突然說，你知道關於亞銀你的電報我們都很仔細看，大家都認為美方的顧慮是實在的，但是只有一個人始終反對，並且對經國先生發生極大的影響。

我還在台北時，亞銀在一九八六年元月七日將中共入會的通訊文件分送各會員國的董事，規定在四十五日內投票結束。亞銀也決定今後董事年會時，各國不再使用國家名牌，而僅有董事的姓名牌，我國董事在發言時可使用「中華民國」正式名稱一次，如再用將受主席制止。

各國理事的投票於二月中旬完畢，四十五個會員國中，有四十國理事投票，其中三十四國（擁有股權百分之八十八點五）投贊成票，三國投附帶條件（不得影響原有會員的權益、名稱及地位）的贊成票，我國與索羅門群島投反對票，韓國投棄權票。投票結果經二十日的執行理事會認可，該次會議並決定邀請我國及韓國參加每年舉行的亞銀捐款國會議。

會籍遭擅改矮化

三月十四日下午我和新任白宮國家安全助理彭岱斯特會晤，他主動提到亞銀，表示對於我國的立場完全瞭解，他希望我們明白，美國雖然推動「中國台北」的名稱，但是絕對不認為我國是香港或地方性政府。美國盼望我國仍能一如過去積極參加亞銀各項活動，扮演一有建設性會員的角色。

我將談話情形報告外交部後，十九日得到指示，美苦心孤詣維護我在亞銀的會籍和權益，甚為感謝。但是我方仍認為「中國台北」的確是香港模式，我方也認為烏克蘭和白俄羅斯雖在聯合國中享有會員地位，不過國際上不視為獨立國家，而認為是蘇聯的一邦。因此我國不能僅以維持在亞銀正式會員地位為滿足，而應在國際上維持我國家的地位，這是不接受在亞銀改名的基本原因。

我國董事張繼正總裁在一九八六年四月十七日致函藤岡表示，由於亞銀擅自更改我國名稱，將不參加月底在馬尼拉舉行的董事年會。張總裁也在四月二十日致函藤岡指出，除非我國能使用正式國名，否則將不出席四月二十八日在馬尼拉舉行的亞銀捐款國會議。外交部也在四月二十二日正式發表聲明，宣布將不參加本屆亞銀董事年會。

到了第二年（一九八七）四月九日紐約《世界日報》刊載一則新聞說，我政府似仍積極和亞銀交涉，盼能在名稱上得到突破而參加一九八七年的亞銀董事年會。代表處有近一年的時間沒有接觸此案，美方所告目前的問題在於代表團座位使用何種名牌。由於沒有解決辦法，我國在一九八七年的董事年會又告缺席。

美國眾院撥款委員會於八月六日通過美國對亞銀撥款案時，亦通過坎普眾議員所提的修正案，規定如我國在亞銀權益遭受排斥，即不能動用該項撥款，並進一步規定，所謂「權益」包括選擇及使用名稱的權利。在解釋性報告中特別指出我國因亞銀擅自更改名稱，已兩年無法參加董事年會。

到了一九八七年十月一日芮效儉副助卿為了這項法案找我，希望我能協助在參院中打消此一修正案。因為倘參院通過此案，將迫使美政府停止對亞銀撥款造成嚴重問題。我說國會議員善意協助我們，個人無法干預或阻止；我國所期盼的是在維持國家尊嚴的前提下，繼續對亞銀作貢獻。芮氏說如果兩院都通過相同的決議案後，美政府勢將停止對亞銀捐款，此時其他會員國可能對亞銀業務的停頓歸咎於我國。

參議院在一九八七年十二月十二日凌晨通過所有撥款法案，包括凱斯頓參議員所提的亞銀修正案，而該案解釋性報告中指出九七年以後香港將以「中國香港」為名，故中華民國不願以「中國台北」為名，應可理解。

過了一個多月，也就是一九八八年二月二日，席格爾助卿找我，說明國會通過有關亞銀我國名稱的決議案中，使用我正式國號，並規定如不能給予我可接受的名稱，美國不能撥款給亞銀；美國行政部門必須發表聲明，表示此與美國政府的政策不符，此項聲明可能對我不好，但是也沒有其他變通辦法，希望我能諒解。

我說，美方和亞銀都曾表示中共的入會不應附有條件，但是亞銀接受了中共的要求，將我國的名稱改成我們所不能接受的。我切盼現在能對名稱做一合理安排，如美方過去曾提過「中國（台灣）」。至於美行政當局要發表聲明，務必在用字上顧及我方立場，千萬不要雪上加霜。席氏表示將依照我的意見去做。

重返亞銀年會

此時國內已是李登輝先生接任總統，我曾在一九八五年五月在邁阿密，以及一九八七年十二月在台北和他討論亞銀問題，指出不參加對我國最不利，參加則可在國際社會中有能見度。他都十分同意，但是當時的時空環境在這項問題上，另有他人主導一切；現在他主持國家大計，認為應有務實的做法。所以一九八八年二月二日談話的電報發出後，不到一星期，外交部來電，語氣和以往的嚴苛態度迥然不同。首先指出我方希望能參加四月底的董事年會，其次是國內正在研議方案與藤岡總裁談判，亞銀必將徵詢美方意見，希望美方予以支持鼓勵。

四天後，外交部又將我方希望亞銀採用的名稱電告代表處，依序是「中國——台北」、「中國／台北」和「台北／中國」。謝董事長和新任的外交部國組司長陳錫蕃將於二月十五日赴菲與亞銀洽商，如有需要美方協助時，將由陳司長以密語電告程建人副代表，但是沒有電話，代表處就不必介入。

一九八八年二月十五日程副代表接到國組司的電話，告知謝董事長已與亞銀接觸，對方只對第三案表示興趣，所以程副代表就洽告國務院台灣事務協調官卜道維，他的反應很好，但是因為是長週末，所以要稍後答覆。

卜道維於二月二十五日覆告程副代表，說明美方已擬妥電報分致美駐菲、日及我國的單位，內容有六點：一、美方極願看到我國參加亞銀活動。二、美方曾參與亞銀有關我與會名稱的決定，美仍支持該項決定。三、美方認為我現提出「台北／中國」的名稱為一有意義的步驟。四、美方瞭解此一名稱中共以往未曾反對。五、美方認為就我方地位言，此一名稱與亞銀及中共前此已同意的名稱並無實質上的不同。六、美方可支持該名稱獲得共識。由於董事年會為期僅兩個月，所以希望各方以特急件處理。

但是本案由於藤岡先向中共方面探詢，中共方面立即覆以此事三年前已解決，為何重提答覆。藤岡就以中共立場僵硬，名稱問題已不能再談為藉口，對於美、日的進洽予以拒絕。三月十四日謝森中董事長去看藤岡，他仍以相同答案作覆。謝氏表示，我為對亞銀有所貢獻，願暫時擱置名稱問題，留待將來再議，不過二年前張總裁曾有函致藤岡，他應答覆：一、確認我為亞銀創始會員國。二、亞銀將我改名並不影響我為該組織正式會員的地位和權益，該項名稱僅係亞銀內部工作名稱。三、我與亞銀或與其他會員通訊及在亞銀舉辦會議中仍可使用國名。藤岡原則同意，並且在次日擬了函件交給謝董事長，但是要求保密。

基於這項函件的保證，外交部丁懋時部長在三月十八日利用在立法院答覆質詢的機會說明：「兩年來政府透過各種管道向亞銀交涉，亞銀當局終於日前明確肯定向我陳述，確認我為亞銀的創始會員國，並保證我為亞銀正式會員的地位與權益，絕不因其擅改我會籍名稱而受任何影響。政府經審慎研議後，決定組團代表中華民國參加亞銀本年年會。」

茶壺裡的風暴暫歇

過了幾天，《工商時報》駐美特派員冉亮女士來訪問我，提了一連串的問題，其中之一涉及亞銀。她在三月二十一日撰成〈茶壺裡的風暴〉專文，有關亞銀部分我的答覆是：這項決定非常正確，也反映了民意的主張。以我國今日經貿金融實力，應該參加此類國際組織。參加總比不參加好，這是很現實的問題。當「名」與「實」中必須做一選擇時，當然是「實」重要。

第二十一屆亞銀董事年會於一九八八年四月二十八日至三十日在馬尼拉舉行，張繼正總裁率領十人代表團參加，每人都胸戴國旗章，並以膠布將胸牌上的亞銀擅改的名稱貼蓋，至於桌位名牌旁，則放置抗議牌。張總裁在演說時也對亞銀擅改我國名稱表示抗議。中共代表團曾針對上述情形散發書面聲明，指我團違反亞銀與中共的諒解備忘錄。這次會議時，美國和東加兩國的代表在致詞中對我國代表團重返年會表示歡迎。

稍後芮效儉副助卿於五月十三日晨與我晤談，他問我對於我國重返亞銀的看法。我說政府重新組團參加亞銀年會是一正確的決定；政府也宣布將以三百億台幣成立海外經濟合作發展基金，協助發展中國家乃是一項積極的做法。芮氏說美政府十分樂見我重返亞銀，現在已在認真考慮助我加入「關稅及貿易總協定」，但是問題比較複雜。

第十七章
台幣匯率案

在亞洲四小龍中，由於我國升值比率居高，外銷市場漸為其他三小龍所奪取。目前美財政部仍持續要求我國升值，並以停止一般優惠關稅待遇作威脅；如果我國屈從美財部要求，可能使我國八成的出口廠商陷入困境。

一九八四年美國的國際貿易逆差突破一千億美元，但是由於美國的高利率以及投資減免優惠，使美元的價位不斷上升。當時行政部門仍堅持對匯率不做干預，表示美元的強勁正反映了美國經濟力的旺盛。可是到了一九八五年，由於第一季和第二季的經濟實質成長率大幅下降，而貿易逆差不斷增加，引起國會內保護主義氣焰高漲。

美國財政部長貝克在一九八五年九月二十二日邀了英、法、德、日四國的財長，在紐約廣場大旅館（Plaza Hotel）會商全球經濟、貿易、財政和匯率的問題。五國財長一致認為美元以外的貨幣應該做有秩序的升值，以反映各國的經濟實力。財長們也同意在必要時應採取共同行動，以促進非美元貨幣的升值。

但是五國財長會議後一年，到了一九八六年下半年美國貿易赤字仍無改善，此時矛頭指向新興的工業國家，認為這些國家的貨幣釘緊美元，所以不斷擴大出口，我國的大幅貿易順差以及不斷增加的鉅額外匯存底，就成為主要的目標。

開門見山話匯率

一九八六年七月二十九日美國財政部主管國際事務的助理部長墨福德（David Mulford）透過在台協會，邀我當天下午去他的辦公室談話。該會很遲疑，因為和過去美國不許我方人員到美國政府機關談話的規定不符，所以向國務院請示，一直逐級請示到席格爾助卿認定沒有不妥，才同意我前往。

墨氏是一位學者型的官員，非常嚴肅，少有笑容，他在見面後先對臨時邀約表示歉意，接著問我是否已看到昨日《華爾街日報》刊載消息說美國將與我國進行匯率談判。我說看到了，並且四天前出刊的七月二十八日《新聞週刊》也有類似透露，在台北引起相當的不安，不知媒體何以會有這種極為敏感的資訊？他同意我的看法，認為不應外洩。當天約我主要是希望瞭解這個案子應找央行、財政部或是代表處洽商。

他接著講了許多事實，包括我國對美的順差現在僅少於日本、加拿大，今年將達一百二十億美元，我國外匯存底已達三百十億美元，足敷十六個月進口所需。目前日、德、英、法等國經一九八五年會談後，多已使各該國貨幣大幅升值，而我國仍緊釘美元，不但對美大幅出口，對此等升值國家的出口也大幅增加，美國政府盼我能盡快在一段時間內將新台幣幣值至少提升百分之二十。貝克部長已授權他一週內訪問遠東，甚盼能和我國主管官員會談，倘彼等能來華府也很歡迎。

我說，「閣下所提各節都很清楚，事實上我政府對貿易問題也做了許多措施，設法改善失衡現象。今日閣下所提匯率問題是中美間的新課題，事實上新台幣自去年五國財長會議後，已由四十比一升到三十八比一，約為百分之五；現在美方盼我升值百分之二十，就是三十二比一，勢將引起我方的困難。我國外匯大部分存在美國，升值百分之五，我政府將損失六百億台幣，升值百分之二十將達二千四百三十億台幣，約為我政府全年總預算的半數。我國幅員不如美國遼闊，因此我必須依賴貿易以提高經濟成長，目前我國出口占國民生產毛額百分之五十六，因此希望閣下瞭解大幅升值，對我可能產生的衝擊。今日所談各節將速報政府，一有答覆當再洽告。」

外交部於八月二日答覆，表示本案極為重要，需深入研究後才能決定。電報中也指出我國貨幣自去年九月以來已有升值，而韓國的圜對美元尚貶值約百分之二，因此本年上半年韓國出口增長百分之二十二點六，而我國為十九點六。同時我國廠商都為中小企業，利潤薄，匯率劇升可能導致關廠及大量失業的後果，因此希望美方考慮匯率案時，將中、韓一併處理。外交部也告訴我，自從媒體報導美擬與我談判匯率問題後，股市一週來指數由九八四點降為八九八點，跌幅達百分之九點五。而匯市更是一片拋售外匯，對金融物價均不利。

我在八月十五日再度與墨福德會晤，將外交部的指示告知。他對中美談判消息外洩表示歉意，仍盼於一個月內與我主管官員會商，並且表示如台幣升值到百分之二十，則可能使中美貿易失衡現象在四、五年內逐漸改善。

市場預期升值

但是國內於九月十一日電報告知，我方不擬與美就匯率問題做諮商談判，然而可與墨氏交換意見，決定派央行俞政副總裁與業務局邱正雄局長赴東京，在十三日與墨氏會晤。這次會晤使我方官員對墨氏的態度被認為不友善，而同年十二月初，中美／美中經濟合作促進會聯合年會在台北舉行。美財政部派墨氏副手德萊拉（Charles H. Dallara）來台北參加，貝克部長並致函德氏，囑其向我政府當局表示未來三、四個月台幣能做實質的升值。

一九八七年初外交部電報指示，由於台幣持續升值，已有紡織、玩具等十五個公會向政府陳情，表示因為升值第二季以後訂單遲遲不來，已普遍面臨難關，所以籲請政府穩定匯率，要我將此處境洽告貝克財長。貝氏原約我在二月十七日午餐，臨時因白宮要事取消，改約我在二月二十六日午後晤面。那天我先去見墨福德助理部長，將各公會的陳情書和譯文交給他，說明新台幣已升值百分之十五，達到三十五元比一美元，一九八七年一月輸美價值較一九八六年已減少百分之二十六點五。對美出口占總出口的比例由去年（一九八六）的百分之四十八降為目前的百分之三十四，可見我國出口廠商已受到嚴重傷害。墨氏表示他很希望祕密訪華，但是國務院一再掣肘，希望我能設法促成。我說目前國務院相關高官都陪同舒茲赴亞洲訪問，三月中旬才回華府，我當設法進言。接著我們同往貝氏辦公室，他先說三年多前在白宮任幕僚長時曾和我晤談，至今記憶猶新。

當天約見是談匯率，上午他剛見了韓國副總理，談匯率時，雙方都很不高興。最近三日他曾在國會作證三次，議員們表示日、德等國對美匯率大幅升值，但新興工業國家則未隨同升值，以致對美順差日增，要求政府對韓與我國提出強烈交涉盡快升值。一週前他在巴黎舉行六國財長會議時，各國亦有相同建議。總之，大家都認為我國順差及外匯存底持續成長，實肇因於我國匯率為政府所操縱。台幣不應再釘緊美元，他具體建議我國在六月以前，將台幣匯率較一九八六年十二月一日時的匯率升值百分之二十。我立即提供具體數據以及民間強烈反應，向他說明他所建議的升值幅度實在對我國將造成重大傷害。貝氏說我國對美出口雖減少，但整體出口卻不斷增加，這就是因為台幣升值的百分比遠遜於西歐及日本。我提出在對外貿易上我國主要的競爭者，韓、港、星的匯率均未見大幅提高，而中共人民幣反而貶值，如獨使我國大幅升值，必將使我國的出口廠商走上絕路，縱使我國向美出口降到零，其空隙將立即為我國競爭對象所填補。一九八六年美要求我升值的消息不幸外洩，投機商人（包括不少美商）紛紛匯入大批美元，換取台幣，預期台幣升值後再兌成美元，賺取匯差，此所以我外匯存底不斷增加。

我特別提到我國外匯存底多，台幣升值，外匯存底的價值即下降；反之韓國外債多，韓圜升值，使其償債獲益。此外我國產業經營者多為中小企業者，多數僅經營出口，台幣升值將造成關廠失業問題；而韓國則為大商社，兼營進出口，出口由升值引起的虧損，可在進口時予以吸收。

我也說貝克部長曾提及有人指責我政府操縱匯率，這實在是誤會，以往新台幣曾釘緊美元，事實自二十世紀以來，各國貨幣最初多為金本位，二次大戰後多數貨幣均釘緊美元。但新台幣採取浮動匯率已有相當時間，我國中央銀行所採取的是「邊際性的影響」，也是一般市場運作，不使匯率波動太大。

拒絕三國磋商

貝克聽到這裡，莞爾而笑，說想不到一個職業外交官對金融問題也有專業知識，實在難得。「你所說的我都瞭解，因此今晨我對韓國副總理說，貴國在匯率問題上已較韓國提早跨了一大步，韓國必須迅速趕上，因四小龍中，新加坡與香港都是自由貿易國家，國會無法對之責難，而中、韓兩國順差及外匯存底均大，已成眾矢之的。換言之，貴國已在大聯盟打球（用棒球俗語），不能再用少棒的規則，美國所要求的是貴國立即採取浮動匯率，勿再釘緊美元。」

我說部長所示自當速陳報政府，「但是個人服公職逾四分之一世紀，對本國的實力頗有認識，閣下獎飾之詞，吾人實不敢接受，倘美國堅持要我國立即全部自由化，無疑置吾人於死地。回憶以往三十餘年，美給予許多國家經濟援助，近年來經常以我國的經濟及政治發展為典範；我國也竭盡所能使國民所得不斷成長，政治民主化逐步推動。美國的貿易逆差，我極為重視，不斷設法協助美國解決困難。然而部長今日所要求者，我國如照辦，必將對經濟造成致命打擊，影響社會安定，個人心以為危，不得不掬誠相告。」

貝克說我方主要擔心國際市場被韓國占據，而韓方亦有同樣顧慮，最好是中、韓、美三國一起坐下，詳細研究一套可行方案，他希望派墨福德去漢城，最好我方也有負責官員前往，共同磋商。

我將談話報回國內，不久得到答覆，對於三國磋商認為不宜進行，至於與墨福德助理部長單獨會晤，則因正值立法院總質詢，相關首長無法赴國外。

墨氏於三月中旬告訴我，他曾兩度設法請求國務院同意他去台北與我國首長會晤，但是都受到舒茲國務卿的阻止。第二次是由貝克部長親自帶他前往國務院面晤舒氏，但是仍是未能如願，那天是一九八七年三月十六日。我告訴墨氏，我國在前天（星期六）的匯率已升至三四點六三比一，與去年八月比較已上升約百分之十三，而韓圜的升值遠遜於此，所以美國現在不宜再對我國施壓。墨氏對我說的數字表示驚訝，我說代表處對匯率是每天不斷監控，數字絕對正確無誤。他表示貝克部長仍盼他能與我國首長晤談，建議四月初在火奴魯魯與張繼正總裁會面，另一可能時間是四月底亞銀董事年會。我即告以我國可能不派員參加年會。

美要求急調匯率

外交部於一週後答覆表示總質詢後接著是總預算審查，因此張總裁不能去火埠，此外我國匯率不斷在升值，似無與美方討論的需要。如果貝克部長堅持，我方可派央行副總裁俞政去火埠與墨氏「溝通與交換意見」，但不是談判。

美方得到此一答覆，相當失望，認為需要的是「政策性討論」，墨氏已獲充分授權。墨氏繼續牢騷後，突然說他的耐心已消耗殆盡，明天要建議貝克部長不必討論，直接採取施壓的做法，他對我方首長拒絕討論，至為憤怒。

我看到他似乎有些失控，就向他說明我國首長是依《憲法》規定不能不在立院應詢，而我為了讓他能去台北，曾經一再向國務院當局說項，只是未能如願。墨氏立刻說：「全是舒茲從中作梗。」我說：「無論如何請你千萬不要將此事看作個人的問題，縱使你能與我國首長會晤，所能做的不過是升值，而十天來台幣又升了〇點二七元，我們以行動支持貴國，閣下還有什麼可以抱怨的？」墨氏此時平靜下來，告訴我貝克部長和他，不斷在國會內受到冷嘲熱諷，承受極大壓力。

我說這點我很清楚，這幾週來幾乎每天都和重要的兩院議員晤談。昨晚款宴眾院撥款委員會安東尼議員（Beryl F. Anthony, Jr.）時，知道該會甫將匯率條款修改更具彈性，更尊重財政部，凡此均可證明我國不僅在國內以具體升值行動支持美國，在國會山莊亦默默努力，以使行政當局的立場能獲充分支持。

這時墨氏態度改變說，明天將和貝克研究如何對舒茲施加壓力讓他能去台北，萬一不行，則盼望我國財金首長於立法院任務結束後，來華府或他處會商。

我將談話情形報告國內，外交部於一九八七年四月一日來電告知，張總裁可於四月十一日赴火埠會晤墨氏，但是不願與韓方會晤。這次會談中，墨氏告知張總裁，韓國的財政部長曾於數日前會晤貝克部長，貝氏對其提了兩方案，一是兩週內升值到八〇〇比一（約百分之八），或在六月底前升到七八七比一（約百分之九點七）。韓方尚未答覆。

對於我國，美方要求兩方案，一是兩週內升至三一比一（約百分之八），或在六月底升到三〇點二五比一（約為百分之十）。張總裁表示新台幣現採機動匯率，央銀干預僅為維持市場秩序，急速調升匯率已不可行。

過了不到三週，墨氏的副手德萊拉於四月二十九日來台北再與張總裁會談，他說由於張總裁與墨氏在火埠的洽談並無結果，美政府決定立即進行全面取消我國享受一般優惠關稅待遇，此項程序為時約九十天，美財部估計我國受到的損失約為二十億美元。不過倘若我國在匯率方面能與美方合作，則財政部有充分理由為我國辯護，使我國仍能繼續享受該項優惠待遇。美方認為新台幣可以每日平均升值九分的幅度，到本年六月底達到二八點四二比一美元。另一方案為每日升值八分，到七月底達到二六點七八比一美元。

「狼來了的孩子」

張總裁表示美方每次要求都比上次所提出的更為厲害。德氏表示此為貝克部長的決定，認為如此升值幅度較易為美國國會接受。張總裁表示每日升值八或九分是無法辦到的。德氏說他在一九八六年十二月來華時，大家都告訴他，升值底線是三五比一，超過此數台灣經濟將破產，現在的匯率遠超過三十五比一，而台灣工商業仍十分強勁。

德氏最後的一句話也是我自己的感受。因為自匯率談判開始，國內給我的訓令就是台幣無法大幅升值，否則出口廠商都將倒閉；我也不斷用這項理由向美方陳述，但是事實似乎和我說的不同。後來聽說美國財政部給了我一個綽號，是「狼來了的孩子」（the wolf boy）。我覺得很困窘，可是國內的訓令仍是堅持會有大批出口廠商倒閉，大批勞工失業，引起嚴重的社會和政治問題。而事實上，我每天注意閱讀國內的報刊，並沒有發現這種狀況，國內反而發生勞工大量短缺的問題。

一九八七年九月二十日全國工業總會組投資訪問團來華府。我在接待該團時提出第一個問題，就是國內出口廠商有多少倒閉的？他們都覺得很突兀。我說一再向美方說新台幣升值必將引起大量倒閉，可是彷彿始終沒有發生。他們聽了大笑說，這些廠商過得好的很呢，雖然出口方面少賺了些，但是他們在遠期外匯上賺的更多。這時我才有如大夢之初醒。

再回到本題，國內對墨、德兩人的要求非常認真地研究。主管機關寫了一件十八頁長的訓令給我，外交部在五月六日轉發時，特別說明是奉行政院核定的。訓令中仍重申依德君建議，「必將導致大批中小企業倒閉，引起經濟危機，影響政治社會安定。」訓令中的對案是在六月底前使台幣升值至三十一比一，以後需要有六個月的穩定期。訓令中也提出其他能使中美貿易失衡減小的配套措施。

我接到這份由北美司朱建一副司長專程送到的訓令後，仔細研究美方對匯率升值的要求，由三月九日至四月二十九日的五十天中，就有三種不同的方案，每次都比上次要更為酷苛。我感覺到找財政部談不會有任何結果，不如找更高層，也就是白宮，應該比較有效。而五月間美財政部又與我國央行負責人有六次的電話商榷，每次談的都不一樣；而且如此敏感的問題（國內給我的訓令保密區分是「絕對機密」）用電話商談，顯然是不妥。因此我草擬了一份英文說帖，並且寫了一封十二頁長的箋函給丁懋時部長，託朱副司長帶回台北。稍後外交部來電同意我的建議和說帖，我就設法和國家安全事務助理卡路齊約晤。

經過安排，卡氏定在一九八七年六月二十六日在白宮附近的瑪利奧旅館（J. W. Marriott）會晤，外交部在前兩天連續來了二個電報，指出我國一年中已升值百分之二十二點五八，六月二十三日的匯率是三一點〇八比一美元。因此我國為四小龍中升值最高的，盼美方同意我維持目前匯率，六個月不再升值，屆時我將衡量當時情況，再研究是否應略予調整。

卡路齊是由國安會官員包道格陪同，和我及羅龍副代表會晤。我先根據國內訓令由我草擬的兩頁半英文說帖交給卡氏。我說，匯率問題是由貿易失衡所引起，而美國的逆差或我國的順差肇因有三：一是雙方市場懸殊，美是我國的十二倍。二是我銷美產品中有三分之一是美國的跨國公司在台灣設廠，生產零組件，回銷美國供總公司龐大生產線使用。三是若干我向美國採購的物品，由美國總部指示在日本或香港的分公司或儲銷倉庫提供，原應為美國輸我的產品，反而列入輸日或輸港的紀錄。

卡氏對我的陳述頗感興趣，他問起第三項美國由日、港輸往我國物品為數若干？我說手邊未有具體數字，但可由國內主管機關提供再轉告。

由於貿易失衡，美方要求我國做的不外：一、開放市場。二、大宗採購及三、匯率升值。關於開放市場，我國已採取甚多措施，請見我所提出的書面資料；至於大宗採購，我國將於七月派遣第十三次農工產品採購團，預定購買二十三億美元的物品，另外我國公營事業有十二億美元的採購案正在邀請美商投標。有關匯率問題，我有一張簡表，列舉美國十個主要貿易國家在一九八五年八月三十日與一九八七年六月二十四日匯率的比較，我國升值情形遠超過英國、加拿大及其他亞洲三小龍，僅遜於日本、西德、瑞士與法國。

我也提到在亞洲四小龍中，由於我國升值比率居高，所以外銷市場漸為其他三小龍所奪取。目前美財政部仍持續要求我國升值，並以停止一般優惠關稅待遇作威脅；如果我國屈從美財部要求，可能使我國八成的出口廠商陷入困境。

卡氏詢問我國已是貿易大國，為何仍要享受優惠關稅？我答兩年前我國由優惠關稅受益總額為三十五億美元，由於每年檢討，自行停止受益（俗稱「畢業」），現已減為二十億，這是我方自願的，從無怨言。現在美財部的建議具有懲罰性，我國捫心自問，與美國通誠合作，從未犯錯，為何要受懲罰。其他三小龍在匯率上全不與美合作，卻未受處罰，請問公理正義何在？

卡氏詢問包道格，韓方是否在匯率上不與美國合作？包氏說韓態度頑強，錢代表所提資料中顯示台幣升值百分之二十三，韓圜僅百分之七，確是事實。卡氏問包君：「財部是否擬停止韓國享受優惠關稅？」包氏答：「尚無所聞。」

卡氏此時很嚴肅地對我說，他認為我所說的都很合理，他今天要表示兩點意見：一、財政部對我國的威脅是事實，國務院也持相同觀點。二、他身為幕僚只能將今天的談話，據實向長官報告。

我說也有兩點意見要表達：一、這一年來美國在貿易問題上不斷對我國施加壓力，經我國媒體報導，現已引起我民間強烈反美情緒，個人心以為危。財政部目前所要做的是在火上加油，希望轉陳總統切勿採此下策。二、雷根總統高瞻遠矚，反對保護主義，且一向關懷我國民眾福祉，如美政府依財部建議去做，必將使我國經濟、社會、政治陷入絕境，應非雷氏所樂見。我國現已升值至三十一比一美元，但其影響需十二至十八個月才顯現，希望美政府同意我留在此一價位六個月，視發展如何再做是否調整的決定。

卡氏說他極為瞭解，將設法向長官報告，再與有關部門洽商，俟有決定再轉告。

中止優惠關稅

因為卡氏告訴我，財政部的做法，國務院也持相同觀點，所以我又在七月八日約席格爾助卿談這項問題，我將與卡氏的談話先敘述，再指出根據外交部昨日電報告知，美國助理貿易代表阿蓋爾於六日在台北告知我方首長，美財部、國務院及貿易特使署意見，一致認為新台幣必須進一步升值，否則將取消對我國的優惠關稅待遇。席氏答以取消優惠關稅是總統職權，而雷根總統迄未做此項決定。

我再度強調，一九八六年八月美國財政部初次向我提出匯率問題時，曾一再表示此事必將我國與韓國併同考慮，現在韓方升值僅我國的三分之一，而美卻以我國為處分對象，實在有欠公平。

在座的國安會特別助理凱利說，上週剛去韓國，該國亦感受此一問題的壓力，但是韓國有鉅幅外債，而我國卻有大量外匯存底。我說這正是問題的所在，韓圜如果升值，韓國償付外債的能力會相對增強；而台幣升值，我全民辛勤所得的外匯存底將相對降低。

席、凱兩人都覺得我的說明使他們獲益良多，建議我和國安會主管國際經貿的特別助理但然斯基（Stephen Danzansky）一談，我表示同意。

過了兩天，貿易特使署副助理代表克麗絲道芙於近中午時打電話給我說，尤特代表要她通知：由於我在匯率上未配合美國，總統將於近日函告國會兩院，在六十天後中止（suspend）我國的優惠關稅待遇，此事為貝克主導，但尤特、舒茲均同意。我將我方立場逐一對她說明，指出美方做法極不公平，克女士表示理解。

同日（一九八七年六月二十八日）下午在台協會勞克思主席來看我，也是為了此事，我將上午對克女士所講的重複一次，勞氏說克女士不贊成此一做法，事實上除財政部以外，其他美方官員都不贊成。財政部處理此類事件一向對其他部門保密，他和丁大衛處長都對此反對，可是致國會函已在總統桌上，十五日白宮經濟政策委員會將做討論，如無異議，次日即可能送往國會。勞氏建議我們還是向財政部進行交涉，也許可以換取一些時間。

我說雷根執政六年半來，曾因《八一七公報》對我國造成甚大傷害，此次倘中止優惠關稅，將為另一次重大傷害，美方實宜深思慎行。

克拉克居中協調

當天（六月二十八日）我就找了在加州的前國安助理克拉克，請他向雷根進言，他說此時正在波希米亞溝俱樂部（Bohemian Groove Club），貝克和卡路齊都在，他將先和他們談。

接著兩天他將談的結果告訴我，卡氏說信函還未送到他手上，但是有關閣員一致同意，可能無法推翻。貝克則表示美國經濟陷入危機，政府必須有所作為，否則國會必將通過嚴厲的保護主義貿易法案，可能引發全球性的貿易戰，世界經濟體系可能全面崩潰，所以本案實在是一種犧牲打，中止優惠關稅對我影響不大，中止後隨時可以恢復，不是結束。貝氏也說韓圜二週內已由八一一點六升為八〇四，而新台幣則未動。

貝克向克拉克透露我方央銀總裁曾向美方有所承諾，其價位與目前新台幣的匯率三十一比一，只差一元，倘我方依承諾再升一元，此項擬議或可化解。

我對克拉克的協助表示感激，我也將我國的立場逐一詳細告訴他。我也表示聽到國務院方面的官員說，舒茲國務卿之所以同意貝克的擬議，是因為依我國經濟發展的程度，早就不該享受優惠關稅。如果此一訊息正確，則美應對亞洲四小龍同時終止優惠關稅，吾人必將接受。

克拉克說他還可以和貝克晤談，他準備提出兩案，一是全面終止所有亞洲四小龍的優惠關稅，一是依貝克所稱一元差距與我方做進一步磋商。後者經克拉克和貝克談後獲知，他認為如我再升值一元則應維持三個月，而非我方所希望的六個月穩定期。

國內得到我的報告後，經過俞院長召集各首長會商後，在十三日給我訓令，指出我國將於兩天後，也就是七月十五日起開放外匯市場管制，在此關鍵時刻，我國無法扭曲新台幣的幣值；而近日來市場上外匯需求大增，因此我方只能在新台幣目前價位穩定六個月後，再檢討應否升值。至於優惠關稅部分，訓令認為我的做法是正確的。

同日（一九八七年七月十三日）下午我和白宮國安會但然斯基特別助理會晤。但氏說美方基本立場是反對貿易保護主義，為因應當前經貿問題及國內政治問題，貝克部長將焦點集中於我國、韓國及香港的匯率問題，認為如此可有助於美國出口。在匯率問題上，貝克部長為主要負責首長，只有他和雷根總統可以表示權威意見。現在貝克認為我方的升值未達到應有的程度，則將中止我續享優惠關稅。

我說近年來為了美國貿易逆差擴大，我國採取許多配合措施。美國重視出口成長，我國不斷派遣採購團來美國做重大採購。在匯率方面我方亦充分配合美國，在四小龍中升值最高，但是我是民主國家並採自由經濟制度，目前民意高漲，不滿美方對我一再施壓，而近日來市場外匯需求甚殷，我也即將開放外匯市場管制，無法再做匯率的操縱。因此所謂美我雙方談判造成僵局，錯豈在我方？毋寧是美方難辭其咎，因為墨福德助理部長原擬訪台北洽談此問題，卻遭舒茲國務卿否決。此外本人常駐華府，然而自一九八七年二月二十六日以來，美財政部無人找我談過匯率問題。我外匯存底自一九八七年七月開始已逐日下降，但美財政部一無反應，我政府處理事務一向光明磊落，美方應更瞭解我國配合美國的誠摯努力。倘美方使四小龍同時自優惠關稅畢業，我政府將無異議，惟倘僅中止我國則不啻懲罰，非但不公平，且可能產生嚴重政治後果。

但然斯基說卡洛齊已向我承諾必使雷根詳盡明瞭本案的影響，不會有任何歪曲，也不會偏袒任何部會，但是他必須說明財部此次建議已獲相關部會一致支持，白宮經濟政策委員會只是制度上的規定，需要對此類案件加以討論，並不會做正式決定。他對本案發展至此極感痛心。他認為此事只有直接與財部商討才能解決，因為財部觀察我國各項經貿指標都極健康，未受升值影響。

我說，我國一九八七年六月份出口成長乃是因為韓國政情動盪，大批訂單流向我國，現在已不同了。我想問的是，美國政府是否有意等我國經貿指標逆轉下降，我國經濟全面崩潰，才願罷休？但氏立刻答稱：「不是，美方只是希望我國在貿易方面人為障礙（artificial barriers）消除。」我說：「我國後天開始即將解除外匯管制，而美國要我們做的卻是人為的升值，豈非自我矛盾。」但氏無法自圓其說，只能辯稱，美方認為我國仍有升值的空間，目前是央行人為操作使匯率穩定。

談判已達攤牌地步

我將談話情形報告台北後，一九八七年七月十四日就奉到指示說仍願與美方洽談，只是美方只同意升值到三〇比一美元後只能有三個月穩定期，我國認為太短，可否有四至五個月的穩定期，屆時根據外貿實績再做諮商，盼美方勿令我預做升至某一數額的要求。

第二天（七月十五日）我去財政部看貝克部長。我先向他說明我國甫於前日解除戒嚴令，隔天又開始放寬外匯管制，使國家在政治及經濟各方面走向更自由化。貝克說今日公布美貿易數字，六月份逆差回升到一四四億美元；意謂貿易順差國均應升值。我說以我國為例，台幣貶值壓力極大，過去兩週央行抛售了十二、三億美元以期穩定；我也將國內訓令申述。貝克表示我雖放寬外匯管制，但資本市場仍是封閉，限制外國資金進入。我說美方一再指責我國外匯存底太高，但是這些存底中也有期盼台幣升值的「熱錢」在內，倘我對外資不作限制，外匯存底更將大幅增加。

此時貝克明白指出雙方的立場差距，美方盼我國於一九八七年六月十五日時匯率為三〇比一，而我方要六月底時三一比一；美方盼穩定三個月後再升至二八點五比一，而我方盼穩定六個月後再洽商。他認為雙方差距不大，並非不能克服，不知台北為何不給我授權進行談判，沒有授權，只是浪費時間，美方將依自己的方式處理此事。

這次談話經電報回台北後，過了兩天覆電，對於貝克的建議認為無法同意，希望能在三個月內升到三〇比一，以後能穩定較長一段時間再與美方諮商。我將此一訊息告知貝克，他立刻表示不悅，要立即函告國會。我向他說明國內一下升值一元確有困難，貝克說可否在一個月內升值一元，他可等候三天再採取行動。

我在陳報這次談話時指出，目前雙方已達攤牌地步，對貝克的建議是否接受利弊互見，但是如予拒絕，美國政府內部對我友好的人士，如溫柏格部長、能源部海林頓（John Herrington）部長均在上次白宮經濟政策委員會為我國仗義執言，與財政部發生爭執，以致貝克等的態度稍有改變；但是如果我方態度毫無彈性，則未來可能無人願為我國出力。更有甚者，中止優惠關稅，並非美政府手中唯一武器，倘我仍不依其要求，下一步將是三〇一案的制裁，屆時我將被迫而做「敬酒不吃，吃罰酒」的決定。我也說明這是在華府的觀點，以及席格爾、克拉克等友人的共同觀點，可能不免「坐井觀天」，但是由於美方友人一再請求，故有此贅言。

當爭莫讓，應讓勿爭

國內的指示在三天限期的結束前抵達，要我接受貝克建議於八月二十日使台幣升值到三〇點〇九比一，電文中說明上次電報將點〇九漏列。至十二月初雙方再做諮商。指示中也要我設法將美方對我的壓力透露給一、兩位駐華府的記者，以設法扭轉當時台幣貶值的趨勢。

我將指示即時告知貝克，他表示感激，但是有關未來的諮商則不必等到十二月初，而可在三個月間，因為諮商需時，盼我即時報告國內。以後國內同意可在十一月間開始諮商，我轉告貝克後，終於使一場風暴暫時化解。程建人副代表也遵照國內的指示，將此一事件簡單地告知在華府的兩份財經報紙記者。

美國康乃爾大學的萬又煊教授在八月十一日的《工商時報》，就中美匯率談判寫了一篇專文，題目是〈當爭莫讓，應讓勿爭〉。文中指出匯率調整，就長期而言，是對我有利的，我們應該有計畫地以適當步調進行，最好是明確宣布自由化的時間表，和每期匯率自然浮動的上限。我們必須確認，國民勞力所獲，應用於改良教育、衛生、環保，不必呆存於收益有限的外匯存底。

文章的結論是：「對外交涉，我方應當先就國家利害所在，得到共識，如此方能有力應付。如果對方所建議的，於我有益，即令其建議出於彼之私益，即令其態度不善，我方不應拒絕。」

由於有了三個月的緩衝期，我曾在十月初約了六位旅美傑出的財經學者：侯繼明、顧應昌、蔣又煊、鄒至莊、段一昌和費景漢，來雙橡園討論匯率和經貿問題。他們一致認為新台幣仍需升值，那天的匯率是二九點九七，但是盤中曾升到二九點二三四，經央行干預才降到收盤數。學者們都認為央行的作為十分不當，必將為美方用來對我施加壓力。我曾將各學者的意見向國內報告。

到了一九八七年十月二十六日國內來了電報，是俞院長指示由於我國三個月來貿易仍暢旺，對美順差持續擴大，因而認為升值對於減少順差並無效應，因此決定自一九八八年起自我約束對美出口，使順差不增加，甚至降低十億美元，此項做法將持續三年。為配合此一目標，我將調低自美進口物品的關稅稅率，開放國內市場管制項目，提供三十億美元由美進出口銀行作為美商對我出口融資之用，加強分散出口市場等。俞院長並已告知訪華的在台協會主席勞克思。

未上桌即亮底牌

我看了這個電報，認為所建議的似乎與政府的自由化政策不甚相符。而且由談判立場來看，有許多不妥之處，例如，承諾明年對美順差不超過今年的數額，是一項談判立場，而承諾明年可減少十億美元，並持續向此目標連續三年減少，又是另一項談判立場，應該在對方對於前一項立場認為不能接受時再做讓步的談判立場。不過由台北電報看來，似乎俞院長已同時向勞克思提出，這是不符談判的原則，因此我必須發電報，要求澄清。此外我方擬以三十億美元供美輸出入銀行貸款予美出口商，此項資金提供究係免利息、或需要利息，而利率是多少，也必須澄清。

不過由於台北來電要我立即辦理，所以我一方面自行草擬電稿向國內請示，一方面循正常途徑約見貝克部長，然而那幾天貝克完全為年度預算事務纏身，在二十八日上午來電說，他要墨福德當天下午就和我見面，而此時外交部對我的請示尚未答覆，因此我只能先去，也僅提出第一項談判立場，那就是我國承諾明年對美順差將不超過本年數額；我也將其他國內的指示逐項說明，對於三十億美元供美國輸銀作為對美出口廠商運用，指出這是一項原則，倘美方有意願，可由兩國輸銀直接接洽商細節。

就已預見我方縱使升值到三〇點〇九比一，貿易順差仍將持續擴大，現在事實證明美方觀點是正確的。他也提到我一再要求優惠關稅的終結要對四小龍一體實施，美方決定採取此一做法，各相關部門已有共識。他更提到我國在十月初匯市波動甚大，市場上台幣升值壓力極大，中央銀行於五日內拋售六十五億美元使漲勢停止，這是美國極不願見到政府以自身力量干預市場的運作。墨氏也表示盼於一九八七年十一月十一日訪東京時，能與張總裁會晤。

這次談話報回台北，外交部於十一月三日覆電，對我請求解釋的各點並無答覆，只是說張總裁無法去東京，歡迎美方派人去台北洽談。

美方對於我方高層所提改善貿易失衡的建議，於十一月十六日由丁大衛處長面見俞院長答覆。簡單說，美方認為各種建議措施不能取代美方所追求的新台幣繼續升值。答覆中也指出我方建議措施，很多是約束貿易的拓展，因此是與美國貿易政策的基本立場不符的。美方認為解決貿易失衡最好的做法是開放市場、擴大內需以及使新台幣能真實反映其價值。

十一月十九日墨福德又約我到美財政部，正式提出財政部對新台幣匯率的要求：一、由十一月二十日至十二月十五日期間升值百分之十，至二六點七八比一。二、自十二月十六日至一九八八年三月十五日應每日升值五點八分，至二二點七二比一。

六天後我見到席格爾助卿提出，四小龍中，美認為韓國有選舉問題，香港有一九九七年歸還中共所引起的信心危機，新加坡是自由貿易國家順差甚小，均不施加升值壓力，唯獨對我國提出極為苛酷的要求，實在令人難以理解。我指出由於匯率問題嚴重，我已奉命立即返國，預定下週啟程，希望瞭解美國政府真正的立場。

席氏表示上週他去匹茲堡世界事務協會演說時，若干美國公司負責人均對墨福德要求台幣大幅升值的主張，甚表贊同。總之此一問題中美雙方存有甚大歧見，所以他認為應讓墨氏能與我國負責官員、甚至俞院長，直接晤談。

我問他是否認真考慮此事？席氏說問題在於舒茲。我說倘墨氏前往台北，我方必全力配合保密。不過墨氏所提出的要求絕對不是我方能辦到的，他一再說我國央行干預過多，不是好事，可是墨氏對我方的要求在一定期限內強行將台幣升值至某一價位，豈非更是人為干預？席氏仍表示認為應設法安排墨氏與我方負責官員會晤。

「一籃強勢貨幣」

我於十二月一日啟程返台北，二日晚抵達。十二月三日上午蔣總統召見，其主要談話部分在本書第十六章已予敘述，但是在一小時多的召見中，他也對匯率問題做了五點提示：一、匯率案不宜與美方破裂。二、本案不宜拒絕與美方洽談，應設法解決問題。三、本案如不解決對我方不利，美方盼與張總裁商談，應使張總裁前往，我方要準備好談判立場及底牌。四、對我建議由蔣總統致函雷根總統一節，他的顧慮是可能無效，因此認為宜以非正式方式提出我方觀點。五、可能做法之一是丁大衛下月返國述職時，託他帶口信給雷根總統，但是措詞上也要兼顧美方的困難。

當天下午我去看俞院長，他的看法與蔣總統頗有出入，不認為要和美方洽談。他說美方的要求是沒完沒了的。俞院長的具體意見是將新台幣與美元間的關係設法疏遠，提出「一籃強勢貨幣」（a basket of strong currencies）的主張。也就是新台幣要考量美元、日元、英鎊、馬克、法朗和瑞士法朗的相關因素而訂定其匯率。我自忖俞院長的觀念仍是政府需要掌控並主導匯率的走向，所以我用了相當長的時間，向他報告美國官員、議員、學者和媒體常和我談匯率問題時，所提出的共同觀點。

我說：「美方認為我國堅持操作匯率，不使其反映市場價格，主要目的是在追尋出口和貿易順差。」實際上，一國順差太大並不一定是好事，它意謂將國家的生產力以低廉價格售於外國，然而卻不願使用外匯購買國家基礎建設所需要的機械設備。同時台幣匯率過於低估，使國人出外旅遊需要支付更多的費用，而且進口貨物的價格居高不下，造成對國人生活品質不利的影響。更有甚者，貿易持續順差造成超額儲蓄，也就是「熱錢」，往往在股市、房地產市場興風作浪，引起泡沫經濟。美國要求我國升值，在表面上好像對我極為不利，但是實際恐怕並非如此惡劣。

展現我方誠意

第二天早上我去晉見李登輝副總統，也報告了匯率以及其他的問題，他顯然對各項問題都在研究。我每談一項問題時，他就由書櫥中抽出一個卷夾，隨時在查考資料。不過他並沒有對我做任何指示，只是在我告辭時他似乎意有所指地說：「以後你要多負責任。」

一九八七年十二月七日蔣總統再次召見談了八十分鐘，是我最後一次親炙他的訓誨，對於匯率案他的指示是：「希望依俞院長的建議研擬與美方諮商的新方案。此一方案務需簡單明瞭，形諸文字；在草擬方案時，不能僅顧及我方利益，不顧及對方立場。此方案如何提出請研議，本人下週一（十四日）約見丁大衛時亦擬與其一談。匯率案雙方要取得協議是很難的，但應使美方瞭解我國的誠意，使雷根總統瞭解問題的所在。」

次日，十二月八日上午俞院長在行政院邀集財經首長與我會商。先由我報告美方最新立場以及蔣總統的具體指示。經過各首長討論後由俞院長裁示：一、由外交部準備一件談話稿，供蔣總統十二月十四日與丁大衛會晤時，託他在回國述職時呈給雷根總統。文字要簡單說明中美貿易失衡不斷擴大，我國甚為關切，亦有責任與美國共同解決此一問題；但是貿易失衡問題不能單用匯率調整來解決，新台幣已升值百分之三十七，但出超仍然持續；美國的貨幣已大幅貶值，但是逆差仍不斷增加。二、十二月內張總裁工作極忙，可於一月初赴美國與美財政部洽談，原則上仍以「一籃強勢貨幣」的方法和美方探討。三、本日所談一切對外絕對保密。

稍後外交部將蔣總統致雷根總統的口信給我過目，其中關於匯率部分，建議採取以下的措施：一、依照十一月二十日雙方協議的新台幣匯率為基礎，建立新台幣實質有效的匯率指標，此項指標應依自由世界九個主要貿易國家的貨幣平準，但不包括美元與港幣，以使此指標能真正反映新台幣的實際價值。二、自十一月二十一日起新台幣中心匯率將依上述指標變化，並依美我兩國貿易實際差額做若干調整。三、九項貨幣為日圓、西德馬克、加元、英鎊、韓圜、星元、印尼盧比、荷蘭幣、澳元，吾人以為此項消除雙方貿易失衡的補救措施，較諸新台幣片面升值更為有效。

我在返回華府後，於一九八七年十二月十六日與席格爾助卿、但然斯基特別助理及凱利特別助理共進午餐。我曾將回國述職與各級長官討論匯率問題的情形告知三人，說明蔣總統已於十四日召見丁大衛處長提出我方具體建議，盼其於返國述職時向雷根總統呈報。丁氏定於二十二日抵華府，請凱氏協助簽報請求及早約晤。我也說明「一籃強勢貨幣」的做法，除了使新台幣與主要貿易國家的匯率接軌，遇到中美貿易繼續失衡時，仍可做若干匯率的調整。張總裁也願在保密情況下，來華府與美方洽談。

我再三強調國內同胞目前最關切的是匯率問題，我國在極端困難的情況下，新台幣已升值至二八點七五比一。我也曾公開向國人說明美國並未向我施壓，只是建議我國對本身經濟結構及貿易情況重做評估，然而「良藥苦口」。目前最好的做法是依市場機制自由運作，希望美國政府不要「竭澤而漁」，迫我做過於快速的升值。

美方三位官員一致對我政府的做法表示感激，認為是慎思熟慮後所提出的建議，也認為雙方有進一步交換意見的必要。一俟丁大衛返回華府，即將商定張總裁來訪的時機。

美不歡迎「一籃強勢貨幣」

但是三人的善意卻引起美國財政部的不快。十二月二十一日墨福德找我去財政部，表示匯率問題是該部主管，不應讓國務院或白宮介入。墨氏也指出我方建議內容使其失望。對於「一籃強勢貨幣」方案，美方不表歡迎，一方面其中未包括美元，另方面卻包括若干非強勢貨幣如韓圜。他認為這種做法於事無補，反而可能使問題更形惡化。

他也指出我國外匯存底仍不斷增加，新台幣有大幅升值壓力，但是央行不斷購買美元以阻止升值；另一方面央行又將美元改換其他外幣繼續持有。美方對這兩種做法均極不以為然，甚感不快。他希望新台幣繼續快速升值，否則美方將考量採取如《三〇一條款》或更嚴厲的懲罰性措施。

我說：「閣下發言甚為坦率，因此本人亦願以朋友身分坦述。」由於他在一九八七年十一月十九日和我的談話，對我國首長引起極大的衝擊，因此急召我返國。返國期間，三個民意機構都叫我去報告，在稍後質詢時，很多民意代表對美國均有尖銳的指責，我曾不斷說明升值是由於長期大量出超所造成。各級首長召見時，均指示匯率問題已非純粹金融財政問題，而有其深遠的政治、社會影響。「閣下上月十九日的要求，國內認為根本辦不到，因此藉丁大衛返國述職，將我方觀點呈報雷根總統。」

我也指出「一籃貨幣」之所以未包括美元，是因為貴部一直指責我國將新台幣釘緊美元，因恐美方誤會我有意低估新台幣，故未將美元列入。如閣下認為應列入，我自願考慮。

關於以美元兌換其他貨幣一節，因為新台幣對美元不斷升值，我央行外匯存底在過去一年即有三千四百億台幣的匯兌損失，備受輿論和民意代表的指責，不得已而採的避險措施，但是目前我國外匯存底中仍有約四分之三是美元。

至於他提到懲罰性措施，我說至盼雙方能共同努力獲得妥善解決辦法，而不宜採用懲罰性措施，因為美方每次使用《三〇一條款》，在全球輿論中都被視為「經濟帝國主義」的做法，對美國形象傷害甚大。墨氏聽了就改口說不是懲罰性措施，而是較強硬的做法，但是他同意我的意見，雙方應共同努力尋求解決辦法。

這次談話後的三週，也就是蔣總統逝世的前兩天，墨氏給了我一封信，附了美方對於我國的提案所做的反應。他認為新台幣不應該以一九八七年十一月二十一日為基準，因為那天的匯率比起當日（一九八八年一月十一日）要低很多，如以十一月二十一日為基準，則未來新台幣幾乎無需升值。他也指出美國占我國對外貿易的百分之四十七，將美元排除於「一籃貨幣」之外實在不合理，同時該九項貨幣有若干並非強勢的貨幣。

兩天後蔣總統逝世，張總裁也無法來華府。到了一月二十八日美財政部又表示過去四十天以來新台幣匯率幾乎停滯不動，美方十分關切，因此擬派德萊拉副助理部長赴台北與我方首長晤談。我說明此時仍值國喪期間，恐有未便。但是美方仍很堅持。

德萊拉於一九八八年二月六日由漢城來台北，並在八日分別會晤了張繼正總裁、財政部錢純部長、經建會趙耀東主委。德氏說明韓國在二月底前將使韓圜升值百分之四．五，此點可使我方升值的顧慮稍微減少。目前我方限制國外證券業進入台灣市場，以及在農產品進口設限，都將使美國國會中保護主義者對於中華民國採取不利措施。倘我方在匯率方面不做相當幅度的升值，將使美行政部門難以替我國辯護。因此在啟程前獲貝克部長授權提出兩項建議：一、本年（一九八八）一、二月維持匯率穩定。二、本年（一九八八）三、四月平均每日升值四分，至四月底升至二六點五元，約為百分之七點九。

張總裁對於該一建議表示無法接受，我國對美貿易順差由去年十月起已在逐月減少中，再做大幅升值不可能為社會所接受。

美方持續關心匯率問題

德氏此次訪台後有一段時間匯率未被提起。一九八八年四月十四日，丁大衛就一九八七年十二月十四日蔣故總統託他向雷根總統轉致有關匯率案的口信，向李登輝總統提出答覆。美方不同意我國以「一籃強勢貨幣」案替代新台幣的升值，認為新台幣升值對於改善全球及雙邊貿易失衡是有重要作用。過去半年新台幣的升值使中美雙邊貿易失衡現象改善。美方願意考慮給予我方若干時間。由於我方貿易統計，所以美方有一段時間未曾力促新台幣依照美方的要求而升值。

李總統的答覆是，我國不認為新台幣匯率應該一成不變，而應適時做調整。如果我國出超大幅增加，自應升值；反之，如有逆差發生，則應回貶。希望美國勿用壓力迫我做快速調整，因為目前我國中小企業已陷入困境，很多勞力密集的生產事業已轉移到泰國、菲律賓。

過了三天貝克財長給我一封信表示，中美雙方於一九八七年八月協議，在十一月二十日後美方可期待新台幣匯率做進一步升值。美方也曾向我方提出兩段升值的建議。但是新台幣僅於去年十二月間稍有變動，以後數月均無變動，他甚感關切，希望我方能快速改變此一違反去年八月協議且令人不能接受的情況。

一九八八年四月二十二日墨福德助理部長約我去財部會晤，他表示最近數月中美貿易數字雖有若干改善，但主要是由於我方大量購買黃金所造成。倘若無此因素，美方認為目前貿易逆差狀況仍是難以接受，因此美方對我國匯率穩定不動的情形甚為關切。

我說根據我方統計數字，一九八八年三月我對美輸出較去年同期已相當減少，而自美輸入則顯著增加。所謂我國大量購買黃金，僅是昨日《華爾街日報》的一項報導，實際情形如何尚待瞭解。我方已決定參加一九八八年亞銀董事年會，由張總裁代表，他已定四月二十八日下午與美國代表晤談。

這一晤談是和財政部次長麥法蓀（M. Peter McPherson）及德萊拉進行，仍是各講各話。麥氏的結語是：「新台幣升值在台灣固然可能引起政治後果，台灣對美貿易鉅額順差已在美國造成政治問題，張總裁既已表明貴方立場，本人將回報貝克部長。」同時亦表示對新台幣未能大幅升值極端不愉快。

我得到這個訊息時，正好五月五日勞克思在台協會主席來看我。我就指出在匯率方面，如中美貿易順差繼續擴大，美方促我升值，我無話可說。但是今年開始，失衡情形逐月改善，美方仍在亞銀年會期間促我升值，並透過在台北美國商業銀行放話，國內報章騰載，引起國人不滿，認為美國實在欺人太甚。以個人看法，目前我順差下降，美方應公開聲明此為好現象，只要此一現象繼續，不要逆轉，美方認為新台幣無升值的必要。有這樣的宣布，對中美互信的增進必有裨益。勞克思對我的說法表示同意，並稱將向相關當局忠實反應。

力陳我方成果

國內在七月初舉行執政黨十三全會，我奉命回國參加，啟程的前兩天，財政部德萊拉副助理部長在六月二十九日臨時邀我去該部洽談。他說貝克部長知道我即將返國，因為抽不出時間，特別要他轉告我，雖然中美貿易失衡已有相當程度的改善，美國的逆差可減少約四分之一；但是對於新台幣匯率穩定不動，也就是對美方建議毫無反應，則日益關切。在匯率上他不便明言應達到何一水準，但是希望能將貿易逆差降至百億美元之內。他提到貝克部長四月二十一日給我的信，希望我國能予研究並作答覆。

我對於新台幣於最近稍有貶值做一說明，一方面多倫多的七大工業國高峰會後，各方期待美元將有強勁走勢，另方面我國匯市「熱錢」大量流出，此外我開放民眾赴大陸探親，平均每人都消費六千美元。凡此都是促成台幣貶值的原因，而央行則不斷進場干預使貶值幅度不至於過大。

關於貝克部長要他告訴我，盼望將我國對美順差降至百億美元之內，我必將敦促政府各部門慎予考量，並研議具體的時間表以達到此一目標；至於貝氏來函，當促請國內早日指示以便答覆。

我在國內待了三週，其間行政院局部改組，我奉派到經建會服務，到一九八八年七月下旬才返回華府，將國內有關指示彙總，在八月一日覆函貝克部長。函內先是重述一九八七年十一月所提的「一籃貨幣」案，根據該案新台幣的實際有效指標在七月已較八個月前上升了百分之二點六四。如果將美元、港幣也計入，則也已升了百分之二點六八。因此新台幣並未低估。真正的問題是貿易失衡，此一問題自二十年前開始，不是一朝一夕可以變更。我國雖對美國有大量順差，但是對日本及石油輸出國家則有鉅幅逆差。因此人為操作的升值並不是解決失衡的好做法，還是讓市場機制決定新台幣匯率的走向。

在我離任返國的前三天，墨福德助理部長又約我去財政部，一方面向我賀新職，一方面也對新台幣自年初以來靜止不動表示不滿。他說國會已通過新貿易法案，依照此法案規定，貝克部長被授權和因匯率造成雙邊貿易重大不平衡的國家進行談判，並向國會提出報告。美和我國已多次談判，結果都不如意，現在只要再談一次，就可向國會提出報告，並由國會舉行聽證會，如能證明有不公平的做法，即可進行對此一國家的制裁。

我說中美貿易情形已有大幅改善，我先依我國的統計數字，並排除黃金進口，去年美國的逆差是一百六十億美元，今年依前六月的標準推算將為一百十億美元，也就是減少了百分之三十。依美國的統計數字分別是一百九十億元及一百三十億元，同樣是減少百分之三十。「貴國國會中持保護主義色彩最強的蓋帕哈德眾議員，也僅要求各國削減貿易順差每年百分之十，我國已主動減少三倍之多。此一事實，任何公正客觀的美國國會議員、政府官員、媒體、學者乃至一般民眾，都會認為是一項大成就。請問美國貿易夥伴中究竟哪一國的努力超過我國的？」

墨氏說美國承認我國的努力，但不知是否還能有進一步的努力？

我說：「那是當然。」中美民族性不同，我國較具耐心，就匯率言，我們認為不斷波動，徒然使投機者有利可乘。美國常說希望我國在經濟上作結構性的改變，我們已做了很多，不知還有哪些需要努力的。

墨氏思考再三答稱：「貴國投資率尚低，應設法提升。」我說目前大約在百分之十七上下，確是偏低，「但是閣下應該明瞭貴國不斷施壓要求新台幣升值，幣值的不穩定使投資者躊躇不前。」所以我對於美財政部的臨別贈言是希望有宏觀的看法，不要一味追求新台幣的升值，更重要的是將主要貿易對手國的表現做一比較，則能得到比較公平公正的觀點，畢竟美國的立國精神就是公平（fair play）。

第十八章
蔣總統逝世

雷根總統寫信給我表達他夫婦對蔣總統逝世的最深悼唁，信中推崇故總統是他最欽佩與尊敬的領袖，是美國良友，更是一位卓越領袖，美國將衷心懷念並加強雙方間恆久的友誼。

蔣經國總統自一九八二年初，因為視網膜脫落動手術以後，健康始終欠佳。長期的糖尿病使他腳部無力，很容易跌倒。加上他操心國事，長期有睡眠困難的問題。事實上自從他擔任行政院長開始，蔣公的健康日益惡化，他就常有失眠的問題。那時我幾乎每天要和他見面數次，時常發現他的兩眼無法聚焦。我問他，回答都是：「昨晚想事情沒有睡好。」一九七〇年代時他的兩位公子中，孝武兄照顧他較多，建議在睡眠前注射一針鎮靜劑使他能夠安睡。可是時間久了，只要有煩心的事，注射藥劑也沒有太大的效果。因此，在他晚年很多傷腦筋的事，包括重要的政務和人事，在他身邊的人向他報告時，通常都把結論或建議人選一併提出，以免他因為用心思索，而無法安睡。久而久之，政策和人事的決定不免倉促。蔣總統也因為健康欠佳，對於人事考核也不如六〇年代初期的認真和劍及履及。

與蔣總統最後一次合影

一九八三年元旦我赴美履任前晉謁蔣總統請訓，發現他神態不很正常，似乎精神欠佳，因此未敢多作請示，只是請求他多注意健康，能效法蔣公當年常赴外地靜養的做法。他說會照顧自己的健康，年紀大了，凡事不能勉強，又說去年以來孝勇兄對他照顧較多，考慮很周詳。

到了華府不久，總政戰部王昇主任訪美，對我說蔣總統的健康尚可，只是糖尿病的影響使末梢神經受到損害。一九八三年十月初我返國奔父喪，曾在總統府晉見，看到他仍是精神不佳，我告辭時，他也要返回七海官邸，站起來走幾步路就顯得步履維艱。

一九八四年二月中旬執政黨舉行十二屆二中全會，我返國參加。十四日開幕式前蔣總統約見我，結束時隨他走向會場，仍是行動困難，在致詞時聲音沙啞，使我很擔心。那次會議主要的任務是提名第七屆總統、副總統的候選人。我曾在十六日去拜見嚴前總統，他告訴我，經國先生的健康欠佳，有一段時間曾考慮不連任，但是最近似乎漸有改善，信心增加，所以決定連任。

一九八五年四月十六日中午杭立武先生來華府訪問，我邀他餐敘，同席有國務院台灣事務協調官班立德，班氏向我密告國務院自中共方面獲悉，蔣總統在過去兩天中健康快速惡化。我私下去查證結果，並非事實。過了九天他又告稱根據日本共同通訊社消息，蔣總統正在醫院，我仍設法查證，也不是事實。

一九八五年年底我奉召返國述職，十二月三十日蔣總統在家召見我，他因為感冒睡在床上，看來健康不很好，我簡單報告後就要告辭，他一再留我，還是談了七十分鐘。但是一九八六年初，我曾三次見他，情況都不錯，一月六日下午他召我到總統府，那天精神極好，要攝影師進來和我合影一幀，這是我很少和他合影的最後一次。

我返回華府任所不到兩個月，國防採購團的果芸將軍在一九八六年三月十七日告訴我說，美國國防部在十四日曾有一次高層會商談我國事務，依據美軍方情報顯示蔣總統的健康已很差。

過了十來天我返國參加執政黨的十二屆三中全會，在開會前蔣總統先召見我，看到他的臉龐浮腫，神情也極疲勞，和我說了四十分鐘的話，談的主要是菲律賓的動亂和我國的經濟問題。當天開幕式的主席致詞，是他坐在椅子上，由馬樹禮祕書長代為宣讀。

一九八六年三月三十一日孝勇兄到旅館來看我，表示父親的健康使他憂慮。他說蔣總統由於末梢神經問題，數年來都在做復健運動，但是由於去年（一九八五）九月中旬發生了美國《國際日報》發行人李亞頻女士在高速公路上遭緝捕，引起各方指責，使他甚為煩惱，近半年都未做復健，現在希望能請他恢復。

蔣總統仙逝

我回到華府不到三週，孝勇兄又打電話告訴我，蔣總統於四月十六日由於心律不整感覺暈眩，當即入院，在十八日動手術裝置定調器（pace maker），已經在四月二十一日出院返家。

到了一九八七年初，孔令侃顧問陪蔣夫人返台北住了兩個月後回到美國，他在一九八七年一月五日來華府看我說蔣總統已無法站立三分鐘。

一九八七年十月二日在台協會主席勞克思告訴我說，蔣總統已逝世。我問他消息是哪裡來的，他說是中情局。我立刻和台北聯絡，發現原來是股市內做空頭的人所放出的謠言，想用謠言壓低股價以牟私利。

一九八七年十月底時郝柏村總長來華府訪問，二十七日他在下榻的旅館告訴我，蔣總統的健康漸漸改善，將恢復赴外地訪問的活動。一個多月後我奉召返國，十二月三日在總統府晉見，發現他雙目又是無法聚焦，臉部也沒有血色。十二月七日下午蔣總統在總統府召見，神態比四天前要好很多，談了八十分鐘，這是我最後一次見到他。

一九八八年一月十二日我在加州聖地牙哥市訪問，中午在扶輪社演講，下午去《聯盟報》做訪問，晚間參加世界事務協會以「中美經貿關係」為題發表演說，並且答覆許多問題，回到旅館已十一時，剛睡不到兩小時就被電話吵醒。我看錶是午夜一時十五分，台北應是下午五時十五分，電話中轉述孝勇兄囑告「天崩地裂，晚間發表」八個字。我心中知道不好，但是仍祈禱有奇蹟出現。玲玲也醒來，聽我所告，流淚不已。到元月十三日凌晨四時三十分，章孝嚴次長由台北來電話證實經國先生已仙逝。我就找駐洛杉磯的劉達人處長，請他安排立即返回華府的班機。

我立刻收拾行李，致電華府羅龍副代表，請他交代在代表處和官舍布置靈堂，並通知美方。

我和玲玲在芝加哥換機，到傍晚五時抵華府，先到樓下的靈堂行禮，接著上樓和同仁會晤，我說國家元首的逝世是十分可悲的事，但是我們必須銜哀奮勵，更加努力工作，以慰蔣總統在天之靈。稍後華府的國內媒體特派員，都集中在代表處會議室，要我發表談話。我簡單就所瞭解經國先生勤政愛民、發揚民主憲政、公而忘私和力求團隊精神四點稍加敘述，並表示我們後死者均當秉承遺志，予以發揚光大。

此時同仁輕輕告訴我，美國國務卿舒茲伉儷即將到教堂大道的官舍致唁。我向媒體朋友說明整夜未眠，趕路回來，可否容我回家。等我回到家中，特勤局的幹員已在四處路口和家中的迴廊部署就序，不久後舒茲夫婦就到了，他穿著小晚禮服，因為當晚他要在國務院款宴來華府訪問的新任日本總理大臣竹下登夫婦。

舒氏夫婦在蔣故總統遺像前默念片刻後，就在簽名簿上寫下：「追念一位長久的友人，謹獻上尊敬與欽佩。」他告訴我和經國先生是忘年老友，聽到此一不幸消息，心中至為悲痛，請代向經國夫人家屬及我國政府表達弔唁及慰問之意。我向他表示謝意，並當將他所表示的友誼轉達，我也一定設法保密。我所以說這句話，因為我們原是舊識，但是五年來每次在社交場合見到，他都有「避之則吉」的表現，我瞭解他對中共非常忌憚。但是這天晚上，他的態度十分坦蕩，他說這是我對蔣總統的尊重，無需保密。

當天在台協會總部也送來雷根總統伉儷致經國夫人的唁電，對蔣故總統不幸逝世深表哀悼，也對他生前的睿智領導、高瞻遠矚以及致力促進中美雙方合作及民間友誼表示推崇。這份唁電未在華府公布，但是我方倘在台北公布，美方並無異議。

華府各界致唁

接著幾天辦公室和家中都有許多人前來致祭，一般政府官員都先約了到家中，而國會議員外交團以及民間人士都來代表處，很多人都會到辦公室來和我稍做談話，所以每天都非常忙碌。這時程建人副代表和徐啟明組長都正好因公返國，他們也不斷打電話給我，使我充分瞭解國內的情形。

美方在一月十三日就表示會派重要人士組團赴台北參加經國先生的公祭和奉厝大典，外交部於十六日通知將分別於一月二十九日及三十日舉行。我即告知美方，後來獲悉美方弔唁代表團將由雷根總統的老友前司法部長史密斯任團長，團員有共和黨全國委員會前總主席賴克紹前參議員，他也是雷氏的至友；另有華勒普（Malcolm Wallop）參議員、穆考斯基（Frank Murkowski）參議員、李文斯頓（Robert Livingston）眾議員、郝圖（Earl Hutto）眾議員、湯瑪斯（William M. Thomas）眾議員及中美經濟合作促進會長大衛甘迺迪（David Kennedy）。當然在台協會主席勞克思和台北的丁大衛處長也都參加。這是個相當有分量的代表團。

我在二十日和范道瞻顧問研究，擬了一幅輓聯：

弱冠負笈，早蒙領導提攜，亦君亦師，受命馳驅慚漢節；
勤政愛民，久為中外共仰，再接再勵，遺言遵奉復神州。

以聊表我對這位長官永恆的敬意。那天下午華府許多美方新聞界的人士和我茶敘，談經國先生的貢獻以及我國未來的走向。

一月二十一日上午在代表處五樓舉行華府各界追悼經國先生的紀念大會，我以四十分鐘的時間，報告多年來追隨他的一些感想。我的報告分四部分，第一部分是他對國家的貢獻，包括關懷教導青年、照顧退除役官兵、經武整軍、國家經濟建設以及為國家奠定民主政治與自由經濟的基礎。第二部分是經國先生從政為人可供借鏡的，包括勤政愛民、言行一致表裡如一、平易近人生活儉樸、團隊精神遇事鎮定、至孝天生鞠躬盡瘁。第三部分是他和中美關係，曾數度訪美，認定中美兩國合則互利、分則兩害，對於代表處一向關懷支持。最後我期許所有在美同仁將懷念、追思、感恩、悲痛的心情化為力量，為國家開創新機，則經國先生將永遠活在每一個人的心中。講話中看到同仁和眷屬流淚者為數頗多。

雷根的悼唁

一月二十七日下午雷根總統的長女莫琳（Maureen Reagan）到代表處致唁，向我敘述她七年多前訪華時獲蔣總統接見的情形。同日雷根總統因為不能參加代表處於二十九日舉行的追思會，所以寫信給我表達他夫婦對蔣總統逝世的最深悼唁，信中推崇故總統是他最欽佩與尊敬的領袖，也是美國的良友，更是一位卓越領袖，美國將衷心懷念並加強雙方間恆久的友誼。我立即覆函申謝，並表示已將其悼念之意報告國內，相信經國夫人、家屬及全體同胞均對其誠摯的同情感到安慰。

一月二十九日上午十一時代表處在華府長老教會全國教堂舉行蔣故總統追思禮拜，九時許各界人士就陸續來到，之後正堂坐滿並開放樓上副堂。到的現任官員有司法部長米斯夫婦、能源部長海林頓夫婦、國務次卿德文斯基、席格爾助卿、芮效儉副助卿、國安會特別助理凱利、貿易特使署阿蓋爾助理特使。多國駐美使節，九位參議員，十四位眾議員，華府、巴鐵摩爾及馬利蘭、維琴尼亞、德拉瓦三州的僑團領袖、學人、學生總計約一千六百餘人。雷根總統伉儷致送大花籃置於禮堂正前方。先由該教會資深牧師埃文斯（Louis H. Evans, Jr.）講話，指出故總統係一有魄力及風格的領袖，其力量來自蔣公教導及其遠見，一如《聖經》中之約書亞，能在困難中推動十大建設，帶領我國衝破種種橫逆。

周以德博士致悼詞表示故總統的生平就在印證孔子的名言：「為政以德，譬如北辰，居其所而眾星拱之。」中華民國現在已成為中國大陸在政治上及經濟上的楷模。整個儀式歷時一小時餘，莊嚴肅穆。

至於赴台北參加奉唐大典的美國代表團一行，於一月二十九日分別會晤李登輝總統及俞國華院長。團長史密斯在晉見李總統時，當面轉致雷根總統哀悼之意，「在蔣故總統領導下，台灣人民的努力已使貴國成為亞洲甚至全球的偉大成功故事。」雷氏亦囑史密斯團長向李總統的繼任表示祝賀之意，深信今後中美關係必將持續增進。正值李總統面對新職務的挑戰之際，雷根特別申致他的友誼、鼓勵與善意。雷氏也保證當李總統持續推動故總統所奠定民主改革政策時，美國將給予支持及瞭解。所有參加奉厝大典的美國人士對於民間追思故總統的誠摯感情，都留下深刻印象。

第十九章
返國接掌經建會

半年前我返國述職時李總統還是副總統，曾在官邸款宴我時，告訴我要有心理上的準備為國家負總體責任。我仍以為華府工作很適合自己的興趣，所以當時沒有敢做任何表示。

國喪結束後，新任的李登輝總統的執政也逐漸步上正軌。國內政壇上不斷傳出政府的人事會有變化，我遠在華府也被波及。二月初國內不時有人來電話詢問是否我將接任沈昌煥先生所擔任的總統府祕書長，我都以華府任務重要，將繼續在美工作答覆。可是二月四日《華盛頓時報》在第十版以頭條刊出該報記者尼蘭（Ed Neilan）在台北所撰和上述傳聞相同的報導。華府的華文媒體記者都來詢問，我的答覆是：「絕無此事」，國內的長官從未告訴我有關職務調動的事，請求媒體代我予以澄清。

一九八八年二月二十三日是農曆正月初七，中國信託公司辜濂松董事長來華府看我。他告訴我在離台北前，李總統曾囑咐他轉告我，希望我繼續留在華府工作，到七月初執政黨十三全大會後，政府人事全盤更動，再回國服務。我託他向李總統轉報，很樂意留在美國工作，特別是今年有總統大選，最好能讓我在此工作到新政府成立以後。

此後數月我先後去了加勒比海的小島蒙梭累（Montserrat）、賓州州立大學、康乃爾大學、檀香山、洛杉磯等地演說。在洛杉磯時我特別去拜會加州的老州長老布朗，請他安排我和他的老部下克理斯多福會晤，因為那年年底總統選舉，倘若民主黨的杜凱吉斯州長獲勝，克氏極可能入閣主掌外交。我們約定七月一日在我途經洛杉磯返國參加執政黨十三全大會時，三人共進午餐。

國務院在一九八八年三月底正式同意我國在邁阿密設立辦事處。朗伍路的新官舍也在積極趕工，預定五月十八日搬家。五月十八日那天我仍照常上班，中午並應美國企業研究院邀請，在該院發表關於東亞問題的演講。聽眾很多，開了兩間餐廳坐還是位子不夠，若干人是在走廊上用餐和聽講；所以整個搬家的工作完全是玲玲、國維和美端在做，我只是早上由教堂大道的官舍出門，晚上回到朗伍路的新官舍。

第二天是五月十九日，辜濂松董事長又由台北來看我，這次正式帶來李總統的訊息，希望我在十三全大會後回國接任行政院經濟建設委員會主任委員的工作，因為這是主管國家發展的總體性職務，李總統認為我離國已久，應該在這個崗位上歷練，以便兩年後接任行政院院長的工作。

雖然半年前我返國述職時，李總統還是副總統，曾於一九八七年十二月九日晚在官邸款宴我時，告訴我要有心理上的準備為國家負總體責任。我仍以為華府工作很適合自己的興趣，所以當時沒有敢做任何表示。這次濂松兄帶來的訊息，使我感到相當大的震撼。我答覆說：「總統的德意和垂愛使我十分感動，不過自己在經建方面欠缺學識和能力，恐怕有負總統的期許。同時美國即將大選，此處需要積極聯繫也要陳述清楚。」但是濂松兄說一切都是奉命辦理，並且要我考慮繼任人選。我提了幾位，他都說已另有安排，因此也無法得到具體結論。當晚回家後將濂松兄所告要我回國工作的事告知玲玲，她說似有預感，朗伍路的新官舍買得非常滿意，可能無法久住，只是不知會如此快。所以決定將許多未打開的紙箱不再打開。事實上我們在這所新官舍居住的時間沒有超過兩個月。

一九八八年六月十八日我們為了雙橡園的百週年，和當地的克利夫蘭公園歷史協會聯合舉辦了慶祝園遊會，到了七、八百位賓客，由華府市議會克拉克議長將雙橡園定為古蹟（landmark）的銅牌送給我。代表處同仁的夫人們擔任導遊，在典禮結束後陪伴賓客在一、二、三樓參觀，證明雙橡園由徐叔沅建築師整修後，結構相當堅固。

接下來數日是中美年度軍事會議，我除了積極參加，另外抽時間為代表處新聞組要為我出版的《演講集》寫序。我自抵華府工作後，經常應邀赴各地演講，過了四年玲玲表示這些演講和答詢應該對年輕同仁有益，建議彙編成書。我查了一下，在美服務前四年共演說一百六十三次，其中有講稿的不多，加上有錄音帶或錄影帶的有四十七次，必須將帶子轉成文字。由於講話時多用口語，轉成文字後還要潤飾，因此需時甚多。而我於一九八七年及一九八八年上半年仍繼續發表演講，也要輯錄於內。自五年半共兩百二十四篇演講中選了四十篇，包括聽眾的問答，同時更將美國各地媒體對我的訪問報導作為附件。

這許多工作承蒙姚雙組長、林清修副組長、耿陸、鍾芳程、黃義交等祕書鼎力襄助，以及賓夕凡尼亞州雪本斯堡大學茅國權教授的校訂，終於在我將返國參加十三全大會的十天前完成草稿。

我決定書的題目用一九八八年四月二十八日在洛杉磯的市民會場（Town Hall）演講的題目「信心與韌力：在台灣的中華民國徐緩向前邁進」（Faith and Resilience: The Republic of China on Taiwan Forges Ahead）。我在序文最後一段寫下：「正當我將這些演說準備出版之時，我國痛失一位受尊敬的領袖蔣經國總統。然而雖然這是一項不可彌補的損失，我國仍以信心與韌力徐緩向前邁進。我謹以本書獻給我國同胞的偉大領袖及個人所崇敬的導師。」在我返國開會前，姚雙組長就將稿件送給新聞局在休士頓所設的光華出版公司，由張敏智組長督導，於我返國工作後的十月間完成出版。姚組長立刻分送美國相關的行政官員、國會議員、媒體、學術機關以及許多我國友人。我在台北收到了由美國總統國安顧問、副國務卿以下許多官員和國會友人的謝函。《紐約時報》也在十月二十六日以「錢幣」（Coin of the Realm）為題撰文介紹此書，並於其報導「美國財政部於前日指控中、韓兩國操縱匯率以期增加對美輸出」之際，這本書適時問世，指出我國對美友好，是美國第五大貿易夥伴，並且是美國蘋果最大的進口國。

與鮑爾餐敘

我知道這次返國參加全代會後，在美服務的階段任務即將結束，所以在啟程回台北的前一天，也就是一九八八年六月三十日中午，和接任國家安全會議助理不太久的鮑爾（Colin Powell）將軍餐敘，並且做了一次較長的談話。除了就軍售問題和我國政治改革充分交換意見外，我特別提到自雷根總統七年半前主政以來，由於他本人和主要幕僚對我國甚為友好，使中美關係在無外交關係的情形下，仍能在安定中增進；我國朝野各界對此一致感激，並且極為珍惜。可是美國政府不久即將更易，在移交過程中前任政府例必有若干政策指導供新任參考。在一般有正常外交關係的國家，外交人員對於此節並不重視，但是我國情形特殊；為了使兩國仍能持續維持以往所建立的良好關係，我很盼望國安會在移交的政策指導文件中，對於雙方已建立的軍事會談制度化、財經首長會談的制度化，都請列入該文件中。

鮑威爾將軍聽了以後立即答覆：「如果我們不如此作交代，乃是不負責任的行為。」他說國安會一定會做妥善安排，使雙方關係能有連貫性。另外他問我，除了我已提的兩點之外，還有什麼需要列入的。我說如果能列入美國領導者宜不時重申堅定履行《台灣關係法》的決心，以及美國在發表《八一七公報》時對我國所做的六項保證能切實貫徹，這兩項也是非常重要的。

此時亦在座參與會談的包道格君提出，除了國安會外，國務院的政策設計局也將負責撰擬相關的移交文件，他將負責轉告該局也注意辦理。

鮑爾將軍又問我，在現政府任期結束前是否還有什麼急需處理的事？我提到空軍的E-2C空中預警機的採購案請及早核定，以免夜長夢多。此外就是經貿問題，美方常為極小的課題，使用「制裁」、「報復」等字樣，引起我國同胞普遍的反感，甚至有反美的情緒發洩。美國在貿易上的做法常常是因小失大，得不償失，「貴國政府務需瞭解『三〇一』不是萬靈丹。今年（一九八八年）一至四月貴我雙邊貿易的失衡已較去年同期減少百分之三十七點四，主要是由於貴國對我國輸出大幅增加百分之一百二十四。這一事實務盼由政府高層周告財經首長，這是重要的變更。千萬不要為火雞肉等小事斤斤計較。」鮑氏表示同意，並向我保證在十三全會期間不會做任何不利措施。

返國參加十三全大會

第二天七月一日我由華府飛往洛杉磯，中午由老布朗州長安排在洛杉磯俱樂部頂樓餐廳，與克里斯多福前副國務卿午餐。顯然老布朗州長已經將我在四月底和他談的內容都告訴了克氏，因此他的態度很好。我們都沒有觸及斷交時他來台北的許多不快。克氏對這些年來的中美關係詢問很多，我則逐一答覆。之後老布朗州長也參加討論，談話的主題轉為兩岸關係以及我國所面臨的重大問題，我仍是答覆兩位的問題，這餐飯吃了近兩個小時，我相信他對我的誠意是能夠領悟的。

我在一九八八年七月三日晚間抵達台北，許多媒體圍著我問兩個問題，一是我的出處，這不是能由我回答的，因此只能表示會議結束後將盡快返回華府。另一是貿易和匯率問題，因為六月二十七日我在華府中美文化協會演說，對於美政府忽視我國在雙邊貿易上所做的種種努力，使美國逆差情形大幅改善，卻執著於每年銷售不滿一百萬美元的火雞肉問題，對我國窮追猛打，引起我全民公憤，因小失大的做法我認為有欠妥當。國內媒體對這次演說大幅報導，在我返國時亦紛紛提出問題，我表示自從演說以後幾天，美國有關機關曾透過管道告訴我，對我的觀點認同，只是由於美國是民主國家，火雞業者對政府施加壓力，政府不得不反應。至於匯率問題，台幣近日未升值，反而有些貶值，這是對美順差大量減縮的結果。

七月四日清早我在旅館房間接到總統辦公室蘇志誠主任的電話，轉達李總統的指示，要我對外不要有太多的發言。那天是黨部辦理的海外黨務工作座談會，我在中央圖書館待了一天，聽外交、國家安全和僑務的報告。

七月五日仍是同樣的會議，聆聽不同首長的報告，海外代表並沒有太多發言的機會。隔天在外交部洽公，下午在圓山飯店辦理報到手續並參加歡迎茶會，發現會場一片拉票、拜票之聲，我對於這種新的政治文化很不習慣。在李總統講話時，仍是處處在拉票，這的確和過去有很大的不同。

七月七日十三全大會在林口體育館開幕，除了李總統的致詞外，安排由俞國華院長的政治報告和李煥祕書長的黨務報告，兩者形成強烈對比。前者照稿宣讀偶有失誤，後者則將數十頁長的報告一氣呵成背誦出來，很多代表喻為競選演說。

李總統告知新職

從七月八日開始，會議轉到中山樓舉行，在預備會議中，李代主席提名大會主席團二十二人，我列名其間，引起媒體的注意，不斷問我是否將有新的工作調動。我無法做任何回答，只有說主席團的任務只是使會議能順利進行，此外並無其他任務。當天上午第一次大會就以起立方式通過李總統擔任黨主席，但是仍有代表認為不應以起立方式，而應採用祕密投票。

九日清早我在旅館以早餐款待美國共和、民主兩黨來參加大會的代表團成員，和他們談話很久，媒體全程參加，這又是國內的新風氣，以往這種談話連攝影記者都不大會來拍照。主要原因是國內報禁開放後，篇幅增加迅速，必須有更多的消息，以滿足版面增加的需求。

同日下午李總統在中正樓主席休息室召見，告訴我要去經建會工作，該會的責任還要增加。我開始表示美國工作重要以及個人在經建方面的學養不足，還沒有說完，他就表示：「你在美國的基礎已經打好，現在誰去接都可以，不過國內的政情複雜，你千萬要小心，姿態一定要低。」他再以英文說了一次，要low profile。這時武官已進來通知下個客人已在等候，我就辭出。

這幾天的會議，大家真正關心的只是中央委員的提名和選舉，會場中不斷的拉票活動，使會議的進行受到相當的影響。小道消息很多，有人在榜上，有人不在就要設法連署。曾去華府訪問過的台北市委員會張緒中副主委對我說：沒有人知道提名的名單，連李煥祕書長也不知道，一切作業是李總統在官邸內進行。到了十日傍晚名單公布，我在名單上，次日上山就有不少人問我為什麼完全沒有舉動。我是因為十一和十二全會都當選中央委員，那時提名和配票全由黨部負責，我根本不需要做任何活動。所以朋友們叫我去活動，我完全不知道該如何動。幸而宋時選先生古道熱腸，看到我的無助，見義勇為，告訴我給他幾盒名片。後來就不斷有代表到我的座位上對我說看到我的拜票名片，一定全力支持。說來慚愧，我實在並沒有去拜票，完全是「宋公」的義助。

七月十二日下午開始投票，到晚間開票結束，李煥祕書長得票第一，俞院長則名列三十五。十三日傍晚全會閉幕。十四日續開第一次中全會，主要是由李主席提名三十一位常務委員，我也列名其中，結束後文工會為新任的中常委舉行記者會，記者們對我不斷詢問未來工作的調動，我只能答說尚無所悉。記者問中常會每週要開，你是否每週台北華府作空中飛人？我說第一週的中常會必然會參加，以後如何要請示外交部。可是十五日的《中國時報》已預測我將到經建會工作，其他的媒體都預測是到外交部。

那一天（七月十四日）是外交部召開為期兩天的使節會議，我在會中提出報告，指出「中美的實質關係目前確是令人欣慰的。但是展望未來，也確有隱憂存在。美方預估在十一月大選之後，中共可能對美施加壓力，要求大幅減少對我國的軍售，甚至可能要求修改《台灣關係法》。」我也提到中美實質關係有如逆水行舟，不進則退，所以我們要保持進的動力。

第一天會議後的晚宴是俞院長作主人，飯後他要我隨他回信義路的官邸。進了客廳他就說要我去經建會工作，並且問我李總統曾否告知？我說曾暗示可能的方向，但是沒有明確的指示。俞院長說，你應該是去外交部，但是總統希望你去經建會。他進一步表示經建會是一個協調性的機構，很多部會首長都是委員，上任首長和大家不睦，因此部會首長都不去開會，使經建會的功能無法發揮，希望我能把握住「人和」。這是一番金玉良言，我在經建會工作時注意恪遵。

公布新內閣名單

七月十八日行政院中美貿易專案小組在經建會舉行，找我去做報告，由於此時媒體已廣為傳播我將去經建會工作的消息，所以一到會場大批記者一擁而上，爭著要我證實。可是此刻新任命還未發布，我的處境十分尷尬，只能說我是政府的棋子，一切身不由己。我在會中對於將在火奴魯魯舉行的農業談判，美方的立場和可能要求的條件加以報告。

七月二十日是十三全會後初次的中常會，俞院長提出新的人事建議名單，通過後我向久候的媒體簡單說明經建會是行政院的幕僚單位，今後將廣泛與各界交換意見，協調各單位做好幕僚工作。由黨部出來後，我就聯絡王昭明副主委，他在陽明山革命實踐研究院授課，我立即上山請他留任協助，但是他表示由於王夫人的堅決要求，必須要退職，無法留任。我又去請張繼正總裁夫人向王夫人進洽，也無法改變昭明兄擺脫公職的決定。經過一再研究和敦促，他僅同意留任一個月，以便我返回美國辦理移交。稍後李總統建議由國貿局蕭萬長局長接任昭明兄的遺缺。而葉萬安、崔祖侃兩位副主委都同意留任。這樣會內的高層人事終於確定。

事實上自從一九八八年七月中旬媒體開始透露各部會的新人事案以後，學術界、輿論界和民意代表對我的任命都有很多負面評論。有的比喻是幼稚園生去作大學研究所所長；有的說既無財經學歷也沒有財經經歷更未擔任部會首長，怎麼能擔任國家最高經建的決策者；也有的說完全不符「適才適所」原則，只是要做暖身運動，認為各界不必抱持過高期望。我看到這些批評，當然不能沒有警惕，所幸李總統在我返美前，特別對我說這次你去經建會，擋了一些人的路，他們出來批評，不必太介意。他特別提了一位較我年長不少的朋友的名字說，很多文章都是他放的話。當時我不太敢相信，以後數年發現政府內部決策常有洩密，都是這位先生介入的，而撰寫新聞的記者也固定是那幾位。這是我此次返國開會受到的另一次震撼教育。

與媒體談新職舊任

七月二十二日行政院派政務委員周宏濤主持經建會的交接典禮。我在致詞時特別強調經建會承襲過去經濟安定委員會、美援運用委員會、國際經濟合作發展委員會及經濟設計委員會的良好傳統，同仁對工作十分投入，趙耀東前主任委員在五年的任期間貢獻良多，我希望能在這一良好基礎上和會內同仁共同努力。我也提出未來在工作上希望能把握時效，要有前瞻性，注重協調，並以全球性經濟觀點來從事規劃和設計。

交接典禮結束後，我送走了監交的周政務委員和趙前主任委員後，又去舉行記者會。我特別強調經建會僅是幕僚機構，因此必須與相關的部會保持最良好的工作關係，做好潤滑劑的功能，使財經各部會都能有最佳的表現，至於本會則應該有「成功不必在我」的精神。記者也紛紛就適才適所的原則詢問我如何能做好主委的工作。我鑑於各方對於我的批評都是「外行領導內行」，特別指出在先進國家內閣成員，主要任務是制定政策、執行政策，因此從沒有必須專業人士才能出長某一部會的做法。日本和英國的內閣大臣很少是專業人員，專業方面的資訊應由常任文官提供，至於大臣只是思考大的政策走向。我沒有好意思說經建會以及其前身的機構歷任首長中，很少是財、經相關學系的畢業生。因為媒體自認有權批評，雖然他們不喜歡做研究，對於他們的批評不論是否正確，被批評者只有接受的分。我覺得媒體這種觀點是不正確的，政府首長應該有諍友，媒體也應該有諍友。

我接著和王昭明副主委談，請他在未來數週照料會務，至於我在美期間的委員會議則請周宏濤委員主持。當天下午我就搭機飛往洛杉磯轉回華府。

七月二十五日我在晨報向主管同仁報告返國開會情形，並對丁懋時部長來接代表工作請求同仁先做準備，使他能順利迅速進入狀況。稍後在台協會勞克思主席來看我，表達美方對我離任依依不捨之情。又說要安排美方財經首長與我會晤，另將邀各部門主管階層人員和我做工作會談。

同日下午（一九八八年七月二十五日）是我在華府最後一次與本國記者的背景談話會。這次的談話會記者的主要問題集中在：何以我沒有擔任外交部長，甚至有人問是否我拒絕接受外長職務？我說經建會是唯一提供給我的職務，長官們未叫我接外長，當然我也不可能拒絕。

媒體朋友也提到適才適所的問題，對於李總統的安排頗有質疑。我的答覆是李總統希望培養通才，而非侷限於某一部門的專才。我也舉雷根內閣中，舒茲國務卿、溫柏格國防部長、卡路齊國安顧問都不是他們領導部門的專才作為說明。適才適所的真正意義應該是某人到了某一部門後，是否能使這部門活動起來。

記者們要我對過去五年半的中美關係做一評估，我說就我國而言，中美關係對我們是非常重要的，如果雙方關係不佳，對國家有相當的傷害。在這情勢下，我希望能建立一種正常運作的模式，不要使一些小誤會，損害雙方關係。因此在以往五年半，代表處同仁所致力的是扎根的工作，也就是未來美國政局不論如何變更，美國的行政、立法部門對我國都會有相當的認識，不會因為人的更動而改變對我國的友好態度。

我在寫這段文字時，正好是二〇〇四年美國總統大選活動正緊鑼密鼓展開時。共和、民主二黨的總統候選人都已推定。共和黨是現任的小布希總統，而民主黨是麻州的凱瑞參議員。這兩位候選人我在十幾年前都已經有相當的交往。

小布希與凱瑞

關於小布希，我在第十一章提到一九八八年二月赴愛荷華參加該州的初選，在回程飛往芝加哥時和他及他的弟、妹談話的情形。一九八七年八月十三日玲玲和我在雙橡園宴請他和夫人蘿拉（Laura Bush），當時他的職務是父親布希副總統的資深顧問，同時也邀了副總統的執行助理費茲傑蘿小姐（Jennifer Fitzgerald）、副總統政治助理貝茲（David Q. Bates）伉儷、海軍部助理部長恩特梅郁（Chase Untermeyer）、副總統法律顧問葛萊（Boyden Gray）等多人。那天晚上吃的是他們要求的蒙古烤肉，而談話則是布希副總統在次年要爭取共和黨的總統提名，以及他當選後將如何加強和我國的關係。

一九八八年五月三日我約小布希在海亞當斯旅館共進早餐，向他就最近的中美關係做一說明，特別是貿易方面，由於持續增加的美國逆差，我國採取了許多改善措施。不過由於美國有時操之過急，引起我民間發生空前且嚴重的反美情緒，希望他向父親進言由大處著眼。我也擔心布希副總統為了競選可能想去中國大陸訪問，希望如果成行不要在訪問期間做出對我國有傷害之事。

小布希對於中美貿易失衡，我國所做的努力，極感興趣，問了不少問題。我說解決中美貿易問題最佳途徑是簽訂中美自由貿易區協定。對於傳說中他父親可能去大陸訪問一事，他說並未最後定案，他個人認為以不去為妥，至於我們所關心的事，他一定轉報父親。在談話結束時，他很明確對我說半年後選舉結束，不論父親當選與否，他已下定決心返回德州，他將在兩年後角逐德州州長。

至於凱瑞是於一九八四年底在麻州副州長任內當選聯邦參議員，於次年初來華府就任。當時駐波士頓辦事處林水吉處長特別寫信給我，表示這位新任參議員在副州長任上和我們辦事處常有交往，是一位極有潛力的政治人物。因此我在那年（一九八五）九月十日晚間在雙橡園宴請他和他辦公室的同仁。我發現他是一位很有深度的新秀，在三小時的餐敘中，他從貿易、中美關係到美國當時所面對的困境，提出許多問題，我逐一答覆，這位當時才四十二歲的華府政壇新秀認為當晚的談話對他極有意義，希望能再有相同的機會聚晤。

過了一年半，一九八七年三月二十四日我又在雙橡園請他，此時他已擔任民主黨參議院競選委員會主席，同席還有安東尼眾議員，他是民主黨眾議院競選委員會主席。我在餐會中表示作為政府代表是不能涉及駐在國的競選活動，但是個人與民主黨全國委員會及全國民主研究所

（National Democratic Institute）有很密切的關係。凱氏先問我對於伊朗售武器的看法，我基於外交考量不能直接答覆，但是對於外傳所謂我國涉及援助尼游案（請見第十三章）做詳細的說明。凱氏對次年（一九八八）參院選情表示樂觀，他也在積極鼓勵數位民主黨籍的州長來挑戰該州任期將屆滿的共和黨籍參議員。這時候次年民主黨將提名何人參選總統的態勢尚未明朗，凱氏對哈特參議員甚為推崇，認為他對問題能深入瞭解。雖然他原任麻州副州長，卻對有意角逐總統候選人提名的麻州杜凱吉斯州長並未有任何推崇之意。

在我將離開華府任所的前二天，一九八八年八月十日凱瑞曾在參議院發表演說，對我表示惜別。他說：「當錢博士返回台北時，他留下許多良好的業績，我相信應該加以強調的是他將繼續在兩國關係上扮演重要的角色。……因此，雖然我們將不容易見到他，我們應該高興的是台灣肯定他在華府為增進其國家利益所展現的能力與專業精神，而要借重他的能力以促使台灣邁向更民主的途徑。」

與美官員餞別

七月二十九日席格爾助卿與凱利特別助理為我設宴餞別，席間席格爾致詞對我去經建會工作致賀，並說我在華府期間克盡職責，認真執行使命，在促進中美關係上獲得特殊效果，並被華府各界人士認為是難得的友人。我在答辭時說，在華府五年半的工作，對於美方人士的協助與支持有無限溫馨的感覺，然而即將離任，甚感惆悵，並心存感激。沒有美國長期的幫助，我國很難獲得今日的安定與繁榮。

接下來，八月一日由美國貿易特使尤特在海亞當斯旅館餞宴。我向他說明中美經貿關係整體而言是相當好。由於我國不斷努力，本年對美順差可降到一百億美元以下。個人淺見在處理雙方經貿問題時，最重要的是雙方互信，避免猜疑。並請特使肯定我政府改善貿易失衡的誠意。目前尚待解決的是農產品貿易問題。我國由於民主開放，農業事務已成為政治問題，希望美方能體諒數日後在夏威夷舉行的諮商談判，能達成雙方均能接受的協議。尤氏對我致賀，希望今後雙方經貿關係能更加親密。關於農產品談判，他也認為農業在兩國都有政治問題存在，但是重要的是市場開放。

我也表示我國正積極研擬加入「一般關稅及貿易總協定」（GATT），在得到明確政策立場時，希望美國能全力支持。尤氏說參加該總協定對我國有利，對全球經貿發展亦有助益，所以美國將全力支持。不過他也說明將來我國使用何等名稱是很重要的課題。尤氏並稱今後仍盼和我隨時就經貿問題洽商，可在美國亦可在亞洲鄰近國家。

八月二日我在傑弗遜旅館和白宮經濟顧問委員會主席史帕靈格（Beryl Sprinkel）餐敘，他是一位資深的經濟學者，因此我向他請教當時我國的處境，未來經濟走向究宜如何為妥。他的具體建議是以我國現在的情況，政府不宜過於龐大，政府亦不宜對經濟發展做過多的干涉。他也建議政府應該採取低稅政策。

八月四日是和農業部主管國際事務次長高德柏（Richard W. Goldberg）敘談。我說明我國以兩千萬的人口是全球進口美國農產品第五大國，農業部應正視此一事實。我向美國進口大批穀物作為飼料，因此養雞業甚為發達。目前在夏威夷進行的農產品談判中，美國為火雞肉進口甚為堅持，且以《三〇一條款》作威脅。事實上火雞肉的實際需求極為有限，其整個金額與穀物的金額不成比例。

由於美方的高姿態談判立場，使我國民眾極為不滿，長此以往必將傷害美國整體農產品輸往我國的利益，實是因小失大。高氏表示對我的分析能瞭解，也表示同意，不過由美方來看，穀物出口與火雞肉出口是不同的利益團體，所以農業部將慎重考量，由整體來看待此一問題。

八月八日下午在台協會勞克思主席約了國安會、財政部、商務部、農業部、勞工部、貿易特使署的主管官員，向我就中美經貿關係作業務簡報。他們主要還是對我國國內重大建設計畫盼望能採購美國的設備。根據這些簡報，我政府高層是有誠意，但是到執行階層就會發生許多困難。我說很多的案子美商的態度是問題，他們似乎有恃無恐，在價格方面超出歐洲廠商很多，如台北中運量捷運系統，我方聘請美國顧問工程公司，但結果卻是法商得標。又如洛克希德公司取得我國航空管制系統的計畫，但是拖延兩年無法完成。這些都是美方要自我檢討的。

除了重大採購案外，美方希望我國開放金融市場，包括銀行、保險、信用卡、證券業。此外智慧財產權的保障也是重大課題。這些問題在我返國工作後仍是不時引起爭議。

八月十一日中午商務部長費瑞蒂（William Verity）為我餞宴，我又將中美貿易現況向他說明，特別提到在亞洲國家中，我國街道上可見到最多的美製汽車，在民眾家中有最多的美製家電產品。希望部長鼓勵美商要重視產品品質，並能有競爭力。

費氏對我國為降低貿易失衡所做種種努力表示感謝，希望我在新的崗位上，仍能繼續增進中美雙邊的自由貿易。他提到國會剛通過的新貿易法案其保護色彩已改進不少，大約百分之九十五都是行政部門的建議。此一法案對亞洲國家並無歧視，只是因為日美貿易嚴重失衡，所以對日本有頗尖銳的批評。就我國言，只要持續降低順差，走向自由化道路，遵守「一般關稅與貿易總協定」的規定，實無理由對該法有任何憂慮。

我說這個貿易法案已深受質疑，希望美方提供貿易法和原案的比較資料，使我方可以向媒體做詳細說明，以袪除疑慮。

離任酒會媲美總統就職舞會

八月九日傍晚內人和我在國會附近的凱悅飯店舉行離任酒會，到了三千兩百多位賓客，來的貴賓包括國務院政治次卿阿瑪寇斯、經濟次卿瓦萊斯、科技安全次卿德文斯基、人權助卿謝孚特（Richard Schifter），國際組織助卿威廉遜、司法部長米斯、商務部長費瑞蒂、農業部長林恩（Richard Lyng）、進出口銀行總裁博恩（John A. Bohn）、最高法院的大法官、十七位參議員、四十八位眾議員。華府巴瑞市長也以榮譽市民證和優異服務獎狀在酒會時向我致贈。這時是華府暑期，很多人都離開燠熱的首都，去外地渡假，因此能有這麼多的朋友來參加，而且結束的時間由預定的八時，延到九時半，實在是很令人感動。

美國的參、眾兩院分別於八月五日及九日舉行特別程序（special order）會議，由議員們發言對我送別。因為當天未能講完，以後又延續數日，共有三十二位參議員，四十三位眾議員先後發言，對我獎飾有加。

華府的僑社於八月二日由中華會館主席麥立己和二十多位代表一同到代表處向我致賀，並表示惜別。他們預定在七日晚為我們夫婦餞行，但是因為登記參加者太多，華府最大的金國酒家無法容納，所以要先在華樂大廈舉行茶會，讓有意參加者不致向隅。僑胞的盛意使我十分感動，因此在茶會中致詞時講出我內心的感受。我說五年多來，僑胞對我的愛護和照顧，遠超過我對僑胞的服務。因為我主要的工作是加強對美關係，所以真正用在服務僑胞的時間恐怕不到百分之五。由於平日工作太多，對於僑界許多活動也未能逐一參加。所幸代表處服務組的黃允哲組長非常努力，能代我補過。我在回國服務後，華府的僑胞來台北都常來看我，對於僑胞的厚愛我經常心存感激。

在我返國工作前，我收到外交界前輩前駐聯合國常任代表劉鍇大使的一封信，信中附了在抗戰期間擔任我國駐美大使胡適博士親筆所撰的兩首詠雙橡園的詩。劉大使信中說明這兩首詩胡先生迄未發表，但是能顯示他對雙橡園的懷念，所以劉大使特別影印送給我，要我做「今昔之比」。這對我來說是非常有價值的，所以多年來都什襲珍藏。

第一首是：

窗前兩棵七葉楓，三秋日日賽花紅，康橋紅葉雖然好，終讓他們到夢中。

第二首是：

雪夜獨坐月到窗，窗上藤影龍蛇繞，一聲「剎鐸」破萬寂，藤花豆莢剎開了。

我在一九八八年八月十二日告別華府友人，隻身返回台北工作，玲玲仍留在美京處理搬家事務到九月十八日才返國。在我回國三週後，名記者孟捷慕以「台灣非官方仍活得好好地」（Unofficially, Taiwan Is Alive, Well）為題，在《洛杉磯時報》撰長篇報導，介紹我在華府五年半的工作。

這篇報導開始指出，我所代表的國家不受美國正式承認，我的名字也不列在外交官名冊，我也不能進入白宮和國務院。但是一九八八年八月我離開華府的惜別酒會，幾乎可以媲美總統就職舞會。就台灣而言，這不僅是一項酒會，實際上是力量的展示，表現其在華府持續擁有的影響力。卡內基和平基金會的亞洲事務專家柯萊斯堡（Paul Kreisberg）指出他無法預估這一事實，很多人都驚訝台灣今日在華府的力量和昔日（指有邦交時）同樣的強大。

文中也指出我在華府和每位參議員、兩百八十位眾議員熟識，並且經常與行政部門重要官員會晤，雖然是在餐館或旅館，其頻率較斷交以前更高。以年底（一九八八）將進行的總統大選來說，自一九八六年我即開始積極約晤每一位表示將投入大選爭逐的政治人物，包括一位女性也就是斯若德眾議員（Pat Schroeder）。現在選情已漸明朗，我們很多的力量可能是浪費了，但是在務實的觀點來看，並沒有浪費，因為我們拓寬了和各方面政治人物的交往，由極保守到極自由派的，都沒有放鬆。

這篇報導最後引述一位美國官員的話：「錢復可能不是大使，但是他對於華府的一切和如何運作的瞭解，以及所掌有的影響力，遠超過華府百分之九十八的大使。」

【附錄二】

錢復紀事

一九三五年

・三月二十一日——生於北平。

一九三七年

・秋，全家人自北平移居上海。

一九四〇年

・就讀上海古柏小學。
・七月二十九日——祖父錢鴻業在上海遇刺身亡。

一九四六年

・九月——就讀上海大同大學附設中學初中部。
・九月——父親錢思亮返北大任化學系主任。

一九四七年

・九月——轉學北平育英中學。

一九四九年

- 一月中旬——全家遷居上海。
- 二月下旬——全家隨國民政府遷台。
- 三月——登記就讀建國中學。

一九五一年

- 父親接任台灣大學校長。

一九五二年

- 九月——就讀台灣大學政治系。
- 十二月一日——中美簽訂《中美共同防禦條約》。

一九五五年

- 當選台大代聯會主席。
- 考入救國團青年友好團，赴土耳其、西班牙訪問。

一九五六年

- 七月——國立台灣大學政治系畢業。
- 通過全國性公務人員高等考試外交官領事官考試。

一九五七年

・五月——分發至國防部聯絡局服預官役。

一九五八年

・九月十日——赴美留學。

一九五九年

・六月——獲美國耶魯大學國際關係碩士。

一九六〇年

・十月十七日——通過耶魯大學國際關係博士口試。

一九六一年

・九月十六日——與田玲玲在美訂婚。

・十月十八日——學成歸國。

一九六二年

・三月——任國立政治大學兼任副教授（至一九六四年）。

・三月十六日——任外交部北美司專員、科長。

・五月——任行政院秘書（至一九六三年）為兼行政院長陳誠「舌人」。

・六月——獲耶魯大學國際關係哲學博士。

一九六三年

• 九月二十二日——與田玲玲結婚。

• 十二月十五日——獲第一屆「十大傑出青年」。

一九六四年

• 十二月二十日——長子錢國維出生。

一九六五年

• 十二月八日——長女錢美端出生。

• 成為總統蔣中正傳譯。

一九六七年

• 三月——任外交部北美司副司長。

一九六九年

• 七月——任外交部北美司司長。

• 八月十八日——國防研究院第十期結業。

一九七〇年

• 任國立台灣大學兼任教授（至一九七二年）。

• 父親擔任中央研究院院長。

一九七一年

・九月——出席聯合國第二十六屆大會，任我國代表團顧問。

一九七二年

・六月——轉任行政院新聞局局長及政府發言人。
・十一月一日——新聞局長任內第一次訪美。
・十二月十二日——訪南韓觀察反共動向。
・獲韓國成均館大學榮譽法學博士。

一九七三年

・六月六日——訪美傳達工作任務。
・八、九月——走訪歐洲七國。

一九七四年

・四月一日——應邀赴美巡迴演講，為期一個月。
・十一月——前往西德巡迴演講。

一九七五年

・二月十七日——赴美統整駐美單位對美說法。
・五月——任外交部常務次長。

一九七六年

・一月四日——母親張婉度逝世。

一九七九年

・五月——任外交部政務次長。

一九八〇年

・四月二十七日——復海會報成立，任海外研委會召集人。

一九八〇年

・十月——訪歐回程，順道訪泰，代表我方捐款二百萬協助泰國救援中南半島難民。

一九八一年

・六月二十三日——購回雙橡園，重新整修。

一九八二年

・十一月——任北美事務協調委員會駐美代表。

一九八三年

・九月十五日——父親錢思亮逝世。

一九八八年

・七月——任行政院政務委員兼任經濟建設委員會主任委員。

・七月——獲選為中國國民黨中央常務委員（至一九九八年）。

・獲加勒比海美國大學榮譽法學博士。

一九九〇年

・六月一日——任外交部部長。

一九九三年

・獲美國威爾森學院榮譽文學博士。

一九九四年

・獲美國佛羅里達國際大學公共服務榮譽博士。

一九九六年

・任國民大會議長（至一九九九年一月）。

一九九七年

・獲美國波士頓大學榮譽法學博士。
・獲美國愛達荷州州立大學榮譽法學博士。

一九九九年

・二月一日——任監察院院長。

二〇〇五年

・一月三十一日——監察院院長卸任。
・二月二十一日——出版回憶錄二卷（天下文化出版）。

- 二月二十二日——任國泰慈善基金會董事長。
- 九月二十九日——赴美國Norfork出席Club of Rome年會，並赴耶魯大學作專題演講。
- 十一月十五日——出席北京大學「北京論壇會」。

二〇〇六年

- 八月二十四日——玲玲口述、張慧英女士撰《優雅的智慧》由天下文化出版。
- 九月二日——赴新加坡出席Forbes Global CEO Conference並拜會李光耀資政，會晤Nathan總統、李顯龍總理、黃根成副總理和楊榮文外長等政要。

二〇〇七年

- 四月二十五日——赴美國耶魯大學「台灣關係研討會」發表主題演講。
- 七月三日——赴里斯本出席UBS Philanthropy Forum，會後轉赴馬德里出席Club of Rome年會。

二〇〇八年

- 二月十九日——出席中央研究院「錢思亮院長百齡誕辰紀念會」。
- 九月十一日——赴新加坡出席UBS Global Philanthropy Forum，並會晤吳作棟資政、楊榮文外長。
- 十月十一日——外交部邀請赴捷克，出席Prague 2000「Prague Crossroads 國際會議」。
- 十月二十二日——率團赴韓國出席「台北首爾論壇」。

二〇〇九年

- 四月十六日——率團赴海南島出席「博鰲亞洲論壇」

- 五月十五日——赴洛杉磯出席「南加州玉山科技協會年會」演講，並接受「終身成就服務獎」表揚。
- 九月二十七日——赴吉隆坡出席 Forbes Global CEO Conference。
- 十二月十九日——主持「第一屆兩岸國際法學論壇學術研討會」。

二〇一〇年

- 元月十九日——應沙烏地王國突奇親王邀請，赴利雅德「費瑟國王伊斯蘭研究中心」發表演說，並拜會王儲 Abdullah 親王、王兄利雅德總督、Salman 親王（現任國王）等政要。
- 七月二十八日——拜會來華訪問之史瓦濟蘭（現改稱史瓦帝尼）國王恩史瓦第三世。
- 八月二十四日——赴新加坡，拜會李光耀國務資政、吳作棟資政、李顯龍總理和黃根成副總理。
- 十二月七日——赴北京出席「第一屆兩岸金融高峰論壇」。

二〇一一年

- 三月十六日——「太平洋文化基金會」推選為董事長。
- 四月十二日——率團赴海南島出席「博鰲亞洲論壇」。
- 十二月五日——赴美國華府出席「第四十屆台美當代中國研討會」。

二〇一二年

- 三月三十一日——率團赴海南島出席「博鰲亞洲論壇」。
- 五月二十八日——應約旦王國哈山親王邀請，赴安曼出席 WANA Forum 年會。
- 六月二十一日——赴北京出席「UBS 慈善論壇」並發表演講。

- 七月一日——應廈門大學邀請，在該校「國際法高等研究院開幕典禮」演講。並出席「海峽兩岸台灣涉外事務研討會」。
- 九月十七日——赴南京出席「海峽兩岸企業家紫金山峰會」。

二〇一三年

- 元月二十三日——率團赴韓國出席「台北首爾論壇」。
- 六月八日——應約旦哈山親王邀請，赴安曼出席WANA Forum年會並演講。
- 七月六日——赴新加坡出席「慧眼中國環球論壇年會」，並在開幕式演講。
- 九月二十二日——結婚五十週年。
- 十一月十九日——赴北京，在清華大學美國研究中心與師生座談，並在北京大學法學院張福運基金會演講。

二〇一四年

- 四月十八日——赴河南主持「兩岸經濟文化論壇」。
- 十月十三日——赴杭州主持「兩岸人文對話」。
- 十二月八日——主持「第三十一屆華歐會議——『歐盟的新人新政』」。

二〇一五年

- 元月五日——赴武漢出席「長江文化論壇」，並擔任中華文化人物頒獎人。
- 二月三日——赴香港浸信大學演講。
- 三月二十四日——陪同馬英九總統赴新加坡，弔唁李光耀國務資政。

- 四月五日——八十初度。
- 六月一日——赴長沙主持「兩岸人文對話」。
- 十一月二日——赴南京出席「紫金山峰會」。

二〇一六年

- 元月五日——赴西安擔任「中華文化人物頒獎人」。
- 二月二十二日——中央研究院「思學並濟　亮節高風——錢思亮先生特展」開幕。
- 二月二十三日——赴北京與「中國國關研究院」「社科院台灣研究所」「清華大學台灣研究所」「現代國關研究院」等學術機構座談。
- 五月十八日——赴鄭州主持「兩岸經濟文化論壇」。
- 十月十五日——應約旦哈山親王邀請，赴安曼出席WANA Forum年會。
- 十一月五日——赴金門出席「兩岸企業家峰會」。

二〇一七年

- 元月十日——赴深圳擔任「中華文化人物頒獎人」。
- 四月二日——赴鄭州出席「程顥、程頤文化園」開幕儀式並揭幕。
- 六月四日——率「台北論壇訪問團」赴美國華府及紐約，拜會智庫及政要。
- 七月十日——應外交部邀請，赴華府參加「雙橡園八十風華專輯發表會」。
- 十一月十三日——赴梅州主持「兩岸人文對話」。

- 十一月十八日——赴上海，在「錢氏家教家風高峰論壇」以及同濟大學發表演講。

二〇一八年

- 元月十一日——出席「蔣故總統經國先生對台灣之貢獻暨逝世三十週年紀念座談會」。
- 四月十八日——赴鄭州主持「兩岸經濟文化論壇」。
- 五月一日——率「台北論壇訪問團」赴北京拜會「社會科學院台研所」「中國國際戰略研究基金會」「中國國際問題研究院」「中共中央黨校」「中國現代國際關係研究院」等機構。
- 六月五日——赴北京主持「兩岸人文對話」。
- 七月三十一日——中風顱內出血，入院手術。
- 九月十八日——出院開始復健。

二〇一九年

- 元月十四日——恢復上班。
- 六月一日——「蔣經國國際學術文化交流基金會」推選擔任董事長。

二〇二〇年

- 五月七日——出版回憶錄第三冊《錢復回憶錄．卷三：1988~2005台灣政經變革的關鍵現場》（天下文化出版）。

【附錄二】

錢復英文著作

1. *The Opening of Korea: A Study of Chinese Diplomacy 1876-1885*
(The Shoe-string Press, Hamden, Connecticut, U.S.A. 1967)

2. *Speaking As A Friend*
(Government Information Office, Taipei, R.O.C. 1975)

3. *More Views of A Friend*
(Government Information Office, Taipei, R.O.C.1976)

4. *Faith and Resilience: The Republic of China Forges Ahead*
(Kwang Hwa Publishing U.S.A. Inc. 1988)

5. *Opportunity and Challenge*
(Arizona Historical Foundation, Hayden Library Arizona University, Tempe, Arizona, U.S.A. 1995)

【附錄三】

錢復獲國內外授勳獎章

COUNTRY	POSITION	MEDAL OF DECORATION	DATE
KOREA	Director-General, GIO	Order of Diplomatic Service Merit	1972.12
VIETNAM	Director-General, GIO	Order of Kim Khanh, Grade of Sac-Lenh	1973.4.13
REPUBLIC OF CHINA	Vice Minister, MOFA	Order of Brilliant Star with Grand Cordon 大綬景星勳章	1975.7.12
PARAGUAY	Vice Minister, MOFA	Orden Nacional del Merito en el Grado del Gran Cruz	1975.9.16
DOMINICAN REPUBLIC	Vice Minister, MOFA	Orden del Merito de Duarte, Sanchezy Mella, Grado de Gran Oficial	1975.11.5
DOMINICAN REPUBLIC	Vice Minister, MOFA	Orden del Merito de Duarte en el Grado de Gran Cruz Placa de Plata	1978.10.27
HONDURAS	Vice Minister, MOFA	Orden de Jose Cecilio del Valle en el Grado de Gran Cruz de Plata	1979.4
EL SALVADOR	Vice Minister, MOFA	Orden Nacional "Jose Matias Delgado" en el Grado de Gran Cruz de Plata	1979.6.13
HAITI	Vice Minister, MOFA	L'Ordre Nacional Honneur et Merite Grand Officier	1979.7.10

COUNTRY	POSITION	MEDAL OF DECORATION	DATE
SOUTH AFRICA	Vice Minister, MOFA	Order of Good Hope in the Grand Cross Class	1979.10.17
PANAMA	Vice Minister, MOFA	Orden de Vasca Nunez de Balboa	1980.8
DOMINICAN REPUBLIC	Vice Minister, MOFA	Orden de Don Cristobal Colon en el Grado de Gran Cruz de Plata	1982.2.11
PARAGUAY	Minister, MOFA	Orden Merito en el Grado de Gran Cruz Extraordinario	1990.6.19
KINGDOM OF SWAZILAND	Minister, MOFA	Chief Counsellor of the Royal Order of Sobhuza II	1991.1.16
HONDURAS	Minister, MOFA	Orden de Morazan, Gran Cruz, Plata de Plata	1991.10.9
CENTRAL AFRICAN REPUBLIC	Minister, MOFA	Ordre du Merite Centrafricain, Grand Officier	1992.5.15
GUATEMALA	Minister, MOFA	Gran Cruz de la Orden Quetzal	1992.6.6
EL SALVADOR	Minister, MOFA	Orden "Jose Matias Delgado" en el grado de Gran Cruz, Placa de Plata	1992.6.9
GUATEMALA	Minister, MOFA	Orden de Antonio Jose De Irisari en el Grado de Gran Cruz	1992.8.31
NICARAGUA	Minister, MOFA	Orden Jose Dolores Estrada, Batalla de San Jacinto, en el grado de Gran Cruz	1993.7.7

COUNTRY	POSITION	MEDAL OF DECORATION	DATE
COSTA RICA	Minister, MOFA	Orden Nacional Juan Mora Fernandez en el Grado de Gran Cruz de Plata	1993.7.29
NIGER	Minister, MOFA	Grand Officier de l'Ordre National du Niger	1994.6.2
BUKINA FASO	Minister, MOFA	Officier de l'Ordre National	1994.7.21
PANAMA	Minister, MOFA	Orden Manuel Amador Guerrero en el Grado de Gran Cruz	1994.11.18
GUINEA BISSAU	Minister, MOFA	Ordem Nacional de Merito de Cooperacao e Desenvolvimento	1995.4.11
GUATEMALA	Minister, MOFA	Soberano Congreso Nacional en el Grado de Gran Curz	1995.7.18
REPUBLIC OF CHINA	President, Control Yuan	Oder of Propitious Cloud with Special Grand Cordon 特種大綬卿雲勳章	2000.5.17

【附錄四】

人名索引

中文人名（含部分非英文語系人士之中譯名）

【五劃】

【六劃】

【七劃】

【八劃】

【九劃】

【十劃】

【十一劃】

【十二劃】

【十三劃】

【十四劃】

【十五劃】

【十六劃】

【十七劃】

英文人名

國家圖書館出版品預行編目(CIP)資料

錢復回憶錄典藏版. 卷二, 1979-1988華府路崎嶇/錢復著. -- 第二版. -- 臺北市：遠見天下文化出版股份有限公司, 2021.03
面；　公分. -- (社會人文；BGB505)
ISBN 978-986-525-071-3 (精裝)

1.錢復 2.回憶錄 3.臺灣政治

783.3886　　110003219

社會人文 BGB505

錢復回憶錄典藏版．卷二

1979-1988 華府路崎嶇

作者 — 錢復

總編輯 — 吳佩穎
副主編 — 陳珮真
責任編輯 — 吳佩穎、詹小玫；賴仕豪（特約）
封面設計 — 張議文
圖片提供 — 錢復
「復」字書法 — 歐豪年

出版者 — 遠見天下文化出版股份有限公司
創辦人 — 高希均、王力行
遠見．天下文化．事業群 董事長 — 高希均
事業群發行人／CEO — 王力行
天下文化社長 — 林天來
天下文化總經理 — 林芳燕
國際事務開發部兼版權中心總監 — 潘欣
法律顧問 — 理律法律事務所陳長文律師
著作權顧問 — 魏啟翔律師
社址 — 臺北市 104 松江路 93 巷 1 號
讀者服務專線 — 02-2662-0012 ｜ 傳真 — 02-2662-0007；02-2662-0009
電子郵件信箱 — cwpc@cwgv.com.tw
直接郵撥帳號 — 1326703-6　遠見天下文化出版股份有限公司

電腦排版 — 極翔企業有限公司
製版廠 — 中原造像股份有限公司
印刷廠 — 中原造像股份有限公司
裝訂廠 — 精益裝訂股份有限公司
登記證 — 局版台業字第 2517 號
總經銷 — 大和書報圖書股份有限公司　電話／(02)8990-2588
出版日期 — 2021 年 7 月 16 日第二版第二次印行

定價 — NT 750 元
ISBN — 978-986-525-071-3
書號 — BGB505
天下文化官網 — bookzone.cwgv.com.tw

天下文化
BELIEVE IN READING